BARBUSSE · BRIEFE VON DER FRONT

Universal Bibliothek

BELLETRISTIK

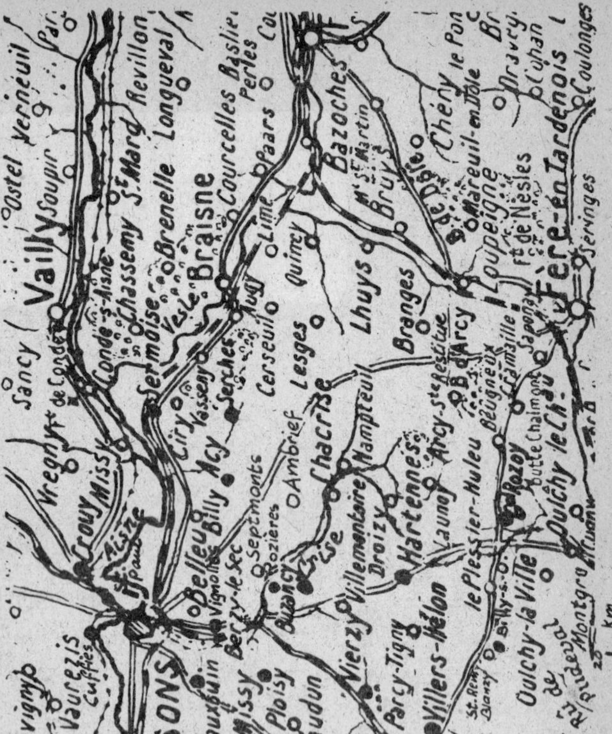

Barbusses Aufenthaltsorte im Abschnitt von Soissons

Henri Barbusse

BRIEFE VON DER FRONT

An seine Frau
1914–1917

1987

Verlag Philipp Reclam jun. Leipzig

Aus dem Französischen
Übersetzung von Eduard Zak
Herausgegeben von Horst F. Müller
Mit Dokumenten und Abbildungen

ISBN 3-379-00063-9

Reclams Universal-Bibliothek Band 539
2., erweiterte (Dokumente) und neu bearbeitete Auflage
Umschlaggestaltung: Irmgard Horlbeck-Kappler/Heinz Wolf
Lizenz Nr. 363. 340/84/87 · LSV 7353 · Vbg. 21,8
Printed in the German Democratic Republic
Grafischer Großbetrieb Völkerfreundschaft Dresden
Gesetzt aus Garamond-Antiqua
Bestellnummer: 6605910
00300

Zu dieser Ausgabe

Die Briefe, die Henri Barbusse von 1914 bis 1917 von der Front an seine Frau schrieb, erschienen 1937, zwei Jahre nach seinem Tode, in Frankreich. Zu dieser Zeit standen die Werke des Kommunisten Barbusse, der den Kampf gegen Imperialismus, Faschismus und Krieg zu seiner Lebensaufgabe gemacht hatte und für die Befreiung Dimitroffs, Thälmanns und aller eingekerkerten Antifaschisten eingetreten war, in Deutschland auf der Liste der verbotenen und verbrannten Bücher. Um so höher wurden Name und Vermächtnis Barbusses bei den emigrierten deutschen Antifaschisten geschätzt. In der von Johannes R. Becher in Moskau herausgegebenen Monatszeitschrift „Internationale Literatur" (1936, Nr. 9) wurden einige der Frontbriefe als Vorabdruck in deutscher Sprache veröffentlicht. Etwa ein Jahr später erschien in der gleichen Zeitschrift (1937, Nr. 10) eine kurze Rezension zur französischen Ausgabe. Und im Jahre 1940 boten Barbusses Briefe von der Front den Anlaß zu Alfred Kurellas Essay „Unbesieglicher Realismus" („Internationale Literatur" 1940, Nr. 8).
Die seither in Frankreich nicht wieder aufgelegte Ausgabe von 1937 enthält weder Vorwort noch Angabe des Herausgebers. Die in ihr enthaltenen Briefe wurden offensichtlich von Barbusses Frau oder in ihrem Auftrag um allzu Persönliches oder inopportun Erscheinendes gekürzt, was an den betreffenden Stellen durch eine am Anfang auspunktierte Zeile angedeutet wurde. Das der französischen Briefausgabe vorangestellte Frontnotizbuch (I) wurde unserem Dokumententeil eingegliedert. Dieser umfaßt weiter das von dem französischen Schriftsteller Pierre Paraf 1965 veröffentlichte Frontnotizbuch II, sowie – in dieser zweiten Auflage – einige Texte, die die geistige Position Barbusses zur Zeit des Krieges und deren zeitgeschichtliches Umfeld erhellen.
Das Nachwort dieser zweiten Auflage wurde neu abgefaßt, die Anmerkungen wurden überarbeitet und erweitert sowie die Fußnoten der französischen Herausgeber hier integriert. Im Frontnotizbuch II haben wir im Unterschied zur Erstauflage von 1974 die lediglich den Inhalt paraphrasie-

renden Bemerkungen von Pierre Paraf weggelassen. Zur besseren Orientierung für den Leser wurden die Briefköpfe um die Ortsnamen, die aus den Briefen selbst zu erschließen bzw. vereinzelt anderen Quellen zu entnehmen waren, in Kursiv ergänzt.
Auch der Austausch einiger Abbildungen und die Aufnahme zweier Kartenskizzen wird – so hoffen wir – zu einer Verbesserung gegenüber der ersten Auflage beitragen.

Horst F. Müller

Briefe von der Front

1914

Paris, Montag, (3. August 1914), 10 Uhr abends

Liebes Kleines, ins Rekrutierungsbüro gehe ich erst morgen früh. Heute nachmittag war ich, wie ich Dir schrieb, bei Macchiati essen. Ich habe ihm Bargeld übergeben. Zahle keine Rückstände. Das ist im Augenblick üblich und, wenn sich die Dinge in die Länge ziehen, auch das Klügste. Ich selber habe, außer dem Kleingeld, das ich aus Aumont[1] mitbrachte, und der Fünfzig-Franc-Note, noch das Geld vom Zahlungstermin Gervais (fünfundneunzig Francs) plus hundert Francs, die Hachette den einrückenden Mitarbeitern der Firma zukommen läßt. Diese Gesamtsumme aber, bei Alkibiades und Petronius, soll nun um den Preis für prächtige Schnürstiefel aus gelbem Leder verringert werden!

Keine neuen Nachrichten.

Wie Du, wenn Du diesen Brief bekommst, zweifellos schon weißt, ist seit heute abend der Krieg erklärt. England mobilisiert teilweise.

Paris, 4. August 1914

Liebes kleines Mädchen.

Eben habe ich vor der Musterungskommission gestanden, die mich untersucht und für tauglich befunden hat. Nachdem diese Zeremonie überstanden ist – man ließ mich drei Stunden stehn und warten! –, habe ich also nichts Eiligeres zu tun, als mich in das Café auf der Place de l'Alma zu setzen und beim Schimmer eines mit Wasser vermischten Dubonnet nach der Feder zu greifen, um es Dich wissen zu lassen. Morgen muß ich dieses verdammte Musterungsbüro, wo man so lange zu warten hat, nochmals aufsuchen, um endlich zu erfahren, wo und wann ich einrücken soll.

Möchtest Du Neuigkeiten wissen? Sie sind sehr wichtig: England hat Deutschland den Krieg erklärt. Deutschland scheint von einer Art Verrücktheit befallen zu sein. Es hat nahezu ganz Europa gegen sich. Auf mich wirkt es wie eine Bonnot-Bande[2], die, in die Enge getrieben, blindlings um sich schlägt und sich auf fürchterliche Vergeltung gefaßt

machen muß. Daß es siegen wird, ist unmöglich. Ich glaube, es wird um Frieden bitten, bevor es zermalmt wird. Nun, wir werden sehen.
Und damit schließe ich, H.
Daß ich nichts von Dir höre, verstimmt mich allmählich.

Albi, Sonntag, 13. September 1914, 6 Uhr

Mein liebes Kleines.
Da sitze ich nun in Albi in einem großen Café – dem größten, glaube ich (aber nicht dem einzigen, denn alle paar Häuser findet sich eines). Ich bin in Uniform, habe Sachen gefunden, die hinreichend lang und weit sind, daß sie mich nicht beengen, und wenn ich in den Spiegel schaue, erinnere ich mich genau daran, wie ich in Compiègne zum erstenmal dieses blaue und rote Kostüm anzog. Mein Käppi ist sogar besser; eine Halsbinde habe ich allerdings noch nicht. Genau solche Erinnerungen werden im Kasernenleben wach und decken sich mit denen von vor zwanzig Jahren. Es sind die gleichen Gepflogenheiten, die gleichen Späße, die gleichen Gerüche. Bloß zweierlei ist anders: Die Disziplin ist lockerer, und die Betten fehlen; statt ihrer ist eine dünne Lage Stroh auf den Fußboden der Schule gestreut, in der wir unsere Unterkunft haben. Gestern, um 10 Uhr, kam ich mit einer Abteilung von etwa dreihundert Mann in Albi an. Man sagte uns gleich, die Kasernen seien voll, wir müßten die Nacht auf der Straße verbringen. Ein Sergeant hatte Mitleid und brachte uns an einen Ort, „wo es", wie er sagte, „vom Tau abgesehen, so wie auf der Straße sein wird". Und es war das Justizgebäude. Ich nun wurde dort in den „Raum für Entlastungszeugen" geführt, den ich im Leben nicht vergessen werde. Mit ein paar Leutchen dringe ich beim Schein eines Streichholzes in den sehr engen, mit Fliesen ausgelegten Raum ein, der mit schnarchenden Männern vollgestopft ist. Du kannst Dir die Geräusche und die Unbequemlichkeit nicht vorstellen. Ich mußte mich unbemerkt dazwischenzwängen. Glücklicherweise hatte ich zwei Nächte kein Auge zugetan, also schlief ich ein, obwohl mir mein Nachbar kräftig und ausdauernd ins Gesicht schnarchte. Aber welche Gliederverkrampfung bis in meine Träume! Um 5 Uhr verließ ich diese Schlafstätte, irrte, wäh-

rend ein leichter Regen herniedertröpfelte, eine Stunde lang in der Stadt umher – die Cafés waren noch nicht geöffnet – und ging dann in die Kaserne, wo man mir meine Kompanie und ihre Unterkunft angab. Diese Unterkunft ist, wie ich Dir schon gesagt habe, eine Schule, die mysteriöserweise „Schule der Weltlichkeit" genannt wird. Sie liegt im Schatten der schönen rosa Kathedrale, eines Backsteinbaues, von dem ich Dir vor kurzem ein Bild geschickt habe. Von der Terrasse vor dem zu einer Küche umgestalteten Schulhof aus bietet sich eine prächtige Aussicht auf diese in ein düsteres Rosa und sehr charakteristisches Ocker getauchte Stadt, wo die Häuser mit ihren flachen Dächern und dunkelroten, dicken Dachziegeln an italienische Bauten erinnern. Morgen soll ich Waffen empfangen und unverzüglich mit dem Felddienst beginnen, das heißt mit kleinen Manöverübungen. Der Kompaniefeldwebel, stolz darauf, in mir einen Angestellten der Maison Hachette zu sehen, hat mich jedoch aufgefordert, Schreibarbeiten für ihn zu machen. Das wird mir zweifellos einige Erleichterungen verschaffen. Allgemein ist man der Meinung, wenn die Angelegenheiten weiterhin eine so günstige Wendung nehmen wie seit acht Tagen, werden wir wahrscheinlich gar nicht ins Feuer geschickt werden, oder wenn, dann erst spät und nur zur Sicherung und Besetzung im rückwärtigen Frontabschnitt. Ich brauche Dir nicht zu sagen, wie sehr ich das wünsche, nachdem ich nach Lage der Dinge alles getan habe, was ich konnte und mußte.
Und Du? Wenn Du mir über das 31. Regiment geschrieben hast, hoffe ich, daß der Brief mich noch erreichen wird. (Diesem Regiment habe ich niemals angehört. Bin aber an seinen Standort einberufen worden, daher der Irrtum.) Schreibe mir auf jeden Fall rasch weitere Briefe. Erzähle mir im einzelnen, wie Du Deine Zeit verbringst an einem Tag, an zweien oder, wenn Du willst, an allen Deinen Tagen.
Gestern habe ich mit Reynaldo Hahn gespeist, der mir Anekdoten über diesen und jenen erzählt hat. Anderseits geht das Gerücht um, daß Fernand Gregh, Marcel Boulenger und Glaser vom „Figaro" in der „Hostellerie de Saint-Antoine" thronen und in diesem Lokal, anmaßend und lächerlich wie sein Name, große Reden schwingen. Ich habe sie

noch nicht aufgesucht; ich fürchte den aufsehenerregenden Kontakt mit ihnen. Lieber bleibe ich mit meinem Fläschchen Kölnischwasser und bei meinem Tee in meiner Klause.
Im Kompaniegeschäftszimmer sah ich heute meine „Stammrolle“, das ist ein geheimes und vertrauliches militärisches Schriftstück. Die Beurteilung durch meine früheren Vorgesetzten ist folgendermaßen formuliert: „Kräftig und ziemlich intelligent.“
Du hast bemerkt, daß die Züge wieder bis Survilliers verkehren.
Schreibe mir unfrankiert: Soldat des 35. Landwehr-Infanterieregiments, 15. Kompanie, 7. Korporalschaft. Albi (Tarn).

(Albi), Dienstag, 29. September 1914

Gestern Brief. Heute Rückbrief von Dir. So ist's recht, sehr recht. Also nehme ich die Gewohnheit wieder auf. Wie Du fühle auch ich mich niedergeschmettert, wenn ich zum Postempfang antrete und dann seufzend mit leeren Händen abziehen muß ...
Wir werden also Lesghine wiedersehen, die uns mit ihrer Sanftmut und Schafsgeduld die Pfote gibt, und Domino, der zitternd und knurrend einen faulen Apfel vor sich her stößt, und den grauen Schatten Ariels, der sich, den Schwanz zwischen den Beinen, in den Hintergrund verdrückt, und Kamis, die, ganz weiß und eingestaubt, vor uns umhertanzt, als stiege sie gerade aus ihrer Kutsche! Wir werden das Haus wiedersehen mit seinen Mauern und Dächern und keinen anderen Löchern als Dachluken und Fenster! Die Aussicht begeistert mich – ich hoffe nur, daß die wackeren französischen Soldaten nicht allzusehr geplündert haben, als sie die von uns an einem gewissen historischen Morgen überstürzt verlassene Wohnung besetzten.
Annie[3] schreibt mir unter anderem, daß eine Novelle von mir im „Matin“ von Bordeaux erschienen ist. Ich bastle an einer andern. (Übrigens haben die noch eine von mir zu publizieren, wenn sie es nicht schon getan haben.)
Ich habe Georges Lecomte empfohlen, Dir das Geld zu schicken. Man darf nicht allzu erstaunt sein, wenn sie den Tarif senken.

Die bewußte Winterausstattung werde ich mir spätestens morgen kaufen.
Heute war ich auf dem Schießstand. Beim Schießen war ich einer der Besten, wenn nicht der Beste der Kompanie: in fünfundvierzig Sekunden vier von sieben Kugeln auf eine kleine knieende Silhouette – aus zweihundertfünfzig Meter Entfernung.
Auf morgen, liebes Herz meines Herzens.

Beiliegend ein Ausschnitt aus „L'Écho de Paris":

Beherzte Menschen

M. Victor Blanchet, Bürgermeister von Aumont (Oise), vier Kilometer von Senlis, hat trotz Evakuierung seiner Gemeindeverwaltung und zahlreicher Einwohner auf seinem Posten ausgeharrt und durch seine Tatkraft erreicht, daß die Gemeinde von den Barbaren verschont blieb.

Le Bourget, Donnerstag, 24. Dezember 1914, 7 Uhr morgens

Ich schreibe Dir, das Papier auf den Knien, in dem Waggon, in dem ich eben die dritte Nacht verbracht habe. Ich habe kaum geschlafen, aber seit zwei Stunden treiben wir uns auf diesem ungeheuren Bahnhof umher, der voll von Soldaten aller Art ist: alte, junge, verwundete ... Infanteristen, Spahis, Kürassiere, Hindus sogar. Mit Ausnahme der Verwundeten gehen alle nach verschiedenen Bestimmungsorten an die Front. Wohin wir kommen, weiß niemand genau. Während unserer ganzen Fahrt hat man die unterschiedlichsten Hypothesen äußern hören. Einer von den Artilleristen, die mit ihren Pferden in unserem Zug reisen, hat uns Auskünfte gegeben, die uns glauben lassen, daß unsere erste Vermutung – Soissons – richtig war. Nun, wir werden sehen. Von hier aus wird man uns an den endgültigen Bestimmungsort weiterleiten. Man sagt, von Le Bourget (das fast auf dem Wege von Paris nach Chantilly liegt) fahren wir um 8 Uhr 30 ab. Noch im Laufe des Tages, spätestens heute abend, werden wir an der Front sein.
Ich hoffe, Du hast all die Schreiben erhalten, die ich unterwegs an Dich abgeschickt habe, und ich muß nicht lange

ohne ein Zeichen vor Dir sein. Ich habe sagen hören, die Briefe von Frontsoldaten würden jetzt länger als je zuvor zurückgehalten. Das macht die Sache auch nicht viel besser. Kuß für Dich.
Schreib weiterhin an das 35. Regiment, 15. Kompanie, es wird nachgeschickt. Warte nicht ab, bis Du meine neue Adresse hast; ich bliebe sonst zu lange ohne den Trost durch Deine Briefe.

Der Deine

Vauxbuin, Samstag, 26. Dezember 1914 (Postkarte)

Sind erst Freitag um 10 Uhr ans Ziel der Reise gekommen. Großer Halt. Kaffee und Thunfisch in Öl. Aufbruch um 2 Uhr. Fünfzehn-Kilometer-Marsch bis zum Abend. Mit dem übermäßig beladenen Tornister, fürchterlich! Ungewöhnliches Gezerre an Rücken und Schultern! Einquartiert in einer Scheune. In dem prachtvollen Schlafsack gut und warm geschlafen. Heute morgen, 10 Uhr, Verlegung in den Abschnitt. Hin und wieder Kanonendonner, und „Taube" in der Luft. Auf bald – ein Brief, selbstverständlich.

Vauxbuin, Samstag, 26. Dezember 1914

Da bin ich nun, mein liebes Kleines, in meinem endgültigen Quartier. Ich schreibe Dir in dem Billardzimmer eines eleganten Hauses, das am Außenrand des Dorfes liegt. Armes Billardzimmer! Man könnte es für die Hinterstube eines Trödlerladens halten. Es ist ziemlich groß, doch hausen zwei Züge in ihm, und wahrhaftig, überall liegen Ausrüstungsstücke, Rucksäcke, Gewehre, Riemen, Konservenbüchsen herum: auf dem Billard, mitten im Stroh und Dreck auf dem Boden und auf den Polsterbänken, deren Rücken und Seitenteile durch den ausgiebigen Gebrauch, den die Mannschaft von ihnen gemacht hat, aufgerissen und zerschunden sind.
Aber ich will Dir ausführlicher erzählen, was seit jenem schicksalhaften Montagabend passiert ist, an dem wir die Ufer des Tarn verließen. Wir waren sieben Mann im Abteil, und in Anbetracht der Tornister, Patronentaschen, Gewehre und Brotbeutel ist das viel. Sich hinzulegen war

nicht möglich. Doch habe ich, wie ich Dir auf den unterwegs ausgestreuten Postkarten und Kartenbriefen mitteilte, in dieser Lage im allgemeinen gut geschlafen. Kalt war mir nur in der letzten Nacht, die wir auf dem Bahnhof von Le Bourget verbrachten, wo es Stein und Bein fror. Wir fuhren erst um halb 6 Uhr ab. Gegen 9 Uhr kamen wir an die Endstation des Eisenbahntransports. Dort fingen die Marschpausen mit dem Tornister auf dem Rücken an. Das Ärgerliche ist nämlich, daß man, von der Last erdrückt, endlose Zeiten umherstehen muß. Wir formierten uns als Kommandoabteilung und machten dann Rast am Rande eines Wäldchens. Es wurde Kaffee gekocht, ich tunkte Brot ein, und wir brachen die Konserven an, die man uns noch zusätzlich aufgeladen hatte. Um Dir alles im einzelnen zu erzählen: Ich habe Thunfisch gegessen. Die Stelle war malerisch. Die Bäume bereift und weiß wie in der Schweiz, Du erinnerst Dich, und eine schwache, zarte Sonne darüber. Eine große Menge Soldaten verschiedener Truppenteile zog in allen Richtungen vorüber, besonders auch Versorgungswagen jeder Form und Art. Ein äußerst lebhaftes Treiben. In regelmäßigen Abständen dumpfe oder gellende Kanonenschüsse. Granaten, die zur Markierung kleine weiße (französische) oder schwarze (deutsche) Kügelchen am Himmel bilden. Flugzeuge. Um 2 Uhr setzten wir uns wieder in Marsch bis halb 5. Das, gestehe ich, war fürchterlich. Der mit den vollgestopften Brotbeuteln beladene Tornister, die hundertzwanzig Schuß Munition und die Brot- und Proviantzuteilung wiegen zusammen gut vierzig Kilo, und von den ersten Schritten an hat man das Gefühl, man wird es keine fünfundzwanzig Meter schaffen. Die Marschpausen sind also sehr willkommen! Ein Pfiff, die Gewehre zusammensetzen und den Tornister auf die Erde, uff! Dieser verdammte Tornister nimmt einem völlig den Atem. So ein Zirkus macht überdies warm, und man schwitzt dicke Tropfen ... Schließlich gelangten wir in ein anderes Dorf, in die Unterkunft vor den Gräben. Nach unschlüssigem Hin und Her und Auf-der-Stelle-Treten, das in der eisigen Nacht nicht weniger als zwei Stunden dauerte, fand ich mich schließlich in einer hervorragend mit Stroh ausgestatteten Scheune. Ich faltete meinen Schlafsack auseinander und hatte es dank diesem Wundergebilde so warm, wie ich nur wünschen konnte. Heute morgen sind wir, ein wenig steif und wie zerschlagen, um 7 Uhr aufgestanden. Wieder den Tornister gebuckelt, aber nicht für lange, dann wurden wir neuen Korporalschaften zugeteilt: Wir sollen beim 231. die Löcher stopfen. Ich wurde dem dritten Zug der 18. Kompanie zugeteilt. Ein seltsames Zusammentreffen: Mein Korporal ist Angestellter bei Hachette und mein Sergeant der Schwiegersohn von Dellesalle, ebenfalls von Hachette. Die übrigen „Kumpel", wie man sagt, sind freundlich, sehr kameradschaftlich und sympathisch. Wir werden drei Tage hierbleiben, denn der Zug ist erst gestern abend abgelöst worden. Am dritten Tag soll es in den Abschnitt gehen. Offenbar gibt es dort viel Ärger. Bis dahin haben wir, außer wenn wir auf Wache ziehen, nahezu Ruhe. Vorhin habe ich die Suppe gegessen – ein volles Eßgeschirr Fleischbrühe, und Brot dazu. Wir trinken Tee, das ist gut (nur der Zucker fehlt).

... In diesem Moment wird uns eröffnet, daß wir an der Reihe sind, für die Nacht die Wache zu übernehmen. Ich trenne mich von Dir, um mich zu säubern, denn an Kopf und Händen sehe ich schön aus.

Soweit für heute. Ich hoffe, daß Du schönes Wetter hast und daß der Drahtesel in diesen Tagen seinen Dienst getan hat.

Dein junger Freund H.

Meine Adresse: 231. Infanterieregiment, 110. Brigade, 55. Division, 18. Kompanie, 3. Zug, Postsektor 34.

Grabenstellung von Vauxrot, Mittwoch, 30. Dezember 1914, halb 7 Uhr abends

Den Ort, an dem ich Dir schreibe, könntest Du Dir nicht vorstellen: eine weitläufige Grotte in den Steinbrüchen aus dem weißen Fels, der in dieser Gegend den Untergrund bildet. Diese Grotte ist sehr niedrig. In dem Raum, in dem ich mich befinde, kann ich nicht aufrecht stehen, und nur ein sehr langer Stollen, den man mit Gewehr, Brotbeuteln, Tornister und Montur auf allen vieren durchkriechen muß, verbindet ihn mit der vorderen Höhle. Dieses bedrückende Souterrain ist für diese Nacht unser Quartier. In der vergan-

genen Nacht wie auch gestern von 6 bis 1 Uhr mittags stand ich auf Posten im Schützengraben. Die Schützengräben sind sehr merkwürdig. Eine ungeheure und (hier wenigstens) äußerst gut gebaute Anlage. Mit Verblüffung entdeckt man hier Kilometer von Gassen, die so eng sind, daß man mit dem Rand des Tornisters, mit der Feldflasche und den Brotbeuteln anstößt und mit den Ärmeln streift. Am Kamm der Erdaufschüttung ist an bestimmten Stellen eine rechtwinklige oder bogenförmig nach außen, zur Böschung erweiterte Schießscharte ausgespart: Durch sie muß man Ausschau halten und sich vergewissern, ob zwischen den deutschen Stellungen – deren Lage wir kennen, ohne sie zu sehen (der Waldvorsprung dort, das Feld jenseits dieser Straße, auf jener Böschung) – und uns selbst nichts Ungewöhnliches vorgeht. Es war Mondschein, und wir (die Posten stehen ziemlich nahe beisammen) sahen aus wie Zuschauer in der Mulde vor einem großen Schneehang. Der Anmarsch war beschwerlich gewesen: Der berüchtigte Anstieg, von dem ich Dir schon gesprochen habe, war aber dank relativer Erleichterung des Tornisters zu schaffen; und dieser Marsch, vor dem man mir Angst gemacht hatte, erschien mir nicht so fürchterlich. Trotzdem war ich verschwitzt, als ich Posten bezog. Ich hüllte mich sofort ein und fror keineswegs. Um 1 Uhr ging ich in eine seltsame kleine Bude schlafen, die in die Erde gegraben und mit Astwerk bedeckt ist. Dort, im Halbdunkel, schrieb ich Dir mit Bleistift eine Karte. Jetzt, in der Grotte, haben wir es besser, nur gibt es hier kein Stroh auf der Erde, und so ist es ein wenig hart. (Die Kleider oder auch nur die Ausrüstung abzulegen, ist nicht erlaubt.) In diesem Rattenpalast, wo es von Soldaten wimmelt, schreibe ich Dir. Stellenweise erhellen Kerzen die Szene. Die eine klebt auf einer umgedrehten Flasche, die auf einem in den Boden gepflanzten Stock steckt, eine zweite ist auf einer Camembertschachtel befestigt, die auf der Visiereinrichtung eines an die Wand gelehnten Gewehrs balanciert, eine andere steckt in einem Würfel aus Brotkrumen. Hier sind dem Einfallsreichtum des Soldaten keine Grenzen gesetzt. Heute abend werden wir uns, abgesehen von vierzig Minuten Wache vor dem Grotteneingang, für die ganze Nacht schlafen legen.
Morgen mittag sollen wir (noch immer innerhalb der Grä-

ben) einen Feldposten in einem Wald beziehen. Die Nacht darauf, von 6 bis 1 oder von 1 bis 7, neuerlich Wachtdienst im großen Graben. Samstag um 4 Uhr kehren wir dann für vier Tage in unser Quartier ins Dorf zurück. Das wird am 2. Januar sein.
Du wirst diesen Brief erst nach dem Neujahrsfest bekommen. Zum neuen Jahr, mein liebes Herz, umarme ich Dich einmal mehr mit all meiner Zärtlichkeit und dem unermeßlichen Glück, das ich empfände, wenn ich Dich sehen könnte.

Grabenstellung von Vauxrot, 1. Januar 1915

Heute morgen, endlich, erhalte ich zwei Briefe von Dir, zwei liebe und freundliche Briefe, in denen Du mir noch von meiner Abreise redest. Auch ich denke ständig an Dich, und ich regle nicht nur alles, was ich unternehme, sondern auch alle meine Gedanken nach Dir und mit Rücksicht auf Dich. Welche Freude wird es mir sein, Dich wiederzusehen! Bis dahin müssen wir brav sein und viel Geduld haben.

Heute abend verlassen wir die Grabenstellung. Was für ein Leben! Der Dreck, die Erde, der Regen! Man ist davon durchtränkt, eingefärbt, durchgewalkt. Überall stößt man auf Erde: in seinen Taschen, in seinem Taschentuch, in seinen Kleidern, in dem, was man ißt. Es ist wie eine Heimsuchung, ein Alptraum von Erde und Schlamm, und Du kannst Dir keine Vorstellung machen, welchen Anblick ich biete; mein Gewehr sieht aus, als wäre es roh in Ton modelliert. Bei Einbruch der Nacht gehen wir in Ruhestellung.

Grabenstellung von Vauxrot, 1. Januar 1915

Heute nacht haben wir die Deutschen von gegenüber, bevor sie herüberballerten, ihre Nationalhymne und die österreichische Hymne singen hören. Diesen Abend verlassen wir die Stellung und kommen ins Quartier, das anscheinend gewechselt hat.

Ploisy, 2. Januar 1915, morgens

Nach einem Marsch von zwölf Kilometern im Quartier angekommen. Gutes Stroh. Sehr gut geschlafen. Ruhepause. Alles in Ordnung. Ich küsse Dich, da ich Dich liebe, innig und lange.

Dein Infanterist

Ploisy, 3. Januar 1915

In meinem neuen Quartier, wo wir gestern ein hervorragendes Essen veranstaltet haben – mit Champagner, den man den Frontsoldaten zum Neujahrsfest geschickt hat, Mandarinen, Äpfeln und Schinken –, packe ich die Pakete Nummer 1 und Nummer 2 aus, die ich heute morgen empfangen habe. Es ist hübsch und reizvoll, auf dem Stroh der Schlafzimmerscheune zu knien und die Dinge, die mir von Dir kommen, eins nach dem andern zu entdecken. Das getrüffelte Hähnchen war ein Wunderwerk. Es ist nicht mehr, denn es wurde sofort und auf der Stelle verzehrt. Doch verwende nächstes Mal keine Trüffeln: Dieser unerhörte Luxus würde mir schließlich nur Magenschmerzen verursachen. Die japanischen Heizkapseln, ausgezeichnet. Die Wollsachen, noch nicht nötig. Ich bin vollgeladen, und mein Tornister ist infolge des Quartierwechsels wieder verflucht schwer geworden. Schick nur Sachen, die sich verbrauchen lassen, und nicht zuviel auf einmal. Wie ich Dir schon gesagt habe, passe ich mich zum Teil der Normalverpflegung an. Bis jetzt ist mir das nicht übel bekommen und erleichtert die Dinge außerordentlich.

Vorgestern, während des Anmarsches, sintflutartiger Regen. Ich hatte die nützliche Moleskinweste angezogen und bin darunter nicht naß geworden. Nur der Mantel war steif und schwer wie Eisen ... Ich habe ihn auf der Mauer des Bauernhofs an der Luft trocknen lassen, und jetzt ist er endlich trocken. Meine Stiefel und Gamaschen haben den fürchterlichen Anforderungen während der vier Tage und vier Nächte im Schützengraben standgehalten. Kein Wasser ist eingedrungen; doch als ich aus dem Schlamm hervorkam, sah es aus, als hätte ich so etwas wie dicke gelbe Strümpfe an. Was meine Flinte anbelangt, so habe ich angefangen, sie mit dem Messer zu reinigen und zu entrosten. (Schicke mir doch zu diesem Zweck ein Stück feines Schmirgelpapier von 20 mal 20 cm; es ist unentbehrlich.)

Wie steht's mit Dir? Wenn Du Dich zu sehr langweilst, mußt Du nach Paris zurückkehren. Was mich angeht, kannst Du jedenfalls ganz beruhigt sein. Ich führe das ruhigste und am wenigsten gefährdete Leben, das man im Felde führen kann. Es ist der Krieg des Belagerns und Wartens. Seit einem Monat hat es hier nur einen einzigen Verwundeten gegeben; der arme Teufel hatte sich beim Gewehrreinigen durch den Fuß geschossen!

Ganz der Deine

Ich lasse mir die Haare mit der Maschine schneiden.

Ploisy, 4. Januar 1915

Mein angebetetes liebes kleines Herz, heute morgen erhielt ich zwei allerliebste Briefe von Dir. Sie waren „im Felde" adressiert, und der neueste war vom 24. Dezember. Sicherlich wirst Du noch alles bekommen, was ich Dir geschrieben habe (seit meiner Abreise bisher *mindestens einmal am Tage*), aber ich sehe, daß es beträchtliche Unregelmäßigkeiten bei der Zustellung gibt. Ich habe auch das Paket Nummer 3 bekommen, das eine Dose Konserven und gemahlenen Kaffee in einer runden Schachtel enthielt. Das ist schön und gut, das Hühnchen werde ich heute und morgen seiner Bestimmung zuführen; hinsichtlich der Diät bin ich von äußerster Vorsicht, je besser ich mich fühle, desto mehr achte ich darauf, daß ich nicht abweiche. Ich esse mit den Unteroffizieren, die mich an ihrem Tisch aufgenommen haben. Diese Unteroffiziersmesse ist in einem kleinen Haus (sehr ähnlich dem von Madame Policand in Aumont) untergebracht. Wir haben eine Petroleumlampe, und der Herd heizt. Wenn ich aus der düsteren und etwas feuchten Scheune komme, in der ich schlafe, finde ich diese Wärme und diese Beleuchtung unendlich angenehm. Diese Herren aber verschlingen dicke Fleischstücke, fette Suppen und scharfe Gewürze, also nehme ich von ihrem Menü nur weniges zu mir. Heute, beim Mittagessen, Makkaroni; gestern abend Kartoffelpüree, und das war recht fett. Die Grundlage meiner Ernährung ist der Tee, den man mir hier bereitet, die Kondensmilch (gestern, als ich um 11 Uhr von einem Marsch zurückkam, aß ich eine exquisite Milchsuppe); und schließlich das Hühnchen, das Du mir schickst. Aber ich darf nicht zuviel essen, und noch bin ich gut versehen. Schick mir keinen Kaffee. Davon bekomme ich hier soviel ich mag. Doch möchte ich wiederholen – in einem Brief, glaube ich, den Du sicherlich jetzt erhalten hast, bat ich Dich schon darum –, daß mir ein Paket Maryland-Tabak

mit einem Kautschukbeutel sehr willkommen wäre. Der Branntwein wird gut aufgenommen werden, verlaß Dich darauf, und bedanke Dich in meinem Auftrag recht herzlich bei den freundlichen Vettern, die mir dieses schöne Geschenk machen. Nachts, im Schützengraben wird er mir gute Dienste tun. Aber ich muß sagen, bis jetzt ist mir nicht nur niemals kalt gewesen, sondern habe ich schon eher zu viele warme Sachen bei mir. Ich trage nur die leichte Wollmütze mit den Ohrenklappen, die Brustwärmer und Papierwesten liegen noch unangetastet und zusammengefaltet. Die Belastung ist im Moment ein zweitrangiges Problem. Wir befinden uns in Ruhestellung hinter der Front, und es wird einige Zeit vergehen, bevor wir in den Abschnitt zurück müssen. Mach Dir also bitte keine Sorgen.
Das Dorf, in dem wir sind und das wir beide, Du auf dem Drahtesel und ich auf X., eines Tages miteinander wieder aufsuchen wollen, ist malerisch und hübsch. Es liegt in einer Senke mit bewaldeten Hügeln ringsum und mit schönen Aussichtspunkten wie l'Ormerond. Als die Deutschen kamen, haben viele Einwohner den Ort verlassen. Überall: auf der Hauptstraße, die ihn durchquert und die am Gemeindeamt (von der Größe einer Familiengruft) vorüberführt, in den Höfen und auf den Nebenwegen etwas schlampig gekleidete, ungepflegte Soldaten in Wollkappen, Sweatern, Feldmützen und sogar mit Fez. Ihr Gewimmel belebt die Landschaft eigenartig und paßt gut ins Bild. Hält man sich aber an ihre unbekümmerte Fröhlichkeit, an ihre Rufe und Gesänge und an ihr einziges, allen eigenes Anliegen, die Feldflasche, die sie am Leibe hängen haben, mit „pinard" zu füllen (das ist der übliche Ausdruck beim 231.), möchte man eher meinen, man habe Soldaten beim Großen Manöver vor sich, nicht aber im Kriege.
Jeder sucht „sich etwas zu organisieren", das heißt, nicht nur etwas zu trinken zu kriegen, sondern auch besser als die übrigen zu essen und sich für bares Geld Annehmlichkeiten zu verschaffen. Das ist nicht leicht, denn das Dorf ist ausgeplündert, und die militärischen Vorschriften sind überdies streng. Ein armer Teufel hat Gänse, Kaninchen und eine Uhr gestohlen – er wird vermutlich erschossen werden!
Heute morgen machten wir einen Übungsmarsch, mit der

gerollten Decke um den Hals und einem einzigen Brotbeutel an Stelle des Tornisters. Auf diese Weise werden wir an die Front marschieren, denn man hat eingesehen, daß bei einem Marsch mit dem vollgepackten Tornister – auch wenn es sich hauptsächlich um Soldaten von sechsundzwanzig bis dreißig Jahren handelt – zahlreiche Ausfälle unvermeidlich wären. Die Landwehr ist beim 231. kaum vertreten. Mit Vergnügen stellte ich fest, daß ich die Anstrengung so gut wie jeder andere vertrug und daß ich der Situation vollkommen gewachsen bin. Auf dem Stroh schlafe ich vorzüglich und friere da nicht im geringsten, und der Schnupfen, den ich bei meiner Ankunft hatte, läßt eher nach, und bald werde ich ihn los sein. Wie Du siehst, bin ich nicht unglücklich, und in den zehn Tagen, die ich an der Front bin, habe ich kaum zu klagen gehabt – es sei denn darüber, von Dir getrennt zu sein. Noch ganz gerührt von Deinen zärtlichen und guten Briefen, schließe ich Dich in meine Arme. Du glaubst gar nicht, wie sehr mich die Erinnerung und die Hoffnung auf Dich aufrecht halten.

Der Deine

Ploisy, Dienstag, 5. Januar 1915

Meine schöne kleine Liebste, ich bin entsetzt, wieviel Zeit die Briefe für die Strecke von Anduze bis hierher und umgekehrt brauchen. Heute morgen bekam ich zwei Briefe von Dir: den einen vom 27. Dezember, den anderen vom 28. Dezember, und zu diesem Zeitpunkt hattest Du noch immer nicht meine neue Adresse. Ich hoffe, sie hat Dich bald darauf erreicht und steht dann auf Deinem nächsten Brief. Sicher ist, daß in Paris, wo Du vielleicht schon sein wirst, wenn Du dieses Zeichen bekommst, der Postverkehr mit der Front viel zügiger verläuft ... Ich befinde mich nämlich in der Nähe von Soissons: Das darf man, scheint es, diskret andeuten. Ich stieg in Vierzy aus dem Zug und kam in Vauxbuin ins Quartier. Von dort zogen wir durch Soissons und kamen in die Schützengräben von Vauxrot, und mein Regiment ist zur Zeit in Ploisy einquartiert. Auf einer Generalstabskarte kannst Du diese Orte finden. Nicht daran zu denken, daß Du kommen könntest. Das Regiment ist zu beweglich, es ist bald hier, bald dort. Daß ein Soldat

für sich allein nach Soissons führe, kommt nicht in Betracht, und in den Ortschaften, wo wir uns zeitweilig aufhalten, kann man unmöglich wohnen. Alles ist von der Truppe requiriert und vollgepfropft. Im übrigen finden ständig beträchtliche Truppenbewegungen statt, Artillerie, Kavallerie, Versorgungskolonnen, und alles wird bewacht wie eine Kaserne. Strengstes Verbot, den Standort zu verlassen: Obwohl wir zum Grabendienst in regelmäßigem Turnus herangezogen werden, müssen wir jeden beliebigen Moment zum Aufbruch bereit sein. Niemand weiß am Morgen, was wir am Abend tun werden, nicht einmal die Offiziere. Mehr noch, wenn wir uns in Marsch setzen, wissen wir nicht, wohin es geht. In Vauxbuin meinten wir so sicher im Quartier zu bleiben, daß ich, wie ich Dir schrieb, einen Packen Sachen dort zurückgelassen habe – und beinahe hätte ich sie nicht mehr wiedergesehen. Du siehst, unter diesen Umständen ist der so hübsche und so liebe Gedanke, in meine Breiten zu kommen, so undurchführbar wie nur möglich. Sollte sich jemals eine Gelegenheit bieten, werde ich sie sofort ergreifen, Du kannst Dich auf mich verlassen! ...
Heute unternahmen wir einen längeren Marsch als gestern. Morgen früh, um 7 Uhr 45, fangen wir wieder an. Schmutziges und regnerisches Wetter. Dort auf dem Boden des Kessels, in dem sich der Nebel häuft. Schöne Abfahrten für Fahrräder – Du wirst das später einmal sehen. Freilich, später einmal – man muß auf alles gefaßt sein – sind wir beide vielleicht Erforscher des Mississippi oder Würdenträger am japanischen Hof.
Ärgerlich, daß Ariel bösartig geworden ist; das sind nun die Nachteile, wenn man Kinder im Internat statt innerhalb der Familie aufziehen läßt. Die Dressur betreffend, die Du versuchen willst, erinnere ich Dich daran, daß es heißt, die Collies müsse man mit Güte behandeln und niemals hart anfassen.
Ich küsse Dich ganz zärtlich.

Der Deine

Wie hat sich Hachette beim Monatsabschuß verhalten?

Vauxrot, 11. Januar 1915

Liebe Kleine. Seit Anfang des Krieges, Albi eingeschlossen, habe ich Dir nun zum erstenmal nicht täglich geschrieben. In diesen zwei Tagen – gestern und vorgestern – war das wahrhaftig nicht zu machen, so sehr hat man uns diesmal im Schützengraben in Anspruch genommen. Dieser Dreck, dieser Morast, diese Nachtmärsche durch die Schlammlöcher! Du kannst es Dir einfach nicht vorstellen. Ich habe Notizen gemacht, um alles im einzelnen zu Papier zu bringen; ich will es mit klarem Kopf, im ersten Augenblick unserer Freizeit, tun. Gegenwärtig aber werden wir noch ganz gehörig herumgestoßen. Kaum liegen wir, müssen wir aufstehen, kaum aufgestanden, abmarschieren. Was für ein Dasein! Heiliger Bimbam! Hätte man das nicht durchgemacht, könnte man sich einen so krassen Gegensatz zur Bequemlichkeit nicht vorstellen.

Dein kleiner Soldat

Crouy, St. Germain, 13. Januar 1915

Meine liebe kleine Fee, wie Du sehen kannst, schreibe ich Dir auch diesmal wieder in einer maßlos unbequemen Lage. Das Leben im Feldlager ist nun mal nicht anders! Freilich, meinen Füllhalter habe ich in der Tasche, er enthält auch noch Tinte, und ich könnte mich notfalls besser einrichten – aber es besteht die Anweisung, feldmarschmäßig ausgerüstet in den Unterkünften zu bleiben, und so fiele es mir nicht leicht, den ansehnlichen und durcheinandergewürfelten Inhalt meiner Taschen hervorzukramen.
Es geht mir gut – besser als ich in Anbetracht der Strapazen und der unregelmäßigen Ernährung erhoffen konnte. Infolge von Verlegungen der Kompanie bekomme ich seit ein paar Tagen keine Päckchen mehr. Auf Wiedersehen, meine Liebste. Bald kommt ein längerer Brief, sauberer und weniger flüchtig.

Der Deine

Rozières, 14. Januar 1915

Mein lieber kleiner Spatz. Da sind wir nun endlich in Ruhestellung, und diesmal für eine ganze Weile. Diese Woche ist es heiß hergegangen, wir haben die Granatsplitter bedrohlich um unsere Ohren pfeifen hören, und gewisse Augenblicke sind hart gewesen. Diese ganze fürchterliche Woche – der Teufel soll sie holen! – haben wir kaum geschlafen und fast nichts gegessen. Das Regiment hat schwer gelitten, ist aber für seine gute Haltung im Tagesbefehl lobend erwähnt worden, und ich bin wegen Erfüllung einer Aufgabe, die einige Gefahr mit sich brachte, zum Gefreiten vorgeschlagen. Uff, das ist jetzt vorüber, die ganze Division ist durch eine andere ersetzt worden, man hat uns nach hinten gebracht, und wir übernehmen wieder unsere Rolle als Ersatz in Reservestellung. Heute morgen erst, hier in Rozières, bekomme ich Pakete und Briefe. Deine Sendung aufzumachen hat mich freudig gerührt und bezaubert. Es ist das sechste Paket, glaube ich: Du siehst, es hat immerhin nicht allzu lange gebraucht. Den alten Treberschnaps habe ich freilich noch nicht bekommen; heute erhielt ich das Paket mit Zucker, Feigen, Nougat usw. … Einfach großartig, mein Liebes!

Vorgestern, Dienstag, gegen 5 Uhr, dachte ich daran, daß Du gerade in Paris eintrafst, und ich folgte Dir in Gedanken. Darüber vergaß ich den Regen, die Kälte und die Trübseligkeit des Abends in diesen zur Hälfte demolierten Dörfern, die jämmerlich anzusehen sind. Dabei ist es erstaunlich, wie gut es mir geht. Mein Schnupfen heilt aus – ist nahezu ganz ausgeheilt … Heller Tabak, Briefpapier, Huhn – und der Treberschnaps – das ist alles, was ich mir für den Moment wünsche … Und ich wünsche mir, Dich zu sehen, zu sprechen, in meine Arme zu nehmen und zu küssen, aber das, was ich am meisten auf der Welt ersehne, liegt leider noch in weiter Ferne. Die militärische Lage in unserer Region ist nicht sehr gut – zumindest, wenn man den Gerüchten, die bis hierher gelangen, Glauben schenkt –, und das Resultat der Kämpfe, die eben stattfanden, wird sein, daß auf beiden Seiten jegliche Offensive gebremst oder gar zum Stillstand gebracht wird …

Ich bitte Dich, teile mir mit, was Hachette getan hat, ich bin aufs äußerste beunruhigt, und erzähle mir im einzelnen, wie Du in Paris die Zeit verbringst. Macchiati hat mir eine liebe Karte geschrieben. Bravo für Zezzos[4]!

Dein Soldat, der Dich anbetet

Buzancy, Freitag, 15. Januar 1915

Meine Liebste. Dekorationswechsel. Wir befinden uns in einer großen, hohen Grotte, die tief und labyrinthartig ins Innere führt und zu einem Schloß gehört. Wo wir sind, ist es feucht und finster. Im Schein kleiner Wachslichter kann man uns wie Gespenster durch diese dunklen Säle und Verbindungsgänge wimmeln sehen. Es ist etwas unheimlich. Man weiß nicht, wie spät es ist: ob 2 Uhr nachmittags oder Mitternacht. In Wirklichkeit ist es gerade $7^1/_2$ Uhr abends. Das Quartier in Rozières haben wir heute morgen verlassen. (Dort schliefen wir auf einem Dachboden, zu dem man nur über eine Leiter und durch eine Luke gelangen konnte, die so eng war, daß wir unser Zeug abschnallen mußten, um 'rein und 'raus zu kommen.) Doch werde ich auch in dieser Grotte gut schlafen, seit fast einem Monat, den ich im Felde bin, schlafe ich überall gut: auf Steinpflaster, in Granattrichtern, auf der schlammigen Erde von Böschungen, in Scheunenwinkeln, in Kellern und unterirdischen Räumen, mit und ohne Stroh. Wie relativ doch alles ist: Ein Bündel Stroh für die Nacht zu haben, ist für mich heute der Gipfel des Komforts. Die Aussicht auf ein Bett ist in so weite Ferne gerückt und so unerreichbar, daß ich nicht einmal daran denken kann. Es ist wahrhaftig ein schweres Handwerk, aber gewiß mehr durch Arbeitskommandos, ärgerliche Vorkommnisse und kleine Enttäuschungen hinsichtlich der Unterkünfte als durch Strapazen und Gefahren, die für den Augenblick völlig ausgeschaltet sind.

Von dem unglücklichen Ausgang der Schlacht, in der uns das rechte Ufer der Aisne verlorenging, hast Du wohl in der Zeitung gelesen. Ich war mit einem Teil des 231. in Crouy und habe an dieser Schlacht und an dem Rückzug teilgenommen. Wie war das alles organisiert! Was gäbe es nicht alles darüber zu sagen! Aber das ist nicht der Augenblick dafür. Wir wollen später darauf zurückkommen.

Ich bin die ganze Zeit bei Dir. Ich versuche mir vorzustellen, was Du zu diesem und jenem Zeitpunkt tust, und diese Vorstellung rührt und erwärmt mich, während ich über den Kontrast lächeln muß, der zwischen dem Gebrauch besteht, den wir von unserer Zeit machen. Ich hoffe, der nächste Brief von Dir kommt aus Paris, und dann kannst Du mir von unsern Angelegenheiten berichten und auch sagen, wie

Du Dein Leben einrichtest, damit ich Dir genauer mit meinen Gedanken folgen kann. Erzähle mir auch, wie Du gekleidet bist! Mich würdest Du nicht wiedererkennen. Meine blaue Hose ist zerfetzt, mein Mantel zerrissen, meine Gamaschen – von denen ich befürchtet hatte, ihr Lack wäre zu schön – sind untilgbar gelb geworden. Meinen Brotbeutel habe ich verloren – doch glücklicherweise enthielt er nichts Wichtiges: ein Paar Socken (schicke mir andere); auch meine Feldflasche, meinen Trinkbecher und mein Feuerzeug habe ich verloren (ein neues Feuerzeug, bitte); für das übrige werde ich Ersatz schaffen. Seit vierzehn Tagen bin ich – auf Befehl – nicht mehr aus den Kleidern gekommen. Mein wasserdichter Nackenschutz ist nicht mehr wasserdicht, er ist nämlich zerrissen. Schicke mir kein Unterzeug. Ich bin fast zu reichlich damit versehen. Im Grunde wünsche ich mir nichts als Hühnerfleisch, hellen Tabak, ein Feuerzeug und ein Täschchen mit Briefkarten.
Ich küsse wieder und wieder Dein geliebtes kleines Gesicht.

Buzancy, 17. Januar 1915

Dieser Brief, meine Liebste, wird Dich sehr schnell erreichen, er wird von einem Evakuierten nach Paris gebracht. Die übrigen Briefe hast Du wohl noch nicht bekommen. Ich fasse zusammen: Nach der Schlacht von Crouy, die eine Woche lang Tag und Nacht gedauert hatte, wurden wir in die Grotten des Schlosses Buzancy in Ruhestellung gebracht. Wir leben bei Licht wie die Höhlenmenschen. Vorgestern bekam ich von Dir ein Paket mit Feigen, besonders aber mit Zucker. Gestern drei Briefe, darunter Deine erste Postkarte aus Paris. Heute morgen einen netten Brief vom 11., der graue Briefkarten enthielt. Was hat Hachette in bezug auf das Geld getan? Schicke mir Hühnchen, Feuerzeug (verloren) und Schmirgelpapier (einen kleinen Bogen). In Eile. Ich küsse Dich, wie ich Dich liebe.
Den Treberschnaps habe ich nicht erhalten.

Petit Courmelles bei Vignolles, 19. Januar 1915, 4 Uhr
Zweiter Brief von heute

Liebe, liebe Kleine, wie gut mir Deine Briefe tun, und wie glücklich macht es mich mitten in den Daseinsnöten eines Frontsoldaten, daß Du beständig an mich denkst! Diese Nöte haben heute, genaugenommen, eine sehr ernsthafte Unterbrechung erfahren. Ich habe mich mit reichlich Wasser gewaschen, habe die Wäsche gewechselt, mich sogar rasiert, und, was außergewöhnlich ist, wir haben seit heute morgen Ruhe im Quartier. So ein Tag frischt einen wunderbar auf. Morgen, vielleicht schon heute nacht, werden wir wieder die Gräben besetzen, aber einen Vormarsch werden wir so bald nicht mehr – vermutlich nie mehr – unternehmen. Der klägliche Ausgang der Schlacht, mit der wir eben das rechte Ufer der Aisne verloren haben, hat das Oberkommando klug gemacht. Nun kommt es darauf an, die durch das Ufer geschützten, festen Stellungen auszubauen und sich da zu behaupten. Hier – in Vignolles – werden Geschützbatterien eingesetzt. Wir werden das rechte Ufer beschießen, und das wird heute nacht ein schönes Getöse geben. Eine gewaltige Bewegung von Truppen furcht die regenglänzende Straße. Es ist ganz wie auf einem Bild von Neuville[5]: Die Artilleriekolonnen, die Infanteristen, die Radfahrer, Melder und Krankenträger ziehen in zusammengestoppelter Ausstaffierung vorüber. Manche haben kaum noch etwas von einer Uniform am Leibe. Samthosen, khakifarbene Leinenhosen, Kapuzen in verschiedenen Farben, unterschiedlich aufgetürmte, stets aber monumentale Tornister bilden malerische und einprägsame Tupfen. Die Fouriere sind um die Versorgung bemüht. Man sieht Arbeitskommandos mit Leinwandeimern nach Wasser gehen, mit Holz – sie tragen große Reisigbündel, die sie im Wald zusammengelesen haben – und mit Stapeln von Brotlaiben auf den Armen.

Ich selber bin noch immer in der Küche à la Hurier. Eben habe ich meinen Gummimantel an Dich abgeschickt, das Biest wiegt zuviel, wird aber in Aumont gut zu brauchen sein und damit gerettet; denn im Krieg nutzen sich die Sachen mit bestürzender Geschwindigkeit ab. Meine blaue Hose ist zerlumpt. Mein blauer Käppiüberzug ist ausgeblichen und grünlich. Ein geschickter Soldat hat mir meinen im Stacheldraht zerfetzten Mantel wieder zusammengenäht. Allein meine Stiefel haben wunderbar gehalten. Nicht einen Augenblick bekam ich nasse Füße, wenn ich auch gelegentlich durch Bäche von Schlamm und durch solchen Morast waten mußte, daß ich Mühe hatte, den Kolben meines Gewehrs herauszuziehen. Meinen Nackenschutz aus Englischleder trage ich noch, doch ist er recht ausgefranst und mit einer Sicherheitsnadel zusammengesteckt. Schicke mir trotzdem keinen andern, ich kann ihn noch sehr gut gebrauchen.

Von einem Hilfswerk habe ich eine ganz leichte Kapuze aus Ölleinen bekommen, die mich besonders gut vor Regen schützt, zugleich sehr handlich ist und in die Tasche gesteckt werden kann – ebenso einen Trinkbecher und eine Feldflasche aus Aluminium. Deinem Rat folgend, habe ich meine Spirituslampe auf Trockenspiritus umgestellt, den Du mir letzthin geschickt hast, und ich wünsche mir vor nächster Woche nichts mehr in dieser Richtung. Ein Hemd, eine Unterjacke, eine Unterhose und einen Flanellgürtel lasse ich hier von einer Frau waschen und Dir das Ganze schicken, sobald es sauber ist. Die Flasche Schnaps, glaube ich, ist abhanden gekommen! Da ist nichts zu machen. Ein wenig Tee, bitte, und gummiertes Zigarettenpapier. Ich bin geschoren und lasse meinen Ziegenbart wachsen.

Vignolles, 21. Januar 1915

Liebes Kind. Noch immer bin ich in dem glückseligen Genuß des Quartiers in Vignolles. Heute morgen habe ich ein weiches Ei gegessen! Ich habe mich rasiert! (Den Ziegenbart nicht.)

Doch ich muß bei der Aufzählung meiner Wonnen innehalten. Ich bekomme ein Schreiben vom 17. Januar, in dem Du mir mitteilst, Du hättest nach sechs Tagen endlich von mir gehört. Das ist unvorstellbar! Ich wiederhole: Seit wir voneinander Abschied genommen haben, habe ich Dir, dreimal ausgenommen, täglich geschrieben. In Briefen, die lange abgeschickt sind, habe ich Dir Einzelheiten mitgeteilt. Ich fange noch einmal damit an: Seit meiner Abreise an die Front in der Umgebung von Soissons lagen wir in Vauxbuin, Rozières, Buzancy und in Vignolles (wo ich jetzt bin) in Quartier. Wir gingen wiederholt über die Aisne, um die Gräben von Vauxrot zu besetzen. Sieben Tage und sieben Nächte lang nahm ich an der Schlacht von Crouy teil, wo mein Regiment stark dezimiert worden ist. Diese Schlacht fand vom 8. bis zum 15. statt. Ich habe überhaupt nichts abgekriegt und befinde mich sehr wohl. Ich soll zum Gefreiten befördert werden, weil ich auf dem Schlachtfeld von Crouy eine ziemlich gefährliche Aufgabe erfüllt habe. Jetzt haben wir das rechte Aisne-Ufer verloren, wir werden unsere Position befestigen und einen Stellungskampf mit Beobachtung und Postenstehen führen und keine Vorstöße mehr riskieren, wie dieses fatale Unternehmen von Crouy. Es ist also abzusehen, daß es ruhiger wird. Das wär's. Noch einmal: Ich schreibe Dir getreulich jeden Tag – und auch häufiger, wenn ich kann.

Schützengräben von Saint-Paul, 23. Januar 1915, 2 Uhr

Ich schreibe Dir, mein Mädelchen, aus einer kleinen im Schützengraben gelegenen Bude oder „Guitoune", wo wir es zwar nicht sehr warm haben, denn in der vergangenen Nacht und heute ist es hundekalt geworden, wo wir aber wenigstens in Deckung sind, bis wir dann von 3 Uhr nachmittags bis 7 Uhr morgens die Wache übernehmen werden. Unter dem schrägen Dach sitze ich, so gut es geht, und mit dem Kopf berühre ich die Balken dieses Daches. Ich fand ein altes Sitzkissen aus einer Kutsche oder aus einem Taxi, und darauf sitze ich. Eben habe ich Suppe und Schweizerkäse – aus der Mannschaftsverpflegung – und Deine Erdbeerkonfitüre verzehrt und meine Feldflasche, die Milch enthielt, mit einem Rest Kaffee aus einem Leinwandeimer aufgefüllt, den ich in der „Guitoune" aufspürte. Ausstaffiert ist dieser Unterstand mit etwas Heu, das schon spärlich und schmutzig geworden ist, weil hier ununterbrochen so viele Soldaten durchkommen, und mit einer Unzahl von Überresten aller Art: alten Kochgeschirren, Deckeln, Brotbrocken, Patronenhülsen, Leinwandfetzen, Holz, Eisen, Kohle, Schotter. Überall ringsum hören wir Geschosse in die Mauern, Türen und Fensterscheiben der armen Fabrik einschlagen, in der wir uns befinden und die – Ironie des Schicksals! – eine Heizkörperfabrik ist: Bei Tage Feuer anzumachen, ist uns untersagt, denn der Rauch könnte zur Entdeckung des Unterstands führen; Rauchen hingegen darf man am Tage, nicht aber bei Nacht. Also habe ich eben eine Zigarette aus dem Maryland-Tabak gemacht, den ich von Dir geschickt bekam, und dann eine von einem Kameraden spendierte „Señoritas". (Apropos – vergiß nicht die „Sénateurs" und das gummierte Zigarettenpapier und auch nicht, wenn Du magst, eine Packung „Señoritas".) In einer Stunde nun werden wir, einzeln und einer hinter dem andern, hinaustreten und uns ganz vorsichtig, mit einem Brett über dem Kopf, vor einer Schießscharte im Graben postieren. Dort bleiben wir dann die ganze Nacht. Wir werden es aber besser als in der vergangenen haben, in der wir die fünf oder sechs Grad unter Null ohne jeden Unterstand aushalten mußten. Die Mützen, Flinten, Tornister waren heute morgen weiß vom Reif. Wir werden Augen und Ohren offenhalten, um uns zu überzeugen, ob die Deutschen, vom Gott der Finsternis begünstigt, nicht versuchen, sich massiert, als Spähtrupp oder einzeln (mit Handgranaten) zu nähern. Sehr wahrscheinlich werden wir feststellen, daß nichts Derartiges geschieht. Gewiß werden wir keinen einzigen Gewehrschuß abgeben. (Es besteht die Anweisung, nur auf sichtbare und erreichbare Ziele zu feuern.) Die *boches*[6] hingegen geben grundsätzlich eine beträchtliche Zahl von Schüssen ab, um das Vorfeld abzuklopfen und zu bestreichen und Überraschungen zu vereiteln. Wir werden Geschützfeuer zu hören bekommen: Abschüsse (unserer Kanonen) oder Einschläge (ihrer Granaten). Morgen früh, bei Tagesanbruch, sollen wir, um zu essen und ein Weilchen zu schlafen, entweder zurück in diesen Unterstand oder auch in den Keller im Hause des Fabrikdirektors kommen und gegen Mittag wieder die Grabenwache übernehmen. So wird das bis zum Dienstagabend weitergehen, an dem wir dann, vorsichtig einer hinter dem andern und abseits vom Wege, unsere Unterkunft in Vignolles – oder anderswo – am linken Aisne-Ufer aufsuchen werden. Dort sollen wir in relativer Bequemlichkeit, die uns wie das Paradies erscheinen wird, vier Tage liegenbleiben, und dann fangen wieder vier Tage Schützengraben für uns an. Dieses Dasein ist für das 231. das normale Leben. Durch den

Handstreich von Crouy ist es, wegen der von uns eröffneten Offensive, nur unterbrochen worden. Crouy aber war eine Lektion, die unserer Führung vielleicht die Lust an weiteren Offensiven an dieser Stelle nehmen wird, und überdies ist es nicht Aufgabe des Regiments, in der vordersten Linie zu kämpfen. Das hat es ausnahmsweise getan – zum erstenmal seit dem 13. September. Der Zufall hat es gewollt, daß ich zu dieser Abreibung gerade recht kam. Doch man kommt uns holen. Bevor ich meinen Brief einem Heimkehrer anvertraue, schließe ich Dich von ganzem Herzen in die Arme.

Der Deine

Schützengräben von Saint-Paul, 24. Januar 1915

Meine kleine Hübsche, meine kleine Schöne, heute habe ich zwei Pakete erhalten! Das geschah im Graben, die Pakete wurden heute morgen bei Tagesanbruch auf den Rand gelegt. (Ein sehr bequemer Graben übrigens: Da wir uns noch immer in der Heizkörperfabrik befinden, liegt eine Mauer vor ihm, und falls man nicht aus dem schützenden Mauerschatten tritt, kann man ihn leicht und gefahrlos verlassen.) Dieses Huhn und der kleine Schinken, famos! Heute hat mir die Kompanieverpflegung genügt: Reis, Schweizerkäse und Schokolade. Morgen will ich eine von den Dosen anbrechen und sogar leeressen, übermorgen, falls ich in der Verpflegung nichts zu schnabulieren finde, beginne ich vielleicht mit der anderen. Ich ernähre mich, wie Du Dir denken kannst, sehr gut. Zu gut sogar; heute habe ich ein wenig Magenschmerzen und werde unverzüglich Maßnahmen treffen: Diät. Annie hat mir Milch und Zigarren geschickt (sechs Havannazigarren). Den ganzen Tag lang habe ich die deutschen Stellungen mit dem Feldstecher beobachtet, man kann da absolut nichts auftauchen sehen.

Das zweite Paket von Dir, Liebling, enthielt leider eine unnütze blaue Hose; die meine ist mir ersetzt worden. (Ich müßte es Dir inzwischen geschrieben haben.) Unmöglich, sie Dir zu schicken. Sie auf dem Rücken mitzuschleppen, wird mir zu schwer; ich habe sie meinem Feldwebel geschenkt. Sie war übrigens etwas zu kurz und reichte nicht bis zu den Gamaschen. Diese Geldausgabe habe ich bedauert, und ich war tief betrübt bei dem Gedanken, daß Du Dir, wie Du mir schriebst, die Metro versagst, weil sie zu teuer ist.

Die vergangene Nacht haben wir befehlsgemäß im Schützengraben verbracht. (Noch zwei Nächte, und dann winkt die Ruhepause in der Unterkunft.) Es war weniger kalt als in der Nacht zuvor, und eines war weitaus besser: Der Unterstand lag in nächster Nähe dieses Grabenteils, und ich bin in der Nacht dreimal an das dort – übrigens zu heiß – brennende Feuer gegangen, um mich zu wärmen.

Während ich die Nacht in Frost und Finsternis verbringe, danke ich an Dich und sage mir, daß Du warm im Bett liegst. Diese Vorstellung gehört zu denen, die mir am meisten helfen, die Unannehmlichkeiten der Kälte und des Wachens zu ertragen. Du schreibst mir, meine geliebte Kleine, daß Du Dir Vorwürfe machst, in Sicherheit zu sein, während ich es weniger bin. Wie falsch ist doch dieser Gedanke: Wenn es Dir in gewissen Augenblicken wie mir erginge, würde mich das sehr verdrießen, und zu wissen, daß wenigstens Du annähernd das hast, was Du brauchst, ist eine nette und tröstliche Entschädigung, die mir, ich schwöre es Dir, wohltut. Deshalb mache ich mir Gedanken um Hachette. Ich muß gestehen, daß ich befürchte, Du müßtest auf das eine oder andere verzichten, um mir mehr Pakete zu schicken. Das darf unter keinem Vorwand geschehen. Ich bin schon eher überbelastet und überernährt.

Schreibe mir doch, was Du zu all dem meinst, ja? Laß mich wissen, wie Dein Budget ist; die 500 Francs von der Société des Gens de lettres[7] sind nur für den Moment.

Ganz der Deine

Die Socken und der Nackenschutz kommen wie gerufen! Schicke mir, bitte, gummiertes Zigarettenpapier und, in ein paar Tagen, hellen Tabak. Milch habe ich für den Moment, laß mir erst in ein paar Tagen welche zukommen.

P. S. – Sergeant Médard ist kreuzfidel und schreibt Gedichte.

Gräben von Saint-Paul/Vignolles, 26./27. Januar 1915

Heute bringe ich meinen vierten Grabentag hinter mich. Bald, um 6 Uhr (jetzt ist es 4), löst man uns ab, und wir kehren in die friedliche Unterkunft von Vignolles zurück. Während eines Teiles der vergangenen Nacht, in der wir von 6 Uhr bis Mitternacht und dann von 3 bis 9 Uhr Wache im Verbindungsgraben hatten, bauten wir an einer Stelle, wo er ausgebeult war, eine Sperre. Mit Hacke und Spaten ausgerüstet, habe ich ein Schützenloch ausgehoben. Zwischen Mitternacht und 1 Uhr war ich weit vor den Gräben, an einem Telegrafenmast gleich hinter den Drahtverhauen, auf Horchposten. Da hieß es nun Augen und Ohren offenhalten. Wir waren als Doppelposten eingeteilt; neben mir, Schulter an Schulter, lag ein anderer Soldat, der, den Finger am Abzug, scharf das Vorfeld und die Hügel beobachtete, in denen die Deutschen hocken. Unglücklicherweise hatte es Weinzuteilung gegeben, und mein Gefährte, ein gewisser B., war ein wenig beschwipst. Überall meinte er Schatten zu bemerken, und einmal schien er sogar recht zu haben, denn etwas Schwarzes etwa fünfzig Meter vor uns rührte sich offenbar tatsächlich ein wenig. „Gleich schieße ich!" rief B. leise und machte sich an seinem Gewehr zu schaffen. Instinktiv riet ich ihm, nichts dergleichen zu tun, denn obgleich ich eine Bewegung sah und sogar das Geräusch von Schritten und anderes Verdächtige vernahm, meinte ich doch, ein einzelner Mann oder eine Gruppe des Feindes – Handgranatenwerfer oder Spähtrupp – würden mit mehr Vorsicht zu Werke gehen. B. aber wollte nichts davon wissen, und ich mußte mir gewaltig Mühe geben, den leicht Angetrunkenen in dieser grauen kalten Nacht zu bändigen. Zu meinem Glück! Denn gerade in diesem Augenblick kam ein Korporal bis zu uns nach vorn gekrochen, um uns mitzuteilen, er habe eben erfahren, daß ein Pioniertrupp im Vorfeld Draht verlege und man nicht schießen dürfe. Oh, wie abgestimmt die Befehle doch sind! Der arme Pioniertrupp ist gerade noch mit heiler Haut davongekommen, und ich habe mir lebhaft zu diesem besonderen Instinkt gratuliert, der mich tatsächlich nicht getäuscht hatte. Der Rest der Wache verlief ohne Zwischenfall, und bis zur Rückkehr in das behagliche Vignolles habe ich endlich nichts mehr zu tun.

Irrtümer aus Nervosität, hervorgerufen durch den Schlafmangel in der Stille und Finsternis der Nacht – die man angespannt zu durchdringen sucht –, sind selten. Dennoch habe ich ihre unangenehmen Wirkungen bereits in Crouy zu spüren bekommen: Eines Nachts, nachdem wir Bohlen und Sandsäcke vor unsere Gräben und nahe an die deutschen Gräben geschleppt hatten, wurden wir bei der Rückkehr von den Franzosen, vor deren Gräben wir auftauchten, aus unmittelbarer Nähe mit einer Gewehrsalve empfangen. In der Verwirrung und Hast schossen sie glücklicherweise zu hoch, aber, meine Liebe, allein schon das Geknatter, das Pfeifen, ja Jaulen!
Ein Trommelfeuer? Eine entsetzliche Sache, eine Schrekkensvision, von der man sich nur eine Vorstellung machen kann, wenn man wirklich im Feuer der Schrapnells und Aufschlaggeschosse (Sprenggranaten mit Kugelfüllung und gewöhnliche Granaten) liegt. Das ist uns am Freitag, dem 8., und am Samstag, dem 9., in der ersten Phase der Operationen um Crouy passiert. Wir waren vom Großen Steinbruch aufgebrochen. Er war damals das Zentrum des Grabennetzes, gleichsam das Herz in diesem Wirrwarr von Laufgräben und Schlauchgängen, das wir auf dem ausgedehnten sanften Abhang des rechten Aisne-Ufers angelegt hatten und das, nur über Soissons und die einzige Brücke dieser Stadt erreichbar, die Orte Cuffies, Crouy, Saint-Paul, Saint-Waast, Saint-Médard usw. umfaßt. Als es dunkel wurde – und zu regnen begann –, erstiegen wir die Hänge und gingen quer durch das Gelände in Richtung auf die deutschen Gräben, die am Morgen von den Marokkanern erobert worden waren und nun besetzt und bei einem möglichen Gegenangriff verteidigt werden mußten. Durch Dreckpfützen, auf unwegsamen Pfaden, mit Schlamm bis zu den Waden und mit ähnlichen Geländeschwierigkeiten in pechschwarzer Nacht, so daß jeder Soldat wohl mehrmals lang hin in den Schlamm fiel, und auch sehr langsam, weil wir jeden Moment ausweichen und, sei es den Durchzug anderer Soldaten, die uns begleiteten oder kreuzten, sei es … man wußte nicht was – abwarten mußten, langten wir auf einer lehmigen, mit Granattrichtern übersäten Ebene an – und dort blieben wir dann, flach auf dem Bauch, vier oder fünf Stunden liegen. Es regnete, es wehte ein eisiger Wind,

und wir schwammen im Dreck. Von Mal zu Mal, wenn wir Stellung wechseln mußten, hatten wir Mühe, unsere Füße und selbst den Gewehrkolben aus der aufgeweichten Erde zu ziehen. Aus den deutschen Stellungen ging von einem Moment zum anderen eine Leuchtrakete hoch. Dann galt es, „volle Deckung“ zu nehmen und in völliger Unbeweglichkeit zu verharren. Wir waren den Deutschen schon ganz nahe und wären, hätte man uns erspäht, vernichtet worden. Um halb 12 endlich, als der Mond aufging, ließ man auch uns aufstehen und auf unsicherem Gelände ein wenig weitergehen. Diese Nacht war so entsetzlich gewesen, weil wir ohne Deckung lagen und die Eindrücke im Dunkeln immer heftig sind. Später erfuhren wir, man habe uns in der Patsche sitzenlassen, weil die eroberten Gräben schon von den anderen Kompanien voll besetzt waren und es keinen Platz mehr für uns gab. Kurzum, erst bei Morgengrauen kommen wir in den deutschen Graben, der niedrig und schlecht gebaut ist. Dort geht jeder an seinen Platz, und der Tag bricht an. Um 10 Uhr beginnen die Deutschen ihre Gräben zu beschießen. Dieses Bombardement ist eines der fürchterlichsten seit Kriegsbeginn. In das ohrenbetäubende Lärmen der harten, dumpfen oder gellenden Detonationen, deren Echo aus allen Richtungen widerhallt, mengt sich das Pfeifen und Einschlagen von Kugeln, das Ächzen der vorübersausenden Granaten: ein Brüllen und Jaulen, genau gesagt, und ein Keuchen wie von Lokomotiven in voller Fahrt. An allen Seiten sah man die weißen Explosionswolken hervorschießen und aufsteigen, gefolgt von den schwarzen Erdwolken, die überall in die Luft flogen. Wir hatten keine Unterstände. Ich kauerte auf der Rückseite des Grabens und hielt meinen Brotbeutel über den Kopf. Rings um mich her, ganz in der Nähe, sah ich Kameraden, denen der Kopf oder der Arm zermalmt wurde oder die von Granatsplittern verwundet waren. Das hat an die zwölf Stunden gedauert! Es war gefährlich, das kann ich Dir versichern! In diesem tobenden Eisenregen, als man jeden Augenblick meinte: „Diesmal bin ich dran!“ – wie sehr habe ich an Dich gedacht! Um 8 Uhr werden wir abgelöst, das heißt, durch eine andere Kompanie ersetzt. Wieder tappen wir, einer hinter dem anderen, durch die Laufgräben, über klebrige, abschüssige Böschungen und auf Pfaden, die sich in Schlammbäche verwandelt haben. Schließlich gehen wir – weil die Gräben verstopft sind und man sich unter der Erde nur langsam durchschlängelt – außen weiter und erreichen, über Tote stolpernd (in der Finsternis faßt man mit der Hand in ein Gesicht, an einen Fuß), den Steinbruch. In diesem Moment sah ich die Sanitäter mit Bahren vorüberkommen. An einer Wegkreuzung, nahe einer Grotte, blieben wir kurz ohne Deckung stehen. Und gerade zu diesem Zeitpunkt ging eine Leuchtrakete hoch, die es ermöglichte, unsern Standort zu bestimmen, und nur wenige Minuten nach unserem Abzug schlugen dort Granaten ein, die acht Todesopfer forderten. Im Steinbruch richten wir uns zum Schlafen in einem Unterstand von einem Meter Deckenhöhe ein. Gegen 11 Uhr werden vierundzwanzig Mann angefordert, die Draht in die Feuerlinie tragen sollen. Wir müssen aufstehen! Wir laufen zur Glashütte von Vauxrot, legen Decken und Brotbeutel ab und schultern, nur mit dem Gewehr ausgerüstet, jeweils zu zweit die stacheldrahtbespannten, hölzernen Verhaue. Leise und im Gänsemarsch ziehen wir mit den großen knirschenden Vorrichtungen ab. Wir transportieren sie auf dem Kamm außerhalb der Gräben. Das war gefährlich, und die Kugeln pfiffen tüchtig. Vermutlich habe ich bei dieser Gelegenheit eine davon in meine Mütze bekommen. Wir kehren zum Schlafen in die Glashütte zurück. Es ist schon halb 5 Uhr, und wir beeilen uns, weil wir befürchten, der Tag überrascht uns und wir werden überrumpelt. Schlechtes Quartier: Steinpflaster mit kaum ein wenig Stroh. Der Brotbeutel dient mir als Kopfkissen. Ich schlafe wie ein Murmeltier bis 8 Uhr. – Übrigens hatte ich auch in der vorangegangenen, denkwürdigen Nacht auf freiem Feld, wenn auch kälteschauernd, am Rande meines Granattrichters geschlafen. Am Morgen meldet sich die Hälfte der Mannschaft krank. Über die besonders mörderischen Stunden, die wir hinter uns haben, wird eine Menge Einzelheiten erzählt – und wir meinen, daß uns endlich Ruhe gegönnt ist ... Aber um 4 Uhr (es war am Montag, dem 11.) wird „Antreten!" gerufen, und nun kommt es an diesem Tage und am nächsten zu einer andern Art von Krieg: Sperren auf der Straße nach Crouy, dann, nach dem ersten Abschnitt des Rückzugs, Straßensperren am Dorfeingang. Es war ganz und gar der klassische Krieg, das Gemälde von Neuville: die mit Stei-

nen verbarrikadierte, von einstürzenden Häusern gesäumte, von Granaten und Gewehrkugeln aufgerissene Straße, auf der von Zeit zu Zeit ein Mann zusammenbricht und Reihen von Verwundeten mit bluttriefenden Gesichtern oder Armen eintreffen, die von Kameraden auf dem Rücken getragen werden. Von unserem Zug war schließlich jeder zweite Mann außer Gefecht. Ein anderes Mal werde ich Dir von den Wechselfällen erzählen, die sich in Crouy ereignet haben. Aber schließlich bin ich sehr gut durchgekommen, hatte ich etwas Glück dabei. Für das Regiment waren diese Tage die ärgsten seit Beginn des Feldzugs. Das 231. hat seit dem 13. September Wachdienst in den Schützengräben gemacht und hat, sofern es überhaupt welche gab, kaum Verwundete gehabt.
Diesen Brief beende ich heute, Mittwoch, dem 27., im Quartier von Vignolles, in das wir für vier Tage zurückgekehrt sind. Ich bin wieder in der Hurier-Küche, ungestört und ausgeruht nach einer ausgezeichneten Nacht.
Heute morgen hatte ich einen Brief von Dir (er ist vom 24. datiert!). Von der Geschichte mit den Zeppelinen und von den Vorkehrungen in Paris habe ich tatsächlich reden hören. Wir hören von so vielen Dingen reden! Du kannst Dir nicht vorstellen, wie bizarr, zusammengeflickt, widersprüchlich und ungeheuerlich die Gerüchte sind, die an der Front kursieren. Im übrigen gibt es jeden Tag neue. Wir nennen sie „Scheißhausparolen". Man redet einander an und sagt: „Letzte Parole: Wir sollen das verschanzte Feldlager von Paris besetzen." – Seit dem Paket Nummer 9 habe ich zwei Pakete, folglich Nummer 10 und 11, erhalten. Ich sage Dir auf Wiedersehen, Liebste. Ich lese nicht mehr durch, sollen die Fehler bleiben, wo sie sind!

Saint-Christophe, Sonntag, 7. Februar 1915

Stell Dir vor, gestern haben wir einen Schützengraben angelegt: Von 6 Uhr abends bis 3 Uhr morgens haben wir „Erde bewegt", wie Napoleon sagte. Man hackt auf, nimmt dann mit dem Spaten die Erde weg und wirft sie zur Seite. Diese Arbeit, in finsterer Nacht ausgeführt, ist im ganzen nicht sehr ermüdend, und heute morgen spüre ich nichts mehr davon, aber langwierig ist sie, weiß Gott. Heute Ruhe. Ge-

stern abend, oder vielmehr heute morgen um 3 Uhr, als wir hereinkamen, waren Briefe für uns da. Nichts von Dir. Gewiß dann heute. Jedenfalls werde ich jetzt mehrere Tage lang kein Paket erhalten, denn nach der neuen Vorschrift sollen Pakete nur noch in den Ruhequartieren ausgegeben werden. Ich verstehe, es ist nicht bequem, mit dem Paketwagen an den gefährdeten Stellen der Feuerlinie herumzukutschieren, aber die Entscheidung ist trotzdem wirklich nicht sehr glücklich; denn gerade, wenn man von den Orten getrennt ist, an denen man das Nötige noch bekommen kann, ist man auf die Sendungen angewiesen, die man der liebevollen Sorge der Abwesenden verdankt. Nun, Vorschrift ist Vorschrift. Die Folge wird sein, daß ich, sobald ich wieder ins Hinterland, in die ruhigen Breiten von X, Y oder Z gelange, zu viele Dinge haben werde. Eben ist es 2 Uhr. Ich denke, daß Du vielleicht in Aumont bist. Unablässig beschäftigt mich die Vorstellung, daß Du eben jetzt das Häuschen in dem halben Durcheinander wiederfindest, in dem wir es zurückgelassen haben, als wir vor nun schon fünf Monaten überstürzt unsere Bündel schnürten. Und auch Kamis, der ein Jahr und zehn Monate zählt, Ariel, der anderthalb, und Lesghine[8], die nun bald sechs Jahre ist. Auch unabhängig von dem Gewicht der Ereignisse machen diese sechs Kriegsmonate bereits eine merkliche Zeitspanne im Dasein aus.
Doch das Wetter ist recht schlecht; in Deiner Gegend vermutlich nicht anders. Bei schlechtem Wetter soll man nicht aufbrechen; die schmutzige und trübselige Gesellschaft des Regens muß man fliehen. Warte geduldig eine günstige Gelegenheit ab.
Nur ein Paket alle vier Tage = vierundzwanzig Francs im Monat. Das reicht, der Rest ist überflüssig. Ich meine das *ganz im Ernst*, das versichere ich Dir!
Auf Wiedersehen, meine kleine Fee.

8. Februar 1915, 8 Uhr abends

Da siehst Du ja, es war die Post, die die Briefe zurückhält, um sie zu bündeln und dann alle auf einmal herauszugeben.
Ich bemerke, daß das Paket 8 hängengeblieben ist, aber die

Irrfahrt des Schnapses beweist mir, daß die Sachen manchmal von weit her wiederkommen. Schiebe also die Absendung der Aluminiumschachtel noch auf: vermutlich finde ich sie an einem dieser Tage neben der würzigen Kastanienkonfitüre und dem Schinken, der vielleicht, wie man sagt, einen leichten Stich haben wird. Ich habe die Stelle im „Intransigeant" bemerkt, sogar vorhin, vor vier Stunden, den Ausschnitt an Dich abgeschickt. Ich las auch im „Journal" den Artikel über die Finanzkrise von Fr. Laur. Ich glaube aber nicht und habe nie geglaubt, daß der Krieg ein Ende haben wird, weil einer der Gegner in finanzielle Schwierigkeiten gerät. Die einzige Lösung – und die ist sicher und endgültig – wäre der Zustrom der drei Millionen Engländer, die Kitchener[9] fordert und die, in hinreichender Menge eingesetzt, die deutsche Front nach Belieben durchbrechen werden. Deutschland ist blockiert und blockiert uns. Rings um diese enorme Masse sind wir, von geringfügigen Punkten abgesehen, überall zum Stehen gekommen, und sie selbst ist zum Stehen gebracht. Die Ergänzung durch eine starke, gut ausgerüstete Armee wird den entscheidenden Ausschlag geben. An Stelle der Japaner, die diesen entscheidenden Beitrag hätten leisten können, werden die Engländer da sein. Es steht außer Zweifel, daß die Deutschen gegenwärtig außerstande sind, uns zurückzuwerfen. Daß sie die Vorbereitungen der Engländer kennen, sich aber nicht rühren und damit ihre einzige Chance verpassen, den Marsch auf Paris wiederaufzunehmen, ist für mich der Beweis dafür; es ist das offene Eingeständnis, daß sie nach dem beträchtlichen Energieaufwand am Ende ihrer Kräfte sind. Sie sind zur Offensive nicht mehr fähig. Und wir, allein mit unsern Kräften, könnten nicht das unternehmen, was als einziges kein allzu großes Opfer an Menschenleben erfordert, nämlich eine bedeutende Offensive, die ausreichend versorgt und klotzig genug wäre, alle verlorenen Positionen mit einem Schlag zurückzugewinnen – an Stelle des „Kleckerns" – Graben für Graben – eines Verfahrens, das kostspielig ist und nie endet. So denke ich darüber. Alles hängt von der neuen britischen Armee ab. Stünde sie jetzt bereit, würde der Krieg nicht lange dauern. Müßten wir aber die Erschöpfung durch Geldmangel abwarten, liefen wir, ungeachtet der theoretischen

Theorien der Schriftsteller, Gefahr, kalte Füße zu bekommen.
Was für schöne Dinge werde ich haben, wenn ich wieder ins Ruhequartier komme! Das System, das darin besteht, die Pakete nur hinter der Front auszugeben, wird mich bei meiner Rückkehr in den Genuß einer reichen Sammlung bringen. Annie schickt mir ebenfalls etwas. Das wird zuviel, wahrhaftig, das wird zuviel! Heute morgen habe ich bei einer Hühnerkonserve zugelangt, die Médard bekommen hat. (Es geht ihm gut.) Heute abend hat es als Verpflegung Milchreis gegeben. Drei Kochgeschirre voll, meine Liebe, habe ich davon gegessen! Ich fresse ungeheuerlich, doch die Diätvorschrift übertrete ich, trotz der Versuchungen, niemals. Ich rauche viel: fünfzig Zigaretten am Tag. Ich werde bremsen. (Ein wenig Maryland, bitte.) Die Thermosflasche ist ein ganz großartiges und wirklich ungewöhnliches Ding! Médard und ich tranken heute früh heißen und dampfenden Kaffee, den wir gestern nach dem Mittagessen eingefüllt hatten. Für den Schützengraben ist sie außerordentlich wertvoll. Soviel über die Joffrette[10], die auch einen hübschen Namen hat.
Mein Haar wächst nach, wie doch die Zeit vergeht! Es ist schon etwa einen Zentimeter lang, ungefähr wie mein Bart. Eine komische Visage, würdest Du sagen. Schrieb ich Dir, daß Lévy der Ansicht war, ich sähe gesund und martialisch aus? Die Vorführung von heute nachmittag war sehr gelungen. Die Soldaten hatten sich als muntere Rothäute und als Frauen verkleidet. Es war wirklich recht komisch. Médard hat Hypnosekunststücke zum besten gegeben, die Zuschauer in Erstaunen versetzt und ein Glas Wasser in ein Glas Wein verwandelt; es war das reinste Wunder. Und nun werde ich aufhören. Bis 11 Uhr ist es nicht mehr weit. In meiner Umgebung (wir sind umgezogen, und im Moment befinden wir uns in einem Keller) wird auf einer Nummer des „Bulletin des Armées“ Karten gespielt. Es ist beinahe schon Schlafenszeit. Im übrigen stehen wir erst gegen 8 Uhr auf. (Diese Nacht weder Schützengraben noch Wache für mich.) Allerdings schlafen wir in voller Ausrüstung und in Stiefeln. Allmählich gewöhne ich mich daran. In Aumont werde ich mich im Keller auf einem Bündel Stroh schlafen legen, nicht ohne vorher auf der Wiese, um sie zu befesti-

gen und den Garten zu verteidigen, einen Schützengraben angelegt zu haben. Du mußt Dir einen neuen Hut kaufen!
Auf Wiedersehen, mein Mädelchen.

Nach einer Grabennacht mache ich den Brief wieder auf. Es hätte keinen Grabendienst geben sollen, hat ihn aber trotzdem gegeben. Kein Regen. Morgens Nieseln und Nebelschwaden. Für den Tag haben wir den Schützengraben verlassen und sind in das Häuschen hier gegangen. Ich habe mich auf eine Matratze gelegt. Unsagbare Wonne, eine Matratze! Die Erinnerung daran war mir verlorengegangen. Ein Unterbett darüberzubreiten, erscheint mir als sinnloser, übertriebener Luxus!

Donnerstag, 11. Februar 1915

Ich komme von einer schönen Arbeit zurück: Ich habe „mit Hacke und Spaten" ein prächtiges Stück Graben ausgehoben. Ich war an einen Abschnitt geraten, wo man einstmals fuhrenweise zertrümmertes Geschirr wie auch vorsintflutliche Konservenbüchsen vergraben hatte. Diese Exhumierung von Fossilien war mühsam. Dennoch wurde sie nach vielen langen Minuten zu einem guten Ende geführt, und der besagte Porzellan- und Schrotthaufen landete aus der Tiefe der Erde langsam und schichtweise auf dem Kamm der Böschung. Heute tue ich den ganzen Nachmittag lang nichts. Dann werde ich bis 4 Uhr morgens schlafen. Um diese Zeit sollen wir, vier Soldaten und ein Korporal, den vorgeschobenen Horchposten vor unserer Stellung beziehen. Dort müssen wir dann den ganzen morgigen Tag über bleiben, denn solange das Licht des Tages am Himmel erstrahlt und die Natur überflutet, dürfen wir nicht daran denken, uns zu rühren. Wenn's nicht „schifft" – mit anderen Worten, wenn es nicht regnet –, wird das auszuhalten sein, aber es sind zwölf Stunden unablässiger Wachsamkeit und absichtlicher Gliederstarre. Diese Nacht werde ich jedenfalls gut schlafen. (Immer noch auf der Matratze, meine Liebe!) Wohl wird man manchmal durch das Plaudern und Diskutieren der Soldaten gestört, die von draußen kommen, aber wenn man energisch „Maul halten, Lumpenpack!" ruft,

verschafft man sich Ruhe und Frieden. So hat man Muße, wieder einzuschlafen. Am Abend werde ich Kaffee in die Thermosflasche füllen und mich mit Schnaps versehen. (Anna habe ich geschrieben, um ihr zu danken.)
In dem Hause, in dem wir schlafen und tagsüber umherstreifen (Ausgehen und Feuer anmachen verboten!), hat man das Tagebuch der evakuierten Dame des Hauses gefunden, das intime Aufzeichnungen aus ihrer Verlobungszeit enthält. Die lärmende Heiterkeit und die blumigen Kommentare, die die Lektüre dieser sentimentalen Geständnisse auslöst, kannst Du Dir vorstellen: ganz ungeheuerlich und wortreich. Abgesehen davon, daß wir auch stets etliche Krieger unter uns haben, die, wenn auch nicht völlig „fett" und „blau", immerhin aber „ein Gläschen zuviel hinter der Binde" haben, ergibt das – trotz der unmittelbaren Nähe der Deutschen – einen netten Klamauk. Und die Schlußfolgerung aus alldem: Mir, und auch Médard, geht es gut.

Der Soldat an sein Mädelchen

Donnerstag, 11. Februar 1915

Eben, meine Liebste, habe ich dem Sergeanten einen Brief für Dich übergeben. In wenigen Augenblicken, sobald es etwas dunkler geworden ist, soll ich auf Spähtrupp gehen und die nähere Umgebung in Augenschein nehmen.
7 Uhr 15. – Soviel über den Spähtrupp. Ich hatte meinen Brief unterbrochen, um aufzustehen und mich für diese Expedition in den Busch, in dem die Deutschen stecken, zu rüsten, als man mir mitteilte, daß sie abgeblasen ist. Vielleicht findet sie diese Nacht noch statt, vielleicht überhaupt nicht.
Also habe ich gerade zu Abend gegessen: ein Spiegelei, Milch und einen Rest vom Huhn (heute morgen gekauft und zum Teil schon mittags verzehrt). Beim Essen unterhielten wir uns über unsere abenteuernde Existenz und zählten die verschiedenen Orte auf, an denen wir seit einem Monat überall gewohnt haben. Wir kamen auf zwölf Ortschaften. Ja, zwölfmal haben wir unser Gepäck, unseren Hausrat und unsere Lebensmittel auf den Rücken geschnallt und an die Rippen gehängt und das Domizil ge-

wechselt. Diese ständigen und unablässigen Aufbrüche, zum größten Teil unvermutet, holterdiepolter und überstürzt, weil die Befehle fast immer im letzten Moment eintreffen, gehören zu den Vorkommnissen, die für unser Abenteurerleben besonders kennzeichnend und unvergeßlich sind. Ich komme mir vor wie ein Nomade, den ein Sturmwind mit seinem ganzen Gepäck vor sich her treibt, von einem Rastplatz hinaus ins Getümmel und dann in eine andere Ecke mit Stroh zum Ausruhen in einer Scheune, in einem Keller oder in einem geplünderten, im Geschützfeuer oft schon rissig gewordenen Zimmer. Das ist noch nicht alles: Häufig wechseln wir auch am Ort selbst unser Lager, so daß wir nahezu alle drei Tage mit einer anderen Schlafstelle rechnen müssen. Schließlich wird diese dauernde Unstetigkeit zur Gewohnheit. Kommt jetzt die berüchtigte Order: „Befehl zurück! Abmarsch heute abend!" oder auch „Wir bleiben!", löst das keinerlei Verwunderung mehr aus. Eilig schnallen wir die Tornister zu, oder wir schleudern sie auch wieder an die Wand, statt sie über die Schulter zu werfen – und los geht's für eine weitere Nacht! Aus den Briefen, die Du von mir bekamst, wirst Du verstanden haben, daß es zweierlei Quartiere gibt: eines für die sogenannte Ruhezeit, ein anderes für die Zeit in den Schützengräben. In den Quartieren der zweiten Sorte sind wir durch die Verpflichtung, uns nicht von der Stelle zu rühren, Tag und Nacht die Ausrüstung auf dem Rücken, das Gewehr in Reichweite und die Decke gerollt auf dem Tornister zu haben, auch in den Stunden, die wir nicht auf Wache in den Gräben oder daneben verbringen, jeder Art von Bequemlichkeit beraubt. Dennoch hat man sich allmählich wohl oder übel angepaßt und gelingt es einem trotzdem manchmal, ein Eckchen Tisch zum Schreiben oder gar zum Essen zu erobern. In den Ruhequartieren ist es weitaus besser. Man kann die Ausrüstung ablegen, sich in seine Decke wickeln, Feuer anmachen, sich ausziehen, und man kann vor allem, da die Ortschaften zum Teil noch bewohnt sind, in irgendeinem Bauernhaus eine Stube finden, in der man sich mit seiner Untätigkeit tagsüber verkriecht. Die Korporalschaft nimmt die Verpflegung in ihrer Unterkunft ein, die zumeist eine mit Stroh ausgelegte Scheune ist, und dort muß man, das Papier auf den Knien, seine Briefe mitten in dem Gezeter zwerchfellerschütternder Konversationen und schmetternder Anreden schreiben, wie: „Mach schon, du taube Nuß!, du dünner Hering!, du Flohknacker!“, um nur die harmlosesten davon zu zitieren ... Mir gegenüber, die Zigarette zwischen den Lippen, schreibt Sergeant Médard mit konzentrierter Miene Gedichte. Nur schwach und mit dem abwesend beschäftigten Ausdruck des inspirierten Schriftstellers stimmt er in die Klagen ein, in denen ich mich ergehe, weil der Unteroffizier vom Dienst die Briefe noch nicht gebracht hat (es ist 8 Uhr 10). – „Dir ist es ja scheißegal!“ sage ich vorwurfsvoll zu ihm. – „Nein, ist mir nicht scheißegal!“ murmelt er leise, ohne den Blick von der kurzen Zeile des begonnenen Verses zu wenden. Nun setzt er sich aber doch in Bewegung, denn er hat seit Wochen Frost in einem seiner Füße, und trotz seiner Bemühungen und der herrlichen Socken und prächtigen Filzpantoffel, die er von seiner Mutter bekommen hat, will es ihm nicht gelingen, den Fuß wiederzubeleben. Während er ein paar Schritte durchs Zimmer macht und mit dem erfrornen Fuß auf den Boden stampft, kommt Sergeant Suilhard warm eingemummt aus dem Schützengraben, wo er mit seinem Halbzug bis Mitternacht Wache hat. Er riecht nach Kälte. Um ihn aufzuwärmen, trinken wir alle drei ein wenig von dem guten Kognak, den ein reicher Grundbesitzer den Frontsoldaten geschickt hat. Suilhard ist rasch wieder gegangen, um zu seinen Männern im Laufgraben zurückzukehren, und wir beginnen wieder zu warten; ich auf Deinen Brief und Médard auf die Inspiration, beide sanft eingewiegt vom Schnarchen zweier, in einer Ecke des Raumes hingesunkener Landser und von den harten Schlägen der „7,5“, die draußen – vor den dicht verhangenen Fenstern (denn wir haben eine Lampe an, und kein Licht darf nach außen dringen) – die Nacht erschüttert.

Halb 10 Uhr. – Hurra, endlich habe ich Deinen Brief! Seine Ankunft fiel zusammen mit Salven der 7,5, wie ich sie noch nie gehört hatte! „Maschinengewehrfeuer aus Geschützen“, hätte man meinen können. „Da haben wir ihnen eins ausgewischt“, sagt man ringsum, zu Recht.
Dein Brief hat mich begeistert. Diese Fahrt nach Aumont ist mir sehr nahegegangen. Ich schicke Deinen Brief noch

nicht wieder zurück. Im Graben kann ich ihn mit größerer Sorgfalt lesen.
Ich trenne mich von Dir, meine kleine Fee, bis morgen!

Der Deine

12. Februar 1915

10 Uhr abends. – In den Schützengräben sind wir jetzt abgelöst worden, das heißt, die Tage des Grabendienstes liegen hinter uns, die Ruhetage beginnen. Unser letzter Tag war, wie ich wohl sagen kann, sehr ausgefüllt. Wir hielten einen Horchposten besetzt, der sechshundert Meter vor den Gräben und etwa hundert Meter vom Fluß entfernt lag. Auf diese Weise waren wir – vier Freiwillige und ein Korporal – von 6 Uhr morgens bis 8 Uhr abends isoliert und durften auch nicht mit der Nasenspitze hervorgucken. Zunächst war es schon eine Staatsaktion, dorthin zu gelangen. Ich will Dir erklären, wie die örtlichen Verhältnisse sind. Einen Kilometer vom Fluß entfernt, am Rande einer Straße, haben wir eine vorderste Grabenlinie. Sie ist durch einen Laufgang (Einstiegsgraben) zu erreichen, der rechtwinklig auf den Schützengraben stößt und dessen anderes Ende an der Hintertür des Häuschens mündet, in dem der eine Teil des Zuges ausruht, während der andere auf Wache ist. Ist der Moment der Ablösung gekommen, betritt ein Korporal oder Sergeant den kahlen Eßraum, in dem ein paar Schläfer in voller Ausrüstung liegen und „einen wegsägen" (schnarchen), und der Vorgesetzte ruft: „Der und der, aufstehen und ab zur Quadrille!" Man erhebt sich, nimmt sein Gewehr und folgt dem Führer der Wachablösung. Bevor wir an die Tür kommen, machen wir im Vorraum die Pfeifen und Zigaretten aus und treten einzeln, einer nach dem andern, aus dem Haus – denn von diesem Moment an sind wir im Blickfeld des Gegners – und gelangen in den Laufgraben, wo wir uns die meiste Zeit tief bücken müssen, weil er selten so tief ausgehoben ist, wie er sollte. (Das ist verständlich, denn er dient nur als Durchgang, und Gräben ausheben ist eine verrufene Arbeit.) Der Laufgraben, durch den wir uns bewegen, ist wie gewöhnlich im Zickzack angelegt, damit er nicht der Länge nach von der feindlichen Artillerie bestrichen werden kann – sie liegt auf dem Höhen-

zug gegenüber, oder vielmehr hinter dem Kamm des Höhenzuges, auf Beobachtung. Dann öffnet sich rechts und links der Schützengraben. Er ist gerade so breit, daß ein einzelner Mann in ihm hin und her gehen kann. In der Erdwand ist stellenweise eine Nische angebracht, in die man zurücktreten muß, um jemanden, der aus der entgegengesetzten Richtung kommt, vorüberzulassen. Es ist schon ein Problem, seine Klamotten so anzuordnen, daß man glatt durchkommt, ohne mit dem Bajonett, mit dem Trinkbecher oder der Feldflasche anzustoßen und ohne mit den Brotbeuteln, die den Soldaten wie Reifröcke um die Hüften hängen, den Dreck von den Seitenwänden zu kratzen. Jeder von uns Kriegern tritt an die Stelle eines der Beobachter, die vor einer Öffnung, die in dem Wall aus aufgeworfener Erde eingelassen ist, die Augen aufsperren. Dort stehen wir dann unsere Zeit, die sehr unterschiedlich sein kann, auf Posten: manchmal zwei Stunden, manchmal zwölf oder vierzehn Stunden. Bei Tage stehen wir ziemlich weit voneinander entfernt; in der Nacht näher beisammen. Nachts wird der Dienst übrigens komplizierter. Es werden Posten außerhalb des Grabens, im Vorfeld, aufgestellt, und dieses wird, um Überfällen zuvorzukommen, von Spähtrupps durchstreift, die sich aus einem Unteroffizier und vier Mann – gewöhnlich Freiwilligen – zusammensetzen.
Vom Graben aus ist nichts zu sehen: im Vordergrund die von Stacheldraht starrenden Felder, Gärten, Einfriedungen, Zeilen und Gruppen von Bäumen, dann, in der Ferne, der Höhenzug, über den wieder Häuser, Bäume, Einfriedungen und Felder verstreut sind. Kaum, und nur wenn man genau hinschaut, nimmt man, parallel zu unserem Graben, feine Linien wahr. Das sind die Schützengräben des Feindes. Die Distanz ist, versteht sich, unterschiedlich. Hier, ich sagte es schon, beträgt sie etwa tausend Meter – und der Fluß liegt zwischen ihnen und uns. Doch besteht die Verteidigungsanlage nicht einzig und allein aus dem großen Schützengraben. Weiter vorn gibt es kleine Gräben, einige sehr nahe am Feind. So einen hielt ich heute mit Korporal Salavert von der Firma Hachette und mit drei anderen Soldaten besetzt. Er liegt sechs- oder siebenhundert Meter vor dem andern und ungefähr zweihundert Meter vom Flußufer entfernt. Heute früh um 4 Uhr brachen wir also auf. Es war finster

wie in einem Negerarsch (eine stehende Redensart, wie Du unschwer erraten wirst). Einer dem andern auf den Fersen, verließen wir das Haus und tappten doch wie die Blinden in die Pfützen und stolperten über Steine, daß es ein Vergnügen war. An den Feldküchen, wo es schwarzen Kaffee für uns gab, machten wir halt. Mit eben dieser Brühe füllten wir unsere Feldflaschen auf. Ich hatte – über meine Ausrüstung hinaus – auch noch das Futter zu schleppen, das heißt das Essen: marinierte Bohnen und kaltes, gekochtes Rindfleisch in einem kleinen Feldkessel mit Henkeln, und Salavert hatte einen Camembert und das Fläschchen Schnaps. Wir folgen dem Saum eines Weges, um in der Wachtstube den Verbindungsmann abzuholen, der uns zu dem vorgeschobenen Posten führen soll. Es ist bereits 5 Uhr. Wir müssen uns beeilen, damit die andern, die wir ablösen – wollen sie sich nicht im Vorfeld „abknallen" lassen –, noch vor Tagesanbruch einrücken können. Doch eilen wir nur langsam; ich sehe mich blind, um den weißen Fleck nicht aus den Augen zu verlieren, mit dem sich die zusammengerollte Zeltbahn auf dem Tornister meines Vordermanns in der pechschwarzen Umgebung abzeichnet. Eine Landstraße, ein Weg. Dann bleibt der Verbindungsmann mit einem Fluch stehen. Er hat sich geirrt. Es war der Weg von vorhin. Wir kehren um, stoßen dabei auf eine Mauer und rutschen in einen Straßengraben. Der richtige Weg ist gefunden. Wir kommen an eine Sperre, den ersten Markierungspunkt. Der Posten, der dort steht, hält uns an: „Halt! Wer da?" Wir antworten: „Frankreich." – „Weiter nur mit Parole!" Wir treten heran und sagen das Kennwort. Man läßt uns passieren. Wir folgen einem schlüpfrigen Feldrain und rufen uns, um uns nicht zu verlieren, von Zeit zu Zeit an. Von nun an haben wir die französischen Stellungen hinter uns; wir sind vorn und ganz allein. Als nächstes müssen wir einen Draht aufspüren, der uns weiterleiten soll. Wir suchen ihn zwanzig Minuten lang. Schließlich finden wir ihn. Ihm zu folgen ist schwierig, denn die Pfosten, die man am Vortag im Schutze des Nebels eilig aufgestellt hat, haben sich gelöst, und der Draht ist stellenweise gerissen oder durchgeschnitten. Nach einer halben Stunde Marsch durch die Felder und nachdem wir glücklich und ohne Schaden die Stacheldrahtzone passiert haben, nehmen wir schließlich in der Ebene, wo es vor Tagesanbruch grau zu werden beginnt, einen verschwommenen Fleck wahr. Es schneit, und auch das trägt nicht zu klarer Sicht bei. Der Verbindungsmann, der uns führt, läßt zwei kurze Pfiffe hören. Keine Antwort. Wir gehen näher heran, unser Führer pfeift ein zweites Mal: Sie sind es! Wir geraten an den Rand des kleinen Loches, in dem Kameraden eben die Nacht verbracht haben. Die Dunkelheit weicht rasch, und schon werden ihre weißen, beschneiten Kapuzen erkennbar. Mit einem „Uff!" der Erleichterung steigen sie aus dem Loch, und wir springen hinein.

Eine Grube, an die zwanzig Meter lang und etwa anderthalb Meter tief. In der Mitte sind rund vier Meter mit Bohlen überdacht; und in diesen Unterstand, der mit Stroh versehen ist, kann man nur auf allen vieren kriechen, denn das Dach reicht nicht bis auf die Erdaufschüttung, und die eigentliche Grube ist nur etwa achtzig Zentimeter tief. Der Unterschlupf dient als Deckung bei Schrapnellbeschuß. Wir legen unsere schneebestäubten Tornister und unsere überpuderten und durchnäßten Brotbeutel darunter und beginnen uns in dem Loch zu postieren und zu beobachten. Allmählich wird die Ebene unter der weißen Schneedecke ziemlich weithin überschaubar; und heute gibt es, anders als in den letzten Tagen, keinen Nebel ... Bald erkennen wir im Norden die Baumzeile, die den Fluß säumt, dann die Häuser am anderen Ufer und den Hügel, auf dem sich die schwarzen Bäume gegen das Weiß abheben. Es war wie in den Schweizer Bergen, und in diesem Augenblick mußte ich an Gstaadt und Leysin denken. Korporal Salavert, ein findiger Kopf, wenn es darauf ankommt, umwickelt unsere Käppis mit weißer Leinwand, dessen blauer Rand sich als dunkler Fleck auf der natürlichen Tönung der Umgebung abhebt. Denn mit unseren Käppis ragen wir heraus; der Graben ist, insbesondere für mich, nicht tief genug. So greife ich denn nach einem tragbaren Schanzzeug, das ein Kamerad an seinem Tornister hat, und hebe mir eine Stelle aus. Das ist getan: Jetzt kann ich mich aufrichten, ohne daß man mich sieht. Ich beginne wieder zu beobachten, und ich unterscheide – ach, dürfte ich sagen, so genau wie Dich! doch wie ich meinen Nachbarn sehe – sechs Boches, die hintereinander am Fuße des Schweizer Berges vorüberkommen. Wie Silhouetten aus schwarzem Papier heben sie sich von dem Schnee ab. Die einen tragen Kapuzen, die andern Pickelhauben. Sie glauben sich unbeobachtet und bewegen sich ganz ruhig durch ihren Abschnitt. Wir lassen sie ziehen. Wir haben Befehl, möglichst wenig, und nur zu unserer Verteidigung, zu schießen. Wir sind bloß hier, um aufzupassen und unsere Einheit zu benachrichtigen, und nicht, um uns sehen zu lassen; denn gesehen zu werden, hieße zunächst, daß man uns aufs Korn nähme und auf diese Distanz wahrscheinlich träfe, und dann auch, daß die feindliche Artillerie unseren vorgeschobenen Graben ausmachen und mit zwei Kanonenschüssen vernichten könnte. Während des ganzen übrigen Tages, muß ich sagen, hat sich kein Deutscher mehr sehen lassen, außer einem, der ganz klein und in der Ferne auf einem Feld, nahezu auf dem Kamm des Hügels, erschien. Und auch der war mit bloßem Auge nicht zu sehen. Ich entdeckte ihn mit dem Feldstecher. Und den ganzen Tag lang sperrten wir die Augen auf. Mit Ausnahme von den paar Minuten, in denen wir uns nacheinander und hastig dem Essen widmeten, beobachteten wir nur. (Ich verzehrte eine Sardine und ein Stück Käse, denn die Pakete soll ich ja erst im Ruhequartier bekommen, was, nebenbei bemerkt, ein albernes System ist.) Angriffe gegen die vorgeschobenen Posten sind in diesen Breiten immer möglich, und die Aufmerksamkeit darf dort nicht einen Moment nachlassen. Alles ging gut, es gab keinerlei Zwischenfall und auch nicht einen einzigen Gewehrschuß in unsere Richtung. Aber einem großartigen Artillerieduell zwischen den französischen und den deutschen Batterien haben wir beigewohnt. Die Geschosse kreuzten sich und pfiffen heulend über unsere Köpfe hinweg, wir sahen sie auf beiden Seiten detonieren. Ungefähr zweihundert Granaten wurden auf diese Weise gewechselt. Mit dem Kompaß auf der Signalpfeife, die Du mir geschickt hast, konnte ich die Stelle ausfindig machen, an der wir uns befanden, und einen Plan zeichnen. Bei dieser Gelegenheit eine Einschaltung: Ein wertvoller Gegenstand für mich, der mir wirklich bedeutende Dienste leisten könnte, wäre ein an einem Uhrenarmband befestigter Kompaß – aber ein Kompaß, der in der Dunkelheit leuchtet, denn er soll in der Nacht und an Orten zu gebrauchen sein, wo man ihn nötig

hat; Licht zu machen, auch nur für einen Moment, ist nicht möglich. Es gibt solche Kompasse. In den Werbeinseraten von Zeitungen habe ich welche gesehen. Sei so freundlich und erkundige Dich danach. Die Kosten werden vielleicht hoch sein, aber so ein Ding könnte mir gegebenenfalls aus der Klemme helfen. Sollte es schwierig oder kompliziert sein, den Kompaß an einem Lederarmband zu befestigen, mach Dir nichts draus, ich finde dann ein anderes Mittel, ihn bei der Hand zu haben.
Um die Geschichte meines Tagesablaufs zu beenden, will ich Dir noch erzählen, daß ich vor mir auf der Grabenböschung auch den Brief liegen hatte, in dem Du mir von Deiner Reise nach Aumont berichtest und den ich Dir jetzt zurücksende. Du würdest nicht glauben, wie oft ich diesen Brief wiedergelesen und wie lebhaft ich an Deine Wallfahrt gedacht habe. Besonders lieb war mir die Stelle, die sich auf Kamis bezieht. Könntest Du nicht irgendwo ein Foto von ihm und Dir machen lassen und mir schicken? Mich wird Lévy fotografieren, wenn ich ihn wiedersehe. Aber ich weiß nicht, ob ich ihn so bald wieder aufsuchen kann.

13. Februar 1915

Hurra! Ich bekomme nicht nur einen Brief von Dir, sondern auch zwei Pakete: die riesige Dose mit Huhn, den Aluminiumteller, die Seifenschachtel, die Flanellweste. Ich bestätige Dir in Eile den Empfang, denn meine Sendung muß abgehen.
Auf Wiedersehen, meine schöne Kleine.

Sonntag, 14. Februar 1915

Mein liebes Kleines, ich bin tief betrübt. Man hat wieder die Zeiten geändert: die Post geht um 2 statt um 4 Uhr ab. Ich hatte nichts davon erfahren und die Sendung erst um 3 Uhr aufgegeben, nun geht sie heute erst ab. Um den 17. wird es also auch noch einen Ausfall von vierundzwanzig Stunden in der Zustellung geben. Mein armes liebes Kätzchen, da Du Dich so leicht sorgst – viel zu sehr, wiederhole ich Dir in allen Tonarten –, wird es jetzt wieder zu einer kurzen Durststrecke für Dich kommen.

Ich habe Dir noch nicht genug gesagt, welch Entzücken der Aluminiumteller und die „Japanerinnen" bei mir erregt haben. Das sind solide und höchst nützliche kleine Dinger; beim Essen und zur Erwärmung gibt es nichts Praktischeres, und das sind zwei außerordentlich wichtige Punkte. Auch habe ich Dir noch nicht hinreichend gesagt, mit welcher Anteilnahme ich der Erzählung von Deinem Besuch in Aumont gefolgt bin. Mit großer Deutlichkeit habe ich alles wieder vor mir gesehen, und trotz des Dekors, der mich umgab, schien es mir wirklich, als wäre ich selber dort. Gestern und heute gab ich mich den Freuden himmlischer Ruhe und eines unwahrscheinlich süßen Nichtstuns hin. Unterbrochen habe ich sie heute nur, um meine Stiefel einzufetten (eine Stunde) und mein Gewehr gründlich zu reinigen (drei Stunden). Die Flinte sieht jetzt großartig und wie neu aus, bis heute habe ich übrigens verhältnismäßig wenig mit ihr geschossen. Und auch die Stiefel, denen meine ständige Sorge gilt, sind quasi neu, weil ich sie immer besonders stark einfette. Nur die Nägel sind völlig abgenutzt: zwei Monate verschiedener, besonders nächtlicher Unbill haben ihnen den Rest gegeben. Ich möchte sie ersetzen lassen. Doch geht das Gerücht, es gäbe keine mehr. Falls das Gerücht sich bestätigt, werde ich Dich bitten, mir einen Satz solide Nägel zu schicken, die ich mir dann – indem ich einen Liter „pinard" spendiere – von einem hiesigen Künstler einschlagen lasse. Doch gleich jetzt bitte ich Dich, mir Stiefelfett zukommen zu lassen. Lieber aber als das etwas wachshaltige Gemisch, das Du mir geschickt hast, wäre mir richtiges Fett. Das Prinzip Fett und nicht das Prinzip Bohnerwachs halte ich für das beste zur Pflege der Treter.

Ich schreibe Dir bei Geigenklang. Sergeant Suilhard spielt die „Träumerei" von Schumann und „Aases Tod" von Grieg auf einer Violine, die er im Quartier aufgelesen hat. Ein anderer Sergeant, der aus Albi gekommen ist, spielt auf diesem wohlklingenden Instrument auch sehr gut. Du siehst, das Leben hier ist keineswegs ohne Reize.

Médard bringt von einem Rundgang in der Stadt gerade eine Nummer von „L'Illustration" mit, sie enthält eine recht genaue Zeichnung eines Quartiers in den Grotten des Schlosses von B[uzancy], in dem wir lagen. Doch auf der

Zeichnung sieht man weder die Kälte noch die Zugluft, und die gab es dort, verdammt noch mal! Du wirst da auch Ansichten finden, die unser Gebiet betreffen, und sogar eine Karte davon. Die Schützengräben hingegen gleichen nicht ganz den unsrigen. Die unseren sind keine Wallböschungen, sondern sehr schmale Gruben – da sie nur siebzig Zentimeter breit sind, ist es verteufelt eng darin, und wie ich Dir in meinem letzten Brief beschrieben habe, können zwei, die sich begegnen, nicht aneinander vorüber, so daß sich die Truppenbewegungen furchtbar in die Länge ziehen; die Ablösung, das heißt das Ersetzen einer Abteilung durch eine andere, dauert manchmal drei Stunden. (Jetzt spielen sie, der eine auf der Geige, der andere auf der Mandoline, „Die drei Husaren“ von Nadaud[11]. Sie sind entschieden begabt.)
Unser kleines Zimmer, von einer prächtigen Lampe erleuchtet, die Médard gekauft hat, bietet wirklich einen fröhlichen und anheimelnden Anblick. Nebenan, in der Küche, bereitet Vercingétorix Barbier, unser Küchenbulle, das Essen vor, das aus Spiegeleiern und überbackenen Nudeln bestehen wird.
Auf der Straße draußen hört man Gelächter: Der Hauptfeldwebel hat einen Esel – ein reizendes Tierchen – und einen Karren gefunden und amüsiert sich und seine Begleiter damit, das Gefährt herumzukutschieren. Alles findet man hier, Esel und Geigen! Was ich aber gern möchte, wäre ein Fotoapparat! Ich bedaure, daß ich nicht einen beliebigen Kodak zur Verfügung habe, mit dem ich die Physiognomien und die Vorkommnisse festhalten könnte, die ich in diesen etwas ungewöhnlichen Momenten hier erlebe. Ich weiß nicht recht, ob ich Dich um Deinen Apparat bitten soll, weil Platten unpraktisch und nicht bequem sind. Nötig wäre ein Apparat für Rollfilme. Um einen zu bekommen, schrieb ich an Edmond Fouret. Er zögert – doch welch einmalige Gelegenheit für die künftige Illustration von Publikationen läßt er sich entgehen! Er wird nichts schicken, denke ich, weil ich ihm erklärt habe, man müsse den Apparat opfern, da die Gefahr besteht, daß er entweder verloren- oder kaputtgeht. Médard will seinerseits versuchen, etwas aufzutreiben.
Und nun mache ich Schluß, die Postordonnanz – noch ist sie nicht durch – kommt offenbar gleich, und da dieser

Brief schon recht lang ist, will ich ihn aufgeben; er erreicht Dich dann gleichzeitig mit dem, den ich gestern zu spät zur Post gebracht habe.
Ich küsse Dich von ganzem Herzen. Sei guten Mutes, geduldig und zuversichtlich.

Ganz der Deine

Mein Haar ist schon zu lang, die Maschine muß wieder mal drübergehn.

14. Februar 1915, 10 Uhr 30 abends

Vorhin hatte ich den zweiten Brief, den Du sicherlich einen Tag früher, am 17., bekamst, Sergeant Henriot, meinem alten Kameraden, ausgehändigt, als man mir Deinen Brief und zwei Pakete brachte. Um Dein Paket – so pittoresk und abwechslungsreich mit seinen sprechenden Unter-Päckchen: „Ich bin nicht das, was ein jeder glauben möchte" (dieses habe ich vor den Kameraden aufgemacht, wir stellten Vermutungen an, und haben's nicht erraten!) und „Ich bin Parfüm und kein Likör" – haben mich die Anwesenden am meisten beneidet. Dieses Parfüm ist in der Tat überwältigend. Die Señoritas auch, der Kirsch item, die Kastanienkonfitüre gleichermaßen, und der Maryland erst! Was die Mixtur für die Treter anbelangt, so hätte ich reines Fett vorgezogen, aber trotzdem ist sie sehr gut. Wie sich das trifft! Gerade heute habe ich Dich um Stiefelfett gebeten und Dir von Sohlennägeln geschrieben. Du, mein liebes Herzchen, hast nun zur gleichen Zeit daran gedacht, und diese kleine Einzelheit entzückt mich. Sie bestätigt mir, was ich ja doch schon im Großen wußte: nämlich, daß wir voneinander nicht so fern sind, wie jedermann glauben möchte. Man kann sich im übrigen nicht vorstellen, wie unablässig ich an Dich denke. Alles, ich glaube, ich schrieb es schon, setze ich zu Dir in Beziehung, alles. Selbst wenn ich anderen Menschen schreibe, habe ich eine bestimmte Art, Dich mit ins Spiel zu bringen. Wenn ich zum Beispiel Beteuerungen meiner Freundschaft und meines treuen Andenkens losschicke, sage ich mir: „Ja, all das stimmt schon, aber vor allem wahr, völlig wahr ist es nur, wenn es dem Geschöpf gilt, dem ich ganz und gar verbunden bin." Wenn ich Dir schreibe, für Dich, hat jede Beteuerung ihren vollen und tiefen Sinn, mein Liebling.

Aus Albi ist ein Kontingent von Landwehrmännern eingetroffen. Sie sind etwas aufgeregt und fragen uns über die Gefahren im Abschnitt aus. Einer von ihnen schlief heute nacht in meiner Nähe, er hat geträumt und in seinem Traum gebeten, nicht auf Spähtrupp geschickt zu werden. Vor Spähtrupps ist ihnen allen angst und bange.
Ich sende Dir eine Nummer des „Bulletin des Écrivains". Du wirst sehen, wie wenige von diesen Herrschaften wirklich in der Feuerlinie stehen. Das ist immerhin etwas beschämend.
Und von dem so freundlichen und guten Paket der Mme. Macchiati habe ich nichts gesagt. Den ganzen Tag lang habe ich in den Wunderdingen geschwelgt, und es ist noch nicht vorüber.

Dein Soldat, der sich beeilt

Saint-Christophe, 15. Februar 1915, 8 Uhr abends

Mein geliebtes Herz, das Programm der künstlerischen Matinee würde Dir nichts sagen. Die drei sensationellsten Nummern waren: der Zwerg auf dem Tisch; er sang, als Bauernmädchen gekleidet, ländliche Lieder. Das war wirklich eine hübsche Nummer, jedes beliebigen Varietétheaters würdig. Der Virtuose war ein rotgesichtiger Korporal, der einen roten Bart trägt. Die zweite Attraktion war einer von unsern Küchenbullen, Darbonnans mit Namen – in Zivil betreibt er in Billancourt eine Speisewirtschaft –, der, ebenfalls als Frau gekleidet, „Die Dorfschöne" und ein Lied mit dem Titel „Das Gebet" sang. Darin handelt es sich um eine Nonne, die mit einem Mönch eine Crescendo-Reihe von äußerst verbotenen Dingen treibt, wobei in jedem zweiten Vers ein Reim auf Halleluja, Pater noster, Maria und Amen vorkam. Und dies, mit entsprechender Gestik und Schluß-Cancan gesungen, auf der Theaterbühne eines katholischen Zirkels! An dritter Stelle ein junger Korporal, der sich mit Hilfe von Zutaten und Requisiten aus einer Dekorateurwerkstatt als sonderbarer Wilder maskiert hatte: grünbemaltes Gesicht, schwarze Perücke, große rote Federn usw. Er trug ein Lied und einen Monolog von extremer Unschicklichkeit vor. Andere leidliche Nummern: ein gutkostümierter „Botrel"[12], zwei oder drei Sentimentale, ein recht

guter Pfeifer, ein paar Jargoninterpreten. Doch die Experimente des „Professors Médard" waren ein Glanzstück ersten Ranges. Mit großer Geschicklichkeit verwandelte er ein Glas Wasser in ein Glas Wein und umgekehrt, und beantwortete dann mit Hilfe eines Mediums verschiedene, von den Zuschauern gestellte Fragen. Es war erstaunlich!
So war diese denkwürdige Matinee. Wirklich nicht schlecht, kann ich Dir versichern.
Heute abend großes Musikprogramm.

Saint-Christophe, 20. Februar 1915

Mein liebes Kind, richtig und wie erwartet erhielt ich die beiden Briefe in ihren Zwillingsumschlägen zur gleichen Zeit. Wir waren eben dabei, reinzuhauen (id est: zu essen). Es war die letzte Mahlzeit im Ruhequartier (um 7 Uhr): Um 8 Uhr gingen wir für sieben Tage zum Einsatz in die Stellung. Nebenbei bemerkt: Die Einteilung der Perioden für Schützengrabendienst und Ruhe ist so sehr der Veränderung unterworfen, daß man nie rechtzeitig in voraus weiß, wo man sich in einem bestimmten Augenblick befinden wird. Momentan dauern die Perioden jeweils sieben Tage, und da die erste Grabenrunde am 20. beginnt, werden wir am 26. abends – Gegenbefehl vorbehalten – in ein neun Kilometer von der Front entferntes Dorf verlegt, von wo wir, aller Wahrscheinlichkeit nach, am 5. März abends wieder in die Gräben abmarschieren werden.
Gleichzeitig mit Deinen zwei Briefen, die ich Dir zurückschicke, traf das Paket mit Huhn und „Poudreski" (für Médards Füße?) ein. Wie ich Dir schon angedeutet habe, will er das Mittel ausprobieren, und aus seinem Experiment soll sich – falls es gelingt – eine allgemeine Anwendung des Erzeugnisses ergeben.
Die Briefe lasen wir also, während wir reinhauten, und schnürten dann unsere Bündel: die Schinken (Geigen), die uns angenehme Augenblicke verschafft hatten, wurden für eine Weile beiseite gelegt, und unter einem Himmel, an dem der Mond sich abwechselnd zeigte und versteckte und von dem der Regen, diese Sauerei, mehr herunterkam als ausblieb, setzten wir uns in Marsch.
Um halb 10 Uhr waren wir da und übernahmen die Gräben.

Dort stand ich, zuerst im Laufgraben und später auf einer Straße über ihm, bis halb 3 Uhr morgens auf Posten. Dann begab ich mich zu dem kleinen Haus, das den Männern meines Halbzugs, wenn sie keinen Dienst haben, als Unterschlupf dient, legte mich neben Vercingétorix Barbier auf eine zerschlissene Matratze und schlief bis 6 Uhr.
Korporal Isidore Salavert kam mich wecken, und ich ging bis 9 Uhr wieder in die Stellung: diesmal, da ja heller Tag war, nicht auf die Straße, sondern, gut gedeckt, in die tiefe und enge Rille hinunter. Diese ist übrigens mit Bohlen gestützt und ausgelegt, daher wenig schmutzig, liegt aber voller Klamotten (sprich: Steine), über die wir nachts stolpern. Um 9 Uhr wurde ich abgelöst, und jetzt habe ich Muße bis heute abend. Die Nacht wird dann mit Schanzarbeit und Postenstehen hingehen.
Der Kummer ist der, daß uns, obgleich die Temperaturen nicht besonders niedrig liegen, in den geschlossenen und abgedichteten Zimmern, in denen wir ohne Bewegung gefangen sitzen, nie richtig warm wird und daß wir sie nur heimlich und für ganz kurze Zeit verlassen können. Überdies dürfen wir kein Feuer anmachen, denn die Boches an der Gegenfront belauern nicht nur das Gehen und Kommen von Soldaten, sondern erspähen auch die Rauchfahnen, um die Häuser, die als Quartier dienen, auszumachen und zu vernichten.
Vercingétorix Barbier aber hat sich zu helfen gewußt. Es ist ihm geglückt, in ein unbesetztes Haus zu gelangen, das so verborgen liegt, daß man im Küchenherd Feuer machen kann. Ich bin ihm nachgeschlichen, und in dieser Küche, auf einem ziemlich schmierigen Tisch, nicht weit von dem Topf mit der kochenden Fleischbrühe, die von Zeit zu Zeit überläuft und mich dabei anzischt und bespuckt, schreibe ich Dir nun, meine arme Kleine, während Vercingétorix Barbier hinter mir und um mich her sein Wesen treibt und das Essen für heute abend bereitet, wobei er mich unaufhörlich anredet (das ist Dir ein Schwatzmaul!) und mir Fragen stellt, die ich ausweichend oder mit leisem Brummen beantworte.
Vor allem: Mach Dir keine Sorgen, ja?

Der Deine

Saint-Christophe, 20. Februar 1915

Es ist 7 Uhr abends. Von Mitternacht bis 6 Uhr früh habe ich Wache im Abschnitt. Eben bekamen wir unser Abendbrot. Ich habe Milchsuppe, Brühnudeln, zwei frische Spiegeleier und von der Johannisbeerkonfitüre und dem reinen Honig gegessen, die Du ja kennst. Jetzt, da wir die Wampe voll haben, wie wir sagen, warten wir noch die Postverteilung ab, bevor wir uns auf dem Fußboden betten; die Matratze, auf der Vercingétorix bereits sägt („Der Jung da", sagt einer unserer Kameraden, der vom Lande ist, „hat 'ne Klarinette in sein Schnauzwerk"), werde ich nicht aufsuchen, ehe der Postkurier durchgekommen ist. Er kommt nicht, und Médard und ich warten mit einer Ungeduld, die sich schließlich Luft macht: „Er ist ein rechtes Miststück", sagt Médard.

„Ja, Mimile", antworte ich.

„Ach du", sagt Médard, „du kriegst sicher zehn oder fünfzehn Briefe!"

„Du redest vielleicht ein Blech, Mimile", sage ich zu ihm, „und quatsch du nur, rat ich dir. Du kriegst wenigstens sechzehn oder achtzehn."

„Aber nun laß mal die Kirche im Dorf! Aber du übertreibst, niemals habe ich so viele wie du."

„Laß mal, werden ja sehen, was er dir rüberlangt, Schlaumeier."

Doch die Zeit vergeht. Die Post kommt nicht. Suilhard, der sich in dem Moment, als ich zu schreiben anfing, schlafen legte (sich schlafen zu legen ist einfach, da man weder seine Ausrüstung noch die Stiefel ablegen und nicht einmal seinen Mantel aufknöpfen darf – nur die Mütze kann man allenfalls abnehmen), beginnt schon einzuschlummern und zu sägen.

Im Zimmer nebenan liegt eine Korporalschaft, die Männer streiten sich. Der eine wirft dem anderen vor, er habe ihm einen Fußtritt an den Kopf versetzt, mit andern Worten: die Treter vor die Rübe geknallt. Ein anderer beklagt sich lauthals, dieses Nest sei „beschissen", weil man hier nichts zu trinken findet. „Nichts kriegste hier in den Hals", sagt er.

Noch immer keine Briefe. Médard, der geschrieben hat,

bricht ab, um sich eine Zigarette zu drehen. So auch ich. Beim strahlenden Licht der dicken kupfernen Lampe, die Vercingétorix Barbier in einen Korb gesteckt hatte, um sie zu den Gräben zu transportieren, rauchen wir unsere Zigaretten. Dann nehmen wir unsere Schmähungen gegen den Postmenschen wieder auf. Médard nennt ihn ein rechtes Miststück und will ihm die Visage polieren, sobald er sich zeigt ...

Endlich, um 8 Uhr 20, ist der Postmensch da. Er wird mit einem Hagel von Beschimpfungen empfangen, die er nicht gelten läßt: „Was habt ihr denn zu meckern? Ihr könnt von Glück reden, daß ihr eure Briefe noch vor 9 bekommt!"

Er verduftet. Wir lesen. Ich habe den beiliegenden Brief von Dir bekommen. Der wiegt die zwölf oder fünfzehn auf.

Saint-Christophe, 22. Februar 1915

Deinen lieben Brief, den ich hier beilege (nein, ich behalte ihn!), habe ich gestern eine halbe Stunde nach Mitternacht erhalten.

Ich kam gerade aus dem Graben, wo ich seit 3 Uhr – mit einer Viertelstunde Pause für das Essen – auf den Beinen war. Solche Wachen ziehen sich in die Länge: Man wird müde, und warm hat man es auch nicht sehr; aber schrecklich ist es trotzdem nicht. Die japanischen Heizkapseln, das rosa links, das blaue rechts in die Vordertaschen meines englischen Hemdes geschoben, ersetzen auf erstaunliche Weise Zentralheizung und Holzfeuer. Jede Kohle reicht vier bis fünf Stunden. Was die Schläfrigkeit anbelangt, die gegen Ende der Wache auftrat, so war sie schließlich zu überwinden, und man darf Lästigkeiten solcher Art nicht mit echten Leiden verwechseln. An der feindlichen Front tiefe Ruhe. Um halb 10 Uhr bemerkten wir eine Explosion: Sie sprengten, um das Sichtfeld vor einem ihrer Gräben frei zu machen, ein Haus in die Luft. Artilleriefeuer, Gewehrfeuer links und rechts, aber in der Ferne. – Von 1 bis ungefähr um 6 Uhr habe ich geschlafen und mich gut erholt. Um 9 Uhr zog ich wieder in den Schützengraben bis halb 1 Uhr mittags. Es war sehr kalt. Nun Ruhe bis um 6 Uhr. Um 6 Uhr übernehmen wir bis 5 Uhr morgens den Horchpo-

sten. Gewiß würde ich lügen, wollte ich sagen, daß ich hoffe, es dort sehr warm zu haben: Das Wetter, während des gestrigen Tages so schön, neigt zu Frost und Nebel.
Heute abend werde ich nichts von Dir bekommen, wir rükken schon vor der Postverteilung aus. Erst wenn ich bei Tagesanbruch wiederkomme, kann ich Notiz davon nehmen, was sich in den an mich adressierten Briefumschlägen befindet und vor allem in dem Deinen.
Ich warte ungeduldig auf den kleinen Fotoknipser. Die entwickelten Filme werde ich Dir ungerollt in den Briefen schicken. Das Entwickeln wird uns die Zeit vertreiben, wenn wir im Ruhequartier sind. Was man dazu an Chemikalien und Papier braucht, haben wir. Bestimmt wird uns das alles sehr unterhalten. Es ist, zum Beispiel, ein Album vonnöten, in das Du alle Abzüge, nachdem Du sie lange und sorgfältig gespült hast, gewissenhaft einkleben mußt, denn wir wollen sie aufbewahren, damit sich eine vollständige Sammlung ergibt.
Nun zum Spähtrupp: Nein, ich bin nicht immer auf Spähtrupp, ich habe mich nur einmal freiwillig zu einem Spähtruppunternehmen gemeldet, aber es hat nicht stattgefunden. Ich bin ständig äußerst vorsichtig.
Marcel Boulenger ist im Taubstummenhospital, aber nicht wegen Taubheit oder Stummheit. Im Gegenteil, nach dem Kriege wird er wahrscheinlich mehr reden als je. Er hat eine beginnende Erfrierung am Fuß gehabt, und man hat ihn in jenes Hospital verlegt, das, wie zur Zeit alle anderen auch, Verletzte jeder Art beherbergt. Ich würde gern eine Tafel Kohle für die japanischen Heizkapseln haben. Der Kompaß wäre „eine Wucht", wie wir hier sagen. Vermutlich erwartet sie mich, zusammen mit dem niedlichen Fotoknipser, am 27. bei meiner Ankunft im Ruhequartier, das – wenn sich nichts ändert – neun Kilometer von hier entfernt liegt. Die ersten Fotos werden also nichts vom Krieg im eigentlichen Sinne zeigen. Welches Format haben die Filme?
Die Nummer von „La Bonne Chanson"[13], einer Zeitung von Botrel-le-Crétin, die das schöne Lied „Die drei Husaren" enthält, mit dem sich die Fiedler produzieren, ist die Nummer 24 (Oktober 1909); Biereaux, 35, Rue Boissy-d'Anglas. Du steigst Métrostation de la Concorde aus. (Sagt man wirklich so? Es ist so lange her, daß ich nicht mehr davon gere-

det oder reden gehört habe!) Kauf es und lern es. Es lohnt die Mühe. Hier wird es immer nur geträllert. Ich trenne mich von Dir mit einem Kuß.

Saint-Christophe, 23. Februar 1915

Heute ein Wort in aller Eile. Was für ein Abschnitt das ist! Gestern abend bewegten wir uns bei gedämpftem Mondschein durch die Zone zwischen den deutschen Linien und den unseren. Gegen das Flußufer zu übernahm ich dann mit einem Kameraden den Posten auf freiem Feld. Wir lagen auf dem Bauch, den Blick gespannt auf undeutliches Gebüsch und winzige Baumgespenster gerichtet. Glücklicherweise verschleierte Nebel den Mond mit flüssigem Mattglas, wie Lamartine[14] sagt. Es dauerte von $6^1/_2$ Uhr bis Mitternacht. Von Mitternacht bis 6 Uhr morgens Wache in dem vorgeschobenen Graben, in dem ich neulich während des Tages gestanden hatte und der des Nachts als Feldwache für die Verstärkung und Sammlung der Wachtposten dient. Von dort ging ich mit dem Sergeanten R. auf Streife von Posten zu Posten (einhundertfünfzig Meter voneinander aufgestellt). Um uns zurechtzufinden, benutzten wir einen Draht, der im Moment der Postenaufstellung ausgelegt worden war und den wir in der Hand behielten, während wir uns vorsichtig weiterbewegten. Dem Sergeanten R. schlug es auf den Magen, und er verduftete, um sich zur Feldwache abzusetzen. In der Tat sind diese kleinen Spaziergänge spannend, denn wenn man sich jemandem nähert oder jemanden näher kommen sieht, weiß man nie, wer es ist. Aber eher spannend als gefahrvoll, denn die Deutschen haben während dieser Nacht nicht einen einzigen Schuß abgegeben. Sie begnügten sich damit, sich auf dem Treidelpfad am andern Ufer des Flusses die Füße zu vertreten. (Sehen konnte man sie nicht, aber man vernahm sie, man hörte sie husten und sogar reden.) Heute morgen habe ich von 7 bis 10 geschlafen. Von 10 bis 3 ging es wieder in den Schützengraben. Und um 6 Uhr übernehme ich abermals den Horchposten der vergangenen Nacht, doch werden wir diesmal gegen 10 Uhr abends abgelöst. Das wird nur ein Viertel der Nacht sein.
Aus diesem Krieg der Siouxindianer, des angespannten Be-

obachtens in der lautlosen Stille und in den schwarzen Erdlöchern, zurückgekehrt, erhielt ich Deinen Brief.
Auf Wiedersehen, meine kleine Liebste. Ich will meine Sachen packen und, sobald sich die Dämmerung über die Erde breitet, den Kriegspfad in der Prärie wieder aufnehmen. Nach dieser Wachtzeit gehen wir für drei Tage in ein Bereitschaftsquartier – eine Art Reservestellung für die vorderste Linie – und dann, am Abend des 26., ins Ruhequartier. Dort erst erwarten mich Deine lieben Päckchen: Fotoknipser, der Kompaß ... (Deine Fotos werden ja leider noch nicht da sein, das wäre auch zu schön!).
P. S. Wir übernehmen den vorgeschobenen Posten heute abend doch nicht mehr, also eine Plackerei weniger! Gehen aber von 6 bis 10 Uhr in den Schützengraben. Bis morgen!

Saint-Christophe, 24. Februar 1915

Selbstverständlich händigt man mir zwei Briefe von Dir aus, die vom 21. und 22. Februar. Gestern fand ich es bedauerlich, keinen zu haben, doch heute abend habe ich lieber zwei an Stelle von einem! Danke für den Wasserfüllhalter (danke nein!); so ein Ding ist sicher äußerst interessant, aber mein Füller funktioniert zufriedenstellend, wie Du gerade in diesem Moment sehen kannst, da Deine lieben Augen groß auf diesen Brief gerichtet sind. Weshalb aber kaufst Du diesen Wasserschreiber nicht für Dich selbst?
Nein, trotz der Beschwerden, die Pakete werden nur im Ruhequartier ausgegeben. Den Trupp Sachen, der sich unter Führung des Fotoknipsers auf mich zubewegt, werde ich also erst im Laufe des 27. bei mir haben. Hier sind wir noch immer in Alarmbereitschaft, und schon fünf Tage und fünf Nächte haben wir unsere Patronentaschen und Bajonette nicht für eine Minute vom Leibe bekommen.
Ich erzählte Dir, daß wir in den Katholischen Klub – in den Theatersaal – geraten waren. Ich schreibe an einem Tisch, den ich mir gestern abend mit Médard aus dem Keller geholt habe. (Médard sieht heute mickrig aus und ist schlechter Laune; sein Wunderpulver hat ihm den Frost auch nicht aus den Füßen vertrieben!) Die schöne kupferne Lampe mit Rundbrenner, die Médard in Soissons gekauft hat, spen-

det uns Licht. Suilhard (seine Frau soll nach Leysin kommen) spielt neben mir Mandoline. In dem großen Saal spielen ein paar „Kerle" Billard im Schein von Kerzen, die von Bajonetten gehalten werden, die in den Randleisten stekken. Médard ist nicht da. Er ist in Nacht und Nebel draußen, der Arme, und führt eine Abteilung, die im Vorfeld Stacheldraht verlegt. Vor 2 oder 3 Uhr morgens ist er wahrscheinlich nicht zurück. Unter dem feuchten grauen Himmel im Vorfeld draußen wird er sicher „raunzen".
Heute habe ich in einem privaten Wohnhaus zu Mittag gegessen. Dieses äußerst saubere Häuschen ist das Domizil von M. und Mme. Tassin, die seit langem geflüchtet sind, und ist Nr. 14 in der Rue de l'Echelle du Temple. Dieses leerstehende kleine Haus mit seinem Allerweltssalon, mit seinem Eßzimmer, wo noch der Handarbeitskasten der alten Dame offen auf einem Tischchen stand, war finsterste Provinz. Auf dem Küchentisch Postkarten, noch am Tag der Abreise eingetroffen und in der Hast zurückgelassen. Ich wäre ebenso wie Du sehr erstaunt gewesen, hätte man mir vor sieben Monaten verkündet, im kommenden Winter würde ich in das Haus dieser braven Leute zum Mittagessen kommen. Leider werde ich in Zukunft dort weder zu Mittag noch zu Abend essen. Das Ausgehen ist uns durch einen Befehl strengstens untersagt worden, und Vercingétorix Barbier muß uns das Essen von nun an dort zubereiten, wo wir auch schlafen.
Freilich, schlafen darf ich – außer in der Stellung. In der Stellung, oder wenn wir nebenan auf Posten stehen, schlafen wir nicht, und diese Stunden müssen wir, wohl oder übel, für die Ruhe abschreiben. Aber wir werden auch entschädigt, denn zu anderen Zeiten haben wir ganze Tage des Nichtstuns und ganze Nächte Ruhe. Das gleicht sich aus. Wenn Du Dich „in Geborgenheit schlafen legst", soll Dir der Gedanke an das, was ich auszustehen habe, keinesfalls das Herz zerreißen. Im Gegenteil, ich habe es Dir bereits gesagt. Ich würde weit verdrossener und viel übler dran sein, dürfte ich nicht bei einem kleinen Ungemach solcher Art daran denken, daß wenigstens Du einigermaßen bequem untergebracht bist. Das Mißbehagen wird um die Hälfte vermindert. Das wäre mir was Schönes, müßten wir Deine Sorgen den meinen noch hinzufügen!

Heute, am 25., setze ich diesen Brief fort. Die Nacht war recht turbulent, weil sich einige Saufköppe bis 2 Uhr morgens im Schlafraum herumgeprügelt haben. Was für ein Konzert! Heute morgen haben sich die Wogen wieder geglättet, aber für einige steht vielleicht Arrest in Aussicht. Man kann nie genug vor den bösen Folgen einer solchen Pichelei[15] warnen!
Wir haben in Gestalt des Landsturmmannes Deshayes einen neuen Putzer.
Sensationelleres weiß ich gegenwärtig nicht zu berichten, und so schließe ich diesen Brief, damit er heute noch abgeht.
… …
Armer Lecomte! Er hatte mir von seinem Sohn geschrieben, der wirklich ein erstaunlicher Bursche gewesen ist. Drückeberger gibt es noch und noch!

Saint-Christophe, 26. Februar 1915

Wieder ein Tag vergangen oder vielmehr eine Nacht. Und schwer ist sie nicht gewesen. Wir zogen los, um Pfosten zu setzen und Draht auszulegen, aber es gab zu viel Mondschein, und überdies hatte auf dem Feld, wo wir zu Werke gehen sollten, eine deutsche Granate eine Strohmiete in Brand gesteckt. Angesichts der taghellen Beleuchtung hielt man es doch für zu unklug, dort eine Schwarm von geräuschvoll arbeitenden Männern hinauszuschicken, und so ließ man uns erst einige Stunden untätig im Winkel eines Gehöfts warten und dann ins Quartier zurückkehren. In dem Gehöft, wo wir waren, hatten wir ein Hündchen gefangengenommen[16], das schuldig befunden wurde, dem Feind durch Bellen und Jaulen die Anwesenheit von Soldaten zu verraten. Ich hatte beschlossen, es mitzunehmen und unserer Korporalschaft einzuverleiben. Die Idee war begrüßt worden, aber dieses Hündchen hat das improvisierte Halsband, das wir ihm aus Draht verfertigt hatten, abgestreift und sich auf dem Rückweg leider davongemacht. Es war ein weißer Affenpinscher mit kastanienbraunen Flecken, sehr zutraulich. Es tut mir leid.
1 Uhr. – Wir machen uns fertig für den Abmarsch heute abend. Diesmal soll es sehr weit gehen, etwa fünfundzwan-

zig Kilometer; wenn wir um 10 Uhr aufbrechen, werden wir die ganze Nacht zu marschieren haben. Zum Glück ist uns erlaubt, Decke und Zeltbahn auf den Kompaniewagen zu laden. Morgen werden wir Fotos machen! Und zwei Briefe von dem kleinen Mädchen bekommen, das wir von ganzem Herzen umarmen.

Saint-Christophe, 26. Februar 1915, 6 Uhr *abends*

Da mir vor dem Abendessen, das sich verspätet, vor dem Briefempfang und vor dem Abmarsch noch ein Stündchen Zeit bleibt, nehmen meine Gedanken, die immer in Deine Richtung gehen, für diese Reise den kurzen, praktischen Weg eines Briefes.

Heute, da die Sonne schien, dachte ich an Deine Malerei, und je mehr hübsche Winkel voll Licht und Farben ich sah, desto heftiger bedauerte ich es, daß Du Deine Pinsel zur Zeit weggelegt hast. Wie schön wäre es, wenn Du sie wieder zur Hand nähmest! Es würde die richtige Arbeit für Dich sein, und ich wäre sehr glücklich, würde sich Deine so echte Begabung entfalten, statt so lange ungenutzt zu sein, so lange brachzuliegen!

Wir warten auf das Abendessen, dessen Verspätung beträchtliche Ausmaße annimmt. Natürlich ist Médard über den neuen Koch ungehalten.

„Der Bruder treibt es zu arg!"

„In der Tat", pflichtet Suilhard ihm bei, „er übertreibt es und stopft sich den Wanst voll. Um halb 6 sollten wir ‚spachteln', und jetzt ist es halb 7."

„Wir werden gezwungen sein, zum Abendessen nichts als Kanten (Brot) zu kauen", sage ich.

In Anbetracht des schweren Marsches, den wir diese Nacht vor uns haben, wäre das verdrießlich.

8 Uhr. Médard ist in der Küche gewesen. Er hat die Suppe mitgebracht. Mit dem Milchreis von der Kompanie, mit Tee und Kaffee ist es ordentlich gelaufen!

Bald ist es soweit, daß wir abmarschieren.

Zu den Briefen! Ich bekam den Deinen! Eben habe ich ihn in dem großen Saal gelesen, in dem wir noch etwa eine Viertelstunde bleiben, bevor wir ihn wahrscheinlich für lange, vielleicht für immer, verlassen. Wir hatten heute ein wenig frei, und viele von den Herrschaften haben „einen in der Krone". Beim Antreten zum Abmarsch wird es so manche besoffene Gestalt geben! Doch kommen wir auf Deinen Brief zurück. Er hat mich beschäftigt und amüsiert. Umwerfend das Porträt des Maestro. Ich habe ihn erkannt und ihm guten Tag gesagt: Ich meinte, er wäre es selbst. Wie schade deshalb, daß nicht auch Du in dem so sehr erwarteten Fotoknipser gekommen bist, den ich morgen mit meinen Händen berühren werde. Komisch, die Hüte: Das konnte nicht ausbleiben! Aber ich bin recht betrübt, daß Du nichts Schikkes anzuziehen hast, man muß darauf bedacht sein, versichere ich Dir. Es ist von Bedeutung – unabhängig von dem Vergnügen, das es mir bestimmt machen würde und das vielleicht auch Du hättest. Ich schließe – denn Médard ist dabei, aus dem „Bulletin des Armées" phantastische Dinge vorzulesen[17], die er, den bäuerlichen Akzent nachahmend, erfindet. Das währt schon seit einer Viertelstunde, und es ist komisch, der Bursche hat ein äußerst auffälliges Improvisationstalent.

Puiseux, 27. Februar 1915

Das war Dir vielleicht ein Marsch! Bei leichtem Frost, der in den Pfützen das vereiste Wasser unter unseren Schritten krachen ließ, hat man uns dreißig Kilometer weiterverfrachtet. Wir brachen um halb 11 Uhr auf, um 7 Uhr kamen wir an. Der Ort, an dem wir jetzt x Tage (kein Mensch weiß es) bleiben werden, ist reizend. Ich darf Dir seinen Namen nicht verraten, kann Dir aber sagen, daß er nur zwei Kilometer von dem Schloß Henry Batailles[18] entfernt ist, dem ich schreibe und den ich besuchen will, wenn er da ist – und wenn wir lange genug hierbleiben. Wir schlafen selbstverständlich im Stroh, und in diesem Nachtquartier herrscht sogar ein ziemlich starker Ammoniakgeruch, den der Stall zu ebener Erde ausströmt. Aber gleich nach der Ankunft hat Médard Abhilfe geschaffen und zum Schreiben und Essen ein Häuschen ausfindig gemacht, worin sich ein heller, schmucker Raum befindet, mit Fliesen ausgelegt und mit einem mächtigen Kamin versehen. Hier halte ich mich auf und schreibe Dir, während ich auf den Kaffee warte, den mir die gute Wirtin zubereitet, flankiert von Médard

und Suilhard, die an zwei Enden des Tisches schlafen. Wir erwarten unsere Pakete, unsere vielgerühmten, noch ausstehenden Pakete. Wir erwarten auch unsern Küchenbullen Deshayes, der, wie nicht wenige andere auf diesem Nachtmarsch, schlappgemacht hat und mit den Nachzüglern eintreffen wird, die langsam und nach und nach auf der Hauptstraße hereinkommen.
Ein komischer Zwischenfall heute nacht. Während einer Marschpause unterhielten Médard und ich uns damit, uns absonderliche Bezeichnungen zuzurufen, und zwar mit weithin schallender Stimme. Während ich ihn als „Affenzahn" und „Trauerkloß" beschimpfte, trottete gerade ein Reiter auf der Straße vorüber, genau in dem Moment, als mein „Trauerkloß" in seine Richtung ertönt. Und da bezieht der Reiter, ein Dragonerleutnant, die Sache schon auf sich und kehrt im Galopp zu unserer Gruppe zurück. „Wer war das, der mir ‚Trauerkloß' nachgerufen hat?" Natürlich stellte sich heraus, daß ich keine böse Absicht gehabt hatte, und er gab sich zufrieden. Aber ich hatte es dennoch schlecht getroffen. Dieser Leutnant hat die Angewohnheit, sich jedesmal persönlich für beleidigt zu halten, wenn in seiner Gegenwart ein derbes Wort ausgesprochen wird. Diese „Trauerkloßgeschichte" hat beträchtlichen Erfolg gehabt und den Marsch auf Kosten besagten Leutnants lustiger gestaltet.
Himmel, wie lange diese Pakete brauchen, um sich blicken zu lassen. Da wird mir jetzt erklärt, es bestehe kaum Aussicht, sie vor heute abend zu bekommen. Also werde ich vielleicht gezwungen sein, meinen Brief zu schließen, bevor ich imstande bin, Dir ihren Empfang zu bestätigen und Dir von der Freude zu berichten, die sie mir bereitet haben!

Puiseux, 28. Februar 1915

Meine liebe Kleine, diesen Brief habe ich gestern, am 27. abends, bekommen. Der regelmäßige Postdienst scheint mir wiederhergestellt!
Morgen abend geht unsere Zeit im Abschnitt zu Ende. Gestern heftiges Artilleriefeuer. Von unserem Graben aus verfolgten wir mit dem Auge das Fallen der 22-cm-Granaten,

die am Himmel über unsern Köpfen ungeheure Bögen beschrieben und dann herunterkamen. Es sind Geschosse, die hundertzwanzig Kilogramm wiegen. In der Luft, hätte man meinen können, wären sie etwa so groß wie ein Vogel, der steil herabstößt.
Vergangene Nacht arbeiteten wir daran, einen Schützengraben herzurichten. Es war ausgesprochen kalt. Heute morgen strahlende Sonne und leichter Wind. Die Gräben sind ausgetrocknet, und ihr Kamm bedeckt sich mit Gras, das sich sanft im Winde wiegt. Dieser Bewuchs verleiht ihnen ein neues Aussehen. An manchen Stellen bieten die französischen Schützengräben, die breit und eher ausgeweitet sind, den Anblick von Hohlwegen. Die deutschen Gräben sind viel enger und tiefer und mehr für die Verteidigung eingerichtet; werden sie aber einmal angegriffen, kann die Besatzung kaum heraus. Sie muß entweder den Angriff abschlagen, oder sie ist erledigt.
Stell Dir vor, ich habe Lust radzufahren! Mir scheint, ich werde es nicht mehr können.
Noch habe ich weder das Hühnchen Nummer 1 noch das Hühnchen Nummer 2 bekommen.

Puiseux, Mittwoch, 3. März *1915,* 1 Uhr

Das Gerede, wir würden hier einen Aufenthalt von drei Wochen haben, geht unbeirrt weiter. Ebenso das von unserer Verlegung an einen anderen Frontabschnitt. Man spricht von Thann im Elsaß. Doch wer weiß! Der Krieg scheint eine gute Wendung zu nehmen, und es könnte wohl sein, daß wir ihn nicht mehr so lange haben werden, wie man glaubt, denn unsere Freunde, die Engländer, sind vielleicht in größerer Zahl da, als wir annehmen. Aber wollen wir nichts voraussehen und voraussagen! Ich weiß nur, daß hier in der Nähe schwere Geschütze aufgefahren sind und daß sie die deutschen Stellungen in den Steinbrüchen von Soissons mit verheerenden Granaten belegen.
Heute nachmittag hatten wir Übung in einer Gegend des Forstes von Villers-Cotterêts, der ein wenig an den Forst von Halatte, zwischen Aumont und Senlis, erinnert, und zwar an die Stelle nahe Aumont, wo wir einst Maiglöckchen gepflückt haben. Solche Möglichkeiten für Vergleiche, die

sich, wie ich Dir schrieb, bei der Ähnlichkeit aller dieser Winkel im Lande leicht einstellen, lassen mich oft mit Rührung an die Stunden und Tage zurückdenken, die wir in ländlicher Ruhe verbracht haben, bevor all das war.
Heute fieberhafte Aufregung in der Kompanie: Man hat die Parole in Umlauf gebracht, daß fünfzig Prozent aller Soldaten und Unteroffiziere, die seit Anfang im Felde stehen, einen Urlaub von acht Tagen bekommen sollen. Wenn sich das bestätigt: welche Konkurrenz und Eifersucht müßte es auslösen, wäre man gezwungen, die Wahl zwischen zwei Soldaten zu treffen. Die ungeheure Enttäuschung bei allen, die man notwendigerweise ausscheiden müßte, könnte dann sogar gefährlich werden. Bereits vorhin haben L. und N. damit angefangen, sich irgendwie gegeneinander aufzuspielen, indem sich jeder auf seine Ansprüche berief; und dabei sind sie gute Kameraden und stehen schon sieben Monate Seite an Seite im Krieg!
Es ist halb 10. Ich will mich mit Henriot ins Quartier zurückziehen und bis morgen ein gutes Stück schlafen – denn Médard und Suilhard bleiben zum Schlafen hier, das heißt in dem Haus, von dem Du einen kleinen Teil der Fassade, den Kamin des Vorraums – und die Eigentümer – auf dem Foto gesehen hast. Sie teilen ein großes Bett miteinander und sind glücklich wie die Könige. Doch Tranquille (das ist Henriots Vorname), Lezin und ich werden ebenso gut im Stroh schlafen, das in diesem Bauernhof von P[uiseux] im Überfluß vorhanden ist. Guten Abend, also!

Der Deine

Würdest Du mir gummiertes Zigarettenpapier schicken?

Dommiers, Montag, 8. März 1915

Ich habe in einem Bett geschlafen. Siebenundsiebzig Nächte lang ist mir das nicht passiert. Bei sehr alten Leuten, zwei erloschenen alten Ruinen, aus denen jammernd ein schwaches Stimmchen kommt und die kaum verstehen, was man ihnen ins Ohr schreit. Henriot und Suilhard haben das gestern abend im Verlauf eines Rundgangs für mich gefunden. Nach einem abwechslungsreichen Spaziergang durch die Nacht und einem Sturz Suilhards vom Fahrrad suchte ich mein Zimmer auf, wobei ich den Raum mit dem Bett

durchqueren mußte, in dem das alte Paar vage dahindämmerte. Heute morgen um 8 Uhr stand ich nach einer ausgezeichneten, wohltuenden Nacht auf und verließ durch das Schlafzimmer das Haus. In dem Bett bewegte sich zittrig eine gipsweiße Gestalt: der alte Mann mit seiner Baumwollmütze auf dem Kopf. Jetzt halte ich mich in dem Haus auf, wo wir unseren Eßraum eingerichtet haben. Meine Korporalschaft hingegen ist in einem Häuschen untergebracht, an dessen Schwelle ich sie heute morgen fotografiert habe – meine Korporalschaftskameraden, meine Gefährten auf dem Marsch und im Kampf.
Pakete! Ein Reiskuchen in einem niedlichen kleinen Topf. Dank, Dank der lieben und geschickten Mme. Macchiati! Sie hätte es nicht besser treffen können. Die Filme, ausgezeichnet!
Katastrophe! Wir müssen das Quartier wechseln, das unseres Zuges ist zu weit von den übrigen entfernt. Ade, Bett! Ade, Häuschen, in dem ich bin! Werden wir zum Essen und Schreiben einen Tisch finden? Wer weiß. Jedenfalls werden wir auf Stroh schlafen. Ist ja egal; auf Kerle, die im Feuer gewesen und durch den Kugelregen gegangen sind, wird nicht viel Rücksicht genommen.
Zwischendurch scheint ein wenig die Sonne, aber trotzdem, brr ..., ist es kalt heute morgen. Ich schicke Dir ein Stückchen Minze, das ich auf einer Mauer in diesem hübschen Ort gepflückt habe, in dem wir – fünfzehn Kilometer hinter der Feuerlinie – noch sind, und der mit einem Dom beginnt und wie ein *pommier** aufhört – und dessen Name gleichlautend ist mit dem eines vor vielen Jahren verstorbenen, berühmten Karikaturisten.

10. März 1915

Mein über alles geliebtes Herz! Ach, glaub mir nur, ich hatte wohl an den Urlaub gedacht und an eine Möglichkeit für Dich, nach Villers-Cotterêts zu kommen! Aber es ist überhaupt nichts zu machen. Ausdrückliches Verbot: Jede Soldaten- oder Offiziersfrau, die in diesem Teil der Front ihren Mann besuchen kommt, wird eingesperrt, und ihr

* Apfelbaum. (Übers.)

Mann wird anderswohin versetzt, wo sich seine Lage verschlechtert. Wenn Bataille zu Hause wäre, ginge es vielleicht; um so mehr, als wir wieder ganz in der Nähe in Quartier gehen – aber da gibt es noch eine gewichtige und ärgerliche Einzelheit: Der Oberst unseres Regiments wohnt in dem Schloß! Jedenfalls habe ich Bataille geschrieben und keine Antwort erhalten. Du siehst, es besteht keine Hoffnung … Unser Aufenthalt in der Nähe von V. C. hat in vielen Verwandten den Wunsch ausgelöst: Médards Mutter wollte sich als umherziehende Gemüsehändlerin verkleiden, um ihren Sohn zu besuchen. (Und dabei ist sie intim mit Millerands[19] Kabinettsdirektor bekannt!)
Gestern (Aufstehen um halb 4 Uhr früh) den ganzen Tag lang Schanzarbeiten in beträchtlichem Abstand vom Feind und bei vollem Tageslicht: achtzehn Kilometer Anmarsch; wir haben sechs Stunden lang gekratzt. Nachdem ich die Schanzarbeiten fotografiert hatte, kehrten wir um 6 Uhr mit tüchtigem Appetit zurück. Aber um 8 Uhr, o weh, o weh, mußten wir die Wache übernehmen. Ich stand von 11 Uhr 20 bis 6 Uhr morgens Posten. Um halb 7 Uhr kam ich in mein Zimmer zurück und legte mich zu Bett. Ich schlief bis halb 10 Uhr … Morgen ist um 4 Uhr Wecken, und die Schanzarbeit, mit den achtzehn Kilometern dazu, wird von neuem beginnen! Oh, wir legen die Arme nicht in den Schoß, wenn wir auch in Ruhestellung sind!
Heute abend entwickeln wir Bilder.
Ich drücke Dich ganz, ganz fest, meine Liebste, und küsse Dich ganz, ganz zärtlich.

11. März 1915

Mein liebes Kleines, heute sind wir wieder achtzehn Kilometer gelaufen und haben Schützengräben ausgehoben und Unterstände in diesen Gräben eingerichtet. Es geht das Gerücht, daß wir nach der Woche Quartier in P[uiseux], wo wir waren, der Woche, die am Sonntag beginnt, hierher zurückkehren werden, um diese Gräben fertigzustellen, solide Rückzugsstellungen, die, wollen wir hoffen, niemals besetzt werden müssen.
Lauwarmes Wetter, zeitweilig leichter Regen, klebriger Dreck, aber der strenge Frost von vorgestern ist vorüber.

Und trotz Nebel und Nieselregen, trotz allem, spürt man das Herannahen des Frühlings. Auf den Märschen merkt man plötzlich, daß einem recht heiß wird, und man brummt: „Es ist drückend." Da ich morgen, was den Dienst betrifft, wahrscheinlich nicht viel zu tun habe, will ich neue Fotos machen. Wenn die Sonne nicht scheint, werden wir belichten, denn ich möchte, daß Du mit eigenen Augen – Deinen lieben, so fernen und in mir selbst gegenwärtigen Augen – die schöne Landschaft siehst, in der ich mich zur Zeit bewege. (Ohne den Krieg hätte ich nie geahnt, wie reizend manche Landschaften des Aisne-Departements sind!)

Deshayes, unser Küchenbulle, bäckt Krapfen, denn heute ist anscheinend Mittfasten, und ich esse mit Maßen die ersten, die aus der Pfanne kommen. Wie Du siehst, achten wir die Kalenderfeste! Schon am Fastnachtsdienstag haben wir Krapfen gegessen. Ich hoffe sehr, daß Du es auch so gemacht hast und Deinerseits welche verzehrt hast. Der Weihnachtsabend und die Neujahrsnacht sind in meinem Abschnitt freilich mit weniger Glanz gefeiert worden!

Schreckliches Ereignis: Ich habe den Tabaksbeutel verloren, den Du mir geschickt hast. Würdest Du mir den zukommen lassen, der, wenn ich mich nicht täusche, an der Schraube einer der Schreibtischlampen hängt? (Die Zimmer, die mir jetzt so fern sind, bringe ich ganz durcheinander.)

Was für Wunderdinge, ich muß es Dir nochmals sagen, sind doch die Thermosflasche und die japanischen Heizkapseln! Und die elektrische Taschenlampe und die Uhr mit den Leuchtziffern! Diese Dinge, Du wirst sehen, leisten mir wirklich gute Dienste. Auch der Kompaß wäre vortrefflich, wenn er nicht, was die Leuchtkraft betrifft, launenhaft wäre. In bestimmten Fällen leuchtet er wie ein kleiner Mond an meinem Handgelenk. In anderen kann ich ihn fast nicht wahrnehmen. Ich verliere mich in Mutmaßungen über die Ursachen – und demgemäß über Mittel zur Abhilfe – der ungleichmäßigen Phosphoreszenz.

Heute habe ich keinen Brief von Dir bekommen. Aber es ist schon Abend, beinahe morgen, und morgen werde ich zwei erhalten!

12. März 1915

Heute hatte ich ein ganz eigenartiges Mittagessen. Wir standen, Ellenbogen an Ellenbogen, in einer Reihe und hatten die Füße bis an den Rand der Stiefelschäfte im Wasser. Von unseren Kapuzen und Zeltbahnen rieselte der Regen. Gegessen haben wir auf die folgende Art: Unter den Kapuzen holten wir das Brot und die Konserven aus den Brotbeuteln. Das Brot schnitten wir unter den Kleidern ab, mit Vorkehrungen, verstehst Du, die man trifft, wenn einem im Wind ein Streichholz nicht ausgehen soll! Eine „Esserei", kann ich Dir sagen, von der wir dann in eine Schützengrabengosse von zwei oder drei Kilometern zurückgekehrt sind! Jetzt erst (4 Uhr) hört es auf zu regnen.

23. März 1915

Eben, meine Liebe, hat das Haus noch von einer lärmenden Diskussion gedröhnt, die ich mit R. hatte.
Es handelt sich darum, einen Vorfall aus der Schlacht von Crouy genau zu umreißen. Während des fürchterlichen Tages, an dem die Höhe 132 unter Trommelfeuer lag, hat R. einen Teil des Nachmittags in einem Unterstand in Deckung verbracht. Nun behauptet er aber, er sei dort nur ganz kurze Zeit gewesen. Ich lasse nicht zu, daß man über solche Dinge scherzt.
Weißt Du, es ist keine Schande, wenn man sich während eines Trommelfeuers von solchem Kaliber in Deckung begibt. Die Unterstände sind dafür geschaffen; für die Soldaten in den Schützengräben ist es sogar Pflicht. Doch wenn man die Hälfte der Zeit in Deckung liegt, sollte man auch rundheraus sagen: „Ich war in Deckung!" Hätte ich noch Platz gefunden, um unterzukriechen, ich hätte es getan. Da ich aber keinen gefunden habe und mir auch nicht mit den Ellenbogen Platz schaffen wollte, können wir – ich und einige Soldaten aus meinem Zug, fünf oder sechs vielleicht – wohl sagen, daß wir am 9. in den Gräben der Höhe 132 den ganzen Tag, von morgens bis abends, ohne Deckung gewesen sind und nichts als die Brotbeutel über unsern Köpfen hatten.
Mittags. – Im „Matin" von heute[20] lese ich, daß ich zum Vi-

zepräsidenten der Société des Gens de lettres ernannt worden bin. Diese bedeutende Ehrung von seiten G. Lecomtes und meiner Kollegen rührt mich sehr, und es ist sehr freundlich von ihnen. Doch frage ich mich, was ich tun soll. Wenn der Krieg länger dauert, bin ich ja im Augenblick gar nicht in der Lage, diese begehrte Vizepräsidentenstelle tatsächlich zu bekleiden. Meine erste Regung war, an G. Lecomte zu schreiben, um ihm, wie auch dem Komitee, zu danken und zugleich mitzuteilen, daß ich zurücktreten werde, falls der Krieg nicht in ganz kurzer Zeit zu Ende geht. Würdest Du Lecomte in dieser Angelegenheit aufsuchen, ihm eröffnen, wie ich darüber denke, und ihn nach seiner Meinung fragen, der ich mich dann in allen Punkten anschließen möchte?

Vivières, 1. April 1915

Meine liebe Kleine, zunächst eine dringende Empfehlung, die man uns eben im Auftrage Joffres zukommen ließ: Auf die Umschläge von Briefen, die an uns adressiert sind, darf nur die Nummer des Regiments, der Kompanie und des Postsektors gesetzt werden.

Nun weißt Du das, und ich schicke Dir das Konterfei des Stabsfeldwebels J., des Mannes mit den Zwiebelsuppen: In den Schützengräben von Saint-Paul hat er uns damit bewirtet, und wir sind noch ganz begeistert von dieser Kochkunst, wenn wir daran denken. Er ist ein guter Kerl, wenn auch kein Kriegsheld. Er gehört dem berühmten Landwehrregiment an, dem es vor allem darum geht, die Berührung mit den Deutschen zu vermeiden, und das, wenn der Feind in Sicht ist, die Beine seiner Aktivzeit wiederentdeckt. Er, der Chef, bleibt in seiner Schreibstube sitzen und kommt niemals in die vorderste Grabenlinie. Er ist geschniegelt und gebügelt, schön glatt wie eine edle Fayencefigur, aber ins Feuer, wie edle Fayence, geht er niemals! Ich habe ihm das neulich gesagt, und er hat es, von einer geringfügigen Grimasse abgesehen, ohne weiteres geschluckt. Einen Abzug auf Papier, das Portät des jungen Hilfsarztes Yverneau, der neben uns logiert, lege ich bei. Den Film habe ich ihm geschenkt. Der Abzug ist also der einzige seiner Art, hebe ihn gut auf.

Es bestätigt sich, daß wir am 10. in den Abschnitt aufbrechen (wir werden ihn verändert, ausgetrocknet und verhärtet wiederfinden!) und am 25. wieder hierher zurückkommen werden – und dann wird schon fast Mai sein!
Morgen, Karfreitag[21], werden wir Fleisch essen. Der Hauptmann hat uns zusammengeholt und erklärt, es sei nicht möglich gewesen, Seefisch auszugeben. Er fügte hinzu, der Papst habe durch eine besondere Enzyklika Fleischspeisen im Kriegsfall gestattet! E. wird aus einem entscheidenden Grund fasten: Er hat seit dreißig Jahren gefastet. Ich, unnötig Dir zu sagen, habe Hühnerfleisch für morgen aufbewahrt. Da wir eben davon reden, würdest Du mir eine neue Büchse schicken?
Nachdem ich meine Arme ausgebreitet habe, um Dich an mich zu drücken, schließe ich.

3. April 1915

Wie ärgerlich ist es, daß die Post so unregelmäßig kommt! Ich bin tief betrübt, meine schöne kleine Liebste, wenn ich merke, daß Du Dir Sorgen machst. Doch was kann ich tun? Hast Du die Datierung meiner Briefe nachgeprüft? Jeden Tag, ohne Ausnahme, folgt einer dem andern; ich richte mich immer so ein, daß sie vor der Zeit der Leerung aufgegeben sind. Es ist mehrmals (nicht häufig, aber wenigstens zweimal in diesen letzten drei Wochen) vorgekommen, daß ich Dir zweimal am Tage geschrieben habe. Aber das ist nun mal nicht anders. Das System, die Briefe anzuhäufen und sie in Bündeln weiterzuleiten, wie jenes, den Soldaten ihre Pakete vorzuenthalten, solange sie auf vorgeschobenem Posten sind, wo sie ihnen am nötigsten wären, nur damit – wie immer – die Drückeberger vom Postdienst, die sie ihnen bringen, überhaupt nichts riskieren – das alles ist richtiger Kommiß.
Hier hält man Paraden ab. Gestern morgen sind wir fünf viertel Stunden lang beim Klang von Musik aufmarschiert. Heute Truppenbesichtigung durch einen General. Der Befehl lautet, die Kranken in einem Hof zu sammeln, und einfachen Soldaten ist es verboten, sich auf den Straßen zu zeigen, die der Große Häuptling zu passieren beabsichtigt. Wir fragen uns, ob man den Kranken das Maul stopfen wird oder nicht.

Meinst Du wirklich, daß Italien marschieren wird? Hier haben wir nicht den Eindruck. Vielleicht wird es marschieren, aber erst, so glauben wir, wenn alles ganz oder beinahe zu Ende ist.
Ich lege zwei Abzüge bei (für den Moment; vielleicht mache ich bis heute abend noch mehr). Sie sind mit dem Apparat von Paul aufgenommen, und er behält die Platten. Das bedeutet für Dich, daß das die einzigen Positive sind, die ich von diesen Ansichten haben werde, und daß Du sie sorgfältig spülen mußt. Das erste Foto stellt die Küche des Kompaniezugs dar. Das zweite, die Ergänzung des ersten, zeigt die Zeremonie der Suppenausgabe. Der Waschkessel, in dem die Suppe hergestellt wurde (an der Front dienen Waschkessel als Kochtöpfe), ist vor die Unterkunft des Kompaniezuges getragen worden, und der Korporal füllt mit der Kelle die Eßgeschirre.
Was Lecomte betrifft, mein Schätzchen, so wäre es besser gewesen, Du hättest ihn aufgesucht, denn ich wollte seine persönliche Meinung kennenlernen. Im Prinzip habe ich nicht im Sinn, der vertrackten und tendenziösen Aufforderung von C. nachzukommen, mit der er mir offenbar zu verstehen geben will, es wäre richtig von mir, zurückzutreten. Ich fürchte, es wäre ungeschickt, wollte ich tun, was er verlangte. Schon sein erster Brief, in dem er mir von meiner Kandidatur redete, als wäre sie einzig allein zur Sprache gebracht worden, um die seine zu unterdrücken, hatte mir nicht gefallen. Diese Passage seines Briefes hatte ich übelgenommen, und nun hat er mir ein langes, honigsüßes und unklares Schreiben geschickt, das mich niederschmetterte. Ich bin überzeugt, daß er – Lecomte, der auf ihn anspielt, zum Trotz – mit aller Macht bis zum letzten Moment intrigiert hat, um den Sitz zu bekommen.
Ich beende diesen Brief nach der Rückkehr von einer Zeremonie; der Verleihung eines Sankt-Georgs-Kreuzes vierter Klasse an einen Feldwebel, derentwegen man uns drei Stunden lang im strömenden Regen umherstehen und defilieren ließ! Wie schön ist doch das Kasernenleben! – Zwei Negative lege ich bei.
Und ich nehme Deinen lieben kleinen Kopf in meine Hände und flehe Dich an, Dich nicht wegen der Verspätung meiner Briefe zu beunruhigen, wenn, wie leider

wahrscheinlich, abermals diese Verspätung eintreten sollte.
Macchiati hat mir einen freundlichen und interessanten Brief geschrieben. Grüße sie doch bitte ganz herzlich von mir.

Der Deine

Grand Rozoy, 5. April 1915

Liebes kleines Mädchen. Die Ostereier habe ich gestern richtig bekommen! Sie sind sehr freundlich, sehr herzlich aufgenommen worden und waren ein großer Erfolg. Meine Korporalschaft besteht gegenwärtig aus neun Soldaten, und jeder wird mehrere von den kleinen Dingern erhalten. Das war eine reizende Idee von Dir, meine Liebste, und eine Aufmerksamkeit, die diesen Männern, die nahezu alle seit acht Monaten im Felde stehen und vielen Gefahren ausgesetzt waren, sehr nahegegangen ist.
Die Bartbinde habe ich nicht bekommen; ich bedaure das um so mehr, als sie, wie Du sagst, mit grünen Erbsen in einem Paket war. Leider, leider! Aber vielleicht kommt sie schließlich noch morgen ... Das letzte Paket, das bei mir eingetroffen ist, enthielt das englische Hemd und ein Hühnchen – alles zusammen mit Senfpflaster gewürzt.
Die Fotos, die Du mir schickst und die E. entzückend finden wird, sind bewundernswert getont. Besonders das dunkelste, das ist schöne Fotografie, ist Kunst, meine Liebe! Überhaupt ist die Abwechslung in den Papiersorten meiner Ansicht nach sehr geglückt.
In „L'Illustration" vom 27. März findet sich ein sehr gutes Foto[22]; es zeigt einen von französischen Soldaten im Sturm genommenen Schützengraben, in dem überall Tote umherliegen. In Crouy und auf der Höhe 132 hat sich uns der gleiche Anblick geboten, nur mit dem Unterschied, daß es bei uns nicht zum Nahkampf gekommen ist, weil die deutschen Gräben von den Überlebenden geräumt waren, bevor wir hineinsprangen.
Hier wird jetzt nur noch von unserem Abmarsch in die Gräben gesprochen. Wir bereiten uns schon darauf vor, unsere Tornister zu packen. Es geht nicht wieder in die alten Gräben, wir sollen andere besetzen, die weiter im Osten, aber immerhin im gleichen Abschnitt liegen.

Die gute Großmama sitzt überall herum und ist betrübt. Es tut ihr leid, daß wir abmarschieren, und es ergreift sie. Médard mit seinen tollen Gebärden, wenn er ein Lied improvisierte oder Mounet-Sully[23] nachahmte, hatte sie anfänglich verblüfft und erschreckt. (Man muß den Burschen auch gesehen haben, wenn er in Fahrt ist!) Dann hat sie sich daran gewöhnt, und nun bedauert sie uns alle, bei mir angefangen bis zum Herrn Schullehrer (Suilhard), zu „M. Émile, der ein so spaßiger Mensch ist" und zu dem „kleinen Dicken, den der Teufel reitet". (Henriot, der wirklich ein rechter Teufel ist.)

6. April. – Heute wird nicht mehr abmarschiert. Wahrscheinlich erst am Samstag ... Hör mal, was für ein Glück wir haben. Wir haben einen neuen Obersten bekommen, der hat uns heute morgen ab 5 Uhr einen Marsch von fünfzehn Kilometern machen lassen. Es ist herrlicher Sonnenschein. Das Wetter hat sich gebessert. Bei der Rückkehr habe ich die Korporalschaft mit den Papierhüten fotografiert.

Grand Rozoy, 6. April 1915

Eben habe ich die Post empfangen. Es ist wirklich erstaunlich: Sie kommt allmählich immer regelmäßiger! Nein, mein Kleines, neurasthenisch bin ich nicht, und es besteht auch keine Gefahr, daß ich es jemals werde. Aber ich muß doch sagen, die allgemeine Geistesverfassung ist eher düster, und in unserem Ruhequartier herrscht tyrannisch die trübseligste Stimmung. Die Männer sind seit Anfang August eingezogen und haben es satt.

Wir, in unserem Winkel, wehren uns ja dagegen. Im Grunde weiß die Führung nicht, wie sie sich verhalten soll. Sie verärgert die Soldaten mit Paradeübungen und Kasernenhofdrill.

Médard kommt mit finsterer Miene zurück. Er flucht und meckert: Der neue Oberst ist, wie es scheint, fürchterlich und will uns bis Samstag (wir sollen nicht vor Samstag abmarschieren) jeden Morgen von 5 bis 11 Uhr exerzieren lassen, mit Fünfzehn-Kilometer-Marsch, Gefechtsübungen, Bajonettangriff usw. Die Unteroffiziere, die so gern in den hellen Morgen hinein schlafen, sehen das Aufstehen um 5 Uhr (oder vielmehr um 4 Uhr 30) höchst ungern!

Grand Rozoy, 7. April 1915

Um halb 5 Uhr sind wir aufgestanden. Es regnete und stürmte kräftig. Schon den ganzen gestrigen Abend hatte es übrigens (nach schönem Sonnenschein) Wind und Regen gegeben. Wir marschierten ab, aber zwanzig Minuten nach dem Antreten kam Gegenbefehl. Man sollte meinen, dieser Gegenbefehl, der schon feststand, hätte auch gestern abend bekanntgegeben werden und uns das Wecken zu unpassender Zeit und die morgendliche Berieselung ersparen können. Aber das wäre kein Kommiß gewesen, und es gibt kein Beispiel, daß man eine Übung oder einen Marsch wegen Regens abgebrochen hätte – bevor die Soldaten nicht angetreten und durchnäßt waren. Du würdest es nicht für möglich halten, in welcher Unordnung und Zusammenhanglosigkeit, mit welchem Ungeschick – vom Großen ins Kleine und vom Kleinen ins Große – über das Leben bestimmt wird, das wir hier führen. Es ist völlig idiotisch.

Grand Rozoy, 8./9. April 1915

Ja doch, meine schöne kleine Liebste, mein angebetetes Herz, jetzt bekomme ich täglich einen Brief von Dir. Wird es so bleiben? Ich weiß es nicht, aber es währt nun schon nahezu eine Woche. Ich warte auf das Paket, die Hühner! Ich erwarte auch noch den Gummimantel. Ich werde verdammt zu schleppen haben, wenn wir in die Gräben von V. aufbrechen, und doch ist das alles sehr nützlich!

Jetzt wird verlangt, daß wir uns auch für die Übungen den vollständigen Satz von zweihundert Patronen aufladen. (Das sind an die sechs Kilogramm Patronen, eine übermäßige und sinnlose Belastung für einen Soldaten, und auch Ursache dafür, daß die Männer, sobald sie können, das Übermaß ihrer Patronen loszuwerden suchen und damit auf bedauerliche und verderbliche Art Munition vergeuden.) Jedermann ist aufgebracht. Der Kompanieführer raunzt die Unteroffiziere an. Das ist in vollem Umfang das System des aktiven Militärdienstes! Für Männer, die so lange an der Front gestanden haben, ist das einigermaßen hart, und entsprechend jämmerlich ist ihre Stimmung – was ich um so besser weiß, als ich mich stets darum bemüht habe, sie bei denen, die um mich sind, zu heben. Die Soldaten meckern, die Unterführer desgleichen; und ich meine, wenn es in diesem Moment einen Rückschlag gäbe, würde die Führung auf Schwierigkeiten stoßen, die sie mit dem nötigen Urteilsvermögen voraussehen müßte.

Heute, am 9., kommen wir um halb 1 Uhr mittags vom Marsch (seit 5 Uhr) zurück. Wenigstens fünfundzwanzig Kilometer haben wir querfeldein zurückgelegt. Als Training ist das zuviel. Acht Tage lang diese Behandlung, und es wird uns schlecht bekommen, fürchte ich! Peitschende Hagelschauer zwischendurch. Heute morgen fünfunddreißig Krankmeldungen in der Kompanie. Arztvisite um 4 Uhr früh, um die für tauglich Befundenen noch mitmarschieren zu lassen. Was für Rohlinge!
Morgen vierzig Kilometer! (All right!)

Der Deine

Grand Rozoy, 11. April 1915, 6 Uhr abends

Vorhin, um 5 Uhr, hat man mir zwei Pakete ausgehändigt! Hühnchen, Krümelkuchen (äußerst exquisit, meine Liebe!), Hühnchen und Kalbswürstchen mit Linsen (oh, wie gut wird das schmecken!). Eine Kapuze habe ich, und ich hoffe, Du hast meinen Wink wegen des Mantels rechtzeitig bekommen – fürchte aber sehr, daß er die Rückreise antreten wird!

Hartennes, 12. April, 8 Uhr morgens

Ich sitze bei Sonnenschein in einem Wald auf der Erde und fahre mit meinem Brief fort. Wir sind zu fünfundzwanzig Mann auf Arbeitskommando gegangen, um Faschinen und Pfähle herzustellen (etwa hunderttausend davon werden für das Fertigstellen der Drahthindernisse vor den Schützengräben unseres Frontabschnitts gebraucht). Der Weg war reizend, und in manchen Augenblicken dachte ich an unsern Forst von Halatte und sogar an eine Strecke des Weges zwischen Senlis und Aumont. Während ich raste, fahren die Pariser Autobusse an mir vorüber. Einen davon habe ich mit dem Fotoknipser eingefangen. Du wirst ja sehen. Wann wir in die Stellung abmarschieren? Wir wissen

es schließlich nicht mehr. Vielleicht doch noch am Donnerstag oder Freitag. Aber mach Dir nichts draus, es ist keineswegs sicher. Bei diesem warmen Wetter, dem die launenhaften Regengüsse und Aprilschauer im ganzen nichts von seiner Milde nehmen, wird dort sehr gut zu hausen sein. Was Du mir von Zezzos sagst, betrübt mich tief, ja gewiß, muß man ihn nach Aumont schicken.
B. hat das Paket bekommen, der Arme ist sehr zufrieden. Er ist ein schmächtiger, spaßiger Bursche, und im Ruhequartier, wenn er, mit einem Fez auf dem Kopf, in seiner Küche steht, seinen Gesprächspartnern gegenüber gern sarkastisch. Im Gefecht aber ist er weniger lustig. Am 12. Januar, als es auf der Straße nach Crouy eine Mauer entlangging, machte er ein dummes Gesicht – hat aber trotzdem, ohne viel darüber zu reden, getan, was er vermochte.
Ich schließe diesen Brief in dem Zimmer einer guten Dame, bei der wir ein üppiges Mittagessen von den Vorräten einnahmen, die Émile und ich in dem Dorf H[artennes], wo wir sind, eingeholt haben. Um 1 Uhr kehren wir in den Wald zurück, um wieder Faschinen zu machen und Bäume zu fällen. Watn schöin Wedder!

Immer der Deine

Grand Rozoy, 14. April 1915

Liebes Herzchen. Ich schreibe Dir, das Papier auf meinen Knien, ein wenig rasch, denn wir treffen Vorbereitungen zum Abmarsch. Die Zeit im Abschnitt bricht an. Wir werden ihn inzwischen nicht mehr wiedererkennen.
Die meisten Soldaten und Unteroffiziere verziehen das Gesicht. Gestern hat man eine Menge von ihnen geimpft, und heute morgen haben sie Fieber und schiefe Schultern. Die Aussicht, unter diesen Bedingungen zu marschieren, wurde also nicht mit Begeisterung aufgenommen. Daß man nach einer Ruhezeit wie dieser den letzten Tag vor dem Abmarsch abgewartet hat, um gegen Typhus zu impfen, erscheint mir als eines der ungeheuerlichsten und ... für den Kommiß bezeichnendsten Dinge, die ich seit Beginn erlebt habe – und ich habe einiges erlebt, verdammt noch mal! Die Marschroute, die wir mit vollem Gepäck zurücklegen, ist lang und wird von Nachzüglern übersät sein.

Großmama ist voller Aufregung und den Tränen nahe. In Wirklichkeit sind wir noch nicht ganz sicher, ob wir abmarschieren. Der Stabsarzt hat anscheinend protestiert und verlangt, daß man den Aufbruch auf morgen verschiebt. Wir warten und warten ... und packen unsere Tornister.
Unsere Pakete sind offenbar nicht abgegangen und sollen uns zurückgegeben werden! Nichts zu erwarten, das steht fest. Ich umarme Dich, mein Liebes, von ganzem Herzen.

Serches, 18. April 1915

Allerliebste kleine Hübsche! Es ist geschafft. Den fürchterlichen Gepäckmarsch haben wir hinter uns! Gestern abend, um 6 Uhr, haben wir Gr[and] R[ozoy] und die Großmama verlassen, die sehr betrübt war und entschlossen ist, von nun an keine Soldaten mehr aufzunehmen. Wir haben den Tornister geschultert und sind bis Mitternacht über die Landstraßen gezogen. Das macht reichlich zwanzig Kilometer. Manche behaupten sogar, es seien zwanzig „Kautschuk"-Kilometer gewesen, das heißt, man müßte wenigstens zweiundzwanzig rechnen. Immerhin sind wir in guter Verfassung in unserm neuen Quartier eingetroffen. Ich habe alles sehr gut ausgehalten und wäre auch noch die ganze Nacht weitermarschiert. Im übrigen gab es nur wenige Soldaten, die „alles hingeschmissen", und nicht viele, die ihren Tornister auf den Wagen gelegt haben. Ich habe einigen Kleinkram bei Großmama zurückgelassen, die ihn sorglich aufbewahrt, um ihn mir später wiederzugeben oder bei Bedarf zu schicken. Unter diesen Sachen ist auch mein Feldstecher, der wohl nützlich ist; doch wird man mir, wenn nötig, einen leihen. Man ist leider gezwungen, auch auf gute Sachen zu verzichten; der Schlafsack, die Patronen, die Dosen mit der eisernen Ration und das Gewehr machen schon ungefähr zwanzig Kilo aus.
Wir sind in S[erches], einem Dorf, dessen Name Dir nicht viel sagen würde. Es ist ein Dorf wie jedes andere: Bauernhöfe, Koppel und Scheunen in ungefährer Neuauflage. Eine von diesen hat uns als Unterkunft gedient. Sie war wohl ein wenig luftig, doch das war nur um so besser, und ich habe, dank dem Schlafsack, warm und bequem geschlafen. Großmamas Matratze, die direkt auf dem Fußboden

lag, war auch ziemlich hart gewesen, und das Stroh hat für mich nichts geändert. Heute morgen hat uns eine Salve von Geschützen geweckt, die, ganz in der Nähe aufgestellt, ein deutsches Flugzeug beschossen. Am makellos blauen Himmel konnten wir das insektenförmige, kleine Flugzeug sehen und die rundlichen weißen Wölkchen der Schrapnells, von denen es, ungeachtet seiner Höhe, recht gut in die Mitte genommen wurde. Trotzdem entkam es, vor sich und hinter sich die weißen Wölkchen, die auf seiner Bahn eine Art Flockenschärpe am Himmel abzeichneten. Im Laufe des Morgens sind noch andere erschienen, die ebenfalls Garben von Granaten zu passieren hatten. Den ganzen Vormittag – wie auch den ganzen Nachmittag lang – ist, wie stets nach einem Marschtag, Rast gewesen, und die Korporalschaft hatte nur den Auftrag, Geräte für den Brandschutz vorzubereiten: Wasserzuber und Eimer, Gewehrständer und ein Geländer um die Öffnung, durch die wir auf unsern Speicherboden gelangen. Mimile und Paul sind schon am Morgen zu einem Streifzug durch die Ortschaft aufgebrochen mit dem Ziel, ein Bett, ein Zimmer mit einem Tisch und – wenn möglich – mit einer Herdstelle für unsere Küche zu entdecken. Dieses Zimmer, in dem obendrein ein Bett steht, haben sie gefunden. Doch das Bett hat schon einen Benutzer: Einer von der Ari (Artillerist) liegt schon seit mehreren Nächten darin. Dieser Mann von der Ari befand sich vermutlich gerade bei seiner Batterie und ist noch nicht erschienen. Wenn er dann kommt, um sein Nest in Besitz zu nehmen, erwartet den Armen eine unangenehme Überraschung: Paul und Mimile haben beschlossen, von ihrer Machtbefugnis als Sergeanten Gebrauch zu machen und den Ari-Mann „abzuschieben", so wie der Kuckuck, der sich als Herr im Nest eines andern niederläßt und mit Gewalt darin behauptet. So geht das überhaupt in der Rangordnung von oben nach unten vor sich: Der Sergeant oder Korporal schiebt den einfachen Landser ab, der ein Bett innehat, der Feldwebel schiebt den Sergeanten ab und der Zugführer den Feldwebel. Ganz zu schweigen vom Offizier, der seinerseits jeden abschiebt, den Hauseigentümer, wenn nötig, eingeschlossen. Das nennt man das System D.[24]: Jeder für sich, entsprechend seinen Litzen und Möglichkeiten – und das Ganze ohne Diskussion: „auf die süße Tour", wie man sagt.

Heute nachmittag, nach einem Essen in dem Zimmer des nichtsahnenden Ari-Mannes, ging ich ein wenig auf dem Lande draußen spazieren, dann setzte ich mich im Hof des Hauses, das unser Quartier ist, vor einem Gitter in die Sonne; und hier schreibe ich Dir, indes sich die Soldaten um ein schönes Manoche- oder Manillespiel gruppieren und andere sich im Springen oder im Ringkampf üben.
Inzwischen hat man mich rufen lassen, um mich zum Korporal vorzuschlagen. Dieses Anerbieten habe ich zum vierten- oder fünftenmal abgelehnt. Mit dem Geschäft eines Korporals im besonderen und mit Tressen im allgemeinen habe ich, wie man hier sagt, überhaupt nichts im Sinn. Meine alten Ideen veranlassen mich, lieber im Glied zu bleiben, und die haben sich seit Kriegsbeginn nicht so verdammt gewandelt!
Der bereits nach der Schlacht von Crouy eingereichte Vorschlag, mich entweder im Tagesbefehl zu erwähnen oder zum Gefreiten zu ernennen, ist wieder aufgetaucht; ich denke nun, daß es auf die zweite Möglichkeit hinausläuft. Ich würde die Erwähnung vorgezogen haben, aber Du kannst Dir denken, daß ich nicht den kleinen Finger gerührt habe, um diese Angelegenheit voranzutreiben oder ihr eine Wendung zu geben, die mir lieber wäre. Ich werde niemals um etwas nachsuchen, und ich vermeide es sorgfältig, mich mit Offizieren zusammenzutun. Einen einzigen Antrag habe ich gestellt: Man hat mich, meiner Altersklasse wegen, einem Landsturmregiment im rückwärtigen Dienst zugeteilt, und ich habe verlangt, beim 231. und an der Front zu bleiben. Diese originelle Beschwerde hat auf die Landser in meiner Kompanie großen Eindruck gemacht. Ich glaube an die Notwendigkeit des Opfers in einem Krieg, der, wie der von 1792, ein Krieg der sozialen Befreiung ist. Doch wenn es sich um Exerzieren, Paraden, schwere Anstrengungen unnützer Art und andere Dummheiten handelt, schimpfe ich lauter als sie.
Wir liegen hier mehrere Kilometer hinter der Feuerlinie. Von den zwei Bataillonen werden zwei Kompanien abgestellt, die vier Tage lang – alternierend mit vier Tagen in der Ruhestellung hier – die vor uns liegenden Gräben zu besetzen haben. Nach etwa zwanzig Tagen sollen wir entsprechend dieser Regelung für etwa vierzehn Tage nach

Gr[and] R[ozoy] oder anderswohin zurückkehren, jedenfalls aber ziemlich weit nach hinten. So lautet der Befehl, und so wird marschiert. Hier scheint reichlich Artillerie vorhanden zu sein, und es wird viel vom neuen Sprengstoff geredet. Es heißt auch, daß Italien, mit Hilfe der Alliierten gestärkt und wieder flottgemacht, nun tatkräftig eingreifen würde. Was wird nicht alles gesagt! Nach alledem scheint mir aber doch, daß sich bei den Engländern nicht so viele Freiwillige verpflichten, wie man annahm und wie es nötig wäre. Auf Wiedersehen, mein Mädchen. Ich küsse Dich innig und mit aller Zärtlichkeit.

Serches, 22. April 1915

Du würdest nicht glauben, mein Kleines, wie sehr mich die Vorstellung, daß Du nach Aumont gekommen bist, gerührt und begeistert hat. Nicht nur, weil Aumont ungefähr auf halbem Wege zwischen Paris und hier liegt, sondern weil meine Landschaft und „die unsere" sich ähnlich sind wie zwei Schwestern: Die Gärten, die Apfelbäume, die Zäune, die niedrigen Mauern im Gras, die Gatter und sogar die Häuser sind hier die gleichen wie dort, und so auch stimmen die Veilchen und die Gänseblümchen, die Du mir schickst (und die ich Dir zurückschicke, damit sie, sowenig wie Deine Briefe, Schaden leiden oder verlorengehen), völlig mit denen überein, die in dem Walde wachsen, der in der Nähe unseres Lagerplatzes liegt und in dem ein Bach dahinplätschert. Und auch der Frühling ist der gleiche und erweckt die gleichen Gedanken. Es scheint wirklich, als könnte es einen Krieg, diese ungeheuerliche und vor allem stumpfsinnige Sache, gar nicht geben, und auch keine Schlachten, die, aus der Nähe betrachtet, sich als das erweisen müssen, was sie in Wirklichkeit sind: eine einzige große Armee, die Selbstmord begeht. Dennoch, der Krieg geht weiter. Du kannst die Geschütze und die Gewehre hören, und auch wir hören sie, nur noch etwas besser, wenngleich wir nicht mitten im Hexenkessel stecken. Vor ein paar Tagen hätte man uns ja beinahe als Verstärkung ausrücken lassen, um irgendeinen Angriff der Deutschen abzuschlagen. Wir marschierten über bereits grünende Saatfelder und betraten einen durchsonnten Wald, wo wir dann in frommer

Zuversicht warteten, bis sich Pariser Autobusse – Madeleine-Bastille/Gare du Nord – Champ de Mars usw. –, in graublauer Uniform wie wir, auf der Landstraße näherten, um uns mitzunehmen. Das Negativ, das ich vorbereitete, würde die Mühe gelohnt haben, aber da kein deutscher Angriff stattfand, hat man uns auch nicht gebraucht. Die Boches haben sich ihre Steinbrüche zusammenschießen lassen, ohne sich zu rühren. Sie sind zweifellos außerstande, ernstlich mit einer Offensive zu beginnen. Alle Positionen sind hier, namentlich durch die Artillerie, so gut bewacht, daß zu wünschen wäre, sie unternähmen eine solche Offensive. Aber sie sind durchtriebene und gewitzte Bürschchen und werden nichts dergleichen tun.
Morgen abend – es sei denn, es kommt neuer Befehl – sollen wir in den Dachsbau. Er liegt drei Kilometer von hier, aber sei nicht allzu erstaunt, wenn ich Dir morgen mitteile, daß es wieder hinausgeschoben ist.
Du tust tausendmal recht daran, wenn Du in Aumont wohnen bleibst. Nutze das schöne Wetter, das vielleicht nicht lange andauert. Leider wird es mir nicht möglich sein, dorthin auf Urlaub zu kommen, denn denen, die mit der Waffe Dienst tun, gibt man keinen Urlaub; die Beurlaubungen sind alle nur für die Drückeberger da. In Gedanken werde ich drüben bei Dir sein und Dich sehen. Da Du ja dort sein wirst, wird es mir scheinen, als wäre ich nach Aumont zurückgekehrt und hätte unser Haus wieder in Besitz genommen.
Läßt Du Dich fotografieren, ja?
Ich umarme Dich zärtlich.

Paul hat nach der Typhusimpfung Fieber und muß liegen. Médard ist die Injektion gut bekommen. Er sang hirnverbrannte Liedchen, in denen er den Impfstoff feiert, der, wenn wir uns an Epikur halten, alt ist wie die Welt!

Serches, 23. April 1915

Gestern habe ich keinen Brief bekommen. Der letzte, den ich hatte, war vom 18. aus Aumont datiert. Ich glaube, meine Liebe, die Postverwaltung hält uns zum Narren. Nun, vielleicht werde ich dennoch heute abend zwei Briefe erhalten. Der Postkurier trifft mit seinem Planwagen um 7 Uhr 15 ein. Aber er fährt sogleich zum Haus des Bataillonskommandanten, mit dem er eine sehr interessante und wichtige Unterredung haben muß, denn er kehrt erst zwanzig Minuten später zur Polizeiwache zurück, wo alle Unteroffiziere vom Dienst auf ihn warten. Jeder von ihnen empfängt einen Packen Briefe und Pakete für die ganze Kompanie, und die Verteilung erfolgt an irgendeiner Stelle, die der Unteroffizier vom Dienst bestimmt. Gestern lag sie etwa einen Kilometer von der Polizeiwache entfernt, denn das Dorf hier besteht, wie viele Dörfer im allgemeinen und wie Aumont im besonderen, hauptsächlich aus einer Straße, und die ist vielleicht lang! Auf diese Weise bekommen wir Briefe und Pakete erst gegen halb 9 Uhr abends.

14 Uhr. – Wir gehen heute abend noch nicht in die Gräben, dafür werden wir diese Nacht nicht sehr weit von hier an Verschanzungen arbeiten. Was wird es doch in diesem Winkel unseres Landes an Sappen, an Verbindungsgräben und an unzähligen Kilometern Draht geben!

Vorhin sind wir zur Übung ausgerückt. Auf dem ganzen Weg hörten wir Vercingétorix Barbier erzählen, welchen Schabernack er in seinem Zivilberuf als Botenjunge auf seinem Dreirad getrieben hat. Wenn er durch eine elegante Pariser Straße kam, war es sein liebster Zeitvertreib, den Herren im Vorüberfahren einen schweren Faustschlag auf den Zylinder zu landen; der Hut „sackte ihm bis über die Löffel", und er, Barbier, „schob, haste nicht gesehen, ab". Auf eine Art, daß er außer Sichtweite war, bevor „der feine Pinkel die Birne wieder rauskriegen konnte".

Nach der Rückkehr von der Übung sitzen wir beisammen, und Émile und Paul versuchen schweigend und ganz gefesselt das Worträtsel zu lösen, das das „Bulletin des Armées" aufgibt. Es glückt ihnen nicht, sie mühen sich ab und schwitzen, geben aber nicht auf. Ich schicke Dir das erwähnte Worträtsel, wenn Du Gefallen daran findest.

Heute ist es immer noch schön, aber ein wenig kühler. Der Aprilmond, sagt man, sei schuld. Jedenfalls hat die Führung gerade befohlen, Handschuhe, Halstücher und Pelzmützen zurückzugeben. Der General oder der Oberst hat „Frieren verboten" angeordnet. Naßwerden bei Regen verboten! hatte er bereits befohlen, und selbst bei sintflutartigen Re-

gengüssen sind Kapuzen beim 231. Linienregiment strengstens untersagt. Die Pelerinen umzunehmen ist gestattet, doch die Kapuze muß man hinten hängenlassen und darf sie unter keinem Vorwand – vor allem nicht, wenn es schüttet – über den Kopf ziehen.
Solche Befehle werden durch einen weiteren bekräftigt: Der Bart muß spitz zugeschnitten sein und nicht anders. Um sich seiner als Waffe zu bedienen? Vermutlich, denn die Dringlichkeit, mit der das Oberkommando auf der Ausführung dieses Befehls besteht, muß, wie sich jedermann denken kann, unter den obwaltenden Umständen militärisch und strategisch von erstrangiger Bedeutung sein.
Das erinnert mich – weshalb, weiß ich nicht, denn es besteht keine Ähnlichkeit – an die Entscheidung, derzufolge man das Regiment am letzten Tag vor dem Abmarsch aus dem Quartier, in dem wir dreiundzwanzig Tage gelegen hatten, gegen Typhus geimpft hat. Da siehst Du, wie prächtig und stets sich selber gleichend die Tradition im Busen der französischen Armee verankert und beheimatet ist!
Anbei der Ausschnitt aus dem „Bulletin“; und auf bald, mein Herzchen.
Was Du mir, Liebes, geschrieben hast, werde ich nicht vor morgen früh lesen: Ich bin durch das Los bestimmt, diese Nacht mit dem Arbeitskommando zum Schanzen zu gehen.

Serches, 24. April 1915

Heute nacht haben wir Pfahlhindernisse und Draht entlang der Aisne ausgelegt. Das ist Dir ein Stacheldraht! Ich hatte „ganz zerschundene Pfoten“ davon, wie wir sagen. Die Verhaue, die ich mit den Kameraden angefahren habe, konnten sich auch sehen lassen, glaube mir! Wir kriegten ein paar Kasten Maschinengewehrmunition und 7,7-cm-Schrapnells herüber, die danebengingen, und hörten ein paar Flintenkugeln pfeifen, die zu hoch lagen. Unsere Artillerie hat diesen leichten Schauer mir großer Heftigkeit erwidert. Das ist jetzt, genau im Gegensatz zu einst, die Regel: für eine deutsche Granate im Handumdrehen zehn französische Granaten! Wir waren um 6 Uhr ausgerückt und sind morgens um 4 Uhr 30 zurückgekommen. Du kannst Dir denken, ich

habe kaum geschlafen, gerade eine Stunde vielleicht, und da bin ich schon. Médard und Paul sind hier ...
Médard hat eben, abwechselnd Mounet-Sully und Sarah Bernhard[25] imitierend, ein Gedicht von Pioch[26] (der mir „Les Hommes du Jour" schickt) vorgelesen und dann den Umstand, daß sich S., wütend und an seinem Typhusserum leidend, ganz bleich auf das Bett des Ari-Mannes gelegt hatte, ausgenutzt, um eine makabre Szene zu ersinnen, die aber, dank dem Temperament und der unerhörten Nachahmungsgabe dieses Unmenschen, äußerst komisch ausfiel. Er hatte sich ausgedacht, S. wäre gestorben, und stellt sich, das Käppi in der Hand, zuckend und mit schmerzverzerrtem Gesicht in die offene Tür, um die Soldaten, die im Quartier vorüberkamen, mit schluchzender Stimme hereinzubitten, damit sie sich das traurige Schauspiel ansähen. Etwas erstaunt traten sie ein, er führte sie einzeln an das Bett und rühmte schluchzend die guten Eigenschaften, das Gemüt des Toten. Man mußte ihn hören, wie herzzerreißend er immer wieder sagte: „Er hat sich fast nicht verändert! Sieht er nicht aus, als schliefe er bloß? Seht ihn euch doch an ... Ach, es ist furchtbar!" Daraufhin schloß er sich dem Bilboquet-Wettkampf an, der Bewerbung um den „Rekord mit Gebrüll", das heißt um einen Rekord, trotz des Geschreis, des Gehampels und der überraschenden Späße der Zuschauer. Ein *baroufe*[27] könnte man sagen. Es war ein mehr als ohrenbetäubendes Getöse.
Das Wetter ist grau heute morgen. Diese Nacht haben wir uns nicht beklagt, daß es ein paar Wolken vor dem Mond gab, aber der Nebel heute ist alles andere als lustig.
Wir wissen noch nicht, wann wir in die Gräben abrücken. Daß wir uns an den Schanzarbeiten beteiligen, wird den Termin noch hinauszögern. Um so besser, denn in diesen Gräben dort hat man kein Haus mehr. Man wohnt in der Stellung, man schläft in den Unterständen und Löchern.
Die Rede von Lord Asquith[28] in Newcastle hat mich klarer sehen lassen. Ich glaube, daß England seine drei Millionen Soldaten nicht beisteuern, aber durch eine Anzahl von Geschützen und Munition ersetzen wird, so daß es auf dasselbe hinausläuft. Geld und Kriegsmaterial beizusteuern, ist für das Land leichter und angenehmer, als Freiwillige zu

schicken. Wenn das gleiche Resultat erreicht wird, macht das nichts aus.
Ich umarme Dich aufrichtig und von ganzem Herzen.

Serches, 25. April 1915

Meine Liebste, Médard hat mir gestern abend um halb 9 Uhr Deinen Brief gebracht, während ich im strömenden Regen stoisch an einer Straßenecke stand. Du hast erraten, daß ich auf Posten stand – aber auf einem reichlich lächerlichen –, auf Wache vor dem Ausgang des Quartierorts, wo ich die Wagen, die Automobile und die herumirrenden Zivilisten anzuhalten und die Soldaten davon abzuhalten hatte, auszugehen und ihre Streifzüge auf die Randgebiete des Kaffs auszudehnen. Wie nützlich mir der große Gummimantel war! Und wie schwer war mein Irrtum, daß ich ihn nicht haben wollte! In Nächten wie der gestrigen, da es ohne Unterbrechung gegossen hat, ist er eine Wohltat. Schade nur, daß er ein solches Gewicht hat und daß es so viele Dinge gibt, die gleichfalls nützlich sind!
Während ich auf Posten stand (von 8 bis 10 und heute morgen von 6 bis 8 Uhr), plagte sich ein Teil der Kompanie beim Arbeitskommando mit den Drähten ab, was ich gestern getan habe. Im Regen, mit etwa fünfzehn Kilometern Weg durch den Schlamm, ist das eine abscheuliche Schufterei! Diese armen Teufel aber, von denen manche, im Gegensatz zu mir, loszogen und als einzigen Schutz nur eine Zeltbahn hatten, die etwa so wasserdicht wie Packpapier ist, oder bloß ihren Mantel, dessen leichter und schwammiger Stoff dem Löschpapier vergleichbar ist – wie sahen sie aus, als sie wiederkamen! Ihre Schuhe aus Pappe völlig durchlöchert! An einer bestimmten Stelle war der Weg so schlecht, daß die Jungs übereinander in den Morast purzelten, wie M. sagt. (Was ist mit ihm?)
Ich schicke Dir auf anderem Weg eine Postkarte. Zwischen ihr und diesem Brief wird ein Wettrennen stattfinden. Wir werden sehen, auf welche Art wir das Geschriebene am schnellsten reisen lassen.

Serches, 29. April 1915

Qui fai calo, Bou Diou![29] Tropische Temperatur, selbst während der Nacht. Morgen abend rücken wir in ein neues Quartier ab und legen dreißig Kilometer zurück. Das wird heiter! Der Tornister wird immer schwerer. Unter dem Vorwand, uns mit allem zu versehen, was wir brauchen, erdrückt man uns mit Krimskrams.

… …

Ich möchte Dich auch bitten, die Fotos von Dir, die Du mir versprochen hast, nicht zu vergessen. Sollte jene Sitzende von 1830 verpfuscht worden sein, da man sie nicht sieht? Suilhard wird vielleicht doch seinen Urlaub bekommen. Von ihm zu Hause keine weiteren Nachrichten. Das Warten wird ihm zur Qual.

Die prächtige Dose mit Hühnerfleisch habe ich mit der Eisenbahn bekommen. Bis heute abend dann, ganz sicher, mein lieber kleiner Spatz!

Billy-sur-Ourcq, 1. Mai 1915

Mein liebes Kindchen, der Marsch hat stattgefunden! Er war fürchterlich: vollständiges Marschgepäck und besonders ab 5 Uhr morgens (wir sind eine halbe Stunde nach Mitternacht aufgebrochen) Sonne, Hitze, Staub, au, au, au! Es herrschen Temperaturen, die an den Juli oder gar an den August erinnern, und ich fürchte fast, daß es Dir in Aumont zu warm wird, wo Du seit heute morgen bist und wahrscheinlich, als Du die Augen aufschlugst, den blühenden Kirschbaum gesehen hast, während ich mit langen Schritten die Landstraßen abklapperte, auf denen ich mir weiße Stiefel von großartig sommerlicher Wirkung holte.

Médard und Suilhard (der noch immer auf seinen Urlaub wartet und dank einer glücklichen Anlage noch hofft, während der Brief, den er erhalten hat, von Agonie und Ende sprach) haben für sich ein Bett in dem gleichen Haus gefunden, wo wir unsere Küche einrichten und unsere Post an unser kleines geliebtes Herz schreiben werden, das in Aumont geblieben ist. Ich befinde mich in dem erwähnten Gehöft, der Ort heißt B[illy]-sur-O[urcq] und ist reizend, weil reich an Quellen und Bächen. Eben habe ich mich ausgiebig an einem Brunnen gewaschen, er bewässert ein Kres-

senbeet nicht weit von dem Hofplatz mit der Scheune, die meinem Halbzug als Schlafraum dient. Das Wasser hat dieses Gebiet in einen bei schönem Wetter herrlichen Garten verwandelt: Wiesen und Obstgärten. Ich werde eine Aufnahme machen, und Du wirst es bald sehen. Aber gern möchte ich auch Dich in Aumont sehen. Was wirst Du im Hause und im Garten machen? Erzähl mir das. Das Verzeichnis der Bücher ist schon recht, aber ich stelle mir vor, diese Arbeit wird sich tagsüber nicht bewerkstelligen lassen, falls es so schrecklich heiß bleibt; denn ich habe den Backofen in Erinnerung, zu dem dann das Arbeitszimmer wird, in dem die Bücher untergebracht sind. Wie in S[erches], wo wir noch gestern waren, läßt allein schon der Anblick der weißglühenden Landschaft durch den Rahmen der offenen Tür jedes Leben erstarren. Scheibenschießen, Schach, Billard? Steht das Klavier eigentlich noch immer dort?
H. schnarcht in der Unterkunft auf dem Stroh. Neben ihm liegt D., unser Koch, der beim Schlafen seltsamerweise ein Auge offen hat. Suilhard döst, und Médard, der es nicht mehr aushielt, hat sich eben unter seinem Mantel auf den Rasen gelegt. Ich allein bleibe brav bei der Arbeit! Ich umarme Dich.

Villers-sur-Hélon, Montag, 3. Mai 1915

Letzte Nacht und heute morgen ist es ein wenig frisch, nicht wahr? Und ich befürchte, das Haus hat Dir nicht genügend Schutz gegen die Strenge der Witterung gewährt. Doch siehe da, schon erwärmt sich die Luft mehr und mehr! Was sage ich! Die Sonne dringt bereits durch den Nebel und fällt auf die roten Fliesen des Zimmers, in dem ich diese Worte kritzle.
Was mich anbetrifft, so ist es mir lieber, daß die Hitze abgeflaut ist, denn es wurde schon zu toll: Auf unserem letzten Marsch, obgleich er kurz war, mußten wir zuweilen rasch zur Seite springen, um nicht wie Kartenblätter über einen Mann zu purzeln, der umgefallen war. Diese Hitzewelle wurde langsam beängstigend, kann ich Dir sagen.
Gestern habe ich das Paket bekommen, das Keks, Kastanienkonfitüre, Maryland mit einem schönen Heft weiß-gol-

denen Zigarettenpapiers und auch Butter enthielt. All das ist schön und gut.
Ich warte voller Ungeduld darauf, von Dir zu hören, den Bericht von der Reise, wie Du Dich eingerichtet hast, und Fotos.

Villers-sur-Hélon, 4. Mai 1915

Mein liebes Kleines. Nach so qualvollem Warten hatten wir jetzt einen noch traurigeren Tag. Suilhard hatte nichts mehr vernommen und wieder zu hoffen angefangen. Nun, gestern abend geht er nach Post und bringt zwei Briefe mit: einen von seiner Schwester an mich (er hatte die Schrift erkannt), den andern von seiner Mutter an ihn. Er wagte erst nicht, ihn zu öffnen. Dann entschloß er sich dazu. Man teilte ihm mit, seine Frau sei am 30. April begraben worden. Seine Urlaubsgenehmigung ist heute eingetroffen. Gestern sind wir bis 10 Uhr bei ihm geblieben. Du kannst Dir denken, in welchem Zustand der Unglückliche war. Seine Frau war achtundzwanzig Jahre alt und reizend, er ließ mich die netten Briefe sehen, die sie ihm geschrieben hatte. Noch ein Opfer des Krieges, das zu den übrigen kommt. Ich hätte beinahe gewünscht, daß er keinen Urlaub erhielte und nicht in dieses nicht nur leere, sondern auch von Krankheit und Tod gezeichnete Haus zurückkehren müßte. Wir wollen einen Kranz „Im Namen seiner Kriegskameraden“ schikken.
Mit Vergnügen, mein Kleines, lese ich, was Du mir in Deinem Brief, der Maiglöckchen enthält, über Aumont schreibst. (Jeder Deiner Briefe beglückt mich, wenn er eintrifft, und dieser noch mehr!)
Heute habe ich den ganzen Tag im Wald verbracht. Abmarsch um 5 Uhr früh. Acht Kilometer Weg. Ankunft um 7 Uhr. Bäumefällen. Hunderte mußten gefällt werden. Es waren junge Rotbuchen von etwa fünfzehn Meter Höhe. Hernach ästeten wir sie mit der Hippe ab und schnitten sie mit der Schrotsäge zu, einem langen, biegsamen und gezackten Stahlblatt, das an jedem Ende mit einem Griff versehen ist und von zwei Männern gehandhabt wird, die einander beiderseits des Stammes gegenüberstehen. Schließlich mußten große und kleine Pfähle zugerichtet werden.

Man stellt sie auf einen Klotz und spitzt sie mit der Axt oder mit der Hippe wie Bleistifte.
Wir haben im Wald gegessen. Dort bekamen wir einen tüchtigen Guß ab und kehrten dann, vor allem wegen des schwülen Wetters, am Abend ziemlich erschöpft zurück. Dieser Waldtag war nicht ohne Reize. Meine Hände beginnen oben braunrot und innen schwielig zu werden!
Médard hat ein Abenteuer gehabt, das schlecht hätte ausgehen können. Als wir, fünfundzwanzig Kilometer von hier, in unserem letzten Quartier waren, wurden eiserne Kalotten zum Einlegen in die Käppis ausgegeben, und zwar zwei für jede Korporalschaft. Die Soldaten nun aber wollten diese Kalotten, die ihnen Kopfschmerzen machten, nicht nehmen und hatten sie „versiebt". Nun verfällt der Oberst, der zweifellos Wind von der Sache bekommen hatte, auf den Gedanken, sich die eisernen Kappen vorweisen zu lassen, und droht, die Soldaten, die dieses ihnen anvertraute Ding nicht mehr haben, mit Arrest zu bestrafen, die Unteroffiziere der Korporalschaften, in denen sie fehlen würden, abzusetzen und die Sergeanten und Zugführer zu degradieren. Die Bestürzung kannst Du Dir vorstellen. Sie war um so größer, als in der Nachbarkompanie der Oberst seine Androhungen bereits in die Tat umgesetzt und die erwähnten Bestrafungen vollzogen hatte! Médard war wie verrückt. An der Front wegen einer derartigen Lappalie (denn bis dahin hatte man niemals so strenge Rechenschaft gefordert) wieder einfacher Korporal zu werden, wäre mehr als hart gewesen! Er mußte mit dem Fahrrad in die letzte Ortsunterkunft fahren und schleunigst wiederkommen. Verstreut in den Scheunen, wo unsere Soldaten und auch andere Soldaten geschlafen hatten, fand er glücklicherweise eine Anzahl von Kalotten, die ausreichte, um unsere Kompanie in Sicherheit zu bringen (in Sicherheit wenigstens vor Bestrafungen). Auf der Rückfahrt brach ihm sein Pedal, und er mußte einen Teil des Weges zu Fuß durch die finstere Nacht und durch einen sintflutartigen Regen. Um 3 Uhr morgens war er wieder zurück.
Der Oberst will nur noch Sachen nach Vorschrift sehen. Es ist schlimmer als bei der aktiven Truppe. Keine Halstücher, keine Ohrenschützer mehr. Und auch keine Decken und andere Gegenstände, die nicht der Vorschrift entsprechen.

Selbst wenn man den „alten Mann" nicht ißt, muß man die beiden von der Dienstvorschrift verlangten Dosen haben, und *keine andern.* So geschieht alles nach dem Willen des Obersten, des „Vaters unseres Regiments".

Villers-sur-Hélon, 8. Mai 1915

Drei Briefe, drei Briefe auf einmal! Der eine vom 2., der andere vom 3. Der dritte unbekannten Datums. Das kommt von dem System des Auflaufenlassens ... und wer aufläuft, das sind wir. Wahrhaftig, mein Kleines, es ist ein bißchen zu heiß. Ich bin, trotz des bekannten Ausdrucks, nicht entzückt davon. Und diese wahnwitzigen Platzregen, die Dich wohl von der Wiese jagen, wo Du Dich manchmal sonnst – und die doch nicht im geringsten erfrischen!
Es ist schon richtig, wenn Du denkst, daß die Verbesserungsarbeiten, die Du im Hause vornimmst, nach meinem Herzen sind! Aber zur Sklaverei sollte das dennoch nicht werden!
... ...
Nein, schicke mir keine Maske. Man wird alle Vorkehrungen treffen, die dann nötig sind. Mir wurde eine halbkugelförmige Kalotte aus Stahl, ähnlich einer schwarzen Pierrotkappe, ausgehändigt. Sie ist bestimmt sehr brauchbar, denn es gleitet von ihr alles ab, was nicht absolut senkrecht trifft: Geschoß oder Granatsplitter. Ein senkrechter Treffer hingegen würde Kalotte und Kopf durchschlagen, fehlte aber die Kalotte, durchschlüge er den Kopf noch besser. Das ärgerliche an dem Ding ist, daß es sein Gewicht hat und sich, vor allem bei der Hitze, nicht die ganze Zeit tragen läßt. Ich stecke es in meinen Brotbeutel und setze es dann in den Gräben auf.
Wird Italien aufmarschieren? Das ist die Frage. Den Informationen zufolge wäre es abgemachte Sache. Aber ich finde, es geht zu schleppend vor sich, als daß das stimmte. Und auch mit der englischen Armee, die man uns verspricht, zieht sich das hin, nicht? Eine äußerst schwierige Angelegenheit! Man verliert hier ein wenig den Mut, weil man nicht nur außerstande ist zu erkennen, wann wir damit fertig werden, sondern auch, wie man damit fertig werden kann, wenn nicht auf der einen oder andern Seite irgendein

neuer Faktor ins Spiel kommt. Dieser Faktor? Jener Faktor? Jedenfalls nichts von dem, was wir schon haben.
Ich denke herzlich an Euch alle. Es würde mir Freude machen, ein Gruppenfoto von Euch allen zu sehen.

bei Tincques, 10. Mai 1915

Mein geliebtes Kleines! Wiederum komme ich aus viel größerer Entfernung zu Dir als vorgestern. (Ich habe mich im Datum geirrt; mein letzter Brief sollte das vom 8. tragen, denn am 9. habe ich nicht geschrieben. Warum diese bemerkenswerte und ungewöhnliche Ausnahme, wirst Du gleich hören.) Am 8. früh – um 4 Uhr – verließen wir mit dem vollen Gepäck (während am Vortage nur eine einfache Übung in Aussicht stand) das Quartier von V[illers-sur-] H[élon], um nach S[erches] zu marschieren. Das kennst Du schon. Von 7 Uhr abends Marsch bis Mitternacht, gleichfalls mit vollständigem Gepäck. Es gab viele Nachzügler, denn die Temperatur war sogar in diesen späten Abendstunden drückend und atembeklemmend; und weil der Major wütend wurde auf diese „Schlappschwänze", die sich da und dort mit herzzerreißenden Klagelauten auf die Böschung sinken ließen, kam es zu heftigen Auftritten. Man muß schon sagen: Für Männer, die seit 3 Uhr auf den Beinen waren, ist es kein Vergnügen gewesen, auf diese Weise schweißtriefend durch die Watte-Atmosphäre zu trotten. Endlich im Quartier, hauen wir uns ins Stroh. Wie gut wir schlafen, kannst Du Dir denken. Am Morgen dann, gestern, große Reinigung, Haarwäsche usw. ... Freude. Zu Mittag haben wir unser Essen. Da, eine Viertelstunde darauf, hören wir den Generalmarsch im Dorf blasen. Wir befinden uns gerade in der Kochstube des Hauses, auf dessen grasigen Vorplatz ich Dir am 8. schrieb, und stecken die Nase aus der Tür.
„Was ist denn schon wieder los? Diese Viecher töten uns den Nerv!" sagen wir.
Doch dem „Generalmarsch" folgt gleich das Trompetensignal zum Antreten. Wahrhaftig, es wird marschiert! Wir müssen uns auf der Stelle fertigmachen. Wir stauen und stopfen Tornister und Brotbeutel voll. Und müssen leider zurücklassen, was wir gleich hätten verzehren sollen. Und eine halbe Stunde nach dem Signal sind wir auf dem

Marsch über die staubige Landstraße. Wenn Du Dich an die Temperatur erinnerst, die am 9. um halb 1 geherrscht hat, kannst Du Dir eine kleine Vorstellung davon machen. Schließlich aber erreichen wir, mit dem Staub des Wegs bedeckt, trotzdem gegen halb 4 Uhr L[ongpont], einen Ort, wo es eine verfallene Abtei gibt. Man führt uns zum Bahnhof! Wir steigen in Viehwagen, und um halb 8 Uhr abends geht es ab. Wir waren ein wenig zusammengepfercht, zweiundvierzig Mann in einem Waggon für zweiunddreißig (dreizehn Quadratmeter). Auf der Fahrt unterhielten wir uns anfänglich damit, hinauszuschauen, einige (darunter Médard und ich) saßen im Rahmen der Schiebetür und ließen die Beine baumeln. Wir sahen reizvolle Ortschaften, erst silbrig, dann rosig, dann von der Sonne vergoldet, mit ihren ansteigenden Wegen und mit ihren Gärten, übersät von Obstbäumen, die wie Blütensträußchen in dem grünen Samt steckten. Die Landleute und die G.V.C.[30]-Landwehrsoldaten grüßten und jubelten uns zu, wo wir vorüberkamen. Später dann richteten wir uns zum Schlafen ein. Die ganze Nacht lang war es bald die eine, bald die andere Patronentasche, die sich mir in die Seite und in den Rücken bohrte; mein linkes Bein, das gekrümmt vor einem Tornister lag, war ohne Gefühl, während ich im rechten Bein, auf dem es sich ein Korporal bequem gemacht hatte, bis zum ersten Morgengrauen von einem Krampf geplagt wurde. Gegen 5 Uhr stiegen wir aus dem Zug. Wir waren in der Kreisstadt eines ganz anderen Departements angekommen, weit weg von dem, das wir verlassen und in dem wir so lange gelebt hatten. Wenngleich Dich dieser Brief leider wohl erst in einigen Tagen erreichen wird – denn eben habe ich erfahren, daß seit drei Tagen alle unsere Briefe bis zu neuem Befehl zurückgehalten werden –, darf ich Dir den Ort, an dem wir sind, doch nicht genau bezeichnen. Was ich Dir – und auch das kaum! – sagen darf, ist bloß, daß wir in ein Küstendepartement gekommen sind. Doch ich setze meinen Reisebericht fort: In der Kreisstadt eingetroffen, laden wir aus. Wir verlassen den Bahnhof, gehen durch eine Gasse und dann auf eine Landstraße hinaus, auf der eine kilometerlange Kolonne Autos, Lastwagen und Autobusse steht. Wir steigen in die Autobusse. Es war wirklich eine sonderbare Empfindung, wieder in diesen vertrauten

Fahrzeugen zu sitzen, die, wenn auch jetzt für den Truppentransport bestimmt, doch ihre Pariser Innenausstattung behalten haben: die zweite Klasse aus weichem Holz, die erste gepolstert, mit Rückenlehne aus Mahagoni, usw. Ich setzte mich „1. Klasse“, den Tornister zu meinen Füßen, das Gewehr, wie man es in Paris mit seinem Spazierstock macht, zwischen den Beinen. Ich dachte an den Autobus, der zu Hachette oder zu uns fährt, und die Illusion war seltsam. Nur daß man durch die Fenster die Bäume der Landstraße sah, die sich vor einem unerbittlich blauen Himmel abzeichneten und bald links und rechts in Staubwolken entschwanden. Ein paar Unvorsichtige wollten draußen auf der Plattform bleiben. Als wir nach zwei Stunden verrückter Fahrt ausstiegen, waren sie derartig eingestaubt, daß man sich vor Lachen wand, wo sie sich zeigten. Auf diese Art sind wir von unserem Ankunftsbahnhof etwa vierzig Kilometer weitergekommen. Seitdem sind wir hier. Hier, das ist eine ausgedehnte Wiesenfläche, auf der unsere Gewehrpyramiden funkeln und überall Tornister umherliegen. Von hier aus kann ich sogar die auf zwei Pyramiden aufgepflanzte Fahne und die Maschinengewehre des Bataillons sehen, die auf dem Gras ein Grüppchen seltsam gestalteter Insekten bilden. Wir befinden uns fünfzehn Kilometer hinter der Feuerlinie. Unser Zweck ist es, die Etappe auszubauen und zu verstärken. Die Gegend ist voll von Panzerzügen und Geschützbatterien, von Radfahrern und Berittenen aller Waffengattungen, von Autos, von Offizieren und von Engländern. Hinsichtlich der Landschaft immer das gleiche Dekor (nur weniger hübsch, weil kahler als an der Aisne). Und das wär's für heute. Ich will diesen Brief trotzdem beenden, zukleben und versuchen, ihn abzuschicken, denn, schließlich, wer weiß! Ich bin schon jetzt betrübt, weil ich eine Quarantäne kommen sehe, die Dich mehrere Tage ohne Nachricht lassen wird. Ich kann ja leider nichts dagegen tun, aber ich denke mir, Du wirst wenigstens von dem Moment an, wo Du diesen Brief erhältst, endgültig über mein Schicksal beruhigt sein.
Ich drücke allen Freunden die Hand.
Sehr zärtlich.
Ich schicke Dir von anderswo eine Postkarte, stark gekürzt und ohne jegliche Angaben. Die wird vielleicht abgehen.

X., 12. Mai 1915

Ich habe mich am Rande eines Baches im Gras niedergelassen, wo es im sommerlichen Sonnenschein angenehm frisch ist, weil sich von Zeit zu Zeit ein Wölkchen zeigt und eine leichte Brise weht. Alles, was sich rundum den Augen bietet, ist durchaus belebt und malerisch. Zwischen dem Bach und uns verläuft eine Straße. Diese Straße wird ständig von einer bewegten Staubwolke überlagert, man kann luxuriöse Automobile in voller Geschwindigkeit vorüberflitzen sehen und in ihnen Offiziere, deren Felduniformen nur schwach durch den Staub glänzen. In anderen befinden sich Stabsoffiziere, in feines Tuch von zarter himmelblauer und rosaroter Farbe gekleidet, und mit seidenen Armbinden: aus einem Stoff, scheint es, mit dem gewisse Bonbonschachteln gefüttert sind. Dann hinter ihnen – oder zur gleichen Zeit – schwere, staubgraue Lastwagen, die Munition enthalten. (In diesen Tagen sind hier einige Millionen Kilogramm Granaten vorübergekommen.) In anderen Momenten sieht man in der Wolke über der an allen Enden staubenden Straße Reiterei sich abzeichnen – ganze Kompanien bewegen sich bald in der einen, bald in der anderen Richtung –, auch tauchen endlose Kolonnen von Verpflegungswagen oder Reihen von an Ort und Stelle beschlagnahmten Bauernkarren auf, die mit Verwundeten beladen sind. Es gibt auch Verwundete, die man in den Autos des Roten Kreuzes kurz zu Gesicht bekommt. (Ein verbundener Kopf an der Seite zwischen den Wagenplanen, ein bandagiertes Bein, das heraushängt.) Oder die Verwundeten ziehen, verschmutzt, staubig und mit fiebrigen Blicken, in dicken Wattebandagen und zerrissenen Mänteln als elende Häuflein an uns vorüber. Unter ihnen Marokkaner, Senegalesen, Infanteristen, die kaum mehr laufen können und langsam auf dem Wege zu irgendeiner Sanitätsstelle sind. Im Grunde tragen sie alle annähernd die gleiche Uniform – den schieferblauen Mantel – und unterscheiden sich nur durch die Gesichter, wenn es Exoten sind, oder durch die Kopfbedeckung; Chéchia, Käppi, Barett. Wir aber, die Reserve der Reserve, haben uns nach dem Essen der Suppe, die an der Böschung besagter Straße für alle gekocht war, hinter oder zwischen unseren Gewehrpyramiden gelagert, wo wir auf den Kaffee warten,

der nicht so rasch kommt (es gibt übrigens keinen Zucker mehr!) und wo wir uns von Zeit zu Zeit erheben, um Verwundete auszufragen. Sie sprechen von ihrer Verwundung und erklären uns, alles gehe gut: Wir sind in diesem Gebiet vorgerückt, wir haben Geschütze und Maschinengewehre erbeutet und eine Anzahl Gefangene gemacht. Als wir gestern hierherkamen, begegneten uns andere Kolonnen, und unter ihnen von unseren Artilleristen gefahrene deutsche Geschütze, und deutsche Kriegsgefangene, die geschlossen von der Front ins Hinterland zogen.
Am tiefblauen Himmel über unseren Köpfen (und doch befinden wir uns beileibe nicht im Süden des Landes!) sehen wir einen Beobachtungsballon vom Typ „Bratwurst", und in einer anderen Himmelsrichtung einen runden Fesselballon von lebhaftem Gelb. Auf der erhöhten Böschung jenseits der Straße zeichnen sich Wachtposten ab, die die Aufgabe haben, die Soldaten am Überschreiten der Straße zu hindern, und ein Hornist, der mit drei Hornstößen das Auftauchen von Flugzeugen anzuzeigen hat. Sobald wir das Signal hören, müssen wir uns im Schatten, unmittelbar am Bachufer „hinhauen". Und da der Luftraum von Flugzeugen durchpflügt wird, nimmt einen diese Beschäftigung in Anspruch. Übrigens sind es fast nur französische; die „Tauben" sind selten, eine einzige seit gestern.
Ein anderes Schauspiel: Jenseits der Wiese und des Baches schiebt sich langsam ein Panzerzug vorüber, mit den Profilen seiner zwei schweren Marinegeschütze und seines Maschinengewehrs auf den zwei schwarzen Wagen wirkt er imposant und läßt an die Phantasien der Zeichner in amerikanischen Zeitschriften denken.
Wir warten und warten. Die Gerüchte und Parolen gehen natürlich auf ihre Art um. Vor uns haben wir eine Unmenge Truppen, wir sind sehr weit von der Front entfernt, und es wäre völlig außergewöhnlich, wenn wir nach vorn müßten. Von unserer Seite kommt heftiges Artilleriefeuer. Heute nacht, während ich vor der Tür unserer Unterkunft auf Posten stand, konnte ich um halb 3 auch furchtbares Gewehrfeuer vernehmen. Tagsüber hört man kaum Gewehrfeuer über diese Entfernung. Wenn alles geht, wie vorgesehen, kehren wir heute oder morgen dorthin zurück, woher wir gekommen sind.

Dieses kleine, unvorhergesehene Zwischenspiel hat, was uns angeht, ein beträchtliches Durcheinander beim Feldpostdienst angerichtet. Offenbar sollen wir an all diesen Tagen keine Briefe bekommen, und sogar die unseren, sagt man, werden nicht vor einer Woche abgehen! Ich schreibe weiterhin regelmäßig und gebe meine Briefe auf gut Glück auf. Sie werden überdies sehr genau überprüft, und eben hat man uns mitgeteilt, daß ein Soldat mit sechzig Tagen Arrest bestraft und ein Sergeant abgesetzt wurde, weil sie geographische Angaben gemacht haben.
Ich umarme Dich von ganzem Herzen.

13. Mai 1915

Was für ein Wetterwechsel! Brr! Verdammt scheußlich! Seit heute morgen anhaltender Regenguß. Glücklicherweise war in der vergangenen Nacht, als wir im Abschnitt waren, zwar kühles, aber noch annehmbares Wetter. Heute nacht wird es zumindest auf der Erde schlammig sein. Wir gehen hier in den Abschnitt, um Erd- und Schanzarbeiten auszuführen. Das beschäftigt uns die ganze Nacht. Am Tage kampieren wir in Scheunen, in denen schon einige Tausende Marokkaner und andere Nordafrikaner kampiert haben, oder gar, wie heute, im Zelt.
Tatsächlich schreibe ich Dir im Zelt auf dem schmutzigen Gras, und der Regen fällt monoton und unablässig. Sehr warm ist es nicht – und wenn man auch nicht Tränen in den Augen hat, wie der Soldat, „allein, allein unterm Zelt" es schrieb, lachen wir auch nicht laut auf, wie er es tat. Und die Briefe erreichen uns nicht! Möge es denen, die wir schreiben, nicht ebenso ergehen. Auch haben wir weder Zeitungen noch Pakete bekommen. Ich glaube, darüber habe ich in meinen Briefen an Dich schon geklagt.
Ich hoffe, daß Dich dieses Zeichen ohne Aufschub erreicht!
Dein kleiner Soldat, voll zärtlicher Rührung,
wenn er nur an Dich denkt

An der Straße nach Béthune, 14. Mai 1915

Liebes Kind meines Herzens, die Verspätungen und Verzögerungen der Post sind offenbar beendet für das Gebiet, in dem ich bin und wo sich, wie auch die Zeitungsberichte in diesen Tagen bezeugen, wichtige Dinge ereignet haben. Dieses Wetter, was? Ich kann es nur wiederholen. Das hat uns an den Schlamm erinnert, der im vergangenen Winter auf unseren Ebenen an der Aisne gestanden und die Schützengräben, in denen wir so viele Tage und Nächte umherstapften, je nach der Natur des Terrains mit einer dicken Schokoladen- oder Kaffeecreme überzogen hat. In dieser Nacht haben wir die Arbeit der vergangenen wiederaufgenommen, und wir sind heute morgen damit fertig geworden. Es handelte sich darum, in neuerobertem Gelände einen Schützengraben auszuheben. Wir sind nach Einbruch der Dunkelheit fünf Stunden lang durch zähen und klebrigen Schlamm (auf umgepflügten Feldern!) marschiert. Die Kugeln pfiffen nicht schlecht, und dieser Marsch nach vorn wurde von Zeit zu Zeit unterbrochen, wenn jemand fehltrat und in Schlammlöcher oder Granattrichter stürzte, in die wir uns manchmal verirrten. (Dann gab es verhaltene Rufe und Flüche in der Finsternis, Sammeln, Verwirrung, Durcheinander, den Schatten eines Offiziers mit Kapuze, denn es regnete.) Danach ging es wieder weiter. Als wir uns der Frontlinie näherten, nahmen wir uns mehr in acht, und dennoch haben drei der Unsrigen eine Kugel abgekriegt. Wir stießen auf Artilleriekolonnen, Kanonen, die in Eile die Stellung wechselten, und Abteilungen, die aus dem Graben kamen und abgelöst worden waren. Im Augenblick, als wir die Landstraße nach X. erreichten, die das Vorfeld des neuen Frontverlaufs bezeichnet, wurde der Himmel von Raketen erhellt: in allen Windrichtungen ein außerordentliches Feuerwerk aus Sternraketen, Raketen mit rotem Licht, in Trauben usw., die Sondersignale sind; dann begann das Trommelfeuer. Die kurzen Blitze, die die ganze Ebene erleuchten, sind Kanonenschüsse, Mündungsfeuer; andere, mehr ins Rote gehend, sind Detonationen, die Einschläge. Die gab es auf deutscher Seite und auf französischer Seite. Es war ein blendender Tumult, eine wahre Schreckensapotheose von zauberischer Pracht. Über den tragischen

Aspekt macht man sich gar keine Gedanken. Als wir auf die Straße gelangen, stoßen wir auf ein Gewimmel von hin und her laufenden Soldaten, zwischen denen wir uns durchschlängeln müssen, ohne uns zu verirren. Die Straßengräben sind als Schützengräben eingerichtet und wegen des schweren Regens mit Zeltbahnen abgedeckt; eine Linie von Beobachtern hat sich in ihnen verschanzt. Nähert man sich der Feuerlinie, wird jede Rakete, die aufleuchtet, recht gefährlich, und jedermann wirft sich bei ihrem Erscheinen rasch hin, wo er sich gerade befindet. Plumps in den Dreck! Endlich ist der Eingang zum Laufgraben da, und wir schlüpfen hinein. Wir schlängeln uns zwischen Lehmwänden durch; dann wird der Laufgraben flacher, wir müssen uns ducken. Schließlich läuft er auf einem Luzernenfeld aus. Jeder einzelne tritt hervor, geht weiter, und die ganze Kompanie ist draußen. Nun legen wir uns platt auf die Erde, denn rings um uns pfeifen die Kugeln, es ist wie in einem Vogelhaus. Die Hand faßt in das nasse Gras, und man hat ein Gefühl, als hätte man sich in eine riesige Salatschüssel gelegt. Doch wir müssen graben. Das Gewehr, die Ausrüstung, den Brotbeutel, die Zeltbahn legt jeder neben sich. Das ist für den Augenblick die einzige Deckung, die wir haben. Wir greifen nach Schaufel oder Hacke (jeder hat sein Werkzeug mitgebracht), dann rasch, denn der Pionieroffizier, der die Front abgeht, hat schon Anweisungen gegeben: Es handelt sich darum, während der Dunkelheit einen Schützengraben von achtzig Zentimeter Breite und ein Meter siebzig Tiefe anzulegen, mit einer Zacke alle neun Meter, die das Schanzwerk in dieser Weise verlaufen lassen wird: -----∩-----. Jeder von uns hat einen Meter zu graben, und wir beginnen. In der ersten Stunde ist es gefährlich, denn wir sind noch ohne Deckung, und ringsum sind die Stellungen der Deutschen. Wenn eine Rakete aufsteigt, schmeißt sich jeder – schwuppdiwupp – hin, bevor sie platzt, und im schönen Licht des Sternes, der sich am Himmel wiegt, kann man dann die Landser wie Tote in der Reihe liegen sehen. Wir hacken, wir schippen, der Graben zeichnet sich ab. Beim Arbeiten sieht man nicht viel, und man tastet nur umher, aber sobald man sich beim Platzen der Rakete hinwirft, merkt man die „geleistete“ Arbeit. Sie erscheint einem gut, denn das Ausheben der Erde hat ja den Erfolg, daß man allmählich tiefer im Boden untertaucht. Bald sind wir vollständig verborgen, wenn wir uns in den frischen Graben legen. Nach einer gewissen Zeit reichen wir, wenn wir uns bücken, nicht mehr über die Böschung hinaus. Das ist schon eine feine Sache, meine Liebe! Doch die Zeit ist um, der Himmel wird grau. Es ist 2 Uhr früh. Wir müssen aufbrechen. Die Rückkehr geht vor sich wie der Anmarsch: Wir trampeln los, stauen uns und galoppieren dann durch Schlamm und Granattrichter weiter, vorbei an den Kolonnen, den Krankenträgern, den Verwundeten am Rande des Weges. Zuweilen ein charakteristischer Geruch – und wir müssen armen Wesen ausweichen, die mit steifen Füßen, mit verdrehten Armen, mit blutverkrustetem Kopf oder mit zerschmetterter Brust umherliegen: Deutsche wie auch Franzosen. Wir werden vom Mündungsfeuer der Geschütze aus allen Richtungen angeleuchtet. Die Abschüsse sind so zahlreich, daß die Beleuchtung beinahe stetig ist. Phantastisch. Endlich, in der Morgendämmerung, gelangen wir in den Bauernhof, der das Zentrum für den Arbeits- und Sanitätsdienst ist. Hier riecht es nach Phenol und Tod. Die Toten werden auf Wagen gestapelt, andere warten geduldig in einem Deckungsgraben, der sich hier befindet. In diesem Graben wollten wir uns, todmüde, wie wir waren, ducken und solperten über die erstarrten Füße des vorn Liegenden. Es regnet. Am Straßenrand lassen wir uns fallen. Wir sind bleigrau vor Erschöpfung und vom Staub. Die Mäntel sind nicht mehr blau, sondern gelb, die Stiefel sind gleicherweise gelb und haben die Gestalt von Erdklumpen. Man muß bedenken, daß wir in der vorangegangenen Nacht die gleiche Arbeit geleistet hatten oder doch nahezu die gleiche: Ich für meinen Teil hatte mit einem Kameraden ein Drahtnetz von fünfzig Kilo zu schleppen. Diese verdammte Rolle tanzte uns auf der Schulter, und das war kein Vergnügen. Einmal streifte uns eine Maschinengewehrgarbe. Meine Gruppe hatte einen Verwundeten. Caron wurde an der Schulter getroffen, und wir hörten die Kugeln vor unsrer Nase und dicht neben uns in den Boden schlagen. Während des Tages nach dieser ersten Nacht hatten wir nicht schlafen können, denn wir mußten, ohne andern Schutz als eine Zeltbahn, unter freiem Himmel kampieren, und es regnete unaufhörlich.

Ich wanderte in meinem triefenden Mantel den ganzen Tag um die Gewehrpyramiden. So konnten wir uns auch heute morgen kaum noch auf den Beinen halten und waren hundemüde. „Wir waren nicht mehr menschenähnlich", und „die Augen fielen uns aus dem Kopf", wie sich einer von uns ausdrückte. Schließlich aber, nach einigem Umherpilgern, haben wir einen Dachboden für uns ausfindig gemacht und geschlafen. Jetzt geht es besser, die Schanzarbeiten sind beendet, und wir werden die Gräben (der dritten Linie) besetzen. Ich höre hier auf, weil das Papier zu Ende geht. Ich umarme Dich ...

16. Mai 1915

Mein Liebes, mein schöner kleiner Engel, ich schreibe Dir, während ich auf einer Munitionskiste sitze und eine beschädigte Zigarre rauche, die eine Binde aus Zigarettenpapier trägt. Die Zigarre hatte mir Paul geschenkt, der aus seinem Urlaub zurück ist. Es waren für ihn vier sehr traurige Tage gewesen, die er damit zubrachte, in ein leeres Zimmer zu starren, auf den Friedhof zu gehen und mit seinem dreijährigen Töchterchen zu plaudern, das noch nichts wissen und noch nichts verstehen kann. An dem Tag unserer Verlegung nach Norden ist er wieder zu uns gestoßen.
Der gestrige und der heutige Tag waren dem Herausholen und Bestatten der Toten gewidmet, von denen die eroberten Gräben voll sind. Welche Eindrücke, mein Kind! Und wirklich, nur auf einem Schlachtfeld wie diesem kann man sich eine genaue Vorstellung von der Entsetzlichkeit der großen Massaker machen. Es ist vier Kilometer lang und wird, mitten in grünenden Feldern und umgepflügtem Land, von fünf Linien von Schützengräben durchschnitten. Sie sind vor einigen Tagen von den Soldaten der vordersten Linie innerhalb von zwei Stunden im Sturmangriff erobert worden. Es waren algerische und senegalesische Schützen. Nachdem die 7,5 die Gräben beackert und umgewühlt und die Drahtverhaue und Pfahlhindernisse in die Luft gejagt hatte, waren die Schützen *im Laufschritt* über die vier Kilometer Boden gejagt, in die Gräben gesprungen und, als dort im Nu alles niedergemetzelt war, wieder herausgestiegen, um, weitergaloppierend, auf den nächsten Graben loszuge-

hen. Die an manchen Stellen zusammengetriebenen und in ihren Löchern getöteten Deutschen zeigen noch den lähmenden Schrecken in ihrer verkrampften Körperhaltung, in um Schonung flehenden Gebärden. Man fühlt: in dem unerhörten Sturmangriff, der uns dieses unübersehbar weite Gelände wiedergewonnen hat, ist alles zusammengebrochen. Von den Angreifern sind, dank ihres blitzartigen Vorstoßens, nur wenige gefallen. Einige prachtvolle Neger, einige Nordafrikaner mit energischen, jugendlichen Gesichtern hingen noch in den Drahthindernissen an den Stellen, wo sie von der Artillerie nicht weggerissen waren, und die Männer, um durchzukommen Draht für Draht abschneiden mußten. Im Vorfeld gab es kaum welche.
Das Schlachtfeld ist von riesigen Granattrichtern übersät. Bei jedem Schritt stößt man auf Granatsplitter, große und kleine. Stellenweise auf Tornister, Waffen, Sachen, die aus den geborstenen Tornistern gerutscht sind: ein Hemd, ein Taschentuch, eine Chechia, ein Barett. (In sehr geringer Anzahl waren auch junge Alpenjäger und Infanteristen unter den schwarzen Soldaten.) In den Schützengräben herrscht ein ungewöhnliches Durcheinander, ein Tohuwabohu von Waffen, Patronen, Handgranaten, Raketen und Ausrüstungsgegenständen mengt sich unter die Leichen. Die Gräben selbst haben mancherorts nicht mehr die Form von Schützengräben; sie sind zugeschüttet, zerbeult, aufgeplatzt, es sind Erdruinen, in denen dennoch die Spuren einer sehr vervollkommneten Einrichtung erhalten sind: solide gebaute Hütten voll leerer Flaschen und Konservenbüchsen, Schießscharten mit mechanischen Vorrichtungen, Kugelfänge, Reservelager für Patronen und andere Munition, elektrische Klingeln usw. Wir haben Briefe von Frauen an ihre Freunde gefunden: Klagen über die lange Dauer des Krieges, die Not usw., Familienfotos mit vielen blonden kleinen Kindern, militärische Aufzeichnungen, deutsche Zeitungen mit Nachrichten, die nicht genau mit denen in den unsrigen übereinstimmen, und ein Überangebot an frommen Broschüren und Büchern mit „Kriegsgebeten“. In allen Briefen sprechen die deutschen Frauen sehr viel vom lieben Gott als einem zuverlässigen Freund Deutschlands. Ich habe die weiße Fahne entdeckt, die bei dem berüchtigten und für die Boches klassischen Versuch

einer betrügerischen Kapitulation gedient hatte. Nun, ich kann Dir versichern, mit Dokumenten über den Krieg bin ich reich versehen.
Hier gibt es Soldaten und Geschütze in unvorstellbarer Menge. Wir haben Rekruten der Jahresklasse 1915 gesehen. Alles neu eingekleidete Milchbärte, die ein wenig Mitleid erregen. Was uns anlangt, so glaube ich nicht, daß wir hier bleiben. Unsere Rolle scheint beendet. Wir waren als Ersatz gekommen, hatten aber nichts beizutragen. In den Zeitungen sehe ich, daß von den Operationen, die in diesem Abschnitt durchgeführt wurden, viel gesprochen wird, und mit Recht. Und wie schade, daß ich nicht mehr Filme besaß; ich hatte die Rollen verschwendet, und im rechten Augenblick waren nur noch vier übrig! Ich habe auf verschiedenen Wegen welche anfordern lassen, kümmere Dich nicht darum, im übrigen glaube ich, daß es Dir schwerfallen würde, selbst in Paris welche zu beschaffen, und Freunde von hier haben sich bei Spezialisten für mich verwendet.
Und Italien, he?
Ich drücke Dich fest an mein Herz.

*Übersetzung deutscher Briefe, dem Brief vom 16. Mai 1915 beigefügt**

Mangers, 3. Mai 1915

Mein lieber Sohn Joseph!
Wir haben alle Briefe und Karten gleichzeitig am 28. April erhalten. Es waren schon drei Wochen vergangen, ohne daß wir etwas von Dir bekommen hätten. Ich hatte alle Hoffnung verloren. Aber Du kannst gar nicht glauben, mein lieber Sohn, welche Freude es für uns war, als wir Deinen lieben Brief bekamen und Deine Schrift gesehen haben. Wir danken Dir tausendmal, ebenso auch für das Foto, auf dem Du stehst. Mein lieber Sohn, Du siehst sehr schlecht aus. Du leidest doch nicht Hunger, hoffe ich? Schreibe mir, wenn Dir manchmal irgend etwas fehlt, dann werde ich Dir jede Woche eine Sendung zurechtmachen. Am 28. April habe ich zwei Päckchen für Dich abgeschickt, eins enthält etwas zum Trinken, das andere etwas zum

* Aus dem Französischen rückübersetzt. (Übers.)

Essen. Laß es Dir gut schmecken, wenn Du sie bekommst! Ich hoffe, daß Du im Moment bei guter Gesundheit sein wirst. Mein Lieber, in diesem schönen Monat Mai vertraue nur unserer lieben Mutter Gottes, die Euch auf so wunderbare Weise beschützt hat, und besonders jetzt, wo täglich diese so schöne Maiandacht abgehalten wird, wo wir beten, daß wir Frieden bekommen. Mein lieber Sohn, wir wollen beten und die liebe Mutter Gottes anflehen, daß sie Dich in ihren Schutz nimmt und beim lieben Gott Fürsprache hält, damit ihr heil und gesund zu uns zurückkehrt. Karl hat das letzte Mal am 21. April geschrieben. Ich erwarte jeden Tag eine Antwort von ihm. Ich hoffe in den ersten Tagen des Monats etwas von ihm zu bekommen. Adam geht es auch sehr gut. Bei uns, mein Lieber, geht, Gott sei Dank, auch alles gut. Wir sind alle bei guter Gesundheit, was ich auch für Dich hoffe.
Bei uns gibt es jetzt Arbeit. In dieser Zeit setzen wir Kartoffeln. Heute sind wir fertig geworden. Gestern haben wir sehr starken Regen mit Gewitter gehabt. Gegenwärtig haben wir recht frisches Wetter. Das Wintergetreide verspricht sehr gut zu werden. Wie ist das, mein Lieber, bei Euch? Ist das Wetter auch sehr schön, oder steht alles schlecht? Mein lieber Sohn, B. hat auch die Karte bekommen, die Du ihr geschickt hast. Sie sagt Dir tausend Dank und schickt Dir viele Grüße. Jedesmal, wenn die eine Karte von Euch bekommen, wissen sie vor Freude nicht wohin. Jetzt, mein lieber Sohn, möchte ich Dich etwas fragen: Hast Du davon reden hören, wie sich die aufführen, die in die Schützengräben kommen? Ich hoffe, daß man Dir nichts getan haben wird. Wenn man das ganze Elend, das es gibt, richtig bedächte, würde man sicher nicht den Mut haben, all diesen Unsinn zu treiben. Sag mir doch mal, mein Lieber, ob Du davon hast reden hören.
Nun möchte ich schließen und grüße Dich vielmals.

Brandenburg, Pfingsten 1915

Lieber Hans!
Ich habe Deine lieben Karten und Deinen schönen Brief bekommen und hatte viel Freude daran. Auf Deinem Porträt bist Du Dir sehr ähnlich. Wir wollen nur hoffen, daß dieser böse Krieg bald beendet wird und daß ihr alle zurückkommt. Willy ist jetzt in Rußland und wird in acht Tagen im Schützengraben stehn. Max wird bis August in Brüssel bleiben. Doch kann sich alles ändern. Heute, Pfingsten, hätte ich wohl gewünscht, Du wärest bei uns. Aber Du mußt Dich

mit dem Gedanken trösten, daß Tausende von zu Hause fort sind. Die Hauptsache ist, daß Du zurückkehrst. Morgen will ich Dir fünfzig Zigaretten schicken. Du weißt ja, ich habe nicht viel Geld, aber das wenige, das ich habe, gebe ich Dir gern. Viele liebe Grüße von uns allen.

Deine Schwägerin

Schreib bald. Ich werde Dir ein wenig Briefpapier schicken. Wenn Du einen Wunsch hast, laß es mich wissen, ich will versuchen, ihn zu erfüllen.

Aachen, 20. April 1915

Lieber Johann,
wir haben Deinen lieben Brief und Deine lieben Karten dankend erhalten. Wir danken Dir besonders für das Geldgeschenk, das Du uns gemacht hast, mein lieber Johann. Wir haben für Dich eine Kerze angezündet, und Billa ist zu Deinem und Josephs Besten am Ostersonntag zur Kommunion gegangen, damit ihr beide, so Gott will, gesund nach Hause zurückkehrt. Am Palmsonntag haben wir alle an Dich gedacht und sehr bedauert, daß Du nicht in unserer Mitte bist, aber wir haben Dir einige Päckchen geschickt, die Du hoffentlich richtig erhalten hast.
Ich will Dir, lieber Johann, ein paar Zeilen über Joseph schreiben. Er hat um Urlaub für Ostern nachgesucht, hat ihn aber nicht bekommen. Nun haben wir eine Bittschrift an den Major gerichtet, der vier Tage genehmigt hat. Joseph ist Freitag nacht zwischen 1 Uhr und 2 Uhr mit Franz P. eingetroffen. Sie warfen kleine Kieselsteine in die Fenster, und Anna hörte sie als erste. Sie stand auf und ging ans Fenster, und als sie Joseph sah, rief sie: „Der Kleine ist da!“ Wir sprangen alle aus dem Bett, die Franziska lief die Treppe hinunter und öffnete die Tür. Du kannst Dir die Freude nicht vorstellen, die wir empfanden, als Joseph zu uns hereintrat.
Er war mit uns zur Kommunion. Wir wollten Ostern eigentlich nicht feiern, aber weil Joseph da war, haben wir es festlich begangen. Joseph hielt am Sonntag sogar eine Rede. Er hat vor allem von Dir gesprochen, und wir alle hatten den großen Kummer, daß Du nicht da warst. Wir wollen recht hoffen, daß der liebe Gott und die liebe Gottesmutter uns bald den Frieden schenken und daß ihr alle so gesund und sicher nach Hause kommt, so wie ihr uns verlassen habt. Viele Grüße von der Familie W. – Lebe wohl, und Gott behüte Dich.

17. Mai 1915

Meine Liebste, ich befürchte, daß das Blümchen, das ich in meinen Kartenbrief gesteckt hatte, Dich nicht erreicht: Im Moment, da ich ihn im Postsack verschwinden sah, hing es, schien mir, aus einer Öffnung, die vom Nachlassen der Gummierung herrührte.

Du kannst Dir sicher vorstellen, daß ich die Laufgräben und Sappen gründlich satt habe. So an die zwölf Stunden am Tag sind wir in ihnen umhergelaufen. Sobald der Regen, der Dreckproduzent, wütet, ist es unerträglich. Heute morgen hat es geregnet; jetzt nieselt es. Wir befinden uns in einem zerstörten und zur Hälfte eingestürzten deutschen Unterstand. Wir warten weniger das Ende des Regens als das eines einigermaßen heftigen Bombenhagels ab, der über unsern Köpfen jault. Unsere Geschütze poltern pausenlos. Päng, päng, päng, päng. Die Erdwände des Unterstands beben davon. Médard sitzt mir gegenüber und Salavert neben mir, und die Landser, die in der Nähe sind, stellen monotone Betrachtungen über die Dauer des Krieges an. Ihre Gesichter verdüstern sich bis zu dem Moment, wo sie sich durch Gedankenverbindung irgendeine Episode aus dem Feldzug ins Gedächtnis rufen, und dann hört man Sätze wie: „Weißt du noch damals, als wir vor Cuffies Wache schoben? Das war dir vielleicht ein Trommelfeuer! Ich dachte immer, gleich wird mir so ein dicker Brocken auf die Schnauze fallen!" – „Da war sogar einer, der hat mit seinem Trinkbecher die Erde aufgekratzt!" – „Ja, ja, Boulangin war das, ein Kumpel von Parotte; war das vielleicht ein Scheißkerl, wie der sich da gehabt hat!" „Trotzdem haben ihn die Boches geschnappt, als sie in die Grotte auf der Ebene reinkamen." – „Ja, aber an dem Tag war er blau wie ein Stint" (betrunken).

Ich erwarte noch Deine Fotos: das aus dem Wald und das mit dem Tisch.

Es scheint mir auch, Du bekommst schon seit langem keine Briefe mehr. Offenbar hat es eine Stockung im Postdienst gegeben, und wir bekommen weiterhin die Auswirkungen zu spüren. Auf Wiedersehen, meine Liebste.

18. Mai 1915

Vorhin habe ich lange das Porträt betrachtet, das Du mir geschickt hast und von dem ich Dir schon gestern geredet habe. Weißt Du, dieses Foto von Dir finde ich ebenso hübsch wie ähnlich, und zärtlich erregt träume ich davon, Dir in dem kleinen Wohnzimmer von Aumont nahezukommen. Aber in dem Zustand, in dem ich bin, würde ich mich Dir nicht nähern, ohne mich gründlich in Ordnung gebracht zu haben! Niemals sind wir so schmutzig, so khakifarben gewesen. Meine graugelbe Kapuze ist von der gleichen Farbe wie meine ganze übrige Ausstaffierung, überzogen von kastanienbraunem Schlamm, wenn er frisch ist, und von gelblichen Krusten, wenn er trocken ist. In den Verbindungsgräben haben die Regenfälle den Boden überall in Schlammbäche verwandelt, und wir müssen, wie ich Dir schon sagte, viermal am Tage kilometerweit in ihnen laufen. Das lehmige Erdreich läßt das Wasser nicht versikkern; der geringste Schauer bringt Pfützen hervor, das geringste Unwetter morastige Kanäle. Überdies ist das Wetter drückend und feucht; beim Gehen, besonders bei den Kunststücken, die nötig sind, um den Wasserlöchern auszuweichen, wird einem warm, und dieser Marsch, im Zickzack zwischen den nassen Erdwänden, an denen man mit der Schulter, der Flinte oder dem Brotbeutel scheuert, macht einen ganz benommen. Bleibt man stehen, fröstelt man oder fühlt sich zumindest unbehaglich.

Die Nachricht von den Verbesserungen, die Du in Aumont einführen willst, entzückt mich. Aber Du könntest Deinen Landaufenthalt vielleicht durch einen in Paris unterbrechen. Du sollst Dich weder langweilen noch Dir Sorgen machen. Das ist für Dich ebenso wesentlich wie für mich. Wenn hier etwas nicht gut geht, kann ich mir sagen, es geht mir doch nicht so schlecht, da ja Du wenigstens Ruhe, Frieden und eine Art von Komfort hast. Das soll auch so bleiben, dann bin ich zufrieden, und es hilft mir.

Wir werden spät in die Unterkunft zurückkehren. Briefe werde ich heute abend erst erhalten. Mit Post von Dir rechne ich nicht sehr, denn ich hatte ja gestern drei Briefe. An Briefen von den andern liegt mir weit weniger. Viele freundliche Grüße an den Argonner Löwen[31] und an die vortrefflichen Macchiatis.

Caucourt, 21. Mai 1915

Mein liebes Kindchen, ich sitze gerade in einer Wirtshausstube. Die klassische kleine Gaststube, sauber, bescheiden und, was außergewöhnlich ist, nicht allzu voll von Soldaten. Es gibt in diesem Dorf, das nicht größer ist als Aumont, immerhin viertausend und in den riesigen Scheunen, in denen wir schlafen, liegen wir dichtgedrängt wie die Heringe. Trotzdem haben wir gut geschlafen – eine Folge des Marsches, der uns hierher geführt hat: fünfzehn bis sechzehn Kilometer; doch mit einem vervollständigten, beim Abmarsch komplettierten Gepäck und bei so drückender Hitze, daß das Regiment, von der ersten Etappe an, Nachzügler hinter sich ließ, von denen etwa hundert auf den Böschungen und in den Straßengräben liegenblieben. Gestern abend, als wir eintrafen, boten wir keinen menschlichen Anblick mehr. Schweiß und Staub verliehen uns das Aussehen von Schornsteinfegern, die mit Sack und Pack aufgebrochen sind, um auszuwandern. Wir wissen nicht recht, was man wohl mit uns macht; es heißt, wir sollen vier Tage hier bleiben, und das sei als Ruhestellung für uns anzusehen. Trotz der vollgestopften Unterkünfte und der Unbequemlichkeit (sogar die meisten Offiziere schlafen im Stroh) sind wir genaugenommen nicht im aktiven Einsatz. Kanonendonner hören wir nur verhalten aus der Ferne. All die Tage war das anders gewesen: diese Abschüsse und diese Einschläge! Das Regiment kehrt mit etwa zwanzig Mann weniger zurück. Mein liebes Herz, ich brenne darauf, Dich wiederzusehen, und vorher erwarte ich Deine Briefe.

Caucourt, 23. Mai 1915

Mein heißgeliebtes kleines Herz; mögen doch alle Briefe dem Beispiel der beiden vom 8. und 9. folgen, und möge auch das Päckchen mit dem noch nicht entwickelten Film sich ihnen anschließen!

Heute abend kehren wir in die Schützengräben zurück. Doch werden wir mehrere Kilometer hinter der Front sein. Was zur Zeit keinen Spaß macht, ist die drückende und würgende Hitze. Die Luft ist überhitzt und bleiern zugleich. Bekleidet, wie wir sind, und mit dem Gepäck, das wir haben, leiden wir sehr darunter. Glücklicherweise mar-

schieren wir erst heute abend in der Dämmerung ab. Was die Nahrungsmittel und meine Ernährung angeht, sehe ich mich sehr vor. Milch gibt es hier im Überfluß, und mit ihr betrinke ich mich.
Ich schreibe Dir heute, am Pfingstsonntag, in der kleinen Gaststube, die ich Dir beschrieben habe. Es sind noch wenige Gäste hier; unterm Tisch spielt ein Kätzchen mit einem kleinen Hund, und zu beiden Seiten des Fensters sind Farbdrucke aufgehängt: „Die Lebensalter", die wir im französisch-russischen Hotel in Villeneuve-sur-Bellot gemeinsam gesehen haben, bereits eine alte Erinnerung. Es ist interessant festzustellen, welchen Eindruck dieses einfache Abenteuer des Lebens, so primitiv dargestellt, auf alle macht, die den Blick auf diese Bilder richten, wenn sie die Gaststube betreten. Ich trage Dir meine herzlichsten Grüße an die Macchiatis und Zezzos auf und schließe Dich zärtlich in die Arme.

Gouy-en-Gohelle, 24. Mai 1915

Dieser ständige Wechsel der Behausung beginnt schon monoton zu werden! Neues Dorf, neue Scheune. Diesmal, in G[ouy], noch weniger bequem als vorher. Übrigens habe ich bemerkt, daß der Komfort von Mal zu Mal um einen Strich zurückgegangen ist. Alle Wohnplätze und Straßen, sogar die umliegenden Felder sind seit Kriegsbeginn von dem Durchzug so vieler Soldaten abgenutzt und verschmutzt! Denke nur, was da niedergetrampelt und ausgeplündert wurde und an Abfall liegengeblieben ist!
Wie Du Dir leicht vorstellen kannst, unterhalten wir uns häufig über Italien. Vielleicht bekommen die Dinge nun ein anderes Aussehen. Hoffen wir (da capo, da capo usw.)!
... ...
Ich finde nichts, was ich im Moment noch zu bemerken hätte, mein süßes Kind. Bei Deinem vielleicht ein wenig eintönigen Dasein in Aumont – das mir paradiesisch erscheint – habe ich Dich immer vor Augen, und so viele Erinnerungen helfen mir dabei, wie auch das kleine Foto, das Dich im Wohnzimmer zeigt und das ich mir oft anschaue.

Der Deine

Ablain-Saint-Nazaire, 26. Mai 1915

Was wir jetzt, auf dem Vormarsch, zu sehen bekommen, ist wirklich merkwürdig. Wir besetzen Orte, die von den Boches vor einigen Tagen geräumt worden sind. Überall stoßen wir auf die Trümmer und Anzeichen ihrer Existenz. Die Mauern sind voll von Inschriften, und wir können feststellen, daß man ihnen Pakete geschickt hat, die nur zwanzig Pfennig kosteten! Wenn ich daran denke, daß man in Albi deutsche Patronentaschen für zwei Francs, Tornister für sechzig Francs verkauft hat! Hier stolpert man darüber. Man stolpert übrigens über alles, bei jedem Schritt. Das Dorf, in dem wir uns befinden und von dem die Deutschen noch ein kleines Stück halten, ist kein Dorf mehr. Es ist ein gänzlich unfaßbares Gemengsel aus Ziegelsteinen, Gebälk, Baumstämmen, Stücken von Telegrafenmasten, Stacheldraht, zerschmetterten Küchenherden, Möbeltrümmern, altem Stroh und Abfällen. Es sieht aus, als wäre hier eine riesige Hand heruntergesaust, um alles in kleine Stücke zu hauen und dann durcheinanderzumischen. Als wir hereinkamen, schrie alles „ah!" und „oh!". Und ich habe seit vierzehn Tagen keine Kodak-Filme mehr! Ich habe von verschiedenen Seiten welche angefordert, und erst heute antwortet mir einer meiner einflußreichen Korrespondenten, daß er mir am 25. welche schicken will. Ich werde mich niemals über diesen Notstand trösten können, den ein lächerlicher Mangel an Voraussicht meinerseits verursacht hat. Zu diesem Kummer kommt noch der hinzu, daß mir, wahrscheinlich wenigstens, ein belichteter Film verlorengegangen ist. Nun, das ist freilich ärgerlich, doch jammern nützt auch nichts!

Heute nacht schlief ich, ohne mein Koppelzeug abzunehmen, auf einem eingedrückten Bretterboden unter einem zerbrochenen Fenster, das Gesicht auf meinem nicht abgeschnallten Tornister. Um 3 Uhr war es nicht mehr warm! Um diese Zeit brachen wir freilich auf, um uns in einem andern Haus einzurichten. Ich lehne mit dem Rücken an der Wand und stütze mich auf einen Haufen mit Erde gefüllter Leinensäcke, die von den Boches hier hingelegt worden sind, um den Keller, der darunterliegt, bei Artilleriebeschuß durchschlagsicher zu machen. Gottogott, wie sehen die Häuser aus! Armes, zertretenes Spielzeug! In einem

Winkel besonders häufen sich, größtenteils beschädigt und von Kugeln durchlöchert, Felltornister, Eßgeschirre und Feldflaschen, Überreste von deutschen Zigarettenpackungen und Streichholzschachteln mit der Aufschrift: „Den deutschen Kriegern". Auf einer weißen Mauer steht in Schönschrift:

BRIEFKASTEN

1. Komp.

Ein Stück weiter, in einem Hausgang, der mit einer wie ein Schaumlöffel durchlöcherten Badewanne, mit einer Herdplatte, mit dem Gestell einer Nähmaschine und mit einer Ansammlung von aufgeschlitzten Marmeladeeimern aus Weißblech vollgestopft ist, sind an der Wand Zeichnungen zu sehen: der deutsche Soldat, der französische Soldat. Es sind keine Karikaturen; man hat sich Mühe gegeben, und der Franzose trägt einen feinen Schnurrbart. Hinter dem Haus ist es mit dem Gerümpel und Müll noch ärger. Weiter draußen die Landschaft in strahlendem Grün. In zweihundert Meter Entfernung entdeckt man die Kirche, vielmehr das, was von ihr übrig ist. Die Granaten haben den Turm ausgehöhlt, abgetragen und entleert, und er besteht nur noch aus zwei schmalen Steinzacken. Dort, in dem Friedhof zu seinen Füßen, krallen sich noch die Deutschen fest. Sie haben die Grüfte und Gräber aufgerissen und zahlreiche Maschinengewehre eingegraben, und es ist für uns nicht möglich, sie im Sturm zu nehmen; sobald wir, fünfzig Meter vor ihnen, aus unseren Gräben steigen, rattert, pam, pam, pam, mit einer Heftigkeit, gegen die nicht anzukommen ist, die „Kaffeemühle". Man ist soweit, ein 7,5-cm-Geschütz auf einen nahen Bergrücken von zweihundert Metern hinaufzuziehen, und verspricht sich gute Arbeit von ihm. Auch Minenwerfer oder „crapouillots" sind vorhanden, die geflügelte Bomben mit beträchtlichen Ladungen abschleudern, imstande, ganze Häuser mitsamt Keller wie einen Handschuh umzudrehen. Wenn es gelingt, diese Maschinen heranzuführen, werden wir die Deutschen auf dem Friedhof ausrotten. Man denkt auch daran, sie mit einer Sappe in die Luft zu jagen. Warten wir ab (der bekannte Refrain), betrachten wir inzwischen durch eine der zahlreichen Öffnungen des Hauses das Spitzenwerk der Dachsparren quer über den – gleichfalls freiliegenden – verkeilten Deckenbalken, und denken wir an das Gesicht, das die braven Einwohner dieses Ortes machen werden, wenn sie ihre niedergewalzten, zertrümmerten, durchlöcherten und verunstalteten Zimmer wiedersehen, in die nun der helle Tag hereinscheint!

Beiliegend schicke ich einen Brief, der neben mir hereingeflattert ist, während ich die letzten Worte schrieb. Es ist überaus wahrscheinlich, daß der Adressat zur Zeit schon gefallen ist. Was für einen Höllenlärm wir im Moment haben! Die Artillerie ist verstummt, aber das Gewehrfeuer ist zu hören. Es ist so fürchterlich, als wäre die einzige Straße von A[blain]-S[ain]t-N[azaire], wo ich mich befinde, voll von peitschenknallenden Fuhrleuten und von Verladearbeitern, die schwere Kippwagen mit Eisenbahnschienen entladen und den Inhalt rücksichtslos auf den Boden rasseln lassen.

Mittags, viertel vor zwölf. – Ich setze meinen vor zwanzig Minuten unterbrochenen Brief fort. Ich bin jetzt an einer anderen Stelle, an der Einfahrt eines Bauernhofes (es gibt da kein Tor mehr und kein Bauernhaus), und vor mir verläuft eine Straße. Diese Straße ist tabu. Genau an der Biegung, vor der ich postiert bin, wird sie von einem Maschinengewehr überwacht, und wehe dem, der vier Meter weiter nach vorn ginge! Der Beweis sind zwei Munitionskisten, die dort durchlöchert und zerschunden umherliegen, und ein jämmerlicher Kochkessel. Den trugen heute morgen zwei Köche herbei, und genau an dieser Stelle sind sie gefallen. Dieser Kessel ist wirklich zum Jammern, wenn man an die zwei unglücklichen Soldaten denkt, die ihn schleppten. Ich stehe hier Posten mit dem Auftrag, das Weitergehen an dieser unheilvollen Stelle zu verhindern. Ich habe mir eine Einrichtung geschaffen. In den Trümmern fand ich einen schönen Dreifuß auf vier Beinen – wenn man so sagen darf; als ich ihn hervorzog, mußte ich an jenen denken, den wir für Aumont angeschafft hatten. Ich habe ein Brett darübergelegt und kann nun bequem sitzen.

Alles ist Sonne und Hitze. Durch eine Lücke in den Ruinen

sehe ich vor mir die Höhe von Notre-Dame-de-X. [Notre-Dame-de-Lorette]. Kreidiger Boden (durch Schanzarbeiten aufgewühlt), graugrünes Gras, bleischwerer, blauer Himmel, kein Baum. Erinnere Dich an das Aquarell, das ich einst in Le Crotoy gemacht habe; so etwa wirkt es: trostlos, wüst und ein wenig maritim.
Meine Wache ist beendet. Ich bin in das zerschossene Haus zurückgekehrt. Ein Artilleriebeschuß, der sich gewaschen hat! Wir müssen „den Arsch einziehen" (uns verstecken). Wir haben uns an den Kellereingang zurückgezogen. Wenn ich den Kopf hebe, sehe ich durch das Gitterwerk von zwei Stockwerken immer noch den Himmel, und die Bruchbude erzittert. Sie versuchen, die Geschütze aufs Korn zu nehmen, doch es gelingt ihnen nicht! Inzwischen macht es ihnen nichts aus, die Häuser zu zertrümmern! Zum Glück geht es schon vorüber ... Egal, ein derartiges Unwetter bei solchem Himmel ist wirklich etwas albern, wenn man's bedenkt!

Mont-Saint-Eloi, Pas-de Calais (Schlacht),
(Postkarte, empfangen am 29. Mai 1915)

Auf Wiedersehen, meine Liebste. Heute nacht haben wir Schanzarbeiten, und es wird Dreck und vermutlich Regen geben. Scheußliche Aussicht! Aber man muß ja auch Schauderhaftes im Gedächtnis behalten, um davon zu erzählen, wenn man zurückkommt.

Mont-Saint-Eloi, Pas-de-Calais,
(Undatierte Postkarte, empfangen am 29. Mai 1915)

Sehr in Eile, denn wir gehen den „Fraß" holen und zugleich Briefe wegbringen. Wir haben nicht viel geschlafen. Heute früh (halb 4) sind unsere Gesichter grau. Der gestrigen Mitteilung nichts Neues hinzuzufügen. Verwundete, Tohuwabohu, gelbe Erde, die überall klebt.
Ich umarme Dich.

An der Straße nach Béthune, 30. Mai 1915

Ich sitze auf einer Wiese; die Gruppe, die sich bei der Verteilung der Briefe und Pakete gebildet hat, steht in der Nähe. Neben mir mein Kochgeschirr – eben habe ich mich darin mit eigenhändig aus dem Brunnen geschöpften Wasser gründlich gewaschen –, meine Seife, mein Kölnischwasser (mein großer Luxus!) und mein Handtuch, das in der Sonne liegt und trocknet. Die Nacht haben wir auf einem Feld nebenan verbracht; ja, ganz recht, unter freiem Himmel. Dank Schlafsack und Gummikapuze, die ich mir über den Kopf legte, war das auszuhalten, obgleich die Nächte kühl sind in einem Klima, das launenhaft, maritim und nördlich zugleich ist.

Eben brachte man mir Deinen Brief, den ich Dir wieder zugehen lasse. Die Rosenblätter, die Du mir, mein liebes kleines Herz, schickst, habe ich des Windes wegen sogleich in ein besonderes Täschchen gesteckt, wo bereits andere Blüten von Deiner Hand beisammen sind. Den Brief habe ich gelesen, und ich war glücklich, auf die Art ein wenig von Deinen Beschäftigungen und von Dir selbst in diesem Haus in Aumont zu sehen, das, wie mir scheint, ganz prächtig wird. Aber es verdrießt mich sehr, wenn ich bemerke, wie häufig der Faden unserer Postverbindung reißt. Auf zwei Briefe von mir kommt nicht mal einer, den Du auch erhältst.

Gestern sind Journalisten in den Schützengraben gekommen, begleitet von Stabsoffizieren und von Philippe Berthelot[32], einem hohen Beamten im Außenministerium. Ich habe mit ihm gesprochen. Er hat mich nicht erkannt. Dazu muß ich sagen, daß wir diese Schützengrabentouristen[33] nur mit einer gewissen Ironie und sogar mit einer gewissen Verachtung betrachten.

1 Uhr morgens, 1. Juni 1915 (ja wirklich!)

Mein geliebtes Kleines, ich bin im Graben und liege – um die Nacht zu verbringen – in einem winzigen Unterstand, in den ich trotzdem vollständig hineinpasse. Doch in diesem Erdloch, dem ich mich anpasse, kann ich mich kaum rühren – gerade nur die Hand. Es ist mir gelungen, dicht neben meinem Kopf ein viereckiges Loch in die Lehmwand zu höhlen, und ich habe eine Kerze hineingestellt. Ein Boh-

rer, von einem Vorgänger irgendwo aufgegabelt und bis an den Griff in die Wand gedreht, erlaubt mir, meine Feldflasche aufzuhängen, die noch ein oder zwei Tassen Kaffee enthält. Eingekeilt zwischen dem Tornister und meinen zwei Brotbeuteln, die den Verschlag restlos ausfüllen, fühle ich mich hier recht wohl, zumal mir mein Unterschlupf auch Sicherheit gegen Artilleriebeschuß bietet. Nach vierstündigem Marsch durch die Verbindungsgräben sind wir hier eingetroffen und liegen nun am Rande der Landstraße nach B[éthune]. Diese unselige Straße[34] ist in erbärmlichem Zustand. Die Menschen, die nicht im Ort geblieben sind, werden sie, wenn sie zurückkehren, ebensowenig wiedererkennen wie ihre Häuser. Die Bäume abgemäht, entwipfelt, die Stämme stellenweise zerfasert, Granatlöcher, die auf der Pflasterung graue oder daneben, am Feldrain, braune Kessel bilden; und vor allem, was die Straße gründlich entstellt – Schützengräben der ganzen Länge nach auf beiden Seiten: auf der linken die deutschen Gräben, deren Brustwehr nach Süden zeigt und die wir erobert haben, auf der rechten die unseren, nach Norden ausgerichtet. Es sind nicht so sehr Schützengräben als eine ununterbrochene Kette von kleinen Unterständen (oder guitounes, camigeottes, cagnas) entweder für einen allein, so lang wie mein Loch, oder für zwei oder drei, oder auch bequemer und bei Beschuß sicherer – für die Offiziere. In den kommenden drei Nächten sollen wir mit Schaufeln und Picken Schanzarbeiten vorn in den Gräben der vordersten Linie ausführen, die unsere Kompanie in der vierten Nacht besetzen wird. Danach bekommen wir vier Tage Ruhe im Hinterland.
Ich habe noch immer keines von den zwei angekündigten Hühnchen bekommen!
Anbei ein Foto: Die Szenerie ist der Speiseraum eines Hauses in A[blain]-S[ain]t-N[azaire]. Zwischen den Ruinen, auf die man durch die Mauerbresche blickt, kann man, wenn man genau hinschaut, den Rauch einer Granate sehen, die eben detoniert ist. Ich trage mehrere Feldflaschen, weil ich mit den Wasserholern ins Dorf sollte.
Letzte Minute. – Ich lege noch dieses Foto bei, es zeigt einen toten deutschen Soldaten, den ich betrachte. Das hat sich vor dem Gitter des Gemeindeamts von A.-St.-N. ereignet. Der Abzug ist schlecht, aber bewahre ihn trotzdem.
... ...

An der Straße nach Béthune, 2. Juni 1915

Nun stecke ich, was Briefpapier angeht, in der Klemme, weil ich ohne die nötige Voraussicht den Dienst im Graben angetreten habe! Ich finde dieses Stück Brief von Mama, das noch nicht zerrissen ist, und benutze seine Rückseite. Wo ist nur mein Füllhalter! Ich stecke immer noch der Länge nach in meinem Loch, in dem ich von allen Seiten eingeengt und bei der geringsten Körperbewegung in Gefahr bin, mir Brotbeutel oder Patronentaschen in den Leib zu rennen, und wo ich mich beim kleinsten falsch berechneten Versuch hinauszuschlüpfen verklemme und verkeile wie ein zu dicker Putzlappen in einem Lampenzylinder.

Man kann, der Granaten wegen, kaum hinaus. Höchstens wenn man sich duckt und auf gut Glück läuft. Erst am Abend beginnt man sich zu tummeln, und jede mit Käppi bemützte Ratte schlüpft aus ihrem Loch. Gestern waren wir im Vorfeld, um einen Laufgraben auszuheben. Es gab so viele Raketen am Himmel, daß zeitweilig Sternbilder wie der Große Bär entstanden.

Ein Jammer mit der Post. Du hast mir von Spargel und Hühnchen gesprochen. Ich hatte mir schon den Gürtel lokker gemacht, wie wir hier sagen. Weder das eine noch das andere.

Was Du mir an Einzelheiten über Dein Dasein erzählst, interessiert mich außerordentlich. Heute nacht, während ich in den Luzernefeldern die Erde umwühlte, stellte ich mir die Kamicette vor, die sich auf ihr Billard versteift. Und was ist mit Lesghine, von dem Du mir nichts sagst?

… …

An der Straße nach Béthune, 3. Juni 1915

Mein Mädelchen! Ja, meinen Füllhalter habe ich verloren. Vorgestern, beim „Ackern" (das heißt beim Arbeiten) im Vorfeld, wo wir einen Laufgraben aushoben, ist er mir in die Luzerne gerutscht. Ich habe einen neuen angefordert oder vielmehr bestellt. Inzwischen, und weil die Übermittlung mit der Post so furchtbar langsam vor sich geht, schreibe ich mit dem aus Albi stammenden Tintenstift. Ich stecke immer noch in meinem Unterstand an der Landstraße nach B[éthune], und mein Dasein vollzieht sich horizontal. Es ist, wie ich Dir schon sagte, ein Problem, sich darin umzudrehen, und ich kann hier – weil ich mich zurücklehnen müßte – nur einen Teil der Flüssigkeit trinken, die in meinem Becher ist. Um den Wein zu trinken, der noch übrig ist, muß ich hinaus. Ich bin den ganzen Tag lang „Auge in Auge", wenn ich so sagen darf, mit der lehmigen und schmierigen Wand, die die Farbe und Konsistenz von Gänseleberpastete hat. Heute nacht waren wir zum Schanzen, doch die Arbeit war abwechslungsreich und wurde dann durch heftigen Artilleriebeschuß unterbrochen. Das erinnerte mich an die schönen Tage von Crouy! Die Granaten platzten in solcher Nähe, daß wir von der Flamme beinahe versengt, von dem Krach taub, von Staub und Erde überschüttet und unangenehm benommen von dem Kohlensäure- und Schwefelgestank waren, der sich beim Detonieren der 10,5-cm-Granaten verbreitet. Wir drückten uns in dem angefangenen Laufgraben platt auf die Erde. Zum Glück ist im Graben selbst keine Granate explodiert: alle daneben. Trotzdem hatten wir einige Tote und einige Verwundete. Um drei viertel 2 Uhr kamen wir zurück; ich habe zunächst bis 5 Uhr geschlafen – dann den Kaffee getrunken, der schon kalt ankam – und von halb 6 bis etwa 10 Uhr. In diesem Augenblick wird unsere Reservestellung bombardiert, aber es ist lange nicht so gefährlich.

… …

Frévillers, 6. Juni 1915

Mein hübsches kleines Mädchen! Uff! Die Schützengräben und das geduckte Dasein haben wir für eine Zeit hinter uns! Und auch jene verstümmelte und aufgerissene Straße nach B[éthune], die hauptsächlich von unsichtbaren Kugeln durchpfiffen und von Granaten heimgesucht wird, die man nur an ihrer riesigen Spur erkennt. Wir sind aus den Unterständen wieder hervorgestiegen, die in die Gräben eingelassen sind und deren gelbe Farbe wir durch Herumkriechen und ständiges Berühren angenommen hatten.

Gestern, um Mitternacht, sind wir abmarschiert. (Seit 10 Uhr hatten wir uns in voller Ausrüstung darauf vorbereitet.) Die Ablösung ging, wie alle Ablösungen, so leise wie möglich vonstatten. Doch die Wanderung einer doppelten

und endlosen Reihe von Soldaten, von denen die einen aufziehen, die anderen abmarschieren, bringt in den Verbindungsgräben stets einige Unordnung, Gewoge, Lärm mit sich – das bedeutet: Schießerei. Wir hatten, um nach M[ont]-S[ain]t-É[loi] zu gelangen, acht Kilometer Verbindungsgräben zurückzulegen. Stell Dir vor, wie es ist, acht Kilometer in der Finsternis zwischen diesen erstickenden Wänden zu laufen! Freilich fing es bereits um halb 2 Uhr zu dämmern an. Enttäuschung in M.-St.-É. Die Küchenbullen hatten keinen Kaffee gemacht. Wir ziehen „mit leeren Kaldaunen" weiter und treffen dann nach einem sehr schweren Marsch von fünfundzwanzig Kilometern hier ein. Dieses Dorf hier ist unzerstört, und nichts ist von den Geschützen zu hören, die an der Feuerlinie ohne Unterlaß weiterdonnern. Suilhard hat ein Haus gefunden, in dem wir für uns kochen werden, und ich schlafe in einer nach allen Windrichtungen etwas offenen Scheune, in der es aber trockenes Stroh und Licht gibt. Uns da hinlegen zu können, erschien uns herrlich, nicht minder herrlich als das gründliche Waschen, das sich anschloß.
Bei meiner Ankunft habe ich hier endlich die beiden Büchsen mit Huhn bekommen, und auch die drei Zigarren waren sehr willkommen. Auf Wiedersehen, mein Kleines, bis morgen. Schick mir das Foto von Dir, auf dem Du mit Kamis stehst, auch das Foto des Hauses und Abzüge von meinen zwei Kodak-Rollen.

Frévillers, 8. Juni 1915

Mein liebes Herz, aus dieser Nachricht ersehe ich, daß Du aus Aumont emigrierst.

……

Neulich, ich vergaß, es Dir zu sagen, bin ich L. begegnet. Das war in dem acht Kilometer langen Verbindungsgraben, der aus der vordersten Linie nach hinten führt. Mit einem Kochkessel und sechs Feldflaschen bepackt, lief ich da gerade durch, um für die Korporalschaft die Suppe zu holen und Wein einzukaufen – ich war mit diesem Dienst an der Reihe, der doppelt zählt, das heißt, man hat diese sechzehn Kilometer zweimal am Tage zu gehen. Ich begegne einem Major, dann einem russischen Offizier, dann einem elegan-

ten Unteroffizier, neu und mit Sorgfalt eingekleidet, mit eigenwilligem Käppi, Handschuhen und gelben Gamaschen. Es war L., Automobilist beim Generalstab. Wir bildeten einen amüsanten Kontrast: er, auf Farbdruck und Opéra Comique lackiert, und ich, der ich mich eben aus dem Graben hervorgewühlt hatte. Wir plauderten eine Viertelstunde, dann setzte jeder seinen Weg fort. Er fand, ich sähe glänzend aus.
Wie heiß es ist, wie heiß! Das verspricht, übermäßig zu werden. Ein Glück, daß wir im Augenblick überhaupt nichts zu tun haben, als uns zu säubern: uns, unsere Sachen und unsere Waffen. Am ersten Tag war das mühevoll. Jetzt geht es nur noch um die Instandhaltung. Der Ort ist reich an Wasser, an Wäscherinnen – und auch an Milch, die ich in Mengen trinke.
Gestern hat der Oberst, der sehr für Musik schwärmt, ein Konzert und einen Zapfenstreich veranstalten lassen.
Und nun, mein Liebstes, das ich sicher bald wiedersehen werde, schließe ich Dich zärtlich in meine Arme …

Frévillers, 10. Juni 1915

Liebste, es geht mir nach wie vor gut, und ich bin immer noch in der Ruhestellung und unbekümmert. Gute Nachricht: Ich bin im Tagesbefehl der Brigade lobend erwähnt worden. Die Bekanntgabe dieser Erwähnung schicke ich Dir noch (mit eingeschriebenem Brief von heute).
… …

Wald von Béthune, 16. Juni 1915

Ich bin in einem Wald, sitze auf einer erfinderisch improvisierten Bank aus nebeneinander befestigten Ruten, und mein Papier liegt auf einem Tisch aus zwei Brettern, entnommen einem Scheunentor, das seinerseits irgendeinem Bauernhaus der Umgebung entnommen worden ist. Vor mir eine Küche unter freiem Himmel, bis in die geringste Einzelheit sehr amüsant. Es sind Artilleristen, die sich diese Küche in allen Stücken geschaffen haben: ein Gerüst, an dem Gerätschaften aus starkem Eisendraht aufgehängt sind, eine Art Theke mit Fächern, einen lose aus Latten und

Rundholz geflochtenen Abstelltisch. Das Quartier, in dem wir zehn Tage waren, haben wir verlassen und diese Nacht in einem riesigen Unterstand geschlafen, den sich die schwere Artillerie in dem Wald, in dem wir haltmachten, eingerichtet hat. Ich mache Dienst als Krankenträger, und diesem Umstand verdanke ich es, daß ich nicht unter freiem Himmel schlafen mußte wie die einfachen Soldaten. Wir wissen nicht, was wir zu tun bekommen. Von Schützengräben ist jedenfalls noch nicht die Rede.

Gestern ist mir eine hübsche Geschichte passiert. Ich hatte meine Funktion als Hilfskrankenträger genutzt, um meinen Tornister in den Wagen zu legen, und ich genoß es, zum erstenmal seit meinem Abgang ins Feld, ohne Gepäck zu marschieren, als ich dazu auserkoren wurde, einen Tornister zu „hüten", das heißt, bei dem Tornister eines Mannes, der schlappgemacht hatte, zu warten, bis der Gepäckwagen durchkäme (die Wagen fahren am Ende der Marschkolonne), und das Ding aufladen zu lassen. Nun, das Regiment zieht vorüber, und keine Wagen. Sie waren unterwegs abgezweigt. Ich konnte nur eins tun, nur eine Entscheidung treffen: den Tornister des Mannes auf meinen Rücken nehmen und wieder Anschluß an die Kolonne suchen. Dieser Ranzen nun aber hatte ein sagenhaftes Gewicht! Erst am Ende des Marsches bin ich ihn losgeworden. Das also war die Geschichte meines ersten Marsches ohne Tornister!

Heute nacht, im Unterstand der Artilleristen, träumte ich, ich wäre auf Urlaub in Aumont. Das kann leider nur ein Traum bleiben, denn Urlaub gibt es für uns nicht.

Ich habe die Absicht, viel radzufahren, und ich bekomme jedesmal Lust dazu, wenn ich eine Landstraße sehe. Ich bilde mir ein, ein Fahrrad bei Dufayel kaufen zu können, falls sich nicht ein glänzender Gelegenheitskauf ergibt – was noch besser wäre. Du mußt ja jetzt schon ganz perfekt sein. Kannst Du auf einer Straße umkehren, ohne abzusteigen? Ich werde es wieder lernen müssen.

… …

bei Camblain-l'Abbé, 17. Juni 1915

Ich bin im Schützengraben, diesmal aber liegt das Regiment sehr weit hinten. Im Augenblick habe ich nichts zu tun, und wenn ich Dir nicht schriebe, würde ich die Arme verschränken. Da sich das Regiment am Schwanzende der Division befindet, habe ich die Nacht – von 10 Uhr abends bis jetzt, 7 Uhr morgens – damit verbracht, mich mit Aufenthalten und Galoppaden ruckweise durch Laufgräben und über Wege vorzuarbeiten. Wir haben also nur von halb 10 bis 10 Uhr geschlafen. Deshalb sollen wir im Laufe des Tages schlafen, doch im Augenblick ist nicht daran zu denken, da eine Batterie von 7,5-cm-Geschützen, die dicht neben uns steckt, ohrenbetäubenden Lärm verursacht. Was für ein höllischer Spektakel! Dabei habe ich doch schon Schlimmeres gehört, und häufig sind auch schwere deutsche Rotzkocher von 10,5 und sogar von 21 cm ebenso dicht neben mir geplatzt, wie jetzt diese Batterie steht. Der Abschuß der 7,5 bringt einen besonderen und einzigartig trockenen Knall hervor! Ich glaube nicht, daß unser Aufenthalt im Schützengraben diesmal so wechselvoll wird wie die anderen Male. Ich ahne schon, er wird trübe und alltäglich sein. Ich werde mich dort jedenfalls nicht tot machen, denn solange ich Krankenträger bin, habe ich weder Schanzarbeiten (krach!), die mir doch nicht so verrückten Spaß machten, noch Wachtdienst zu verrichten. Was das Angreifen und Stürmen anlangt, so ist das Regiment seit Crouy mit einer zu großen Menge Landsturmmännern aufgefüllt worden, als daß man es bei einer Offensive in die vorderste Stellung schicken könnte. (Krach, krach, krach, krach!)

Mittags. – Seit ich die Feder weggelegt habe, sind zwei Aufnahmen gemacht worden: die eine in der Umgebung des Schützengrabens, im Bereich der Artillerie; ich habe drei meiner neuen Kameraden aufgenommen: Monniot, Parent und Korporal Delorme. Sie zeigen sich am Eingang des Unterstandes, in dem wir vermutlich heute nacht schlafen werden und der ein Unterstand auf freiem Feld und nicht im Graben ist.

An dieser Stelle, mehrere Kilometer hinter der Feuerlinie, liegen die Batterien verborgen. Rechts und links, vor und hinter der Stelle, wo sich, undeutlich und verloren zwischen den anderen, eine kleine Bodenerhebung befindet, sieht man einen im Sonnenlicht rötlichen Blitz aufleuchten. Eine Detonation, der mitunter die des Einschlags folgt, wenn die Granate krepiert. Da und dort ist Bewegung zwischen den Batterien: Versorgungskommandos, Melder, verirrte Abteilungen oder Einzelgänger, die in diesem kolossalen Maulwurfsbau den Punkt suchen, an den sie ordnungsgemäß gehören. Beim Abfeuern der Kanonen kümmert man sich nicht um die Passanten, denn die Flugbahn des Geschosses übersteigt sogar schon an der Rohrmündung die Höhe eines Menschen. Die Granaten begegnen sich über unsern Köpfen. In Wirklichkeit begegnen sie sich ganz und gar nicht, denn wir schießen in anhaltenden und häufigen Salven, während zu den Granattrichtern, die schon die Landschaft zieren, nur sehr selten neue hinzukommen.

Namentlich vorhin habe ich die französische Artillerie, wie man sagt, „ballern" hören wie selten zuvor. Es gab Momente, in denen nahezu alle Geschütze gleichzeitig feuerten. Es nutzte nichts, daß ich draußen bleiben wollte, um den Sonnenschein zu genießen, ich mußte dem Getöse endgültig weichen und wieder in den Unterstand hinunter.

Die andere Fotografie zeigt im Vordergrund mich, dahinter ein 7,5-cm-Geschütz, von dem man vielleicht nicht viel sehen wird. Neben mir einen Sanitäter, der wie ein Geistlicher aussieht, aber bloß Apotheker ist.

Diesen Brief heute für Dich aufzugeben, wird bei der herrschenden Unordnung nicht leichtfallen. Ich hoffe, er wird trotz allem keine Verspätung haben.

Es ist ganz ernsthaft davon die Rede, daß unser Regiment in einen früheren Abschnitt zurückkehren wird.

bei Camblain-l'Abbé, 19. Juni 1915

Ich bin noch immer in dem großen Unterstand, der zugleich Dienststelle des Kommandanten ist. Wir leben hier vergraben und unbehelligt. – Wie ich eben erfahre, sind meine Ex-Kameraden vom 5. Bataillon die ganze Nacht mit Schaufel und Picke auf der Schulter in den Verbindungsgräben umhergeirrt, weil sie die Stelle, wo sie schanzen sollten, gesucht und infolge unzureichender Angaben nicht gefunden haben; man kann sich nicht vorstellen, wie verwickelt und labyrinthisch diese Netze aus Verbindungs- und Schützengräben sind! Ja, das wäre heute nacht mein Los gewesen, wenn

ich bei der Kompanie geblieben wäre. Statt dessen habe ich geschlafen – ein wenig beengt und etwas hart –, aber immerhin die ganze Nacht. Wie lange wir in diesem Hauptunterstand bleiben werden, wissen wir nicht.
Das Ärgerliche, der dunkle und traurige Punkt, ist, daß ich infolge meines Beschäftigungswechsels keine Briefe empfange. Der Postkurier gibt sie, der Aufschrift entsprechend, bei der 18. Kompanie ab. Nun, die 18. Kompanie, die zum 5. Bataillon gehört, befindet sich aber wer weiß wo! Um sie zu erreichen, hat man vielleicht zwei oder drei Stunden durch die gewundenen Maulwurfsgänge zu laufen, in die wir verstrickt sind. Etwas Hoffnung habe ich auf die Ankunft der Essenholer gesetzt, die seit 6 Uhr morgens unterwegs sind und nun, da es schon 11 Uhr ist, sicher bald eintreffen werden. Ich sitze neben dem Eingang zum Unterstand auf einer Bank aus Erde, die ich mir durch Aushöhlen der Grabenwand angefertigt habe. Dieses schöne Werk ermöglicht mir, sowohl zu sitzen als auch an der Sonne zu sein, was nach dieser lausigen Nacht nicht unangenehm ist.

… …

Mittags. – Man bringt mir drei Briefe von Dir: die vom 12., 13. und 14. Daß Lesghine tot ist, betrübt mich tief. Ich hatte ja eine Vorahnung, als ich merkte, daß Du niemals von ihm sprachst; aber dennoch hat mich die Nachricht hart getroffen, und ich kann mich nicht an den Gedanken gewöhnen, daß ich diesen großen Bruder nicht wiedersehen soll, wenn ich nach Aumont zurückkehre. Ich dachte sehr häufig an ihn. Er war ein so prächtiges Tier und von so sanftem Charakter! Ich hatte immer eine Schwäche für ihn, weil ich ihn bewundernswerter fand als die andern. Sein Verschwinden macht mir das Herz schwer.
Überanstrenge Dich nicht, mein liebes Kleines, und versäume nicht die wenigen armseligen Gelegenheiten, Dich zu zerstreuen.

20. Juni 1915

Liebes Herzenskind, ich habe die beiden Briefe bekommen, von denen ich mich nur mit Bedauern trenne, damit Du sie besser aufbewahrst, als es der Zigeuner könnte, zu dem ich geworden bin. Guter Gott, wie Du mir Komplimente machst, meine Teure! Aber die Sache ist es nicht wert, versichere ich Dir. Die bewußte Tat ist normal und hat sich keineswegs unter außerordentlichen Bedingungen von Mut und Todesverachtung ereignet. Ich habe häufig genausoviel auf ganz unscheinbaren (doppelt unscheinbaren, weil nächtlichen) Kommandos riskiert. Im übrigen liegt der wahre Grund für meine lobende Erwähnung nicht hier. Sie gründet sich vor allem auf die Tatsache, daß ich bei einer früheren Gelegenheit, im Aisne-Departement, die Kameraden meines Zuges bei einem Vormarsch im Feuer zusammengehalten habe. Mir wäre es übrigens lieber gewesen, wenn man im offiziellen Dokument dieses Motiv hervorgehoben hätte; dagegen ließ man es aus Gründen der Aktualität zugunsten der Geschichte mit den Verwundeten fallen, die aus unserem neuen Abschnitt stammt. Die Erfüllung des Auftrags auf der vom Maschinengewehr beharkten Straße in Crouy ist hier nicht unbekannt gewesen, aber dafür war ich ja, wie ich Dir gesagt habe, bereits zum Gefreiten befördert worden. Ich werde das Kriegskreuz bekommen, sobald eine genügende Anzahl davon da ist. In der Feuerlinie wird nur ein Streifen des Ordensbandes getragen, das ist fast allgemein die Regel; und es wäre anmaßend, dagegen zu verstoßen. In der Ruhestellung läßt man, wenn man mag, das ganze Kreuz sehen. Das alles ist recht hübsch, aber man darf dem nicht mehr Bedeutung beimessen, als es die Vernunft gebietet. Denjenigen, die eine glanzvolle und zufällig auch nützliche Tat vollbracht haben, kommt nicht so viel Verdienst zu wie denen, die seit Beginn des Feldzugs ohne Versagen die ungeheure, erdrükkende und fürchterlich mühselige Arbeit des einfachen Soldaten geleistet haben. Diese, sei davon überzeugt, sind die wirklich bewundernswürdigen Helden, denn ich weiß, was einzig und allein diese Arbeit an Nöten, Leiden, Opfern und echter Selbstverleugnung bedeutet. Das um so mehr, als dieser unendliche Aufwand an Heroismus für Ziele aufgebracht wird, die ich nach wie vor für unklar, für unvereinbar mit unserem inneren Wesen und eigentlich für etwas halte, das unserer menschlichen Bestimmung zuwiderläuft. Aber das habe ich Dir ja schon gesagt, vermutlich sogar mit den gleichen Worten. Ich käue wider. Wenn ich daran denke, daß diese Menschen möglicherweise ohne merkliche Belohnung bleiben, während andere für eine vereinzelte Tat blendend geehrt werden, habe ich jedenfalls, und ich glaube zu Recht, die Empfindung einer bodenlosen Ungerechtigkeit.

… …

20. Juni 1915

Ich bin nicht bei meiner Kompanie, die seit heute nacht auf Posten in vorderster Linie steht, sondern beim Verbandplatz hinter dieser Linie. Der Anblick der Verwundeten und Toten, diese ganze Fleischkammer des Krieges, ist fürchterlich. Es herrscht Sonnenschein und Hitze. Wohl ist das Wetter ganz anders als diesen Winter, wo wir uns im Nebel verloren und im Dreck schwammen, und dennoch ist alles, was an diese Kehrseite der Schlacht rührt, untilgbar schmutzig und besudelt: arme Geschöpfe, armselige Requisiten des Kampfes oder des Lebens. Man könnte meinen, das sei schon begraben gewesen und exhumiert worden. Erde, zu Staub reduziert, schlägt sich überall nieder, fliegt überall umher. Wenn man den Zipfel eines Mantels schüttelt, wenn man leicht auf das Käppi oder auf den Ärmel klopft, steigt eine gelbe Wolke hervor, und ständig spürt man, daß man etwas davon im Munde hat. Vorhin, um halb 4 Uhr früh, bei hellem Tageslicht (aber noch nicht von der Sonne beschienen) sah ich einen Haufen aus verschiedenen Kompanien: Gebirgsjäger, Jäger, Infanteristen zogen einer hinter dem andern an uns vorüber. Wir stauten uns an einer Gabelung der Verbindungsgräben. Hinundher, Gegenbefehle, ein unglaubliches Durcheinander, ein Sammelsurium und Mischmasch von Soldaten. Ihre gelben, erschöpften und ausgehöhlten Gesichter, ihre zerlumpte und lächerliche Ausstaffierung waren erschütternd anzusehen. Man hätte meinen können, es sei ein Aufzug von ausgeblichenen Hampelmännern, die man von der Erde aufgelesen hat. Viele waren in höchster Erregung, fluchten vor sich hin oder ließen gegen irgendwen irgendwelche Schimpfworte hören. Andere lachten und fanden ein Scherzwort, mit dem sie uns im Vorübergehen bedachten, oder auch ein freundliches Wort des Willkommens. Es waren Leute jeden Al-

ters, und die Hälfte bestand aus armen Landsern, die von vielen anderen die Väter hätten sein können. Mehr als an einem Vorbeimarsch von Soldaten gleicher Waffengattung und gleicher Art mußte man da an den Aufzug einer Familie denken! Der Junge, der Onkel, der Vetter aus der Provinz, der schon etwas wunderliche Großvater … In dem Schützengraben der zweiten Linie, in dem ich, unbequem auf einer Schützenbank sitzend, an Dich schreibe und jeden Moment gezwungen bin aufzustehen, um Uniformierte vorüberzulassen, gibt es kleine Einmannunterstände. In manchen dieser Unterstände liegen Schläfer, die, halbtot vor Erschöpfung, sich nach Herzenslust ausschlafen. In einem der Löcher erkannten wir in dem Mann unter der Zeltbahn, dessen Füße hervorragten, einen Toten. Ein anderes ist frisch zugeschüttet, es ist das Grab eines afrikanischen Scharfschützen. Auf dem Wall ist ein Kreuz zu sehen. Wenn wir einen Blick dorthin riskieren, gewahren wir einen noch unbestatteten Toten, den man in seiner Zeltbahn als Leichentuch an der Stelle hingelegt hat, wo wir ihn nächtlicherweile und rasch auf diesem Felde begraben werden, auf dem es jetzt gewiß mehr Granatsplitter als Grashalme gibt. Der Krieg ist eine Sache, deren Grausigkeit man nicht ahnt, wenn man sie nicht kennengelernt hat. Deshalb muß man dafür sorgen, daß andere nach uns ihn nicht noch einmal durchmachen müssen.
Da bist Du nun wieder in der Rue de la Belle-Apparence. Wieviel Zeit ist vergangen, seit wir sie verlassen haben: nahezu zehn Monate! Ist ja klar, daß Du Dich erinnerst! Diese traurige Abreise ins Unbekannte!
Früher oder später sehen wir uns wieder …
… …
PS. – Das konservierte Kalbfleisch, von dem ich heute morgen eine Büchse geöffnet habe, ist ausgezeichnet. Mach doch davon, bitte, noch *eine* Büchse; richtig gar und durchgebraten.

21. Juni 1915

Wie Du siehst, bin ich heute, genau nach sechs Monaten im Felde, arm an Papier. Der Krieg hat mich, zumindest an Papier, nicht reicher gemacht. Wenn man bedenkt, wie ich in

früheren Zeiten, da ich mich weder auf dem Fahrrad halten noch mir eine Zigarette drehen konnte, das Briefpapier verschwendet habe!
Stell Dir vor, ich bin eben bestohlen worden! Heute nacht, während ich abwesend war, um nach den Verwundeten zu sehen, hatte ich meine Sachen in meinem kleinen Unterstand am Rande des Laufgrabens zurückgelassen. (Auf einer Fotografie wirst Du mich dort essen sehen.) Das aber war eine Unvorsichtigkeit, denn dieser Verbindungsgraben wird unaufhörlich von Soldaten passiert, und ein braver Soldat, der sich geschickt zu helfen wußte – mit dieser so französischen Eigenschaft, die gestern noch in den Zeitungen gerühmt wurde –, hat mir einen meiner Brotbeutel samt Inhalt weggenommen[35] und dann, da er einen leeren Brotbeutel nötig hatte, den Inhalt des andern auf den Boden geleert und auch diesen Beutel mitgenommen. In dem, der mir völlig abhanden gekommen ist, befand sich mein Aluminiumteller, meine Apotheke und meine imprägnierte Kapuze. Ich habe gedonnert, geflucht, gedroht, aber selbstverständlich besteht keinerlei Hoffnung, wieder zu meinen Sachen zu kommen. Übrigens haben auch meine Nachbarn, die zur gleichen Zeit abwesend waren, der eine eine Zeltbahn, der andere einen Brotbeutel voll Wäsche „verloren". Das gab ein schönes Geschrei bei unserer Rückkehr.
Glücklicherweise hat es sich ergeben, daß meine verlorene Kapuze bereits ersetzt ist. Mein Kamerad Monniot, ein braver, sehr sympathischer Bursche, der die Körperformen eines Athleten und den Kopf eines Samurai hat, schenkte mir eine Extrakapuze, die er hatte. Sie ist in der Weite sehr gut und dichter als die verlorene. Den Aluminiumteller werde ich nicht ersetzen, denn ich hatte bemerkt, daß dieses Metall wie Blei schwärzte und alles beschmutzt, womit es im Brotbeutel in Berührung kommt. Aber ich will Dich um eine emaillierte eiserne Pfanne für Spiegeleier bitten, kleiner als der so schöne Aluminiumteller, den ich nicht wiedersehen werde: fünfzehn Zentimeter Durchmesser. Ich habe beobachtet, daß ich die Größe des andern niemals ausgenutzt habe. Im Hinblick auf die Apotheke möchte ich Dich um ein Röhrchen Aspirintabletten ersuchen. Jod wie auch die Verbandpäckchen bekomme ich im Revier. Allenfalls bitte ein wenig Englischpflaster. Schließlich möchte

ich: 1. daß Du mir, wie ehemals, ein Täschchen aus Moleskin machst, in das ich den Apothekenkram stecken kann; 2. Dir den großen soliden Brotbeutel in Auftrag geben – einer wird mir genügen, obgleich ich das Verschwinden beider beklage –, aber groß und haltbar muß er sein. Wenn ich meinen Tornister und meine Patronentaschen (und meine Kleidertaschen!) anders verwende, werde ich es einrichten können, daß alles aus den zwei Brotbeuteln Platz hat. Ich lege heute Schülerbriefe bei, die eine Sendung für die Soldaten meines Zugs begleitet haben. Gern auch, mein liebes Küken, füge ich die Beschreibung des Ortes hinzu, an dem ich mich gegenwärtig befinde. Es ist ein Unterstand aus dikken Balken und Sandsäcken – ein Erzeugnis deutschen Fleißes, denn er liegt in einem Grabenstück, das außergewöhnlich gut für die Deckung gegen Artilleriebeschuß eingerichtet ist und nichtsdestoweniger der Armee des Prinzen von Bayern vor einem Monat wiederabgenommen wurde. Er ist niedrig und eng. Es riecht nach Erde, Holz und Schlafenden, denn ringsum liegen einige Landser und „sägen" gewissenhaft. Die Tür, ganz klein und niedrig, bildet ein gleißendes Lichtviereck. Die Hitze draußen ist blendend und umwerfend. Tritt man hinaus, hat man die Empfindung, in einen Backofen zu geraten.
Heute nacht waren wir durch einen Verbindungsgraben bis zum Herzen des Schlachtfeldes vorgedrungen und sahen es für Augenblicke frostig und trübselig im Schein von Leuchtraketen, von Artilleriefeuer aus allen Himmelsrichtungen und von krepierenden Granaten liegen. Im Laufgraben selbst fanden sich Leichen, die man weder zurückholen noch begraben kann (bis jetzt war keine Zeit) und auf die man im Vorübergehen tritt. Eine von ihnen, sie trägt eine Schlammaske mit zwei Löchern als Augen, läßt eine Hand herabhängen, zerfasert und halb zermalmt von den Füßen der Soldaten, die einer hinterm andern durch diesen Laufgraben hasten. Da der Graben an dieser Stelle überdacht ist, machten wir für eine Sekunde Licht und konnten sie sehen. Ist es nicht grausig, daß man diese Toten auf diese Weise *abnutzt* wie armselige Sachen?
Heute abend gehen wir nach hinten und in Ruhestellung. Doch wissen wir nicht, um welche Zeit. Das kann zu Beginn, vielleicht aber auch Mitte oder Ende der Nacht sein.

Die Aussicht auf eine ruhige Woche nach einer voll Arbeit, die uns vor allem fast ständig um den Schlaf gebracht hat, malt Zufriedenheit in die Gesichter! Ich habe Fotos gemacht. In der Ruhestellung werde ich sie entwickeln. Hat Dir das mit der Leuchtrakete nichts gesagt? Und das, auf dem man mich in den Autobus steigen sieht?
Was den Ring aus Aluminium betrifft: Säume nicht, meine Liebe; gehe zu einem Juwelier und sage ihm: „Mein Herr, würden Sie mir diesen Ring innen mit einem Blättchen Silber doublieren?" Damit erreichst Du, daß er auf Deinen kleinen Finger paßt und nicht schwarz wird.
Auf morgen, meine Hübsche!
Ein Päckchen Solio glänzend 9×12, bitte!

23. Juni 1915

Liebe Kleine, welches Fest! Ich bekomme alle diese Briefe auf einmal. Es ist recht schade, daß der letzte mit der Erwartung eines Briefes endet, denn ich mag es nicht, wenn Du, mein liebes Kleines, auf diese Art warten mußt. Ich merke, daß Dich das immer sehr beunruhigt, und das betrübt mich, da ich nichts dagegen tun kann. Was nützt es schon, wenn ich mir sage: „Mein Brief ist inzwischen angekommen!"; zu sehr gewartet zu haben, ist immer zuviel.
Ich will unverzüglich eine neue Filmrolle entwickeln; ich hoffe eine sichere Nacht zu haben, das heißt eine, die nicht durch einen plötzlichen Abmarsch abgekürzt oder beendet wird. Stell Dir vor, ich wäre gezwungen aufzubrechen und hätte meine Rolle Film nicht trocken!
Würdest Du zu den Gegenständen, die ich schon in einem Brief verwandter Art anforderte (und zu denen die kleine Eierpfanne kommen soll, um die ich nach dem Diebstahl meines Brotbeutels gebeten habe), auch noch das Rasiermesser und das Abziehleder legen, die ich Dir zurückgeschickt hatte? Ich behalte den Ziegenbart, rasiere mir aber die Wangen.
Der Nackenschutz, der sich in dem Paket befindet, hat mir sehr genützt. Er ist von der Kugel durchlöchert, die auch mein Käppi und den Käppiüberzug durchbohrt hat, den ich bei anderer Gelegenheit zurückgeschickt habe. Da er darüberlag, sind die Löcher weiter voneinander entfernt.
… …

Wald von Alleux, 28. Juni 1915

Meine Liebste. Hier kommen, der Adresse wegen, zwei als Nachzügler. Sie vervollständigen den Zyklus Deiner Briefe, die mich somit ohne Ausfall erreicht haben.

Nein, die Beschäftigung als Krankenträger bedeutet keine zusätzliche Gefahr, im Gegenteil: die Verwundeten bei Tage vor der vordersten Linie zurückzuholen, ist ein verrücktes Unternehmen, käme einem Selbstmord gleich und ist streng verboten. Nur bei Nacht kann man sich dorthin wagen. Flintenschüsse gibt es auch um diese Zeit, denn die Deutschen schießen eigentlich dauernd, und ihr Geplänkel hört niemals völlig auf; doch das Feuer läßt sehr nach und ist natürlich ohne Präzision. Granaten hingegen kommen während der Nacht nur selten herunter! Sie beginnen erst in der Morgendämmerung zu fallen und hören bei Einbruch der Dunkelheit auf, außer, selbstverständlich, wenn die Leuchtraketen eine Truppenbewegung aufdecken oder ein Angriff stattfindet. Das vom „Journal" empfohlene Mittel ist gut ausgedacht, ich hatte den Artikel bereits gelesen und auf ihn hingewiesen. Man findet es sehr gut, aber man wird nichts dergleichen tun! Male Dir jedenfalls keine Gefahren aus, wo keine sind. Die einzige wirkliche ist nämlich die, daß wir möglicherweise alle mit einem Schlag in Gefangenschaft geraten könnten, wie es in Crouy geschehen ist, wo der ganze Sanitätsdienst in seiner Grotte „geschnappt" worden ist. Aber auch da hat die Medaille noch zwei Seiten: Als Gefangener läuft man tausendmal weniger Gefahr, mißhandelt zu werden, als der arme einfache Soldat, der Prügelknabe des Krieges, oder auch noch der Unterführer in Waffen.

Einverstanden mit der chiffrierten Sprache im Falle der Gefangenschaft. (Bei dem gegenwärtigen Stand der Dinge, weißt Du, aber recht unwahrscheinlich!) Doch bereite Du selbst Sätze vor, die Du mir dann schickst. Sie müßten sehr kurz und sehr banal sein, zum Beispiel: Liebes Kind, liebe Freundin, meine teure ... und verleihe dabei jeder Anrede einen anderen Sinn. Das würde mir ersparen, nach verwikkelten Wendungen im Innern des Briefes zu suchen.

Camblain-l'Abbé, 11. Juli 1915

Mein Kindchen, ich schreibe Dir an einem Tisch, auf den ein Regen von toten Fliegen niedergeht, die in den Formalindünsten oder durch die Wirkung des Fliegenpapiers umgekommen sind, das von der kitschigen Hängelampe dieses Eßzimmers herabbammelt. Gestern habe ich die Schutzmaske angelegt. Die ist wirklich angenehm und praktisch! Mit dieser Defensivwaffe kann man sich über diese lästige Wolke von Übeltätern lustig machen! Wenn ihre Invasion anhält, setze ich das Ding bestimmt bald wieder auf.

Ich habe nur einen Brief bekommen, und zwar den vom 7. Juli, aber ich beklage mich nicht. Wenn mir nur jeder Tag etwas Schriftliches von Dir brächte! …

Nachdem das gesagt ist, will ich nur noch hinzufügen, daß ich heute nacht gut geschlafen habe auf meiner Krankentrage mit Plane, die unter einem Zeltdach steht und fest an einem dicken Baum vertäut ist.

Wald von Alleux, 12. Juli 1915, abends

Ich schicke Dir – es sei denn, eine besondere Tücke ließe es nicht trocken werden – das Foto von einer Mahlzeit im Walde von A[lleux], in dem ich gegenwärtig kampiere, aufgenommen während der Periode, in der ich schon vorher hier kampiert habe. Dieses Foto wurde mit dem Knipsapparat „Sosie“ des Sergeanten Ceccaldi gemacht. Stabsarzt Dr. Chaillol, Chef der Sanitätsdienststelle, dessen Tischgenosse ich gegenwärtig im Walde von A. bin, hat einen Knipsapparat „Sosie“ Nr. 2, und weitere „Sosie“-Apparate, eine zahllose Familie, sind zur Zeit in unserer Region in Gebrauch.

Den Wald von A. verlassen wir morgen. Die Kompanien, die in den Gräben sind, kommen in Ruhestellung, und wir, die wir hinten geblieben sind, werden ihnen folgen und es ihnen schamlos nachtun. Diese armen Kompanien haben in dieser Periode schwer gelitten. Zwei gute Kameraden von mir sind heute morgen gefallen: Leutnant Arnandiès (er war in der Marneschlacht, wo ihm eine Kugel durch den Leib drang, nur wie durch ein Wunder dem Tode entronnen) und der Stabsfeldwebel Mondain, der mehrere Monate an unserem Mittagstisch teilgenommen hat. Die unglückliche 18. Kompanie, meine Ex-Kompanie, hat noch mehr Tote gehabt. Eine grausige Serie!

13. Juli 1915, 5 Uhr früh

Du wirst, mein Schätzchen, meine kleine phosphoreszierende Armbanduhr erhalten mit dem Auftrag, sie reparieren zu lassen und mir zurückzuschicken. Diese Uhr, die in den Nächten an der Aisne unendlich wertvoll war (sie sicherte mit ihrem kleinen Gestirn oftmals ganz für sich allein die Ablösung), stirbt an Entkräftung. Ich kann sie nicht mit Bewegungskraft versorgen, mit anderen Worten: aufziehen. Die Aufziehvorrichtung faßt nicht in die Räder, die mit ihr in Kontakt stehen, so daß die Uhr, obgleich gesund, was die wesentlichen Organe betrifft, wie eine Tote entschlafen ist.
Gestern abend bei Tisch großer und durchaus glänzender Sondererfolg für die Fotografie, die Dich im Salon von Aumont zeigt. Dieses Foto wurde vorbehaltlos für das beste erklärt, das jemals gemacht worden ist. Es kam so, daß ein jeder sein Familienfoto aus einer vollgestopften Brieftasche zog. Welcher Unterschied, meine Liebe! Was die Qualität des Fotos anlangt, fast ebenso groß wie hinsichtlich der Vollkommenheit des reizenden Modells. Das will schon etwas besagen, nicht?
Ich schreibe Dir im Zelt. Mein Kamerad Monniot „sägt" noch. Der Nebel, in dem vorhin der Wald badete, löst sich auf, und die Helligkeit dringt als kräftiges Gelb durch die Zeltbahnen. Draußen hört man die Köche plaudern, sie stehen an ihren Feldküchen beisammen und bringen sie für den Kaffee in Gang. Einer singt ein Lied von Schmetterlingen, und er sagt statt „Schmetterlinge" „Metterschlinge". Das ist nahezu nichts, aber es ist lustig.
Gestern abend dachte ich beim Einschlafen an die Anordnung der Zimmer in Aumont ...

... ...

Gustave Téry will von mir (gegen Honorar) Impressionen für eine Tageszeitung haben, die er herausbringt, und de Nouvion (ebenfalls gegen Bezahlung) einen Artikel für „Le Monde Illustré". Wenn meine Muße andauert, „werde ich mal sehen", was sich machen läßt.

23. Juli 1915

Gestern keine Briefe – für niemanden! Man kündigt uns für heute die doppelte Ration an. Die Anweisung habe ich jedoch bekommen: all right. Das Regiment liegt weiterhin im Schützengraben. Ich bin weiterhin hinten, und es geht mir gleichfalls weiterhin besser, und ich brauche nichts „für den Schnabel“. An Kleidung brauche ich, meine Kleine, eine Unterhose und Baumwollsocken; schicke mir zwei Paar von den alten. Ich habe überdies eine betrübliche Feststellung gemacht: Meine Gamaschen platzen fast überall wie überreifes Obst. Könntest Du Dich nicht nach anderen umsehen? Aber ohne Stege, die haben Nachteile; einfache Gamaschen aus weichem Wildleder, am liebsten mit einem Riemen. Aber keine allzu elegante Offiziersware, sondern etwas Haltbares, Dichtes für den einfachen Soldaten, ohne Lack. Das ist tausendmal vorzuziehen. Als Muster für die Größe könntest Du dem Verkäufer einen von meinen aus Albi mitgebrachten gelben Schnürstiefeln vorlegen, und für die Länge das Maß vom Rand einer meiner Hosen bis zum Knie (dessen Stelle Du, nehme ich an, gewiß an einer von ihnen abgezeichnet findest); die Gamasche geht selbstverständlich nicht ganz bis zum Knie hinauf – aber das vermittelt eine Vorstellung. In der Weite: sehr weit. Meine Stiefel altern und altern, doch sie halten noch zusammen; und da ich jetzt noch lange nicht dafür ausersehen bin, in den Dreck zu gehen, ist es auch nicht angebracht, alte Treter in Péryère neu herrichten zu lassen. Du wirst mir nach einiger Zeit (ich werde mich melden), das Paar schicken, von dem oben die Rede ist und das, in Albi gehörig eingefettet, in gutem Zustand sein muß. Soviel zu den Angelegenheiten der Füße.

Um zu den Angelegenheiten des Gehirns überzugehen, hier die letzte geistige Ausgeburt, eine Scharade: Mein erstes steht am Ende eines Rundblicks; mein zweites bleibt häufig im Leihhaus hängen; mein drittes haben beide Eltern am Ende gemeinsam. Mein ganzes ist ein talentierter Maler: „Macchiati“.

1. ma – weil man dann das Letzte vom Panora*ma* sieht
2. chia – weil Frack *ja* selten getragen wird
3. ti – weil Kinder gern Va*ti* und Mut*ti* sagen

Abwechselnd schwere Regengüsse und heller Sonnenschein. Für Deinen Landaufenthalt wünsche ich Dir das Minimum des einen und das Maximum des anderen. Ich hoffe, Du schickst mir ein Foto von Euch dort unten. Wenn Du nicht daran gedacht hast, wird Dich dieser Brief noch zur rechten Zeit erreichen!

25. Juli 1915

Als wir heute morgen im Eßraum unsere Briefe schrieben, fragte einer von uns: „Wir haben den 25.?" – „Schon, das ist doch erstaunlich", wiederholen die andern. Tatsächlich ist es nun bald ein Jahr her, seit wir den Ausrufer auf der Straße von Aumont die Mobilmachung verkünden hörten, und auch bald ein Jahr, seit wir mit unserem kleinen Gepäck nach Paris emigriert sind. Das ist ein langer Zeitraum, und man versteht den allgemeinen Überdruß und zugleich auch das merkwürdige, aber logische Phänomen, daß diejenigen, die bis jetzt wie durch ein Wunder dem Tode entronnen sind, zunehmend Angst bekommen, daran glauben zu müssen. Das ist eine Verstärkung des Bammels, vergleichbar der wachsenden Angst, von der die Flieger erfaßt werden, je mehr Flüge sie hinter sich bringen.
Über diese allgemeinen Betrachtungen hinaus habe ich Dir nichts besonders Bemerkenswertes zu berichten. Wir haben beschlossen, daß wir für unsere Gemeinschaftsküche monatlich fünfundvierzig Francs ausgeben wollen. Andererseits wird man mir meinen selbst beigesteuerten Proviant vergüten. Auf diese Art, scheint mir, wird es sehr gut und sehr vernünftig gehen.
Heute nacht geben wir unser hiesiges Quartier auf, um dorthin zu gehen, wo wir vor vierzehn Tagen waren, nach C[amblain]-l'A[bbé]. Dort Ruhestellung, wie ich Dir gesagt habe.
Gestern haben wir Stereoskopbilder gemacht. Ansichten der zertrümmerten Kirche hier und von alten Türmen – innen und außen – werden, glaube ich, sehr gut sein. Ich werde Dir Abzüge auf Papier schicken und Vorkehrungen treffen, daß ich nach dem Kriege die Positive auf Platten bekomme, die zum Betrachten im Stereoskop bestimmt sind.
Auf dem Boden rund um die Kirche habe ich bemalte Glas-

fenster gefunden, zertreten und zersplittert … Es ging mir durch und durch!

… …

Camblain-l'Abbé, 27. Juli 1915

Welche gute Nacht habe ich doch in meiner neuen Scheune in diesem neuen Quartier verbracht, das wohl das vierzigste oder das fünfundvierzigste neue Quartier nach dem Hause der Damen Juéry (ein Romantitel für Des Gachons[36]) ist! Da habe ich nun eine Woche vor mir, in der meine Rolle als Krieger auf den Kampf gegen Fliegen und Kasper (Ratten) beschränkt sein wird. Infolge der beträchtlichen Verstärkungen, die der Gegner jeden Augenblick auf die Schlachtfelder schickt, werde ich in diesem ungleichen Kampf unterliegen. Gestern nachmittag haben wir in unserem Speise- und Küchenraum berechnet, daß es auf dem Tisch und um unsere Papiere Fliegen in der Kampfstärke einer ganzen Kompanie (250) gab, dazu noch einen Zug als fliegende Vorhut und Störtrupp. Was das Kontingent anlangt, das sich im Zimmer noch an den Wänden, an den Möbeln und an der Decke befand, schätzten wir seine Stärke auf zwei Regimenter (4000); und ich denke, wir sind damit noch weit unter der Wahrheit geblieben. Heute morgen schreibe ich Dir auf „meinem Bett" … Gestern war es noch auszuhalten, gestern abend aber haben wir hier gegessen, und der Feind ist in dichten Formationen angerückt. Meine Beine sind wie von einem paillettierten und wallenden Haarnetz bedeckt, und wenn ich mich rühre, erhebt sich Gesurre. Aufschreie und Flüche werden von Zeit zu Zeit aus einem Winkel der Scheune laut: „Verdammte Sch…, verfluchte!" – „Dreckiges Gesindel", ruft ein Mann, der mit der linken Hand aufgebracht vor seinem Gesicht fuchtelt, während er mit der rechten schreibt, „wartet doch ab, bis ich krepiert bin!" Diese Nacht hat es offenbar eine Heimsuchung durch Ratten gegeben, die ihren Anfang über die Brust, den Bauch und die Beine des Kochs nahm, der das Pech gehabt hatte, sich mit dem Kopf neben der Einfallssappe schlafen zu legen. Will man dem Bericht, den der Koch heute morgen gab, Glauben schenken, war es einfach sagenhaft. Aber ich schlief, und im allgemeinen sind mir Ratten egal, wenn ich nur schlafe. Sie wecken mich nicht auf, oder so wenig, daß ich es im Moment gar nicht gewahr werde. Ich habe mich an diese geringfügige Unannehmlichkeit gewöhnt und habe nicht den instinktiven Abscheu, den zu meiner großen Verwunderung viele kriegserfahrene Soldaten, geradeso wie die Damen, für alles empfinden, was Maus oder Ratte ist.

Für unsere Gemeinschaftsküche ist entschieden: neun Francs die Woche, und heute sind mir elf eingesparte Francs zurückerstattet worden.

Aber die Post ist ja schon da! Man hat die Zeiten noch einmal geändert. Ich muß nun zukleben, bevor ich weiß, ob ich einen Brief von Dir habe, was ich ja nicht zu hoffen wage, weil ich doch gestern zwei von Dir bekam.

Camblain-l'Abbé, 28. Juli 1915

Diesem Brief, mein Herzchen, lege ich, nachdem ich Dir guten Tag gesagt habe, einen andern bei, den ich eben erhielt und auf den ich großen Wert lege. Er ist von dem Sergeanten R., der in Crouy verwundet wurde, als er sich mit einigen Soldaten, deren Korporal damals Suilhard war, den einbrechenden Deutschen entgegenstellte. Er war wie ein Baum umgefallen – eine Kugel im Nacken und eine Kugel im Arm –, und man hielt ihn für tot. Ich war untröstlich, denn er war ein feiner Bursche, sympathisch und entschlossen. Wie Du siehst, ist er durchgekommen, aber er ist schwer angeschlagen, und seit sechs Monaten schleppt er sich dahin, unfähig einer beständigen intellektuellen Leistung und mit einem halbgelähmten Arm. Wir hatten dort finstere Tage, ich habe es Dir oft gesagt, nicht wahr? Am Vortag des 12. Januar, an dem unser Zug die Barrikaden auf der Straße nach Crouy hielt, waren wir in der großen Glashütte von Vauxrot einquartiert, am Fuße der Anhöhe, die wir damals besetzt hielten und die wir drei Tage später geräumt haben. Ich erinnere mich, daß wir am Nachmittag des 11. sehr düstere – und berechtigte – Vorahnungen hatten. Ich war gerade im Hof der Glashütte beim Rasieren, und Prudhomme, der vorüberkam, sagte zu mir: „Du rasierst dich? Möchtest du in Schönheit sterben?“ Heute wagt er nicht mehr, mich zu duzen!

Säuisches Wetter! Ich hoffe, Ihr habt etwas Besseres als diese ewigen Regengüsse, die eine plötzlich hervorbrechende Sonne uns noch fühlbarer macht. Die vorübergehenden Schauer sind zum Dauerzustand geworden, denn so etwa geht es schon seit langem. Gestern ein frischer, strahlender, reizender Morgen; der Nachmittag sintflutartig, schlammig. Heute ein dreckiger, triefender Morgen, nachmittags lieblich und hell. So geht es hier.
Während der gegenwärtigen Ruhezeit mache ich mich dem Sanitätssergeanten Ceccaldi im Büro ein wenig nützlich, obgleich der Papierkrieg dort äußerst erdrückend und die Arbeit besonders trübselig ist. Doch dieser Junge ist liebenswürdig und dienstfertig, und er ist überlastet. Am Abend, in der Scheune, zünde ich eine Kerze an, die ich mit ein paar Stearintropfen auf zwei Konservendosen festmache, und lese Vergil und „Faust" – zwei Bände aus einer billigen Klassikerreihe. Merkwürdig ist der geistige Kontrast zwischen den beiden Autoren. Der eine so lichtvoll, der andere so qualmig. Am Morgen kommt es vor, daß ich ein wenig arbeite, und dann schreibe ich, mal halb im Liegen auf meiner Nachttragbahre, mal im Eßraum, wo ich zwischen zwei Müttern sitze, die sich lärmend mit vier besonders lauten Schreihälsen von Kindern beschäftigen. Dazu kommt noch, daß der Raum niemals von lachenden und schreienden Soldaten leer wird. In der Scheune geht es etwas ruhiger zu, und der Krach verliert sich, doch Tisch und Stuhl haben auch ihren Vorteil.
Heute hat man Auszeichnungen an Verwaltungsoffiziere verliehen ... ich höre die Regimentsmusik zurückkehren. Von meinen Tischgefährten bin ich nicht so brennend begeistert. Diese tapferen Drückeberger, denn fast alle sind Drückeberger, verunglimpfen die Pariser, die, wie sie meinen, für die Nöte von „uns, die wir an der Front sind", nicht genügend Mitgefühl aufbringen! Und man glaubt zu träumen, wenn man hört, wie sie nicht genug Schimpf und Verachtung für jene haben, die nicht in Gefahr sind. Einer von ihnen beklagte sich neulich mit resignierter Märtyrermiene darüber, daß er sein Kriegskreuz noch nicht bekommen habe. Dieser außerordentliche Mensch, Radmelder des leitenden Stabsarztes, kommt nur von Zeit zu Zeit als Amateur und Tourist in den Schützengraben, und nie-

mals in die vorderen Stellungen, und hat im wesentlichen nichts zu sagen als: „Ich habe nichts als meine Pflicht getan!"
Das ist absolut beschämend und traurig, weil es immer so gehen wird: Die armen Teufel in der Feuerlinie, die alles getan und alles riskiert haben, wird man mundtot machen, und der Ruhm wird ihnen von den Nullen, Eseln und Strebern geklaut werden, deren es hier eine Menge gibt und von denen es anderswo wimmeln muß. Schon sehe ich sie das Haupt erheben und zynisch als Frontkämpfer auftreten. Wie wird das erst nach dem Kriege: Sie werden fürchterlich sein, wenn sie keine Angst mehr haben!
Ich weiß nicht, was ich tun werde. Es hängt von meiner Gesundheit ab, die in diesen Tagen gute Fortschritte gemacht hat und nahezu normal ist.
Mein Fall wird untersucht. Ich küsse Dich zärtlich, mein kleines Herz.

1. August 1915

Mein Kleines, Deinen Brief bekomme ich gerade genau zu der Stunde, in der wir am Samstag, dem 1. August, den jungen Rufin die Mobilmachung auf der Straße von Aumont ausrufen hörten. Ein Jahr, auf den Tag und auf die Stunde! Ja, das ist gewiß eine lange Zeit; und lang auch die siebeneinhalb Monate Trennung seit jenen Tagen in Albi, die mehr oder minder von Belang waren, je nachdem, ob ich allein oder mit Dir zusammen war. Um das zu ertragen, sind Mut und Festigkeit für die einen wie für die andern vonnöten, mögen wir nun im Kampfgetümmel stehen oder nicht. Handeln hilft durch die Zeit zu kommen, auf eine etwas rauhe Art zwar, aber es hilft. Tatenlosigkeit und bloßes Getrenntsein müssen ganz allein mit sich auskommen. Immer, auch schon bevor ich ging, habe ich gedacht, daß die, die zurückbleiben, mehr zu beklagen sind als jene, die gehen. Das endlose Harren, Monat für Monat, ist nicht ohne Melancholie zu ertragen. Ich stelle mir sogar vor, daß für viele die Trennung zu lang und das Alleinleben zuviel ist und gewisse Trennungen auch noch dadurch entstehen werden, daß man in bestimmten Fällen „nicht wieder zusammenfindet". Zu diesem Gefühlsergebnis kommt es durch die

Länge des Krieges; es hat sich nicht gleich von Anfang an gezeigt. G., zum Beispiel, hatte, nachdem er Witwer geworden war, in den ersten Tagen versichert und geschworen, er werde nie mehr in seine Wohnung nach Clichy zurückkehren; und nun hat er mir zu verstehen gegeben, die vielen Monate, die seither vergangen sind, würden ihn die Rückkehr viel leichter ertragen lassen. Es hat mir das Herz zusammengeschnürt. Wir beide sind ja nicht so, aber andere unterliegen einer stärkeren Abnutzung des Gefühls und lösen sich, wenn sie körperlich zu lange getrennt sind, wirklich voneinander. Dieser Folgeerscheinung, die ich für dramatisch halte, begegne ich mehr und mehr in den Reden bestimmter Kameraden. Ich spüre, wie sie nach und nach ihrer einstigen Bindung ledig werden. Wider Willen und mitunter sogar, ohne etwas davon zu begreifen, werden sie zu anderen Menschen. Doch muß man gerechterweise sagen, daß bei anderen genau das Gegenteil eintritt. Sie zermürben sich mehr und mehr und verlieren Mut und Geduld. Neulich, es war vor dem Einschlafen, wurde ich von ungefähr auf eine Art von Monolog aufmerksam, mit dem ein Soldat mit verzweifelter Stimme die gleichgültigsten Sätze aus einem Brief seiner Frau kommentierte, den er halblaut las: „Pflege Dich ordentlich, mein Lieber, denk an Dich und sag mir alles, was Dir fehlt" usw. Und dann vor sich hin: „Ist es denn nicht zum Heulen, wenn man so was liest! Ist es denn nicht, um sich den Schädel einzurennen!" Der arme Bursche war wie ein Verrückter und tat mir von Herzen leid.
Gestern brachte ich zwei Stunden mit Dr. L.[37] zu. Er schreibt seit Kriegsbeginn täglich eine Seite seines Romans. Er hat wirklich Glück! Er bleibt mit seiner Ambulanz lange in jedem Quartier. Darüber ist er gleichfalls recht glücklich! Er hat in prächtigen Schlössern gehaust. Augenblicklich wohnt er in einem Häuschen aus Holz und Leinwand mit zusammenklappbaren Tischen und Hockern. Das ist sehr sauber, sehr hygienisch, und ich beneide ihn.
Nichts Neues, was den Urlaub betrifft. Wenn ich einen Schritt unternähme, würde ich sicher früher an die Reihe kommen, da ich der einzige Angehörige des Sanitätsdienstes bin, der im Brigadebefehl erwähnt wurde, aber ich möchte nichts dergleichen tun. Es geht das Gerücht, die

Soldaten würden massenweise abgelöst werden, und Mitte September werde alles zu Ende sein.
Man nimmt mir den Brief ab. Ich lese ihn nicht mehr durch!

8. August 1915

Liebe kleine Verbannte, in zwei Tagen werden wir offenbar gezwungen sein, unsere Briefe unverschlossen abzugeben. Ein Zensuroffizier wird sie lesen und nur abgehen lassen, wenn sie keinerlei Angaben oder Kommentare enthalten. Diese Maßnahme (die einen schweren Nachteil hat: die Kontrolle wird von einem Offizier ausgeübt, der uns kennt; und unter diesen Bedingungen widerstrebt es einem, auch nur das geringste persönliche Detail oder die geringste Intimität in den Schreiben zu äußern) wird, denke ich, nur für eine gewisse Zeit Geltung haben und ist wohl von der Notwendigkeit diktiert, irgendeine Truppenbewegung oder sonst ein Vorkommnis geheimzuhalten. Wie dem auch sei, solange sie in Kraft ist, werde ich nur noch möglichst lakonische Postkarten schreiben. Ich bereite Dich darauf vor, mein Kleines, damit Du dann nicht überrascht bist.
Eben bin ich um das Haus geschlichen, in dem sich der Postkurier einquartiert hat. Man spricht von einer Wagenpanne! Ein Elend!
Ich bin betrübt zurückgekehrt, um mich an diesen Tisch mit dem Wachstuch zu setzen und diese zusammenhanglose Konversation fortzusetzen, deren nachdrückliche Banalität Du mir verzeihen wirst. Heute nachmittag bin ich durch die Wiesen geirrt, die um das Schloß liegen. Dort begegnete ich einem unvorsichtigen Landser, der, wie er sagte, in seinem gewürfelten Taschentuch „eine ganze Bratpfanne" voller Pilze trug, die er auf den Feldern gesammelt hatte. Über meinen Rat, damit vorsichtig zu sein, lachte er: „Laß man sein. Ist ja nicht das erste Mal, daß ich Pilze esse, die ich mir gesucht habe. Ich hack' sie mir mit Eiern zusammen. Da kannst du dir mal was Gutes spendieren, Vater!" Dann erklärt er mir: „Weißt du, alter Junge, ich habe einen gesunden Appetit, und ich muß mir was zwischen die Zähne schieben. Von dem, was uns die Fettsäcke von der Kompanie 'rüberschaukeln, kannst du nicht gut dick wer-

den. Heute früh, heute früh und nicht später, sind sie mit dem Fraß angekleckert. Das hat nicht vorgehalten, weiß du, Magenpflaster, offen gesagt, als wenn du ein Glas Wasser trinkst, nicht mehr, nicht weniger." Dann ging er, um seine Pilzernte zu schmoren. Möge sie ihm leicht sein!

… …

25. August 1915

Mein liebes Kleines, eben hat man mir mitgeteilt, daß ich in vier oder fünf Tagen auf Urlaub fahren soll! Du siehst, es hat sich nicht zu sehr hingeschleppt. Heute morgen schickte ich Dir mit der Feldpost einen Brief, um Dich von meiner bevorstehenden Abfahrt zu benachrichtigen, aber da wußte ich es noch nicht so genau und mit solcher Sicherheit. Dieser hier, von einem Urlauber aufgegeben und nach Paris mit dem Vermerk: „Nicht nachsenden!" adressiert, wird Dich hoffentlich erreichen, während Du Dich wahrscheinlich, so kurz es sei, in Paris aufhältst, bevor Du auf mein Telegramm hin nach Aumont weiterfährst.
Wie ich Dir in meinem Schreiben von heute morgen erklärt habe, mache ich mir eine Vergünstigung zunutze, auf die ich als Kriegsfreiwilliger ein Recht habe. Ich komme außer der Reihe dran, so daß ich niemand, der vor mir wäre, abwarten muß, sondern fahren kann, sobald die Formalitäten meiner Beurlaubung erledigt sind. Ganz sicher komme ich unmittelbar aus dem Schützengraben nach Aumont, denn wir marschieren morgen abend dorthin ab. Das wird wahrhaftig ein Wechsel sein! Höre nicht auf, mir zu schreiben; meine Abreise kann sich ja leicht noch verzögern. Sobald ich das Datum ganz sicher weiß, benachrichtige ich Dich, und Du läßt das Briefeschreiben sein. Auf Wiedersehen, meine Liebste – und diesmal wirklich auf bald! Bezaubernd und unvermutet, nicht?
Gegen 4 Uhr nachmittags werde ich in Creil eintreffen. Wann ich Anschluß nach Chantilly bekomme, weiß ich nicht. Creil-Aumont oder Chantilly-Aumont könnte man vielleicht mit dem Fahrrad schaffen.

… …

27. August 1915, 7 Uhr

Mein Liebes, eben habe ich einen Brief für Dich zur Post gebracht. Es goß in Strömen, trübseliges und kaltes Wetter, abscheulich. Ich stapfte auf schlüpfrigen Wegen durch den Dreck und durch Wagenspuren, in denen das Wasser floß, und unter tropfendem Geäst im unaufhörlich strömenden Regen. Nachdem ich den Brief in den Kasten geworfen hatte, der sich ganz oben an der einzigen Straße des Dorfes befindet, suchte ich den hier verbliebenen Stabsarzt auf, um ihn um eine Konsultation zu bitte. Ich fühlte mich nicht wohl, hatte Bronchitis und wollte wissen, woran ich bin. Ziemlich schwermütig dachte ich daran, daß es Stunden gibt, in denen alles traurig erscheint und alles Unangenehme auf einmal kommt: mein schlechtes Befinden, der Schlag, daß die Beurlaubung gescheitert ist, nachdem sie schon beinahe geglückt war, der Herbstregen ... Und ich dachte daran, daß hier am gleichen Ort, noch vor drei Tagen, strahlendes Wetter war und ich eben erfahren hatte, daß mein Urlaub, bis dahin noch in unbestimmter Ferne, wie durch Zauber gesichert und gegenwärtig war, und ich davon träumte, Du wärest jetzt wohl gerade in einem angenehmen und sonnigen Winkel des Gartens, um das schöne Wetter zu genießen. Was für ein Unterschied, nicht wahr?

Meinen Brief habe ich aufgegeben. Beim Doktor bin ich gewesen, er hat mich untersucht und mich völlig beruhigt. Bereits eine Sorge weniger. Vielleicht werden auch die übrigen verschwinden und der Hoffnung auf das Gegenteil Platz machen. Nun, nach einer schmutzigen Nacht mit Dauerregen und Herumpatschen im Schlamm bekommen wir auch seit heute morgen etwas besseres Wetter. Während man noch, aus Angst zu versinken, vorsichtig darauf achtet, wo man seine Füße herauszieht oder hinsetzt, wärmt man sich unterwegs schon die Rippen. Wir werden eine schlechte Straße, aber einen annehmbaren Himmel und sogar eine leichte, angenehme Kühle haben, die uns sehr zupaß kommt, wenn wir heute nachmittag die sechs Kilometer bis C[heler]s zurücklegen, wo wir uns dem Programm gemäß, dessen Plan und Ablauf ich Dir schickte, acht Tage aufhalten werden. Im übrigen machen wir bereits das Gepäck zurecht, stellen wir jedes

Ding, das wir zum letztenmal benutzen, an den richtigen Platz.
Ich schicke Dir vier Filme: Spüle sie und nimm einen guten Abzug von jedem für das Album.

9. September 1915 (Karte)

Ich schreibe Dir stehend, an die Böschung des Grabens gelehnt. Angenehmer, leichter Wind, Sonne. Gestern war Herbst, heute ist Frühling. Fein ist, daß massenhaft Urlauber abgehen und die Fristen dank diesem System kürzer werden. Vielleicht werde ich schließlich doch nicht lange zu warten haben ...
Hast Du schon das Paket? Nein, sicher noch nicht. Ich jedenfalls habe die angekündigte wunderschöne Sendung auch noch nicht.
Wir bekommen die Briefe. Zwei! Recht so, recht so. Ich bin sehr zufrieden. Um so mehr, als ich hoffe, daß auch Du im Augenblick mehrere bekommst. Ich bin in einem Unterstand, diesmal sechs Fuß unter der Erde. Wir sind Schulter an Schulter mit einem Haufen Kameraden um eine Azetylenlampe zusammengepfercht, die riecht wie ein Südländer nach Tisch.[38] Ich bin glücklich, Dich wohlauf zu wissen, mein Kleines. Aber diese Geldverlegenheit beunruhigt und betrübt mich. Das Leihhaus! Donnerwetter! Ich konnte nicht anders als ein dummes Gesicht machen, als ich diese traurige kleine Passage in Deinem Brief las. Auf welche Entbehrungen läßt mich das blicken! Ich schicke Dir die Vollmacht, denn ich denke, daß Deine Forderung dringend ist.

11. September 1915

Mein Kleines, da kommen mir nun mit einem Schlag zwei Briefe in die Hand. Der Postkurier, der diesmal persönlich in den Gräben aufgetaucht ist, hat sie mir vorhin gegeben, während ich faulenzend an der Sonne auf einer Leitersprosse am Eingang zu dem Hilfsverbandplatz saß, der den Namen „Abri-Stouri“ trägt. Es gibt hier allerlei Unterstände, vom „Abri-d’Abat-Tue“ bis zum „Abri-Gîte“, „Abri-Gue-Dondaine“ usw.

So ist der Geist im Schützengraben. Was ich treibe? Ich hole Verwundete zurück, wenn es welche gibt. Wenn es keine gibt, schlafe ich oder ich sitze auf einem Sandsack, auf einer Treppenstufe oder auf der Erde und drehe mir Zigaretten. Gestern hatten wir einen aufregenden Luftkampf über unsern Köpfen. Das Artilleriefeuer setzt nicht aus: Abschuß, Einschlag, Einschlag, Abschuß. Aber die Stelle, an der wir sind, ist nicht exponiert. Das trifft allerdings nicht für die kleinen Posten vor den ersten Grabenstellungen zu, die sehr gefährdet sind. Wir holen die Verwundeten in der Dunkelheit zurück und befördern sie auf Krankentragen. So auch die Toten. Gestern abend hatte ich einen zu tragen. Eine Hundearbeit wegen der scharfen Kehren des Laufgrabens. Man möchte nicht glauben, wie verwickelt und verknäuelt die Verbindungsgänge und Schützengräben hier herum sind. Man kann Stunden und Stunden in ihnen laufen, ohne merklich voranzukommen. Heute abend gehen wir für acht Tage in Ruhestellung. Ich weiß nicht, ob Du meine letzten Briefe erhalten hast. Ich teilte Dir unter anderem mit, daß die Urlaubsgenehmigungen jetzt sehr rasch und in großer Zahl erfolgen; wenn es so weitergeht, werden wir alle in den nächsten vierzehn Tagen fahren.
Morgen sollen wir Pakete erhalten. Ich hoffe, endlich zu dem berühmten Prachtpaket zu kommen!
… …

19. September 1915

Mein geliebtes Kleines. Nun ist es leider soweit: Urlaubssperre! Wir bereiten uns stramm auf die Offensive vor, die Artillerie wird kolossal und in bisher unbekanntem Ausmaß losschlagen. Alle Generale sind einer nach dem andern gekommen, uns das zu sagen. Ich werde auf jeden Fall, denke nur daran, im hinteren Abschnitt des Regiments und in Unterständen sein, die wegen der zu erwartenden Verwundeten bevorzugt und solide eingerichtet sind.
Heute habe ich keinen Brief von Dir erhalten. Ich möchte hoffen, daß nicht auch noch der Postdienst unterbrochen wird! Das wäre der Gipfel! … Es ist schönes Wetter, und ich denke an Dich und an Aumont, das Dich umgibt. Im Lichte dieses Sommers, der auch über mir ist, sehe ich ganz

deutlich jede Einzelheit Deines hübschen kleinen Gesichts inmitten aller Einzelheiten des Hauses oder des Gartens vor mir.
Heute abend gehen wir ab in die Schützengräben. Ich schicke Dir das Foto unseres Regimentszahnarztes, eines Herrn Kopp, bei der Arbeit. Ich fotografiere jetzt wenig, weil ich die Munition für die bedeutenden Schauplätze aufsparen möchte.
Es heißt, die Urlaubssperre wird nicht sehr lange dauern.

(Postkarte, Datum des Poststempels: 21. September 1915)

Liebes Kleines ein Wort in Eile, damit es heute noch abgeht. Der Postkurier steht schon mit seinem Stock da. Ich beeile mich! Ich beeile mich!
Es geht mir so gut wie möglich! Strahlender Morgen (Nacht dennoch kühl!).
Ich denke an Dich, kleines Herz, und umarme Dich viele, viele Male!

23.–27. September 1915, *Notizen*

Wir sind auf dem rückwärtigen Verbandplatz im „deutschen Graben" gewesen. Sonne, breiter Schützengraben ohne gerade Linienführung. Gräber, Küchenherde, ausgestattet mit durchlöcherten Kochgeschirren. Die „Kommandantur", in der wir schlafen (auf übereinandergestellten Krankentragen im ersten Raum: Parent, Comte, Duperrin, genannt Bouboule, und ich), ist ein Keller, und eine lange, gewundene Treppe führt hinunter. Er ist von den Deutschen angelegt worden. Sogar eine Glastür ist vorhanden, von den Eindringlingen aus irgendeinem Bauernhaus des Nordens auf ihren Wagen mitgeschleppt. Im Innern ist es bemerkenswert finster und naß. In dem Stroh, feucht wie die Tabakration der Soldaten, und in der Atmosphäre, die nach Schimmel riecht, wimmelt es von Ratten und „totos"*. Hier stelle ich für vier Tage meine Spirituslampe auf und bereite meine Süppchen. Monniots Unterstand, lustig mit seinem „Speisezimmer" und seiner Küche unter freiem Himmel (Foto). Am letzten Tag warten wir in der Dämme-

* Läuse. (Übers.)

rung, denn es wird jetzt fast schon um 6 Uhr dunkel, in voller Ausrüstung und in Gruppen auf die Ablösung. Wir sehen Kommandoeinheiten an uns vorüberkommen, Reihen von todmüden Männern mit schwerem Schritt, die erschöpft hier Pause machen. Sie lassen sich einfach auf den Boden fallen, der unter dem kalten Regen schlüpfrig wird. Sie kommen fünfundzwanzig Kilometer von Chelers anmarschiert, um die vordersten Stellungen zu beziehen. Sie haben ihre Decken, ihr Gewehr, ihre zweihundert Patronen und vier Handgranaten, Sandsäcke und ihre Brotbeutel mit der Reserveverpflegung zu tragen. Sie können nicht mehr. Es sind die, wir haben es inzwischen erfahren, die zum Angriff am 25. in die vorderste Linie kommen. Mit Schaufeln und Picken zieht auch eine Abteilung des Marschbataillons der 246. vorüber; sie sollte auf der Höhe 119[39], vor der Kampflinie, Schanzarbeiten ausführen – und am nächsten Tag erfuhren wir, daß es in diesem Kommando in der Nacht fünf Tote und Verwundete gegeben hatte.
Die Ablösung trifft nicht ein. Wir wissen nicht, was tun. Schließlich, da die Nacht völlig hereingebrochen ist und der Regen stärker wird, ziehen wir uns in unsere „Kommandantur" zurück in der Hoffnung, daß die Ablösung erst am frühen Morgen kommt und wir inzwischen schlafen können. Wir hören den Regen draußen immer heftiger niederprasseln – und plötzlich das Rauschen von fließendem Wasser. Bevor wir uns darüber klarwerden können, was passiert, sind wir in unserem Keller unten von Wasser umgeben. Das Wasser, das durch den Laufgraben fließt, hatte sich an einer Stelle, wo das Erdreich ausgespült war oder wo ein gewitzter Küchenbulle zum Feueranmachen ein Brett weggenommen hatte, einen Weg gebahnt, ist eingedrungen, stürzt als Wasserfall die Treppe herunter und überflutet unser Loch! Wir fliehen vor der Überschwemmung, flüchten uns in einen geneigten Gang, der kreidig und schlammig ist und auf der anderen Seite mündet. Dort kauern wir uns hin, zusammengedrängt und umspült von dem höher steigenden Pfuhl, wie in „Germinal"[40]. In dieser Lage verbrachten wir die ganze Nacht. Eine dreckige Nacht, in der ich, zwischen meinen Brotbeuteln, den Patronentaschen, der über Schulter und Brust geschnallten Decke und auch zwischen den Knien und Füßen meiner Kameraden eingekeilt,

mich nicht rühren konnte und mir bei der geringsten Bewegung irgendeine Konservenbüchse in die Seiten oder in den Leib rammte. Trotzdem war ich zwei- oder dreimal eingeschlummert. Im Morgengrauen Rückkehr nach Camblain-l'Abbé. Wir treffen gegen 5 Uhr dort ein.

24. September. – Es geht das Gerücht, daß wir noch am heutigen Abend zum großen Angriff aufbrechen sollen. Um halb 4 Uhr Antreten des Regiments. Der Oberst verliest einen Aufruf des Generals Joffre, der die Soldaten zu höchstem Einsatz verpflichtet. Der Aufruf besagt, daß der Angriff über die gesamte Front erfolgen wird, auf unserer Seite mit fünfunddreißig Divisionen unter dem Befehl von General Foch[41] und mit fünfundvierzig unter General de Castelnau[42]. Fünfzehn (?) Kavalleriedivisionen, davon fünf englische. Am 9. Mai hatten wir dreihundert Geschütze schwere Artillerie in unserem Abschnitt. Jetzt haben wir zweitausend, dazu dreitausend Feldgeschütze und Munition nach Belieben.
Wir bereiten uns vor. Appell mit unsern Brotbeuteln, und Vorräten. Bei Mme. C. sehe ich Korporal Orlhon wieder, der mit seinen Sappeuren zum Durchschneiden der Drahthindernisse draußen war und für weitere nicht minder gefahrvolle Arbeiten vorgesehen ist. Der sichere Tod, sagt er.
Gegen 9 Uhr abends sollen wir aufbrechen. Ab 6 Uhr Waffenappell, letzte Vorbereitungen in der Scheune (was für ein Bühnenbild: die Räuber in ihrer Höhle, von kleinen Lichtern grell angeleuchtet, im Stroh, auf der aufgewühlten und schmutzigen Erde, zwischen geborstenen Mauern). Draußen, auf dem Hof des Bauernhauses, Statisten, man hört schreien und singen. „Vorhin haben welche auf dem Misthaufen getanzt", wird mir erzählt. Alle Regimenter, die heute ununterbrochen in die Gräben gezogen sind, waren mehr oder weniger angetrunken – rundum wildes Gefuchtel, Streiterei, zum Heulen alberne, dumme und gemeine Reden, die Lachstürme auslösten. Gegen 10 Uhr abends marschieren wir auf dieser Straße ab, die allmählich eine gute Bekannte wird. Beim „Gehenkten"[43] – wieder ein Name, eingeprägt in meinen Erinnerungen – steht eine Reihe von Lastautos, und in dem leichten Regen, der wie-

der anfängt, warten Soldaten auf den Feldern. Nach der Ausgabe der Sachen, die wir mit uns führen müssen – Krankentragen, Säcke mit Verbandzeug, Vermont-Sprüher gegen Giftgase –, schlagen wir den Weg in die Schützengräben ein: den Zugangsgraben beim „Alleinstehenden Baum" durch den „Wald des Gehenkten", und dann über die Ebene bis zum 31. Unterstand. Die Herren Demelin und Péchin, die zu Pferde sind, reiten uns voraus. Herr Péchin ist gleich auf der Route des Pylônes[44] abgestiegen. Hinter dem 31. Unterstand nehmen wir den Verbindungsgraben 123, der an dieser Stelle kreidig ist. Von Mitternacht bis 2 Uhr bleiben wir in ihm stecken. Wir marschieren weiter; hinter dem „Hohlweg" folgen wir im freien Feld dem Saum des Waldes von Berthonval. Es regnet. Das Gras ist naß; wir rutschen durch den Schmutz. Wir müssen Laufgräben überspringen. Das Geschützfeuer ist normal. Viel Hin und Her im freien Feld, bevor wir die „Berthonval-Schanze" erreichen, wo unser Hilfsverbandplatz in einem Maschinengewehrunterstand eingerichtet wird, der nicht benutzt worden ist. Wir drängen uns zu zwölf oder sechzehn Mann in diesen Unterstand, der für vier oder fünf Soldaten angelegt ist. Einige bleiben draußen im Regen. Ich sitze, gegen eine Planke gedrückt, auf der Erdbank, die als Auflage für das Maschinengewehr dient. Die Füße kann ich nicht bewegen, weil Korporal Delorme in der Vertiefung, die um diese Erdbank läuft, auf ihnen liegt. Wie schon in der vergangenen Nacht bin ich, abscheulich und schmerzhaft verrenkt, während der ganzen Nacht nur für ein paar Momente eingenickt, so daß ich am Morgen noch ganz benommen, lahm und entkräftet davon war und mich schlecht fühlte. Die Kameraden bringen Kaffee, der frischt mich wieder auf.

25. September. – Noch immer warten wir auf den Angriff. Er war uns für 5 Uhr angekündigt worden. Es ist 5 Uhr, und das Geschützfeuer hat noch nicht die Ausmaße eines großen Artilleriegefechts angenommen. Nach und nach häufen sich die Abschüsse. Zwischen 10 und 12 Uhr heftiges Trommelfeuer. Ein ununterbrochenes und fürchterliches Rollen, ein unheildrohendes Geprassel in allen Windrichtungen. Dann bleiben wir ohne Anweisungen ... Mehr und mehr Soldaten, die sich nicht blicken lassen sollten, tauchen

ringsum auf. Man sieht Abteilungen über freies Feld marschieren. Der Regen wird dichter. Der Erdboden ist morastig. Die Laufgräben sind überschwemmt. Um 4 Uhr gehen wir in den ehemaligen deutschen Graben, um weiter vorn einen Verbandplatz zu besetzen. Vision der von Toten übersäten Ebene. Ein Angriff am rechten Flügel. Der Verbandplatz des 282. Wir bleiben an Ort und Stelle, und wir haben keinen Unterstand. Jeder kriecht unter, so gut er kann. Ich verbringe die Nacht mit Schreiben an dem Tischchen des Oberstabsarztes, nur einen halben Meter von den Verwundeten entfernt, die bepinselt und bandagiert werden. Einem von ihnen, der nur leicht verwundet ist, war der Helm durchschlagen und die Feldflasche zerstückelt worden. Viel wissen sie nicht; sie haben angegriffen, aber es gab noch Maschinengewehre, die unser Artilleriefeuer nicht zum Schweigen gebracht hatte. Immerhin scheint es in anderen Abschnitten besser gegangen zu sein. Souchez soll eingenommen sein.

Vorhin habe ich mir den deutschen Graben angesehen, den ich schon vor vier Monaten aufgesucht hatte, als wir hier ankamen. Das Holzwerk ist entfernt worden, er ist zur Hälfte mit Schlamm angefüllt, er verschwindet, und kaum noch konnte ich die formlosen Überreste der „Villa Glückauf"* wiedererkennen. Unmöglich, einen Unterschlupf in diesen zusammengestürzten, verschlammten und abrutschenden Gehäusen zu finden, die voll von begrabenen Leichen sind. (Die Stellen erkannte ich ungefähr wieder.)

Wir brechen in der Nacht auf. Es regnet. Wir nehmen den Verbindungsgraben 123, dann den Graben am Walde bis an die Route des Pylônes, wo sich der vordere Hauptverbandplatz befindet, den wir übernehmen sollen. Grabeneinstürze, Tümpel, Schlamm, Bretterböden aus stellenweise zerbrochenen Latten. Pausen wegen Truppenstauung. Marschieren wir weiter, hören wir in jedem Moment: „Ein Loch, rechts!" – „Vorsicht, links!" Wir stolpern durch den Dreck. Je näher wir kommen, um so höllischer wird es. Die Route des Pylônes – eine Straße, die nicht mehr die Form einer Straße hat, ein im Zickzack verlaufender Schützengraben aus Sandsäcken an der Stelle der ehemaligen Straße –

* Im Original deutsch. (Übers.)

ist stark durch Artilleriebeschuß zerstört. Wir stolpern, wir stürzen, wir fluchen, wir brummen. Dank der Finsternis kann man nicht die Toten sehen, die in den von Granaten herrührenden Ausbuchtungen der Grabenwand hocken. Hundemüde, durchgeschwitzt und naß geregnet gelangen wir schließlich als schwerfällige und verdreckte Gespenster an den niedrigen Einlaß zum Verbandplatz[45]. Die Treppe führt tief hinunter und ist sehr niedrig; fünfzehn Meter lang, nur einen Meter hoch. Auf dem glitschigen Boden muß man auf allen vieren in den beängstigenden Gang kriechen. Wir kommen in einen langen niedrigen Kellerraum, in dem wir uns stauen. Nur wenn man sich tief bückt, kann man in ihm gehen: Mit den schweren Brotbeuteln, die nach vorn baumeln, der zusammengerollten Decke, der Kapuze, die man festhalten muß, der Feldflasche usw. ist das nicht bequem. Wenn man sich nur ein wenig aufrichtet, päng! hat man sich Rücken oder Kopf an den Deckenbalken gestoßen. „Ein Glück, daß wir unsern Stahlhelm haben, hätte mir sonst den Schädel eingeschlagen!" Das hörte ich an die zwanzigmal. Es ist ungefähr 10 Uhr abends. In der vordersten Grabenlinie muß noch ein anderer vorgeschobener Verbandplatz eingerichtet werden. Herr Demelin, der Hilfsarzt, der Sanitäter Plaisance und ich sind dazu bestimmt, ihn zu besetzen. Nun sieht man uns das Gelumpe wieder aufladen und auf allen vieren im Finstern die herzbeklemmende Treppe hinaufklettern. Draußen ist immer noch Regen, und die Durchgänge zur vordersten Linie sind noch weiter aufgerissen. Mal so, mal anders, bei jedem Schritt in Gefahr hinzufallen, schlüpfen wir hinein, passieren wir Stollen von ein Meter fünfzig Höhe. Endlich der Schützengraben der vordersten Linie, dicht mit Beobachtern besetzt. Wir gehen so still wie möglich entlang. Wir sprechen nur leise, achten darauf, den Kopf nicht über den Grabenrand zu heben, der durch Beschuß stellenweise ausgebeult ist. Wir haben ununterbrochenes Gewehrfeuer von vorn. Der Verbandplatz der vordersten Linie ist ein kleiner Unterstand, in den man über eine niedrige Treppe gelangt und der drei Mann faßt. Wir lösen den Arzt und die Sanitäter des 204. ab, die dort warten. Wir bleiben in unserem Loch allein und horchen mechanisch auf die Kanonenschüsse und das Gewehrfeuer. Die Deutschen haben unsere offensive Absicht erkannt – und es ist angebracht, in dieser Nacht auf einen Angriff von ihnen gefaßt zu sein, in manchen Augenblicken wird die Schießerei intensiver. Wir hören die Zugführer vorüberkommen und zu den Soldaten sagen: „Gebt ein paar Salven Feuer!" Nun, die Stunden verstreichen. Die Herren Demelin und Plaisance schlafen, während ich wache. So sind wir die ganze Nacht verblieben. Ein Angriff hat nicht stattgefunden, aber ein paarmal gab es Alarm: Granaten und anhaltendes Schnellfeuer der 7,5.

Am nächsten Morgen, gegen 4 Uhr, als es Tag wird, schlüpfe ich aus dem Loch. Ich sehe, was ich bei unserem Eintreffen in der Nacht nicht bemerkt hatte: den schmutzigen, aufgerissenen und zerstörten Graben und die angehäuften Toten. Die Beobachter, erdfarben und mit abgespanntem Gesicht, blicken vorsichtig durch die Schießscharten. Einer von ihnen ruft mich heran, um mir Soldaten zu zeigen, die im Grau der Dämmerung in Reih und Glied über das freie Feld ziehen! Was ist das? Es muß ein Arbeitstrupp von uns sein. Inzwischen kommt Leutnant Orich zu uns. Auch er ist wegen dieser Männer im Vorfeld beunruhigt und meint, nachdem er sie durch das Fernglas beobachtet hat, es müßten die Unsrigen sein, kann es sich aber nicht erklären ...

Dann geht plötzlich das Gerücht um, daß die Deutschen ihre vorderste Stellung aufgegeben hätten und unsere Landser zwischen dieser und der ehemaligen ersten Linie, die wir halten, umherspazieren. Sergeant M. kommt angetanzt; er ist bis auf die Anhöhe hinaufgegangen, die uns gegenüberliegt, und hat eine Kugel durch den Arm bekommen. Er ist begeistert. Das bedeutet ehrenvolle Erwähnung und einen Heimatschuß[46]. Wir verbinden ihn. Glücklich über diese nächtliche Flucht der Boches – die ihnen als ein gutes Vorzeichen erscheint – und von dem Wunsch erfüllt, sich einige „Souvenirs" anzueignen, breiten sich die Franzosen inzwischen im Vorfeld aus.

Doch die Deutschen, die sich in einiger Entfernung wieder verschanzt haben, hören währenddessen nicht auf, uns zu beschießen, und wir bekommen einige Verwundete, die Herr Demelin verbindet.

Gegen Mittag rüsten die Kompanien aus unserem Schützengraben zum Angriff – jeder Soldat hat außer dem Gewehr (und den Brownings oder den Messern, die an manche ausgegeben wurden) zwei Handgranaten – und rücken vor. Sie sollen den Graben der Deutschen angreifen. Sie gehen in bester Stimmung. Entsetzliches Artilleriefeuer von unserer Seite. Ich sehe, wie die Höhe 119, auf deren Scheitel sich gegenwärtig die vorderste Linie der Deutschen befindet, von den schwarzen Wolken der 7,5-Schrapnells gekrönt wird; sie bilden eine fortlaufende Linie, und man hätte meinen können, eine mit nebelverhangenen Bäumen bepflanzte Straße sei plötzlich auf dem Kamm der Stellung aufgetaucht. Ganz deutlich können wir Soldaten sehen, die wie gehetztes Wild in die Löcher springen und kopflos hin und her rennen. Diese von dem fürchterlichen Artilleriefeuer gehetzten Menschen bieten einen dermaßen erschütternden Anblick, daß es der Sanitäter, der bei mir ist, nicht mehr ertragen kann und in das Loch zurückkriecht, um die Zeitung zu lesen, die er in der zitternden Hand hält. Dann setzt die Kanonade aus, der Angriff beginnt. Während wir nun unsererseits unter heftigem Artilleriebeschuß stehen, erreichen uns auch bald die ersten Verwundeten. Dann erhalten wir vom Chefarzt den Befehl, einen Verbandplatz zu übernehmen, der sich weiter vorn, in der ersten, vom Feind aufgegebenen Linie befindet.

27. September. – Auf dem grundlosen Weg dorthin, in fürchterlichem Trommelfeuer und von Granaten eingedeckt, stolpern und springen wir über Leichen; die eine ist völlig zusammengeknäuelt, die andere liegt ausgestreckt und entkleidet unter einer Schlammschicht, und nur ihr Umriß ist zu erkennen. Unten im Hohlweg angelangt und einigermaßen in Deckung, ein Augenblick Unsicherheit: Wo ist die für den Verbandplatz bestimmte Stelle? Sie wird uns angegeben. Wie aber unter diesem Hagel von Granaten bis dorthin gelangen? Ich erbiete mich, den Weg zu erkunden, und hole dann Herrn Demelin und die beiden Sanitäter ab, die Plaisance, den Abbé Boulet und Duperrier abgelöst haben. Nach einem Marsch im offenen Gelände betreten wir den ehemals deutschen Schützengraben, der voll von Mausergewehren, Handgranaten, Patronen und deutscher Ausrüstung ist. Leichen sind in die Grabenwände

eingelassen: Zwei Stiefel ragen hervor, in einiger Entfernung ein Kopf.
Verwundete liegen in kleinen deutschen Unterschlupflöchern für einen Mann, in die man sich nur mit großer Mühe und durch den Dreck kriechend hineinzwängen kann.
Das deutsche Artilleriefeuer hört in den Morgenstunden auf. Wir treten aus den Unterständen und sogar aus dem Graben hervor. Ich stelle fest, welche ungeheuren Verwüstungen die französischen Granaten bei dem schweren Bombardement, das dem Angriff vom 25. vorausging, hier angerichtet haben.
Leichen. Ich erkenne M., einen Kameraden aus der 18. Kompanie – einen Jungen, der ein schönes, männliches und ernstes Antlitz gehabt hatte. Und nun liegt er da mit zerschmettertem Bein, das Gesicht schief und zur Grimasse verzerrt, und ähnelt einem Zirkusclown, der auf einem Bein balanciert. Ein wenig weiter, ein Schienbein und ein Wadenbein und ein Fuß, der an der Spitze schwarz ist. Noch ein wenig weiter stoßen wir auf die mit Lumpen bedeckten Skelette der Scharfschützen, die beim Angriff vom 9. Mai hier gefallen waren.
Gegen Abend kehren wir zurück. Der schon völlig umgewühlte Verbindungsgraben, der den Hang hinaufführt, liegt unter Beschuß. Wir sind sogar gezwungen, im Granatenhagel fünfzig Meter durch freies Gelände zu gehen. Am Abend erreichen wir endlich den Verbandplatz Pylônes.

3. Oktober 1915 (Postkarte)

Mein liebes Kind,
wir werden in Ruhestellung kommen. Wir haben es nötig, denn unsere Mäntel sind von Dreck voll, und unsere Brotbeutel an Vorräten leer. Wir haben großes Verlangen, uns frisch abzuseifen. Hurra, alles ist gut abgelaufen! Und nochmals bravo für Deine Arbeiten in Aumont!

Hundertmal Dein …

8. Oktober 1915

Ich bin zufrieden, mein liebes Kleines, denn ich habe zwei Briefe von Dir, und während ich sie lese, stelle ich fest, daß die durch die Ereignisse bedingte Postsperre offenbar aufgehoben ist. Na, um so besser, denn nichts ist so leidig wie die dauernde Ungewißheit, was aus den paar armseligen Zeilen wird, die von mir zu Dir unterwegs sind, und was aus Deinen lieben kurzen Antworten, die das Tagebuch aus Aumont enthalten.

Es hat eine große Schlacht gegeben, und das Regiment hat sich glänzend bewährt. Unglücklicherweise bei Regen und Schlamm in jeder Menge! Der Zugang in die vordersten Stellungen macht, wegen des klebrigen Morastes in den Verbindungsgräben, an manchen Stellen nahezu Akrobatik erforderlich. Doch das hindert nicht, daß wir vorgerückt sind und daß ich gestern noch in dem am Morgen geräumten, ehemals deutschen Graben umherspaziert bin. Ich bin völlig wohlauf und in den acht Tagen der Schlacht, die eben stattgefunden hat, wiederum ohne Schaden geblieben! Ich soll ein zweites Mal im Tagesbefehl zitiert werden.

Ja, selbstverständlich werde ich Herrn B.s Schwiegertochter schreiben, damit sie Stiefel bestellt. Die meinen sind obenherum überall aufgesprungen. Sie haben zehn Monate ohne Unterbrechung im Wasser, auf Steinen und Straßen durchgemacht. Prächtig ... doch werden wir nicht rührselig. Man muß an die Nässe denken – unter dem Himmel des Artois ist sie recht intensiv – und an die Kälte. Bald, sagen wir in vierzehn Tagen, müßtest Du Dich an einen neuen Schlafsack wagen. Der meine ist weder aus den Nähten noch zerrissen, doch Du würdest ihn nicht wiedererkennen. Der ganze Moleskin ist abgeschabt, und man sieht die Haut. Davon abgesehen, wüßte ich nicht recht, was ich sonst noch gegen die Unbilden der Witterung brauchte. Wollgamaschen vielleicht, aber meine Schäfte halten noch. Ich bin vor kurzem neu eingekleidet worden und besitze sogar einen kommißeigenen Sweater.

Ich erwähne noch, daß ich unter Mangel an gummiertem Zigarettenpapier leide. Dieser Mangel setzt mir keineswegs so zu, wie er das einstmals getan hätte. Ich bin nämlich leidenschaftlicher Pfeifenraucher geworden. Was sollte ich noch erzählen? In Anbetracht der großen Strapazen, die hinter uns liegen, haben wir sicher eine lange Ruhepause vor uns, in der auch Dampf hinter die Beurlaubungen kommen wird. Obwohl ich noch nichts weiß, nehme ich an, daß ich Dich vielleicht schon eher sehen werde, als wir meinen. Diese Aussicht begeistert mich, bezaubert mich und bereitet mir Herzklopfen.

An der Straße nach Béthune, 11. Oktober 1915

Mein kleines Mädchen, ich bin zufrieden, denn ich habe einen langen Brief von Dir bekommen – nachdem ich gestern auch schon einen hatte …
Heute nacht habe ich in einem Kellerloch des Schützengrabens geschlafen. In diesem Unterstand haben wir, der Korporal Comte, der Krankenträger Monniot, der Sanitäter Boulet und ich, von 7 bis 9 Uhr geplaudert. Der Keller ist sehr eng, Monniot und ich, die wir groß sind, haben nicht Platz, uns ganz auszustrecken. Hinunter gelangt man rückwärts durch einen in die Erde gegrabenen abschüssigen Gang, an dessen Wände man stößt, wenn man sich beim Abstieg nicht entsprechend krümmt und zusammenzieht, und das finstere Gelaß lag überdies voll von alten Konservenbüchsen, Sackleinwandresten, altem, zerspelltem und dungartigem Stroh, verrosteten Bajonetten und ähnlichem. Gestern, nach dem Eintreffen, räumten wir auf und machten grosso modo sauber. Den lehmigen Boden legten wir dann mit Zeltbahnen aus. Eine weitere Zeltbahn hat die Mündung des Zugangsstollens verschlossen. Wir zündeten eine Kerze an, die auf einem im Erdboden steckenden Bajonett balancierte, und so unterhielten wir uns, so wie ich Dir sagte, über allerlei. Boulet ist Pfarrer in Harfleur, aber er ist so wenig klerikal wie möglich und sogar (ich glaube, ganz aufrichtig) an fortschrittlichen Gedanken interessiert. Comte ist Lehrer, und Monniot übt in Zivil den Beruf eines Vertreters von Mineralwasser aus, ist aber vor allem Sportler. Wir waren wie Verschwörer oder Räuber in ihrer Höhle. Die Nacht ist nicht kalt gewesen, aber hart ist es trotzdem, nichts als eine Zeltbahn als Matratze zu haben. Wenn man im Schützengraben ist, darf man sich weder entkleiden noch die Stiefel ausziehen. Ich breite also den entfalteten Schlafsack als Decke über mich, und einer von mei-

nen Brotbeuteln, der den Sweater enthält, dient mir als Kopfkissen.

Heute morgen um 6 Uhr Wecken durch die Kaffeeholer. Um halb 8 Uhr gingen Monniot und ich in die mit Leichen, Granatlöchern und Stacheldraht übersäte Ebene hinaus und folgten jener ungewöhnlichen Landstraße, an der die Bäume (damit der Feind die Stelle nicht durch die Baumreihe ausmacht) längs der ganzen, zu einem Schützengraben ausgehöhlten Böschung umgelegt sind und die einen kaum vorstellbaren Anblick von grandioser Trostlosigkeit bietet. Mit einem neuen Rollfilm (auf dem sich bereits aufs Geratewohl gemachte Versuche befinden, die Höhe 119 während der Beschießung zu fotografieren) habe ich zwei Aufnahmen gemacht. Rings um uns entlädt sich das seit mehreren Tagen ununterbrochen anhaltende Artilleriefeuer. Man gewöhnt sich an den unaufhörlichen Lärm, und auch das Auge gewöhnt sich daran zu sehen, wie sich der Horizont mit den schwarzen Wölkchen der Aufschlaggeschosse und mit den weißen der Schrapnells überzieht.

Von dieser grausigen und eindrucksvollen Promenade zurückgekehrt, richteten wir uns wohnlich auf einem alten, zur Hälfte in einem kreidigen Granattrichter versunkenen Tisch ein, den wir ausgegraben hatten. Sitze haben wir uns aus den mit Stacheldraht umwickelten Hölzern der Spanischen Reiter verfertigt, die hier überall umherlagen und die wir mit Lattenwerk aus weichem Holz verkleideten, das für fliegende Brücken über die Gräben verwendet wird. Im Augenblick also befinden wir uns im freien Gelände, gedeckt durch die Grabenböschung und außer Sicht der „fliegenden Wurst“ (deutscher Beobachtungsballon), aber schlecht vor dem Wind geschützt. Sich eine Pfeife anzuzünden, wird zur Affäre – die Erfahrung habe ich eben gemacht –, und wir sind genötigt, die Papiere auf dem erdverkrusteten Tisch mit Hilfe eines Briefbeschwerers festzuhalten, der nichts anderes ist als ein verrostetes, im schmutzigen Gras aufgelesenes deutsches Gewehrschloß. Die Sicht reicht weit, denn das Wetter, heute morgen noch nebelig, klärt sich auf. Jenseits der Senke von Souchez kann man die Arbeitersiedlungen von Liévin und, näher her, die von Schützengräben durchfurchten Höhen von N[otre]-D[ame]-de-L[orette] sehen, mit der kleinen zertrümmerten weißen

Kapelle im Vordergrund. An manchen Stellen liegt ein armer, von einer Granate zerschmetterter Soldat, und hundert Schritt von hier, auf jener Straße nach B[éthune], phantastisch mit ihren abrasierten, dann zersplitterten und zerfaserten Bäumen, sieht man eine ganze Reihe von Leichen mit schwarzen Gesichtern und krankhaft geschwollenen Lippen: Diese Unglücklichen hat man vor zwei Tagen erstickt aus den Trümmern geborgen. Ab und zu wird ein neuer Leichnam herangeschafft, dessen Körper nur schlecht und recht auf einer Bahre zusammenhält. Schon beginnen Gebeine sichtbar zu werden: In einem Granattrichter sah ich neulich zwei weiße Knochen: ein Schienbein und ein Wadenbein und daran einen schwarzen Fuß; heute morgen, einsam in einem weiten Trichter der 10,5, eine eingeschrumpfte, verkohlte Hand. Ich weiß nicht, wie lange wir hier noch bleiben werden. Jedenfalls scheint es, daß wir auf unsere große Ruhepause, mit Beurlaubungen im Gefolge, vermutlich nicht mehr lange warten müssen. Mit dieser Hoffnung lebe ich und helfe mir dabei mit der kleinen, täglichen Hoffnung auf Briefe weiter. Ich erwarte die Birnen (ich werde sie erst bekommen, wenn wir abziehen, und will sie, wie sie es auch selber verlangen, mit Zucker kochen lassen.)

Ich lese nochmals Deinen Brief. Ich sehe Dich ganz deutlich vor mir, wie Du in dem, wie Du sagst, zu einem Salon umgewandelten Zimmer an dem Tisch mit den Hirschbeinen sitzt und schreibst, während die Strahlen der Dreiuhrnachmittagssonne durch das weitgeöffnete Fenster fallen. Diese Vision, das Gegenbild zu der finsteren Trostlosigkeit ringsum, bezaubert mich und hält mich aufrecht. Ich küsse Dich recht lange und zärtlich.

13. Oktober 1915

In unserem Leben und in unserer Gegend der Schützengräben nichts Neues. Dem glaubwürdigen Gerücht zufolge sollen wir noch vier Tage hier bleiben und am 18. abends oder am 19. morgens in Ruhestellung kommen.

Während ich in dem Keller liege, den ich Dir gestern beschrieben habe, und von oben her undeutlich die Schritte der Landser höre, die im Graben durch den im Nieselregen

zäh und klebrig gewordenen Dreck waten, denke ich beim Schein einer Kerze, die auf einem in der Wand steckenden Bajonett prangt, daran, daß wir schon Mitte Oktober haben und daß ein Jahr vergangen ist, seit ich Dich auf dem Bahnhof von Albi erwartete. Damals trug ich noch jene Zivilkleidung, zu der ich seit zehn Monaten jedes Verhältnis verloren habe. So vieles ist seit Deiner Ankunft in Albi bis heute geschehen, und dennoch, trotz allem, kann ich mir nur mit Mühe vorstellen, es wäre inzwischen bereits ein Jahr vergangen. O ja, es ist schon ein Jahr her, daß ich nicht mehr das Zimmer im Kloster bewohne; es sind schon dreizehn Monate, seit ich Paris verlassen habe, vierzehn, seit wir aus Aumont aufgebrochen sind. Alle Jahreszeiten sind inzwischen vorübergezogen; und jetzt, da es im Schützengraben schon um 6 Uhr dunkelt und um 7 Uhr, zu nächtlicher Stunde, das Gelände durch Leuchtraketen, aufblitzende Geschützfeuer und Brände ein tragisches Aussehen annimmt, ziehen sie wieder herauf.
Der Postkurier soll noch eintreffen. Vielleicht werde ich die Fortsetzung des Tagebuches aus Aumont erhalten. Das schöne Wetter, dessen Du Dich bis zu Deinen letzten Briefen und der gestern empfangenen gemeinschaftlichen Karte erfreut hast, kann schließlich den ganzen Herbst andauern. Auch hier ist es schön, viel schöner als im September und weitaus schöner als im vergangenen Jahr. Und sogar der Nieselregen hat aufgehört, und – es ist 2 Uhr – die Sonne zeigt sich.
Du hast mir, mein Kleines, auf vieles zu antworten. Ruhe Dich so gut wie möglich aus, das wird meine größte Freude sein.

13. Oktober 1915

Von meiner Erwähnung im Tagesbefehl habe ich Dir nicht viel geredet, weil sie noch nicht bestätigt und offiziell ist. Es ist bloß ein Vorschlag zur Erwähnung, und solange sie nicht geschehen ist, weiß man niemals. Im Moment unseres Angriffs habe ich freiwillig einen vorgeschobenen Hilfsverbandplatz übernommen, der sich im Schützengraben unserer vordersten Stellung befand. Im Laufe des Angriffs ging ich dann als Verbindungsmann einen anderen, weiter vor-

geschobenen Verbandplatz im ehemals deutschen Graben erkunden und einrichten. Der Laufgraben, durch den man ihn erreichen konnte, war damals wegen des heftigen Sperrfeuers der Deutschen auf der Höhe 119 in sehr schlechtem Zustand und lag unter schwerem Beschuß. Ich glaube, daß die Erwähnung diesmal mindestens in den Tagesbefehl der Division oder des Armeekorps kommt, was mein Kriegskreuz bereichern und verschönern wird, aber warten wir, warten wir ab. Ich habe Dich nicht getäuscht, als ich Dir sagte, ich sei kaum exponiert. Es hat nur ein paar üble Augenblicke gegeben. In Crouy war ich bestimmt mehr in Gefahr gewesen. Diesmal hat man den Nutzen für das Regiment, das erreichte Ergebnis in Rechnung gestellt.
Hier geht weiterhin alles gut, und so geht's auch mir gut. Ich lege eine Kornblume aus dem Artois bei.
… …

Gauchin-Légal, 18. November 1915

Mein kleines Mädchen, nun ist es soweit, ich bin nicht mehr im 231., und ich bin nicht mehr Krankenträger. Ich bin Soldat in der 9. Korporalschaft der 14. Kompanie des 8. Landwehrregiments. Im übrigen bleibe ich, zwei oder drei Kilometer nebenan, in dem gleichen Gebiet wie vorher. Ich weiß noch nicht, worin meine neue Beschäftigung besteht. Nach dem, was ich höre, wird es sich zweifellos um das Einrichten und Bewachen von Schützengräben der zweiten Linie handeln. Natürlich viel weniger Gefahr als beim 231. Wegen des übrigen teile ich Dir Einzelheiten mit, sobald ich etwas weiß. Mein Wechsel bringt notwendigerweise eine Verzögerung in der Zustellung der Briefpost mit sich, und ich werde nun einige Tage ohne Nachrichten von Dir sein. Hernach wird es ebenso gut oder besser gehen als vorher. Mein Sektor hat sich geändert: 164.
Ein Mißgeschick: Ich habe mein Kriegskreuz verloren! Wahrscheinlich ist es ins Stroh gefallen! Würdest Du mir ein anderes schicken, mit dem Stern in Bronze und der Palme darüber. Dazu eine Anstecknadel, die eine bessere Befestigung erlaubt.
Damit verabschiede ich mich von Dir, denn es wird Zeit für

die Suppe. Ich küsse Dich noch und noch, mein liebes kleines Herz,

HENRI BARBUSSE
Soldat des 8. Landwehrregiments, 14. Kompanie,
9. Korporalschaft. Postsektor 164

Gauchin-Légal, 18. November 1915, abends

Mein liebes Kleines. Es ist schön und ungewöhnlich kalt. Die Nacht war frisch, der Tag breitet sich grau und weiß über ein hart gewordenes Land. Das Dorf, in dem wir sind, Gauchin-Légal (ich glaube, hier ist das keine gefährliche Enthüllung), ist hübsch und muß angenehm für einen Ferienaufenthalt sein. Die Scheune, in der wir liegen, ist ein wenig windoffen, aber mein System mich zu betten ist so, daß ich während der Nacht nicht die geringste Kälte gespürt habe. Ich warte immer noch die Ereignisse ab und hoffe sehr, Dir morgen, bevor ich diesen Brief aufgebe – um 3 Uhr wird er abgeholt –, ein paar Einzelheiten über meine künftige Beschäftigung mitteilen zu können, denn bisher habe ich nichts getan als warten und umherirren. Es gibt hier kleine Stampen, in denen das Glas Bier oder die Tasse Kaffee nur zwei Sous kosten. In einer dieser Gaststätten und vor einer dieser Tassen schreibe ich Dir. Diese Kneipen sind, wie sich versteht, voller Soldaten – Artilleristen oder Infanteristen – die schwatzen und rauchen.

19., abends. – Ich schreibe diesen Brief am gleichen Ort weiter. Mit Rührung denke ich an den netten kurzen Abend, an dem wir im Café des Hotels in Creil Domino gespielt haben. Hier ist es weniger elegant, die Tische sind nicht aus weißem Marmor, sondern, ebenso wie die Sitzbänke, aus rohem Holz. Es gibt hier auch keine bunten und stutzerhaften Offiziere, sondern nur einfache, sehr einfache Soldaten. Sie reden vom Krieg, von dem Leben, das sie haben, und von dem, was sie essen, und sind wortreich und voll von Anekdoten, die ihre Vorgesetzten betreffen. Was wir tun werden, weiß ich noch ebensowenig wie gestern und ebensowenig wie zu der Zeit, als ich Dir meinen heute vor 3 Uhr aufgegebenen Brief schrieb. Heute hat man mir ein Gewehr und Patronen ausgehändigt. Es ist davon die

Rede, daß wir hier vierzehn Tage in Ruhestellung bleiben – und ich habe heute noch keinen Brief von Dir. Das ist die ganze Neuigkeit. Das ist wenig, wie Napoleon sagte. Und der morgige Tag, wie Victor Hugo sagte, woraus wird er bestehen?
Ich schicke Dir von ganzem Herzen all meine Zärtlichkeit. Ich lebe in der Erinnerung an Dich, mein liebes, liebes, Kleines, und mit Dir ...

26. November 1915

Mein allerliebster Spatz. Heute bin ich zur Schanzarbeit gewesen: Wecken um halb 3 Uhr früh. Schnee, kühles Wetter, Schlamm. Wir nahmen unsere Geräte, ich eine Hacke, und wir legten in einem von Schnee und Regengüssen getrübten Mondschein zuerst die viereinhalb Kilometer zurück, die uns von Ab[lain]-S[ain]t-N[azaire] trennen, dann die zwei Kilometer, die zwischen A[blain] und S[ouche]z liegen. Grundlose Straßen, kann ich Dir sagen, Brühe, Schokoladencreme, Mostrich und große milchige und schmierige Pfützen. Trümmer und Ruinen den ganzen Weg entlang. In A.-St.-N. liegt noch alles zerstört und in Scherben. An der Stelle des Hauses, in dem ich Ende Mai in Quartier lag (nicht weit von der Stelle, wo mich Suilhard neben einem toten Deutschen fotografiert hat), fand ich einen Haufen Ziegelsteine, einzig und allein einen Ziegelsteinhaufen. Wir erreichten die Gräben, wo ein Verbindungsgang auszubessern war. Um 7 Uhr kamen wir dort an; bis mittag wühlten wir. Ich bin es der Wahrheit schuldig, zu sagen, viel habe ich nicht getan. Ich sah den andern zu und rauchte meine Pfeife. Auf dem Rückweg gerieten wir in ein Schneegestöber, das die abgetakelte Landschaft wie die Ausstattung zu einer tragischen Oper erscheinen ließ.
Ich fand S[ouche]z wieder. (Von dem ersten Besuch, den ich diesem so völlig dem Erdboden gleichgemachten Dorf einst abstattete, habe ich Dir mündlich erzählt.) Ich fand die gleichen verwesenden Pferde in den gleichen kreisförmigen, von Granaten ausgehobenen Sumpflöchern wieder und dieselbe unfaßbare Anhäufung von zerbröckelten und zusammenhanglosen Trümmern, und das alles bei Regen. Durch Dreck und Unrat kamen wir an dem einstigen Wald

vorüber, in dem das einstige Schloß von C[arleu]l lag: ein Stück Kiesgrube inmitten von zerzausten Pfosten und Pfählen. Ich habe an dieser Stelle ein Foto gemacht. Zu meinen Füßen ragten zwei Schädel aus der Erde, dazwischen eine zerfetzte deutsche Feldmütze mit Haaren im Innern. Vom Bahnhof von S...z sind ein paar verdrehte, spiralig aufgerichtete Gleisteile, ein durchlöcherter Eisenbahnwagen und so etwas wie ein Galgen übriggeblieben, sonst nichts. Vor der Zuckerfabrik in dem gleichen Dorf Reste von großen Behältern. Auch von dieser undeutlichen und grausigen Spur dessen, was einmal eine Fabrik gewesen ist, habe ich eine Aufnahme gemacht und ebenfalls von einem hohlen eisernen Mast daneben, von unten bis oben wie ein Sieb durchlöchert, weil er als Zeuge erschütternd beweist, wie heftig das Gewehrfeuer an dieser Stelle war. Schließlich habe ich noch bei Schneefall die Kirche von A.-St.-N. fotografiert; ob daraus etwas wird, weiß ich nicht.
Hier, bei meiner Rückkehr, erfahre ich, daß wir den Abschnitt verlassen werden! Wir sollen in der Nähe von S[aint]-P[ol] zweifellos in Ruhestellung kommen und dann nach unbekanntem Bestimmungsort abgehen.
... ...

11. Dezember 1915 (Notiz)

Die Unmöglichkeit, sich in den Schützengräben der vordersten Stellung, so wie sie sind, zu behaupten, und die Notwendigkeit, sie instandzusetzen, haben Franzosen und Deutsche an gewissen Stellen unserer Front dazu gebracht, sich ohne Deckung sehen zu lassen und nicht aufeinander zu schießen[48].

19. Januar 1916

Der heutige Tag bringt mir mit schönem, gleichsam frühlingshaftem Wetter (welche Überraschung heute morgen!) diese zwei Briefe, die ich Dir zurückschicke. Ich beantworte sie nur kurz, mein kleines Mädchen, denn ich möchte etwas für den „Excelsior“ abschließen.

Zwei Stunden später. – Ich antworte Dir nur kurz – aber gearbeitet habe ich leider nicht. Ich war die ganze Zeit damit beschäftigt, Karten aus dem Kartenwagen herauszusuchen, einem perfektionierten Fahrzeug, tapeziert mit etikettierten Kartons, in denen, dicht gestapelt, Massen von Landkarten abgelegt sind. Da alle Ecken und Winkel ausgenutzt sind und man, um zu finden, was man braucht, gezwungen ist, alles herauszunehmen und umzustellen, dauert es immer sehr lange, etwas zu finden.
Ich habe nicht gewußt, daß die P.s so nationalistisch sind. Schon mitten im Kriege bereiten diese wackeren Nationalisten still und leise einen Geisteszustand vor, der zum Ergebnis hätte, daß wir uns – während die Staaten aus dem Krieg nahezu ruiniert und knapp vor dem Zusammenbruch hervorgehen werden – in Rüstungsanstrengungen erschöpfen, um uns neue Kriege zu bringen. Als Entschuldigung mag gelten, daß sie elende Unwissende sind, die sich nicht klarmachen, was Krieg ist, und die nicht imstande sind, es zu begreifen. Doch Geduld. Behalten wir uns unsere bescheidenen Ansichten vor.
Ich bin im Kino gewesen! Nick Winter, und eine Geschichte von der „Schönen Bretonin“, in der die Robinne niedlich und dumm die Hauptrolle spielt. Zwischen den beiden Filmen sehr hübsche Vögel: Saatkrähen, Raben, Elstern und Spechte. Aber es hat etwas lange gedauert, und ich befürchte, dieser Brief könnte deshalb zu spät auf die Post kommen.
Morgen, wenn die Sonne scheint, werde ich versuchen, ein paar Aufnahmen zu machen.
... ...

26. Januar 1916

Mein Kleines, die Nummer von „L'Œuvre", in der meine lobende Erwähnung angezeigt wird, habe ich bekommen und gelesen. Ich sage Dir, „L'Œuvre" ist sehr freundlich zu mir, und ich wiederhole Dir, daß ich auf dieses günstige Verhalten praktische Hoffnungen gründe. Der Brief des Frontsoldaten, sehr gut! Ich habe einen Abschnitt dieser Art unter meinen Notizen; es besteht sogar eine kuriose Ähnlichkeit in dem Satz, der sich auf das Geschwätz über den Kaiser*, den Kronprinzen* usw. bezieht. Das will besagen, nicht wahr, daß ich diesen Artikel gut finde, wie die meisten Artikel in dieser Zeitung. Die kritische Haltung von „L'Œuvre" sagt mir vollkommen zu, mit Ausnahme dessen, was die Sozialisten betrifft, bei denen ich, mathematisch und schicksalhaft, die einzige mögliche Hilfe gegen zukünftige Kriege sehe. Alles übrige sind Hirngespinste, fertig.

Doch für den Moment denke ich vor allem daran, die freie Zeit auszunutzen, die ich habe und später vielleicht nicht mehr haben werde (in der Ära der Beurlaubungen wird zwei Monate lang auf jeden die doppelte Arbeit fallen), um Zeilen anzuhäufen, Literatur einzuheimsen und zu horten und sie dann unter den bestmöglichen Bedingungen herauszugeben. Das ist „mühereich", wie ein braver Kamerad sagte, den ich beim 8. hatte, ein Lumpensammler aus Villemomble. Bislang habe ich nur skizziert, aufgezeichnet; es fehlen mir noch ganze Sujets, und trotzdem beginnt mich der Papierkram schon zu behindern. Ich weiß nicht mehr, wohin ich ihn stecken soll. Mit der Frage der Auswahl und der Ausarbeitung für bestimmte Zeitungen werde ich mich hernach beschäftigen; aber dann werde ich genügend Stoff haben und völlig nach meinem Belieben Geschäfte treiben und umarbeiten, weil ich ein ganzes reichhaltiges Manuskript fertig in meiner Schublade habe.

Ich hoffe sehr, daß G. inzwischen, wie man sagt, weich geworden ist. Wenn nicht, will ich ihm diesmal einen eingeschriebenen Brief schicken. Es ist zu arg, und ich bin wütend, wenn ich daran denke, daß zu der Monotonie, Hingabe, Trübsal und Langeweile Deines Lebens auch noch ständige materielle Bedrängnisse kommen, die Dich zu

* Im Original deutsch. (Übers.)

Schritten zwingen, von denen Du mir schreibst. Glücklicherweise werden wir da Besserung schaffen können, aber nicht gleich, gleich.
Deinen Brief vom 25., mein kleines Mädchen, habe ich bekommen, und ich begreife wirklich Deine große Besorgnis wegen der künftigen Ereignisse und Deine Ängste um Primice.[49] Man wird allen eine schwere Anstrengung abfordern, und die Jungen werden jetzt herhalten müssen. Wir hingegen haben schon vorher unser Schwarzbrot gegessen, wie man hier sagt, haben so viel riskiert, wie wir konnten, und werden bis zum Ende des Feldzugs nur noch Unfällen ausgesetzt sein.
Was soll's, mein Kind, laß uns hoffen!

9. Februar 1916

Heute nacht habe ich von Dir geträumt: Du warst sehr unglücklich, ich erinnere mich nicht mehr recht, weshalb und wie, aber Dein Los war jammervoll! Als ich erwachte, dachte ich an Deinen Brief von gestern, den Hauptanlaß für diesen Traum, und ich sagte mir, auch ohne in der geheimnisvollen und tragischen Situation zu sein, in der ich dich in der Nacht sah, ist Dein Dasein während dieser langen Monate wahrhaftig wenig beneidenswert gewesen. Für Mme. M. ist es das beste, daß wir sie gemeinsam aufsuchen, sobald ich auf Urlaub komme – in einem Monat oder noch kürzerer Zeit. Zu dritt – beim Plaudern – werden wir sehen, ob etwas zu tun ist und was. Sobald ich das Datum meiner Abreise einigermaßen sicher weiß, werde ich ihr wegen eines Zusammentreffens schreiben. Aus Gründen der Zusammenstellung des Gesamtwerks, deren Wichtigkeit ich Dir dargelegt habe, erscheint es mir nicht möglich, noch vor meinem Urlaub etwas an die Zeitungen zu schikken. Ich werde so sparsam sein, wie ich kann, und während des Urlaubs werden wir Mittel und Wege suchen, die fünfzig Francs vom März sowenig wie möglich anzureißen.
Zu den Gründen betreffend die Verbindung mit Tageszeitungen, die ich Dir schon dargelegt habe, füge ich noch einen sehr wichtigen hinzu, der mir inzwischen eingefallen ist: mein Vertrag mit dem „Matin"[50] verbietet mir, an einer anderen Tageszeitung, sei es noch sowenig regelmäßig, mitzuar-

beiten. Um das Ganze zusammenzubauen, muß ich also vor allem zum „Matin" gehen: eine Autorisation erlangen, unter der Bedingung, gewisse Titel einzureichen usw.
Ich schicke Dir keine Notizen, denn ich brauche sie, ich baue gegenwärtig das ganze Buch auf, und das ist genau der Augenblick, in dem mir nichts von meiner Dokumentation fehlen darf, damit ich jedes Fragment an seinem Ort unterbringe; und da diese Dokumentation zu großem Teil aus pittoresken Ausdrücken besteht, deren Menge zu groß ist, um mir im Gedächtnis, sozusagen in Reichweite meiner Feder zu bleiben, sind mir die schriftlichen Notizen unentbehrlich.
Gewiß aber werde ich Dir Manuskripte überlassen und mit Dir zusammen die Ausschnitte in Betracht ziehen und auch die Streichungen – denn gewisse Stellen werden einstweilen nicht zu publizieren sein –, bevor ich die Zeitungen aufsuche. Dein Rat ist mir unerläßlich, denn langsam finde ich mich nicht mehr zurecht. Vergiß nicht, mir Antwort in bezug auf meine Sanatoriumsnovelle[51] zu geben. Ich möchte wissen, ob es die ist, die gekommen ist, und in diesem Falle ein Exemplar davon haben. Andernfalls will ich versuchen, das Manuskript unter meinen Papieren, die in Paris geblieben sind, aufzufinden oder wiederherzustellen. (Ich glaube doch, ich habe es auf dem Eßzimmertisch geschrieben und alles dort liegenlassen.) Wenn Du das Manuskript fändest, würde das vorläufig alles in Ordnung bringen.
Beiliegend ein Brief von Peyrebrune.

12. Februar 1916

Eben habe ich Georges Scott[52] getroffen, schick, frisch, mit einer pelzgefütterten Lederjacke, schönen gelben Gamaschen usw. Er hat den General aufgesucht, um mit ihm über Vorstellungen der Comédie-Française zu verhandeln, die er organisiert und sogar erfunden hat, sagt er. Wir haben eine Weile über das Land, das heißt über Paris, geplaudert. Er spaziert überall an der Front umher und macht Skizzen. Für einen Maler ein gefundenes Fressen! Er sagte zu mir: „Später werden wir die Dinge so malen, wie sie waren, aber im Augenblick ist auch nicht entfernt daran zu denken; es ist zu gräßlich!"

Was sagst Du zu meiner Karikatur? Ein kartographischer Zeichner von hier hat sie gemacht, er stammt aus Tarbes, möchte gern in Paris ankommen und hat schon wegen Karikaturen für Zeitungen bei mir auf den Busch geklopft. In „Les Annales" sah ich schöne Zeichnungen von einem gewissen Jonas.[53]
Gestern habe ich gewerkelt, heute morgen aber hat mich schon beim Aufstehen ein Wirbelwind von Beschäftigungen erfaßt. Bis jetzt – 2 Uhr – habe ich mit einem an den Rändern mit Gradeinteilung versehenen Blättchen Zeichenpapier unaufhörlich Koordinaten von Batterien aufgenommen.
Und in drei Wochen ungefähr fahre ich nach Aumont!
... ...
Hier beigeschlossen der Artikel aus dem „Cri de Paris"[54], Autorschaft: L'Heureux. Offenbar hat wirklich jemand aus meinem Regiment dieses Porträt von mir verfaßt: „Der große hagere Bursche ..." Ich konnte nicht in Erfahrung bringen, wer.

Samstag, 19. Februar 1916

... ...
Unglücklicherweise habe ich aufhören müssen, auf stetige und wirklich produktive Art zu arbeiten. Ich finde mich darauf beschränkt, nur zwischen zwei bürokratischen Störungen kurz und rasch auf dem Papier herumzupicken. Überdies ist es in dem Raum, in dem wir eingeschlossen sind, sobald es Abend wird, nicht mehr warm genug für eine gute Legeleistung. In meinem letzten Brief bat ich Dich um japanische Kohle.
Hurra, ein Brief! ...
Das Echo auf den „Cri de Paris" ist prächtig gediehen. Aber daß sich um mich eine Legende gebildet hat, die sich auf meine Gleichgültigkeit gegenüber dem Tod und sogar auf meinen Wunsch, den Tod zu finden, bezieht, wußte ich schon. Dieser absurde Ruf, der sich durch kein Wort von meiner Seite erklären läßt, rührt daher, daß ich wiederholt stehengeblieben bin, während meine Kameraden sich auf den Bauch geworfen und den Kopf in den Sand gesteckt haben – und dabei ganz ebenso exponiert blieben wie ich! So-

bald man nicht von Panik ergriffen wird und eine Maschinengewehrgarbe oder Gewehrfeuer einen nicht in eine Art Schüttler verwandelt, gilt man rasch als Phänomen. Merke Dir, daß ich niemals eine wirkliche Unvorsichtigkeit begangen habe! Um irgendeine kühne Initiative zu erklären oder auch um das Verdienst eines Menschen zu schmälern, habe ich übrigens oft genug das Argument gehört: „Ach so einer! Der hat den Tod gesucht!"
Ja, in bezug auf Scott hast Du offenbar recht. Wie schade, daß nicht Macchiati das alles sehen kann. Erfinden läßt sich das leider nicht. Hast Du die Zeichnungen von Jonas gesehen? Sehr bemerkenswert, meiner Ansicht nach.
... ...

21. Februar 1916

Meine Liebe, diesem Brief wird eine für den Brief eines einfachen Landsers außergewöhnliche Ehre zuteil: er wird Dir vom Kommandierenden General des 21. Armeekorps in Person überbracht werden: Er geht in Urlaub und hat mich gefragt, ob ich nicht etwas in der Rue de Lapparent abgeben lassen möchte. Ich denke, Du hast den Brief bekommen, in dem ich Dir erzählte, daß dieser Große Manitu und König des Gebietes der ist, der mich vor drei Jahren aufsuchte, um das Haus in La Motte-Picquet zu mieten, und der, seither in der Rue Léon-Vaudoyer ansässig, uns und unsere Hunde kennt.
Ich nutze die Geschwindigkeit dieser Verbindung aus, um Dich daran zu erinnern, daß ich um japanische Kohle gebeten habe, und um Dir zu sagen, daß ich sehr besorgt um den Brief von B. bin, der erlaubt, das Paket bei seiner Schwester abzuholen. Hast Du Gebrauch von dem Brief gemacht, den ich für Mme. G. geschrieben habe, oder hat sie nachgegeben, ohne daß es notwendig wurde, dieses Druckmittel anzuwenden?
Hier ziehen wir um. Wiederum Packen, Umstellen, Diskussionen über Gepäckwagen, Verladen und Abmarschzeiten. Wir ziehen etwa acht Kilometer weiter. Morgen früh um 5 Uhr brechen wir auf und werden, heißt es, gegen halb 11 Uhr dort sein. Um diesen Ort hier tut es mir nicht leid: Ich habe es satt, in einem verräucherten und von Zugluft

heimgesuchten Keller zu schlafen und den ganzen Tag lang in einem glasgedeckten Gang ohne Heizung zu sitzen. Schlimmer werde ich's nicht treffen.
Sobald ich die Post erhalten habe, will ich Dir gleich schreiben. Aber der General rückt um 2 Uhr ab. Ich denke, diesen Brief wirst Du heute abend oder morgen vormittag haben. Das macht einigen Eindruck.
... ...

21. Februar 1916

Der General hat den für Dich bestimmten Brief eben an sich genommen, ihn in seine Aktenmappe gesteckt und mir – inmitten einer geblendeten Zuhörerschaft – gesagt, Du würdest ihn heute abend in Händen haben!
... ...
Wenn Du diesen Brief bekommst, bin ich dann schon in den Wehen der Unterbringung in H...n. Wir werden uns wohl bemühen, ein warmes Eckchen zu finden, um ein gutes Stück an dem Wälzer weiterzuarbeiten, bevor wir nach Paris kommen, mit einem Manuskript, das, mit einem Bändchen verschnürt, aus der Tasche hervorschaut. Doch kann man keiner Sache sicher sein. Seit Beginn der kriegerischen Widerwärtigkeiten beziehe ich meine große Seelenruhe daraus, daß ich mich niemals in irgendeine Beschäftigung einlasse, ohne mir zu sagen: „In einer Minute, mein Lieber, wirst du gestört werden." Auf die Art habe ich niemals eine Enttäuschung erlebt. Es ist die richtige Methode.
... ...

22. Februar 1916 (Postkarte)

Reise: Auto und Eisenbahn. Morgendliche Auflockerung. Packen, Packen und nochmals Packen. Von dem neuen Quartier wissen wir noch nichts. Dieses Wörtchen, um Dir zu sagen, daß wir Dir morgen davon erzählen werden.
Mir geht es gut, und ich denke, Dir auch.

24. Februar 1916

Mein liebes Kleines,
ich kann Dir nicht sagen, welche Freude ich bei dem Gedanken habe, Dich bald wiederzusehen. Dieser Gedanke hat zur Folge, daß einstweilen kein anderer für mich existiert, und obgleich die Umstände nicht die gleichen sind, werde ich ebenso froh wie das erstemal sein, mich auf einmal bei Dir zu finden. Und obwohl ich seit einem Monat die Tage zähle, kommt es mir tatsächlich vor, als wäre das mit einemmal gekommen ... Doch müssen wir vernünftig sein und uns sagen, es könnte vielleicht noch Urlaubssperre geben. Es ist in der Tat gut möglich, daß die Offensiven der Deutschen Anlaß zu Truppenbewegungen und zur Änderung der getroffenen Anordnungen geben.

25. Februar 1916

Der Urlaub ist gesperrt!
Daß ich Dir gestern abend vor dem Schlafengehen die paar Worte schrieb und heute morgen beim Wecken diese Neuigkeit erfahre, ist sehr merkwürdig. Wann die Beurlaubungen wiederaufgenommen werden, wissen wir nicht. Wahrscheinlich aber wird es bis dahin ziemlich lange dauern. Von hier – wo wir vorgestern eingetroffen sind – rücken wir übermorgen wieder ab. Bestimmungsort unbekannt. Du siehst, mein kleines Herz, beim Kriegshandwerk darf man niemals, womit es auch sei, rechnen, man muß es machen wie die Soldaten, die so etwas wie Weise werden: das Leben ausschließlich von einem Tag zum andern, besser noch von Stunde zu Stunde leben.
Ich bekomme Deinen Brief. Was Pierre Petit betrifft: ich wäre wohl hingegangen, wäre ich auf Urlaub gewesen. Was das Buch betrifft: das riecht nach Betrug – ich verzichte!
Schicke mir am 3. die fünfzig Francs und spare ein paar Pimperlinge für den Urlaub, wenn er trotzdem kommt.

9. März 1916

Mein Kleines, dieser Brief wird Dich erst nach unbestimmter Zeit erreichen. Das ist allgemein die Regel. Vorläufig hält man unsere Sendungen auf, und man wird sie alle zusammen erst wieder weiterleiten, sobald die Operationen in diesem Abschnitt eine andere Wendung genommen haben. Da Deine Briefe ja regelmäßig ankommen, bin ich also darauf gefaßt, noch Zeichen Deiner Besorgnis und Ungewißheit zu empfangen. Was ist dagegen zu tun? Nichts! Möge der Tag nahe sein, an dem Du endlich beruhigt sein kannst und das friedliche Dasein wieder beginnt! Ich umarme Dich in Erwartung der besseren Zeiten.

19. März 1916

(He! Da kommt ja noch einer!)

Da sind zwei Briefe, und ich beantworte sie mit Jubel, weil ich sehe, allmählich zieht Ruhe und Vernunft in Dein liebes kleines Herz ein.

Ja, ich nehme von Zeit zu Zeit noch etwas Opium. Klar, hier ist ja auch nicht ein Schatten von Diät möglich: Fettsuppe, gekochtes Rindfleisch und am Abend bloß eineinhalb Viertel schwerer Wein. Keine Möglichkeit, etwas anderes zu bekommen als Schokolade und (seit gestern) Konfitüre. Das ist für mich nicht gerade sehr famos; doch lange wird es nicht dauern, man spricht diesmal ernsthaft von der Verlegung der Unterkunft in ein Dorf, wo wir ein abwechslungsreicheres und milderes Menü haben und die Unteroffiziersmesse wieder einführen können.

Die Behandlung, von der Du sprichst, ist recht bemerkenswert. Ja freilich, man wird sie versuchen müssen.

Mein Buch über den Krieg ist nicht neu, o nein! Es handelt sich darum, eine Korporalschaft von Soldaten quer durch die verschiedenen Phasen und Wendungen des Feldzugs zu beschreiben. Das ist nicht allzuleicht einzurichten. Ich kopiere Stellen daraus, und ich zwacke von meiner Arbeit als Sekretär soviel ich kann für meine Arbeit als Romanautor ab – doch bringt das nicht viel ein, denn zur Zeit ist, wie ein alter Vater aus dem 8. Landwehrregiment zu sagen pflegte, das Handwerk mühereich. Im übrigen siehst Du ja, meine Briefe sind nicht lang, und das sagt Dir, daß ich alles der Notwendigkeit opfere, möglichst gut und bald zu einem Ende zu kommen.

Ja, das Geld habe ich schon vor zehn Tagen bekommen.

23. März 1916

Mein liebes kleines Herz,
ich bin nicht zufrieden. Ich habe Deine zwei hier beigefügten Briefe gelesen, und ich sehe, was los ist. Ich ahnte ein wenig, wie bedenklich die Depression ist, die ich aus Deinen Briefen las. Ich sage Dir offen, ich finde Deine Empfindlichkeit in Sachen des Krieges recht übertrieben.
Ich meinerseits habe mir vorher – als man noch hoffen konnte, wenn man gegen bestimmte Geisteshaltungen anging, das bißchen Klarsicht und Weisheit zu verbreiten, das nötig ist, um den Geißeln der Menschheit Einhalt zu gebieten (ich erinnere mich solcher Gespräche mit Barrès[55] und Reinach[56]) – mehr Sorgen gemacht als jetzt, da die Würfel gefallen sind, da die Menschheit sich mit allen Kräften ihrer Stupidität selbst zerfleischt, und uns nichts mehr übrigbleibt, als ein einziges Ziel ins Auge zu fassen: siegreich aus dem Abenteuer hervorzugehen. Ich werde mir vermutlich auch viel mehr daraus machen ... hernach, wenn es sich darum handeln wird, das Wiederaufkommen neuer Konflikte zu verhindern – ein verhängnisvolles Wiederaufkommen, wenn man nicht radikal die gegenwärtige Auffassung von den Nationalitäten ändert. Verdammt, wenn wir anfingen, uns über die Barbarei und die Dummheit unserer Zeitgenossen die Augen auszuweinen, stünden wir schön da! Wenn man es überlegt, ist das, wegen der Bedrohung der Zukunft, doch ein noch weitaus ernsthafteres Problem als das der Million Männer, die sich zur Zeit jeden Monat auf den Schlachtfeldern wechselseitig ausrotten.
... ...

24. März 1916

Heute morgen regnet es ernstlich, aber es ist ein lauer Regen ohne Trübsal. Selbst der Wind mit seinem „Huh huh", das er wie ein Auto an allen Straßenecken wiederholt, macht keinen Eindruck. Ich hoffe, mein kleines Herz, daß sich Deine Moral gehoben hat. Sei stark, sei fest, sei auch ein wenig blind und ein wenig taub; im Augenblick ist das nötig.
Gestern, am späten Nachmittag, erklang der „Generalmarsch", und unter den Fenstern des Gerichtsschreibers, in dessen Haus mein Büro tagt, gingen vorüber: Joffre, Ca-

dorna, Poincaré[57] und Alexander von Serbien. Ich sah noch ihre Rücken.

... ...

27. März 1916

Hier sind zwei Briefe, und der zweite ist vorgestern geschrieben. Es geht besser und besser, es sieht ganz so aus, als wollten wir hier Wurzel fassen, und, meiner Treu, wir erholen uns nicht schlecht, und das ist gut.
Mit Interesse bin ich den Einzelheiten des Essens bei P. gefolgt. Es wäre offenbar besser gewesen, auf einen Fleischtag zu treffen, doch man kann nicht wissen, nicht wahr? Ich wußte nicht, daß die P.s auf einen solchen Grad moralischen und intellektuellen Verfalls heruntergekommen sind. Im übrigen ist das die unausweichliche Folge des Nationalismus. Du meinst, daß die G.s ebenso weit sind? Zum Teufel, das kann ja heiter werden bei der Heimkehr, und was für einen schönen und tüchtigen Krieg in der Zukunft – den endgültigen dann – werden alle diese guten Leute für uns vorbereiten wollen!

... ...

Ich denke viel an den kommenden Urlaub – obgleich leider noch nichts voraussehen läßt, wann die Verschickungen wieder einsetzen –, und ich lebe im voraus mit diesen sechs schönen Tagen, die die Zukunft für mich bereithält ... Das wird kommen wie das übrige. Ich arbeite ein wenig.

1. April 1916

Dieses Wetter, dieses Licht, diese laue Luft! Es ist echter Frühling, und das ist sogar mehr als der Frühling auf einen Schlag. Uff, dieses angenehme Erwachen aus dem Winter! Mir gegenüber, in der Rue Sainte-Geneviève, sitzen zwei Dörflerinnen auf den blendenden Stufen ihrer Tür und haben sich, um es nicht zu warm zu haben und einen Sonnenstich zu vermeiden, Taschentücher auf ihre Köpfe gelegt. Dieser Anblick vermittelt einen Vorgeschmack von den Hundstagen, und bald, sage ich Dir, denken wir an die Zeiten, in denen es zu heiß sein wird!

Im vergangenen Jahr waren wir zu dieser Jahreszeit in Vivières – es sind die Tage, an denen ich vor dem Portal Henry Batailles Posten stand. Wenn ich mich recht erinnere, regnete es gerade, und ich stand während meiner Wache häufiger im Schilderhäuschen als daneben. Damals war ich eben zum Vizepräsidenten der Société des Gens de lettres ernannt worden. Jetzt bin ich seit ein paar Tagen in der Vizepräsidentschaft abgelöst worden, aber die Tage sind strahlend. Möge ich nur oft im Leben so schöne Tage genießen und so leichte Ehren zu tragen haben, wie es diese Vizepräsidentschaft gewesen ist!
… …

Vavincourt, 14. April 1916

Mein armes Spätzchen,
wenn ich Dir nur ein wenig von der Ruhe einblasen könnte, mit der ich die Ereignisse abrollen sehe, sobald nichts mehr ihren Lauf ändern kann! Zudem setzt sich mehr und mehr eine Idee in mir fest, nämlich die, daß es wahrhaftig zu viele Menschen gibt, die den gegenwärtigen Krieg dummerweise gewollt und vorbereitet haben, und daß meine Zeitgenossen – Du kennst die geringe Meinung, die ich von ihnen habe – alles, was sie konnten, getan haben, damit passiere, was passiert ist. Wenn man uns kommt und sagt, Deutschland hat angegriffen, hat man recht. Aber wenn man obendrein sagt, daß wir kleine Heilige waren, die dem Pazifismus huldigten und ihn praktizierten, und daß wir niemals – um Gottes willen – Ideen von Revanche und militärischem Triumph gehabt, daß wir Deutschland gegenüber niemals den geringsten feindseligen und provokatorischen Akt begangen hätten – „haut man etwas stark auf den Putz“, wie man hier sagt. Die gegenwärtige Krise ist das logische und verhängnisvolle Ergebnis von nationalen Eitelkeiten, und ein jeder möge sein Teil Verantwortung dafür auf sich nehmen. Ihr wird, so füge ich hinzu, in gegebener Frist – in zehn Jahren, in zwanzig Jahren – ein anderer Krieg folgen, der den Ruin der alten Welt an Menschen und Geld vollenden wird – wenn die Völker, die man ins Gemetzel führt, bis dahin nicht endlich den einfachen und logischen Entschluß fassen, einander, entgegen den traditio-

nellen und rassischen Vorurteilen, die Hand zu reichen: den Wünschen der Regierenden zum Trotz, über alle albernen Ideen von Kriegerstolz und militärischem Ruhm hinweg, und unerachtet des unredlichen, berechnenden Geschäftsgeistes der Nationen, die die Entfaltung des Nachbarn durch Gewalt und Erpressung verhindern, um sich selbst voranzubringen. Nun aber sehen wir, und sehe ich, wie trotz Union sacrée auf allen Seiten ungeheure Anstrengungen gemacht werden, die Bemühungen des Sozialismus zu hemmen und zunichte zu machen – der doch die einzige politische Lehre ist, in der, in internationaler Hinsicht, nicht nur, meine ich, ein Schimmer der Humanität, sondern auch ein Schimmer Vernunft vorhanden ist. Ich sehe auch, wie geringe Früchte die fürchterliche Lektion trägt, und das widert mich etwas an und bringt mich dazu, weniger an diesem gemeinsamen Schmerz zu leiden, den es nicht gäbe, wäre ein jeder gewesen wie ich, und deshalb eben soll man sich nicht so viel Sorgen machen!!

Le Bourget, 12. Juli 1916

Meine liebe Hélyonne,
sehr bequem auf einem Strohsack im Auffanglager von Le Bourget untergekommen – wo ich gestern um 7 Uhr eintraf. Diese Worte schreibe ich Dir in Eile, damit der Brief rasch abgeht.
Noch hat nichts auf typische Art auf meine Odyssee aufmerksam gemacht.
Man bringt mich hier bis Mitternacht unter, um die Zeit fährt der Zug ab und wird mich während des morgigen Tages in eine große Stadt bringen, die nicht mein endgültiger Aufenthalt, ihm aber sehr nahe sein wird.
Gibt es Neues in der Rue de Lapparent? Rasch eine Zeile. Ich hoffe, eine von Dir anzutreffen, wenn ich komme.
Vorhin, als ich an die Ecke der Rue José-Maria de Heredia kam, dachte ich, Du wärest vielleicht auf dem Balkon, und ging wieder zurück, um Dich zu sehen. Ich sah Dich und Madeleine gerade wieder in die Wohnung treten! Ich bin untröstlich, daß ich Dir nicht rechtzeitig ein Zeichen gegeben habe. Sei stark, freundlich und lieb. Ich umarme Dich von ganzem Herzen.

24. Juli 1916

Meine Liebe,

ich habe Deinen Brief, in dem der von Fouret steckt. Wirklich äußerst interessant – schon jetzt sehe ich ein illustriertes Album vor mir unter einem Tiel wie „Wahre Visionen des Krieges“ mit einigen pittoresken Abschnitten als Text und mit großen Graphiken von Macciati als Illustration. Ich werde Fouret darüber schreiben und ihm erklären, daß sich das vollständige Buch seiner Kraftausdrücke wegen nicht dafür eignen würde. Wenn er nichtsdestoweniger Wert darauf legt, warum nicht! Mir macht es nichts aus, und ich werde wenigstens sicher sein, nicht bestohlen zu werden. Eine Schwierigkeit ist da ja noch: die Zeit, es fertigzustellen.

Heute schreibe ich ihm nicht mehr, denn es wird gepackt und abgerückt, und wir haben nicht eine Sekunde Zeit. Ist es nicht heiß?

… …

3. August 1916

Mein liebes Kleines,

ich bin verdammt bestürzt. In „L'Œuvre“, das ich bekomme, lese ich, daß „Das Feuer“ heute zu erscheinen anfängt (ich habe die Nummer von gestern) – und in Deinem, von vorgestern, 1. August, datierten Brief, sagst Du mir kein Wort von Korrekturabzügen! Ich sehe, die werden anfangen, bevor sie meine Korrekturen haben – haben sie welche von Dir? Ich verstehe gar nichts mehr, und das ist ärgerlich.

Postempfang … Der beiliegende Brief, den ich von Hue bekomme, bringt meine Bestürzung auf den Höhepunkt. Suche Hue auf, damit man keine Dummheit betreffend „Der Spion“[58] macht; es wäre lächerlich, denn für dieses Kapitel gibt es eine Umstellung (es ist in die Abzüge des 1. Kapitels eingeschaltet, muß aber abgetrennt und im Verlauf des Romans nach dem 2. Kapitel stehen, denn es bildet das 3. Kapitel). Ärgerlich wäre es ebenfalls, wenn das ohne Korrekturen erschiene. Es gibt da verdrießliche Fehler.

Die Ankündigung in „L'Œuvre“ läßt mich hoffen, daß Du Dich vorgestern, 1. August, noch während des Tages mit ih-

nen in Verbindung gesetzt hast. Beruhige mich mit einem Wort.
Ich erinnere Dich daran, daß ich Dir in drei eingeschriebenen Briefumschlägen geschickt habe:
1. 1.Kapitel (Die Höhlenmenschen), korrigierte Abzüge.
2. Manuskript des 8. Kapitels.
3. Sieben Fahnen des 2. Kapitels (Das Säulentor), korrigierte Abzüge.
Diesen, den letzten Umschlag, erst heute.
In dem Brief von Hue befindet sich der Schluß (drei Fahnen) des Säulentors. Ich schicke sie Dir bestimmt morgen korrigiert zu. Auf diese Art wirst Du dann, mit Korrekturen, die Kapitel 1 (Die Höhlenmenschen), 2 (Das Säulentor) und 3 (Der Spion) haben.
Die Anweisung auf fünfzig Francs habe ich erhalten – All right.
Ich küsse Dich noch und noch.

PS. – Wenn Du meine Korrekturen erst nach Veröffentlichung bekommst, bewahre sie auf, oder besser, übertrage sie auf die Ausschnitte des Feuilletons.

5. August 1916

Da ich einen Augenblick Muße habe, gehe ich an mein hiesiges „Ding“[59] heran, das Du nicht kennst, um einen schönen Brief für Dich anzufangen. Es wird für Dich nichts Neues sein, wenn ich Dir erzähle, daß es dieser Tage verdammt heiß gewesen ist, der schöne Eifer der Sonne aber bereits seit gestern zum Teil abgeflaut ist und besonders am Abend und am Morgen eine leichte Kühle umgeht. Unser Aufenthalt hier zieht sich in die Länge, und ich beklage mich nicht darüber, denn der Ort ist hübsch, und die Arbeit hat merklich nachgelassen, was ich tüchtig ausgenutzt habe. Ich bin neu eingekleidet: zur Zeit trage ich eine Kniehose aus geripptem, graublauem Samt und eine Jacke, gleichfalls von frischem Blau; das wird von einer kleinen Dienstmütze gekrönt. Auf die Art habe ich einen Anzug zusammengebracht.

6. August 1916

Eine dringende Beschäftigung hat mich gestern abend unterbrochen, als ich Dir gerade sagen wollte, daß ich seit Kriegsbeginn nicht den Anzug getragen hatte, den ich gegenwärtig trage. Wir mußten auf hundertzwanzig Exemplare drucken: Dieser Vermerk annulliert und ersetzt den Vermerk Nr. 1015/2 usw.

Ich bin wütend auf „L'Œuvre", weil es mich verpfuscht. Am Ende des zweiten Feuilletons ist ein Satz ausgelassen, in dem ungefähr stand: „... die Ausstaffierung, die wir uns erfunden haben, um den Elementen zu entrinnen, dem Regen, der von oben kommt, dem Schlamm, der von unten kommt, der Kälte, diesem Grenzenlosen, das überall ist." Das war ein guter Schluß für die Passage. Ich bin außer mir über die brutale Kürzung. Ich habe an Téry geschrieben. Ich füge den Brief bei, weil mir ein schwacher, sehr schwacher Schein von Hoffnung bleibt: Vielleicht findet sich der Satz an einer anderen Stelle. Sieh nach, und wenn er nicht da ist, schicke den Brief ab. Wenn Du ihn nicht gleich findest, schick ihn trotzdem ab. Es ist wichtig, sofort zu protestieren, damit ihnen der Spaß vergeht, mit dem Spielchen allemal wieder anzufangen, sobald eine Passage ein wenig zu lang wird.

... ...

Würdest Du, gegen Schluß des „Säulentors", an der Stelle, wo es „unerschütterlich wie ein Baum, wie die Gesundheit und die Hoffnung" heißt, „unerschütterlich wie ein *Baumstamm*" setzen?

7. August 1916

Mit struppigem Haar wie Du, und mit geschärften, aus dem Kopfe tretenden Augen braue und arbeite ich an meinem letzten Kapitel. Ein harter Brocken das, und „keine gewöhnliche Werkelei", sagt Volpatte[60].

Heute morgen sah ich, daß „L'Œuvre", das keusche gute „Œuvre", schon wieder verschleiert hat. An Stelle von „Wo bleibt denn, verdammt, das Fressen" haben sie „was bleibt denn nur" gesetzt. Das ist feinerer Ton und mehr Faubourg Saint-Germain[61], das gestehe ich zu. Und akadoumischer[62]. Ich hoffe, daß das „Ding" repariert ist, und ich wünsche

dem tapferen Schlachtroß, das Du so heroisch reitest, gute Gesundheit. Es bleiben nur noch zwei Packen übrig, die Du bekommen sollst.
Dein, Dein, Dein.
(Der von weitem sieht, wie struppig Dein Haar ist.)

11. August 1916

Meine liebe Hélyonne,
gestern, zur Abfahrt mit dem Auto, plötzlich abscheuliches Wetter. Bis dahin hatte es vierzehn Tage lang Sonnenschein gegeben, glühende und unbarmherzige Sonne, und da, zur Abfahrszeit um 6 Uhr morgens, regnet es in Strömen.
Natürlich fahren wir trotzdem. Wir fahren und fahren.
Wir kommen nach ..., dann nach ..., dann nach ... Für zwei Stunden hielten wir uns sogar im Hôtel du Grand-Cerf[Senlis] auf! Aber das war keineswegs der Ort, wohin wir sollten – und kann Dir keinen Anhaltspunkt geben, welchen Weg wir hernach einschlugen: deshalb riskiere ich diese Indiskretion.
Dann fuhren wir weiter, kamen durch ..., dann durch ..., dann durch ...
Die ganze Zeit wundervolle Straße, aber doch ein paar Ladungen Regen!
Schließlich hielten wir in einem kleinen Kaff, das allen anderen kleinen Kaffs erst mal sehr ähnlich sah.
Hier richteten wir uns häuslich ein, und unser Privileg als Zuerstgekommene war für unsere Bequemlichkeit nicht ohne Nutzen. In einer Bruchbude, in der eine Wäscherin und ein Gelähmter liegen, fand ich sogar ein bescheidenes Bett.
Gewiß, dieses Bett habe ich noch nicht endgültig. Morgen trifft der Rest des Stabes ein, und dieses Bett wird von Mächtigeren als mir begehrt werden.
Glücklicherweise ist es mehr als bescheiden, und besagte Mächtige werden nicht versucht sein, hier einzuziehen.
Ach, das hat nichts mit den weichen Betten von Aumont gemein, an denen ich – mit fünfzig Stundenkilometern – so nahe vorübergekommen bin!
Unvermeidlich wird jetzt eine Verzögerung eintreten, bis die Zustellung der Post wieder in Ordnung kommt, denn

durch den Postsektor 89 hat sie einen weiten Weg über Land.
Solltest Du dieser Tage nichts bekommen haben, bist Du, hoffe ich, durch meine letzten Briefe darauf vorbereitet und wirst den Grund begreifen.
Solltest Du diese letzten Briefe nicht bekommen haben, hoffe ich, Du wirst ihn erraten.
Nun, Du wirst Dir nichts daraus machen – sowenig wie, nach Deinem vernünftigen Rat, auch ich.
Laß mich rasch von Dir hören.
Und setze Hue unter Druck. Die sind langweilig mit ihrer hausgestrickten Zensur!

12. August 1916

Wie warm muß es machen, dauernd „mit struppigem und zerzaustem Haar“ zu leben, und wie entsetzlich der Anblick dieser höllischen Hast mitten im flammenden August! Denn er flammt, und wie sehr! Damit hat er nur für den Tag unserer Reise aufgehört, macht aber seither nicht bloß weiter wie vorher, sondern holt auch noch die verlorene Zeit auf.
Ich hoffe, der Brief an Téry wird gute Wirkung haben. Schließlich ist es ja absurd, die Kraftausdrücke herauszunehmen, wie sie es tun. Bei dem durchgängigen Ton der Konversation ist diese derbe Würze beinahe so notwendig wie Knoblauch an bestimmten schweren Gerichten, sie gewinnen damit nämlich. Neulich hat man mir einen lächerlichen und platten „Fußtritt ins Gesäß“ eingesetzt, während sich Molière[63], von der Bühne der Comédie-Française herab, viel derber vernehmen läßt.
Ich habe drei Tage lang nicht das „Feuer“ angerührt! Bei der Aufteilung der Karten des neuen Abschnittes gab es Riesenarbeit. Sie war homerisch und herkulisch.
Heute morgen sind die übrigen Schreiber und andere Handlanger des Stabes eingetroffen. Sie haben mir zwei Briefe von Dir ausgehändigt. Morgen früh hoffe ich auch jene zu erlangen, die ich noch nicht habe.
… …

13. August 1916

Ich habe einen Brief. Das ist viel. Ich lese ihn in Eile, stimme ihm ganz zu und schicke ihn Dir zurück. Du erzählst mir nichts von Dir, mein Mädelchen.
In Hinblick auf die Kraftausdrücke habe ich Mme. de Pène einen Brief geschickt, der dafür bestimmt ist, von Téry gelesen zu werden.
Die Fischers[64] schreiben mir und bestätigen ihr Angebot, „Das Feuer“ in Buchform zu veröffentlichen (Librairie Flammarion).

20. August 1916

Wegen der „Ablösung“ ist nichts zu ändern, das ist nun mal so! Das lächerliche Auslassen und Ersetzen von Wörtern beschäftigt mich im Moment mehr als die Unterdrückung dieses Kapitels, das keine sehr starke Verbindung mit dem vorangehenden und dem nachfolgenden hat. Wie ich Dir schon sagte, bedaure ich, daß mit der „Ablösung“ ein typisches Bild der Psychologie des Soldaten verschwinden soll, aber es entsteht keine Lücke, die das Publikum merken wird. Während hingegen die teilweisen Unterschiebungen von Ausdrücken ganze Passagen abschwächen und banalisieren. Ich kann mir nicht vorstellen, daß die Zensur das macht. Sie hat absolut kein Recht dazu. Das gehört nicht in den Kompetenzbereich der Militärbehörde, und ich weigere mich anzunehmen, daß der Offizier, der den Text beschneidet, sachverständig beurteilen kann, ob ein Romanschreiber dem Publikum erzählen oder nicht erzählen darf, daß der Soldat, um auszudrücken, daß ihn etwas gleichgültig läßt, „Ich scheiße drauf“ oder „Ich pfeife drauf“ sagt. Das möchte ich gern aufklären. Es zwickt mich. Bis ich umfassender informiert bin, glaube ich sehr, daß die Zeitung selbst am Werke ist.
Gestern habe ich Dir das 5. Kapitel geschickt und darin zwei Kraftausdrücke durch Anfangsbuchstaben und Punkte ersetzt. Vielleicht kommt es rechtzeitig an – knapp wird es sein, das ist klar. Aber warum schickt man mir dann nicht von jetzt an die Fortsetzung zu? Ich glaube wohl, das wird sich wiederholen, bis das „Feuer“ ausläuft. Dummerweise werden sie weiterhin kleine Packen zusammenstellen und

mir die Abzüge ein paar Tage zu spät schicken, als daß ich sie noch zum Zeitpunkt, in dem man sie braucht, zurücksenden könnte!
Über all den Widerwärtigkeiten mit dem Roman erzählst Du mir, mein liebes Kleines, nicht genug von Deinem eignen Dasein dort in der Rue de Lapparent, von der Du mir ein Bild schickst, das mich gerührt hat – und dafür danke ich Dir auf dieser luxuriösen Karte, die mir ein Schreiber von hier als Muster der Arbeiten geschenkt hat, die er in Zivil macht (er ist Graveur in Pau). Erzähle mir, wie Du Deine Zeit verbringst. Wohin fahren die M. im September? Du, kleines unseliges Geschöpf, bist ja durch „Das Feuer" festgenagelt, und ich sehe leider keine Möglichkeit, Dich zu befreien, es sei denn, wir könnten von „L'Œuvre" erreichen, daß es das Ganze zusammenstellen läßt und mir schickt. Doch das wird es gewiß nicht tun. Die Sache mit der „Ablösung", die zu spät abgeschickten Korrekturabzüge, der Bock mit dem 3. Kapitel, den sie trotz der mündlichen Anweisungen, die ich dem Metteur und Hue gegeben habe, doch beinahe geschossen hätten – das alles beweist, wie gefährlich diese Leute sind und wie sehr Deine Anwesenheit nötig ist. Eine abscheuliche Zumutung, denn es ist eine Beschäftigung, die Deine Tage nicht ausfüllt. Ist das „Ding" wieder zurechtgebastelt? Zur Zeit schreibe ich das endlich fertiggestellte letzte Kapitel mit Durchschlag auf der Maschine ab. Wo wird der Roman genau enden? Ich kümmere mich nicht darum. Ich stelle das Ganze neu zusammen – und sorge mich nicht darum, zu wissen, an welcher Stelle meiner Schlußszene man nochmals den Satz lesen wird, den man schon mitten in der Poterloo-Episode gelesen hat.
... ...

23. August 1916

Ein kleines Zeichen, bloß um Dir zu sagen, daß ich abermals verschickt werden soll: Ich bin noch nicht hinreichend hergestellt, und der Arzt und die Offiziere meines Büros haben mir sehr freundlich geraten, wieder abzugehen und mich tüchtig zu pflegen. Mach Dir also meinetwegen keine Sorgen, es ist mehr eine Vorsichtsmaßnahme als ein Übel.

24. August 1916

Ja, Du hast recht, streiche Saloniki bei Volpatte weg.

Du wirst nicht behaupten können, daß ich Dich nicht mit sensationellen Nachrichten bedenke. Der gestrige Brief war in dieser Hinsicht klassisch. Ich komme also darauf zurück.

Meine Verschickung hat noch nicht stattgefunden. Sie wird erfolgen, sobald mein Kollege Ginel vom Urlaub zurück ist – vermutlich übermorgen, am 26. Dem kann ich nichts hinzufügen. In welches Lazarett im Innern des Landes ich kommen soll, weiß ich nicht; vielleicht liegt es in einem ganz anderen Gebiet als im April und wird mir erst am Bestimmungsort bekannt. Warten wir also ab. Übrigens, sage ich Dir nochmals, bin ich nicht beunruhigend krank. Man hat bloß konstatiert, daß ich nicht wiederhergestellt war, daß ich einen Rückfall hatte und sich mein Zustand in Anbetracht der Unmöglichkeit nach Diät zu leben, unweigerlich verschlechtern müßte. Alle Menschen meiner Umgebung haben sich bei dieser Gelegenheit intelligent und gefällig erwiesen. Sehr verärgert, daß ich nach einem lächerlich kurzen Wiederauftauchen neuerlich abgehen sollte, hatte ich mich vorerst gegen den Einfall, mich abermals zu verschicken, gesträubt – und das um so mehr, als ich hier bei leichter und ganz erträglicher Arbeit ein gemächliches Leben führe –, doch auf allgemeines Drängen (vor allem des Arztes) habe ich die Sache geschehen lassen, denn es ist sicher, daß die Unmöglichkeit einer Diät die Krisen auf die Dauer vermehren und mich quasi unheilbar machen könnte. Es lohnt nicht, invalide heimzukehren, nicht wahr?

Was man hernach mit mir anfangen wird, weiß ich wahrhaftig nicht. Hierher werde ich nicht wieder zurückkommen; die Erfahrung hier verbietet mir das. Nun, sobald ich beim Ersatzbataillon bin, werden wir sehen.

Zweiter Punkt. Der Wälzer. Folgendes ist zu tun: Der Ehrgeiz hat mich gepackt, und ich sage mir, das Buch hat zur Zeit Erfolgsaussichten, und sein Einfluß kann nur gut sein. Nach der Veröffentlichung im „L'Œuvre" muß man es also erscheinen lassen. Das ist eine abgemachte Sache.

Was den Verleger und die Auflage betrifft, muß man einen wählen, der in großem Stil und gut arbeitet. Eine erste Auf-

lage von zehntausend, wie sie mir Quignon vorschlägt (ein seriöses Verlagshaus, scheint mir, wenn ich nach dem ansehnlichen Katalog urteile, den er mir eben schickt), müßte also, nach meiner Meinung, als materielle Basis für die Verhandlungen dienen, wobei die moralische Basis die Verpflichtung wäre, den Text ungekürzt zu publizieren.
Du müßtest Fouret aufsuchen (der um so weniger mitmachen wird, als ihm die Kraftausdrücke Angst machen werden). Aufschub darf er nicht verlangen; anschließend Fasquelle[65], dann Fischers besuchen und ihnen meine Wünsche unterbreiten. Eine kleine Liste davon lege ich für diese Herrschaften bei. Armes kleines Mädchen, wieviel Arbeit steht Dir bevor!
Mit Vergnügen sah ich, daß man sich entschlossen hat, die Kraftausdrücke durch Punkte zu ersetzen, und daß meine Korrekturbögen rechtzeitig angekommen sind. Wegen jener, die unterwegs sind, bin ich bange; wenn sie nicht vor meinem Abrücken eintreffen, haben alle Aussicht, an Entkräftung und Nutzlosigkeit zu sterben, bevor sie mich erreichen. Ich habe einen an Dich adressierten Briefumschlag mit dem endlich (uff!) fertiggestellten letzten Kapitel vorbereitet. Ich warte auf eine Gelegenheit, ihn Dir zukommen zu lassen, denn er darf nicht verlorengehen! Die Anweisung auf fünfzig Francs habe ich erhalten.
… …

25. August 1916

Mein liebes Kleines,
heute ist der letzte Tag, den ich beim Stab des 21. A. K. verbringe. Morgen in der Früh oder wenigstens im Laufe des Tages gehe ich. General Maistre hat mir gestern adieu gesagt. Er war sehr freundlich und liebenswürdig und erklärte, er sei glücklich gewesen, meine Bekanntschaft zu machen usw. Heute nachmittag werde ich einen Rundgang durch die Büros machen, um mich von den Offizieren zu verabschieden, die alle, das muß ich sagen, untadelig zu mir gewesen sind und die ich in bestem Andenken behalte. Wohin werde ich nachher gehen? Ich weiß es nicht. Vor Ablauf von einem oder zwei Tagen werde ich keine feste Adresse haben. Schicke keine Anweisung hierher, ich besitze, noch

unangetastet, die Fünfzig-Franc-Note, und bis zum Monatsende kann ich Dir angeben, wohin die monatliche Sendung zu adressieren ist.
Heute morgen habe ich ein Bündel Korrekturfahnen bekommen. Sie werden morgen früh korrigiert zurückgehen, unmöglich früher. Ich hoffe, daß sie Dich rechtzeitig erreichen, denn vermutlich mache ich ein paar kleine Zusätze. Die haben die verdammte Gewohnheit, hier und da eine Zeile auszulassen, was sehr unangenehm ist. Für die Kraftausdrücke (dies in Zukunft und für den Fall, daß meine Korrekturfahnen eines Tages nicht eintreffen): den Anfangs- und den Endbuchstaben des Wortes und, dazwischen, Punkte setzen. Aber um Himmels willen nicht „pfeife“ an Stelle von „scheiße“, und nicht „verflixt“ an Stelle von „Gott verflucht“.
Weitere Bemerkung: Zwischen dem Ende der letzten Abzüge, die ich korrigiert habe, und dem Anfang dieser hier besteht eine Lücke von zehn bis fünfzehn Zeilen. Es ist der Schluß der Geschichte Blaires, der vor dem Stomatologie-Wagen den Sanitäter Sambremeuse anredet. Es fehlt: die Antwort des Sanitäters und die Beschreibung Blaires, der schließlich den Wagen betritt.
Etwas anderes: Du sollst Dir ein schönes Kleid mit einem Hut usw. machen lassen. Wir werden Geld haben, und die erste Folge soll für Dich eine komplette Ausstattung vom Kopf bis zu den Füßen sein: Das blaue Kleid, von dem einst die Rede war, oder irgendein anderes soll wieder auf der Bildfläche erscheinen. Ich meine das sehr ernst. Ich will Dich nur neu eingekleidet sehen, wenn ich auf Genesungsurlaub nach Paris komme. Auch an den Kauf eines Pelzes soll gedacht werden.
… …

6. September 1916

Als ich Dir die Abzüge schickte, vergaß ich, Dich aufmerksam zu machen, daß ich das 10. Kapitel, „Die Kraftausdrücke“, wiederhergestellt habe. Offenbar hast Du bemerkt, daß ich dieses Kapitel korrigiert habe, aber aus dem, was ich Dir darüber gesagt hatte, konntest Du wohl nicht recht klug werden. Ich glaube, es kann gehen: da „L'Œuvre“ die

verdächtigen Wörter jetzt mit den Anfangsbuchstaben publiziert, bleibt der Ausspruch „Ich werde die Kraftausdrücke an die richtige Stelle setzen" – mit etwas Jesuitismus, der auch auf das Konto von „L'Œuvre" und Téry gehen wird – gerechtfertigt. Das wird sie etwas ärgern. Doch nicht der Gedanke an Vergeltung reizt mich, diese Stelle einzusetzen. Es ist, glaube ich, notwendig, daß von dieser Frage gesprochen wird.
Was noch? Nichts. Durch Vermittlung von „L'Œuvre" gelangen einige Briefe an mich. Ich beantworte sie nur kurz, denn ich habe kaum Zeit dafür. Seit mir der Gedanke gekommen ist, im Feuilleton das Kapitel „Verladung" erscheinen zu lassen, arbeite ich daran. Die „Verladung" soll nach „Die Sappe" stehen. Nun wird der Text von „Idylle", „Die Streichhölzer", „Das Ei" und „Die Sappe" höchstens drei Fortsetzungen ergeben: Wenn ich die Abzüge der „Verladung" korrigieren möchte, ist das also recht leichtsinnig! Die Passage, die sich auf die Offiziere bezieht, werde ich selbstverständlich nicht in die „Verladung" setzen. Ich will sie gesondert machen.
Und Du? Dieses überstürzte Kopieren des „Feuers" war nicht dazu angetan, Dich zur Ruhe kommen zu lassen. Und Du warst nicht auf dem Lande, nicht an der See. Eine verflixte Sache! Das ist mir gar nicht recht.
Gestern die große Visite des Oberstabsarztes, der uns, um uns völlig wiederherzustellen, da- und dorthin verschicken sollte. Wir warteten in feierlicher Erregung! Jeden Augenblick, bevor die Persönlichkeit eintraf, kam der Arzt herein, um sich zu vergewissern, daß alles in Ordnung und vorschriftsmäßig hergerichtet war.
Die Persönlichkeit trifft ein ... Siehe da, sage ich mir, dieses Gesicht kenne ich ja! Er sieht mich an. Wir erkennen uns: „He, altes Haus, wie geht's?" – „Und dir, mein Lieber?" Es war mein Kamerad Crouzon, der Chef des regionalen Sanitätsdienstes ist. Auch er riet mir, nach Plombières zu fahren. Dorthin also werde ich kommen. (Er hat gestern, gemeinsam mit dem hiesigen Chefarzt, den Antrag gestellt.) Auf der Hinreise werde ich versuchen, mich, sei es auch nur für einen Tag, in Paris aufzuhalten, denn die Begegnung der zwei armen Wesen, die sich so vieles zu sagen haben, muß, wohl oder übel, möglichst bald stattfinden!

In diesem Moment bekomme ich Deinen Brief vom 5., das heißt von gestern. Ich küsse Dich ohne Ende.

7. September 1916

Heute morgen habe ich keinen Brief bekommen – überhaupt nichts. Und ich habe Dir auch nichts Neues zu erzählen. Gestern abend erhielt ich einen Brief von Fouret, der mir meine Freiheit zur Publikation des „Feuers" wiedergibt. Ich warte nur noch auf die Antwort der Fischers. Ich werde nun meinen Lazarettag zu leben anfangen: Wie jeden Tag bin ich um 6 Uhr aufgestanden. Ich war in der Küche, um für die elf Kranken, die wir hier sind, im Krug den Kaffee zu holen, wie auch den Kasten, der die elf Brotportionen enthält. Dann, um halb 9 Uhr, kam der Arzt zur Morgenvisite. Diese Visite ist jetzt, da wir alle woanders hinkommen sollen, beinahe nur noch eine Formsache: „Wie geht es heute morgen?" – „Immer ungefähr gleich, Herr Oberstabsarzt ..." Man verabfolgt mir jeden zweiten Tag eine Cacodylat-Spritze. Ich mag diese Behandlung nicht sehr, und ich habe auch nicht bemerkt, daß sie irgend etwas bewirkt. Ich brauche nichts anderes als eine regelmäßige Diät. Heute nachmittag habe ich von Mittag bis 4 Uhr Ausgang.
Beim „Œuvre" kämmt man mich tüchtig aus. Man hat mir das Wort „Drecksau" gestrichen! Man hat den Satz ausgekratzt, in dem ich von illustrierten Zeitungen „mit kleinen schweinischen Zeichnungen" redete. Wahrscheinlich wird man auch den Ausspruch Millerands und einige Repliken am Ende des „Großen Zorns" streichen. Ich gestehe, das bringt mich auf.
Ich habe die publizierbare Partie der „Verladung" fertiggestellt. Ich werde sie Dir bestimmt heute noch als eingeschriebenen Brief schicken.
... ...

8. September 1916

Mein Kindchen, noch immer komme ich in Briefgestalt – vielleicht aber werde ich eines Tages wirklich in Person erscheinen, und man wird mich in der Rue de la Belle-Apparence aufkreuzen sehen.

Durch Vermittlung des „Œuvre“ sind mir Briefe zugekommen. Der eine war von einem Menschen, der mich mit eindringlichen Worten zu verpflichten sucht, nicht der Legende nachzugeben, die besagt, daß die Leute aus dem Süden schlechte Soldaten seien. Der andere von einem Menschen, der mir für den Verkauf der Urheberrechte an einer englischen Ausgabe des „Feuers“ märchenhafte Bedingungen vorschlägt. Ein anderer Mensch wieder schreibt mir: „Sie sagen endlich die Wahrheit über die einfachen Soldaten!“ Er ist sehr freundlich.

Mme. de Pène hat mir geschrieben. Sie erzählt mir, Téry habe spezielle Schritte bei der Zensurbehörde unternommen, um die Genehmigung zu erlangen, die unterdrückte Passage aus dem „Säulentor“ mit Anmerkungen an besonderer Stelle der Zeitung zu publizieren. „Es hat nicht geklappt“, schreibt sie. Sie fügt hinzu, daß „Das Feuer“ Erfolg hat!

Hier bleibt sich das Dasein immer gleich. Heute morgen hat man mir meine fünfte und letzte Cacodylat-Spritze verabfolgt. Ich erklärte, daß es bei mir nicht viel gewirkt hätte. Man antwortete mir, dafür wären fünf Fünferserien nötig. Mit meinem gesunden Menschenverstand machte ich geltend, daß das doch recht viel wäre.

Ich bin überrascht, daß man mich Millerand als Lumpen schimpfen ließ! Und ich gewöhne mich nicht an das Ersetzen von „Gott verflucht“ durch „verflixt“! Wenn die Gespräche so zugerichtet werden, wirken sie auf mich wie Salat, den man mit Wasser gewürzt hat.

Heute arbeite ich an dem Teil der „Verladung“, wo davon die Rede ist, was für und was gegen die Offiziere spricht. Ich lasse gute und schlechte nebeneinander erscheinen. Ich glaube, das einzig gerechte Urteil, das man über ein so disparates Korps fällen kann. Aber im Feuilleton könnte das nicht erscheinen. Es würde hinausfliegen.

Und das wären Nachrichten von dem, der Nachrichten von seinem kleinen Mädchen erwartet.

September 1916

Mein Kleines, Deine Briefe haben mir Vergnügen bereitet an diesem herbstlichen Augustmorgen, und ich habe sie in

Der *poilu* Barbusse

Barbusse 1915

Barbusse (der dritte von rechts) und seine Korporalschaft

Am Frontabschnitt von Souchez, 1915

Barbusse als Krankenträger

Deutscher Schützengraben, von den Franzosen mit dem Bajonett genommen, 1915

Auf der Höhe 119 von Souchez, 1915

dem Dienstmädchenzimmer des Schlosses von X. gelesen, in dessen ehrwürdigem und etwas verstaubtem und verfallenem Schloß unsere Schreibstube untergebracht ist.

… …

Jetzt etwas anderes. Der Wälzer. Man muß ihn bestimmt so bald wie möglich erscheinen lassen und jedenfalls sofort das Geschäftliche regeln, auch auf die Gefahr hin, das Datum der Publikation im Unbestimmten zu lassen. Hinsichtlich der Herausgabe als Band sieht es nun folgendermaßen aus:

1. Flammarion – gutes, sicheres Verlagshaus – hat mir durch Vermittlung der Fischers ein Angebot gemacht. Die Fischers haben mir erklärt, daß sie meine Bedingungen sicherlich annehmen würden.

2. Albin Michel bietet (und beachte, das sind die ersten Angebote, die sich noch erhöhen können) eine erste Auflage von 5000 Exemplaren an, bei 2500 für die Rechte, das sind 0,50 pro Band, und 0,60 pro Band, wenn die Auflage 5000 übersteigt.

3. Payot, der … Boulevard Saint-Germain wohnt, hat sich mir für den Fall, daß ich „Das Feuer" verlegen werde, zur Verfügung gestellt.

4. Ich habe so etwas wie eine moralische Verpflichtung gegenüber Fasquelle, und ich glaube, ich müßte mich vorerst an ihn wenden.

5. Es erreicht mich ein Vorschlag, der noch viel glänzender ist. Er geht von einem M. Quignon-Poncier, Verleger in der Rue Alphonse-Daudet 16 (14. Arrondissement), aus. Er schlägt eine Auflage von 10000 und 7500 Francs in bar vor.

Weder Fasquelle noch Flammarion werden ein ähnliches Angebot machen. Das Anerbieten ist so glänzend!

Ich weiß nicht recht, wofür ich mich entscheiden soll. Einer, weißt Du, der die krummen Touren der Verlagshäuser sehr gut kennt, ist Duvernois[66]. Wenn Du ihn aufsuchtest und in meinem Namen um Rat fragtest?

Albin Michel und Quignon habe ich erwidert, daß ich sie wegen meiner Antworten um Aufschub bitte.

15. September 1916, abends

Fortsetzung der Ärgernisse eines Autors, Kapitel XXXXXI-IIIIIII ...

... ...

Mit meinen Klagen bin ich doch noch nicht zu Ende. Die Textvermanschungen des „Œuvre“ werden ein schlechter Scherz und überschreiten alles Maß. Heute nachmittag habe ich einen zweiten Brief an Hue geschrieben, um sehr ernstlich zu protestieren, und kaum hatte ich ihn geschrieben, fiel mein Blick durch Zufall auf eine Passage des vorgestern erschienenen Kapitels von den „Kraftausdrücken“, die ich nicht gelesen hatte; und ich bemerkte, daß sie an Stelle von „wenn du Kraftausdrücke bringst, werden da die Leute nicht sagen, du bist ein Schwein?“ gesetzt haben „werden da die Leute nicht sagen, du bist EIN IDIOT?“! Ich finde wirklich, daß Heuchelei und Unverschämtheit das Maß diesmal übersteigen. Wenn es ihnen Spaß macht, die Worte eines Schriftstellers durch irgendeinen unpassenden und lächerlichen Ausdruck zu ersetzen, den Sinn zu verändern, zu verstümmeln oder gar zu nehmen, dann tun sie es auch gleich. Ich werde Téry einen sehr deutlichen Brief schreiben.

Es ist geschehen, den Brief habe ich voller Entrüstung geschrieben. Wir werden sehen. Ich habe ein dickes „Persönlich“ darüber gesetzt.

18. September 1916, abends

... ...

Nun ja, wir sollen von Courville abgehen. Übermorgen, am Mittwoch, werden wir unsern Krimskrams und den Zug nehmen. Worauf es ankommt, ist, ein wenig in Paris hängenbleiben zu können. Im Prinzip ist es nicht möglich, doch in der Tat werden wir nach einer Möglichkeit trachten, denn es wäre zu absurd. Nun, Einzelheiten werde ich Dir vermutlich morgen angeben, falls ich sie noch in einem Brief unterbringen kann, der vor mir eintrifft; einiges Licht darüber kann ich erst am Abend nach der Inspektionsvisite Crouzons haben, dem ich die Sache mit ein paar Worten andeuten werde.

Hast Du das „Ding“ in Ordnung bringen lassen? Wenn nicht, sei so gut und tu das, und es wäre auch recht anstän-

dig von Dir, meinen Füllhalter wieder in meine bescheidenen Hände gelangen zu lassen, denn der Deine ist entschieden krank: der Arme hat keinen Appetit! Unmöglich, ihn eine vernünftige Menge Tinte schlucken zu lassen, er saugt nur ein winziges Schlückchen auf, ungefähr soviel wie eine gewöhnliche Stahlfeder, und man muß ihn jeden Augenblick ins Tintenfaß tauchen, was nicht Sache eines normalen Füllhalters ist. So ist die Lage: sie ist nicht heiter. Der Abdruck im „Œuvre" läuft trotzdem rasch weiter. „Die Traglast", immerhin ein schwerer Packen, ist beendet. Die kurzen Kapitelchen werden bald abgehaspelt sein. Sobald Du diesen Brief in Händen hast, sende mir nichts mehr hierher und warte ab, bevor Du etwas von Deinen eigenen Abzügen an „L'Œuvre" schickst. Da ich Aussicht habe, am Mittwoch in Paris zu sein, werde ich das „Trommelfeuer" durchsehen und der Zeitung rechtzeitig zurücksenden können.
Ich hatte mir geschworen, „Das Feuer" in „L'Œuvre" nicht mehr zu lesen, denn die ständigen Verballhornungen bringen mich zur Verzweiflung. Durch Zufall fällt mein Blick auf eine Passage der heutigen Fortsetzung. Wieder ist eine ganze Passage übersprungen. Das Ende der Unterhaltung zwischen Poitron und Poilpot über das Feueranzünden: zwei Absätze!
Etwas weiter unten hat man, ich weiß nicht, warum, korrigiert. Ich hatte geschrieben: „angefangen von der Wäsche bis zur Konservendose …", gesetzt hat man „beginnend mit". Mit welchem Recht immerhin diese Korrektur? Wenn ein Fehler im Französischen unterläuft, ein „f" in einem Wort, das zwei „f" verlangt, verstehe ich, daß man auf meinen Korrekturen korrigiert, aber dieses Unterschieben von Wörtern überschreitet die Grenzen.
… …
Eben, ein wenig spät, fällt mir ein, daß ich besser getan hätte, meine Kapitel im „Feuer" nicht mit Überschriften zu versehen. So sieht es aus, als wären es getrennte Novellen. Allein schon das Weglassen der Überschriften – vor allem wenn ich bloß Daten an die Stelle gesetzt hätte – ergäbe eine viel größere Einheitlichkeit, und es sähe sofort weitaus mehr nach Roman aus. Im Buch sollen selbstverständlich keine solchen Überschriften stehen, die mit Absicht sehr einfach und ohne malerischen Reiz gewählt sind.

19. September 1916

Heute morgen Brief von den Fischers. Sie schlagen eine Anfangsauflage von 4000 Exemplaren[67] mit einer Beteiligung von 0,60 vor, was 2400 ausmacht, sie sagen ein ernsthaftes Eintreten für das Werk zu und erklären überdies, daß das Haus Flammarion nicht ein einzelnes Buch von mir übernehmen kann und daß ich ein „Hausautor" werden soll. Im Grunde ist das verlockend, obgleich wir damit weit entfernt von Quignons 7500 Francs sind. Ich werde versuchen, die Fischers auf meiner Durchreise in Paris zu sprechen. Diesmal endlich sage ich Dir: Auf recht bald, und vermutlich, wenn Du meinen Brief bekommst: Auf heute!

… …

Plombières-les-Bains, 30. September 1916

Liebes Kleines, erzähle mir von Dir. Du läßt das beiseite, um von anderem zu reden, und tust nicht recht damit.

… …

Ich bin damit beschäftigt, „Das Feuer" für die Buchausgabe zurechtzuflicken. Die langen flachen Kapitel – „Die Höhlenmenschen", zweiter Teil und „Die Traglast" – ärgern mich. Ich möchte sie in Bewegung bringen und szenischer gestalten und einige neue Elemente einführen: das Übel des Alkoholismus und auch den Gedanken, daß der Soldat, so häufig er auch von Ort zu Ort verpflanzt wird, manchmal doch Wurzeln faßt und sich an das Leben in der Fremde gewöhnt, wenn er etwas länger mir ihr in Berührung ist. Daraus wird ein kleines ländliches Kapitel entstehen, das von der „Verladung" – der Reise ins Unbekannte – brutal unterbrochen wird.

1 Uhr – Ich habe Téry geschrieben, um ihm mitzuteilen, daß „Das Feuer", wahrscheinlich, und Kürzungen vorbehalten, am 2. oder 3. November auslaufen wird.

… …

Plombières-les-Bains, 1. Oktober 1916

Ich bin äußerst zufrieden und erkenne Dir für die gute Korrektur der Abzüge den ersten Preis für hervorragende Leistungen zu. Ich konnte nämlich feststellen, daß unter dem Zusammenwirken Deiner forschenden Augen und Deiner unerbittlichen Hand die Irrtümer, die ich befürchtete, aus der Fortsetzung von gestern verschwunden sind. Ich bin zufrieden.

Doch Deine Verdienste unterstreichen nur um so mehr die Mängel der Post von Plombières, die plombierte Flügel hat. Du schreibst mir nämlich, daß Du am 30. September keine Abzüge bekommen hättest; nun aber hättest Du nach dem, was mir von der Gottheit der Post versichert und beschworen worden ist, an diesem Dreißigsten Folgendes haben müssen: 1. einen am 29. abgeschickten, eingeschriebenen Brief, für den ich den Einlieferungsschein vor Augen habe; dieser Brief enthielt das Manuskript der Seiten 27, 28 und 28a des 18. Kapitels; 2. die drei ersten korrigierten Fahnen des „Feuers", die ich eiligst zurückgeschickt habe. Diese beiden Umschläge (der zweite nicht eingeschrieben) waren am 29. um 9 Uhr 30 abgegangen. Sie waren am 30. nicht eingetroffen. Elend und Verdammnis! Glücklicherweise bist Du der geschickte Korrektor, dem ich oben gehuldigt habe, sonst stünden wir schön da!

Unter den Korrekturen, die auf den Fahnen zu machen waren, fand sich in der Erzählung von der mit Maschinengewehren beschossenen Patrouille das Wort Meter von einem Blödian durch das Wort Kilometer ersetzt, und diese Unterschiebung hat mich ebensosehr gefoppt, wie die Kindesunterschiebungen die albernen Romanhelden des „Petit Parisien" foppen. Gestern setzte ich diesbezüglich (wie ich Dir geschrieben habe) ein Telegramm auf; doch es war nicht möglich, es loszuwerden: Der Wortlaut kam der Behörde gefährlich und zweideutig vor. Man hat es mir mit der Bemerkung zurückgegeben, die Du in der Anlage lesen wirst. Man hat befürchtet, daß ich durch Vermittlung meiner Gattin, meiner natürlichen Komplizin, den Parisern wichtige Informationen über die militärischen Operationen liefere, deren Zeuge ich im Lazarett von Plombières-les-Bains bin.

… …

Plombières-les-Bains, 4. Oktober 1916

Dein Brief, in vortrefflichen Ausdrücken verfaßt und in allen Punkten eines klugen kleinen Mädchens und einer treuen niedlichen Sekretärin würdig, hat mich mit Freude erfüllt. Wegen der Episode mit dem Soldbuch[68] hast Du vielleicht recht, wahrscheinlich sogar bestimmt, da es ja Dein Eindruck ist. Mein Gedanke war, hier eine gefühlvolle Episode einzuschalten; aber nichts soll Bestand haben vor der Notwendigkeit, nichts Gekünsteltes zu bringen. Schicke mir also die Stelle, ich besinne mich und bereite mich vor, sie zu empfangen ...

Plombières-les-Bains, 5. Oktober 1916

Nanu, ich glaube, es hängt wirklich etwas in der Luft. Diese atmosphärische Störung war mir bis zum Eintreffen Deiner Briefe nicht aufgefallen. Das Fehlen der Fortsetzung im „Œuvre" von gestern, das ich heute morgen erhielt, hatte ich dem Umstand zugeschrieben, daß man in der Rue Drouot 14 noch keinen Roman in Vorbereitung hat und das Auslaufen des meinen hinausschieben möchte. An die Zensur dachte ich nicht, weil es in der Fortsetzung, die gestern erscheinen sollte und die den wahrhaft nicht subversiven Zwischenfall mit der Leiche von André Mesnil[69], die paar Unterhaltungen über Kartenspiele und die gekürzte Geschichte der Kommandantin[70] umfaßt, nichts zu zensieren gab.

Doch Deine Briefe vom 3. und vom 4., die ich zur gleichen Zeit bekomme, öffnen mir die Augen. Jetzt scheint mir, daß das Telegramm, das mir „L'Œuvre" geschickt hat, nur ein Vorwand war, um die Abschrift zu bekommen, und daß die Zensur Vetos über weitere Passagen verhängt hat, die ihr zweifellos in Vorausabzügen vorgelegt worden sind.

Ich erwarte also: 1. das Telegramm, das mir Dein gestriger Brief ankündigt; 2. „L'Œuvre" von heute, das ich nicht vor 6 Uhr 30 haben werde.

Ich warte übrigens ruhigen Gemütes, und solche Dinge lassen mich eher kalt als die Frage der Druckfehlerkorrekturen, denn sie hängen nicht von mir ab.

Dennoch, wenn man mir noch einmal einen Streich wie mit dem „Säulentor" spielt, bin ich diesmal entschlossen, einen

Beschwerdebrief an den Präsidenten der Société des Gens de lettres zu richten und Schwierigkeiten zu bereiten. Aber, siehst Du, es wäre keineswegs ausgeschlossen, daß die Gegnerschaft einzig und allein von der Zeitung selbst und ihrem Direktor ausgeht, dem der Geist gewisser Passagen zuwider ist. Laßt uns also abwarten mit der engelhaften Geduld, die uns auszeichnet!

7 Uhr. – Ich habe „L'Œuvre" bekommen, die Fortsetzung ist in extenso erschienen. Und ich habe kein Telegramm von Dir. Da ich nun nicht mehr weiß, was ich denken soll, verschiebe ich die Sorge, das aufzuklären, auf morgen. Vielleicht bringt mir die Post von morgen einen Schimmer Klarheit in Gestalt eines Briefes von Dir.
Sei gesegnet bis dahin. Und im Rauschen des Regens, der heute nicht aufgehört hat, empfehle ich mich Dir mit meiner schönsten Verbeugung.

Plombières-les-Bains, 8. Oktober 1916

…… …
Eben habe ich „L'Œuvre" von heute gesehen. Zum Abschluß hat es unvermeidlich eine leichte Verwässerung gegeben, aber, meiner Treu, noch nicht zu arg. Ich hatte mehr befürchtet. Warten wir jetzt Liebknecht[71] ab …
Nachdem das gesagt ist, komme ich auf meine militärische Situation zu sprechen, über die Du klare Auskünfte von mir verlangst. Diese Situation ist nicht in meiner Hand! Ich gehöre dem 20. Abschnitt des S.E.M.R. (Sekretariat des Generalstabs und Rekrutierungsdienstes) an, doch ohne besondere Verwendung. Nach einundzwanzig Tagen Behandlung und meinem Urlaub von sieben Tagen werde ich meinem Ersatztruppenteil (École Militaire) überwiesen, wo über meine Verwendung bestimmt wird. Dieser Einsatz kann, da ich dem bewaffneten Dienst angehöre, nicht allzu weit im Hinterland sein: Paris insbesondere ist für mich ausgeschlossen und den Soldaten vorbehalten, die Hilfsdienst versehen. Doch das ist ungefähr alles, was ich darüber weiß. Der Abschnittskommandant wird darüber verfügen. Um zum 21. A. K. zurückzukehren, müßte ich von ihm angefordert werden, und das ist nicht möglich, es ist nicht daran zu

denken. Nach meiner Rückkehr aus dem Lazarett bin ich zu bald wieder verschickt worden. Nochmals zu beantragen, dorthin zurückzukehren, wäre gleichsam lächerlich. Im übrigen bin ich schon ersetzt worden, und das löst die Frage. Das Ärgste, was mir passieren kann, wäre, in ein Infanterieregiment zurückgeschickt zu werden, doch wäre das immer noch ein Landwehrregiment. Ich rechne sehr darauf, daß ich nur völlig genesen wieder hinaus muß, denn ich habe nicht die geringste Lust, ein Stammgast der Lazarette zu werden, und ich habe mich schon reichlich genug in Sanitätseinheiten herumgetrieben. Ich glaube, ich darf hoffen, so lange beim Ersatztruppenteil zu bleiben, bis kein Rückfall mehr zu befürchten steht. Und das wär's. Ich füge hinzu, daß wir uns nichts daraus machen sollen, und da wir auch keine Schritte einzuleiten brauchen, wollen wir warten, daß man über uns verfügt!
Ich wiege, bekleidet, einundsiebzigeinhalb Kilogramm. Das ist nicht enorm, aber immerhin besser als in Brives, wo ich mit dem Gewicht so heruntergekommen war.
... ...

Plombières-les-Bains, 13. Oktober 1916

Stell Dir vor, ich habe „L'Œuvre" von gestern noch nicht bekommen; ich habe mich noch nicht überzeugen können, welchen Eindruck das Bertrand-Gespräch mit dem Wort Liebknecht macht, das bis zur nächsten Nummer zurückgestellt ist! Doch ist das sehr wahrscheinlich ein kleines jesuitisches Manöver ...
Ja, es hieß „schwarzes Fußbad". In dem Horchposten watet man in einem Wasserloch, und das ist genau gleich und zum Verwechseln ähnlich einem Fußbad. An Stelle von „scheu" stand, glaube ich, „bescheiden". Aber das alles bedeutet nichts, und die Korrektur ist im allgemeinen sehr gut ausgeführt. Die niedliche getreue Sekretärin ist auf der Höhe ihrer Aufgabe, und hiermit erkenne ich ihr ein abschließendes Zeugnis der Zufriedenheit zu, gültig unter allen Umständen und bis zum Letzten. Ich bestätige offiziell und für immer Deine sekretärliche Meisterschaft.
Während ich gerade daran denke, muß ich Dir sagen, daß ich irgendwo – ich kann nicht genau angeben, ob in dem

Kapitel „Im Feuer“ oder „Das Arbeitskommando“ – den Schützengraben mit einem ausgetrockneten Flußbett vergleiche. Nun habe ich diese Metapher an einer Stelle des „Angriffs“ wiederverwendet, die dieser Tage erschienen ist. Meine Absicht war, sie auf den Abzügen zu streichen oder zu verändern, sobald sie mir wieder vor die Augen käme. Da ich keine Abzüge bekomme, mache ich Dich auf die Sache aufmerksam: Wenn Du siehst, daß die Ähnlichkeit zu groß ist, verändere den Satz leicht. Wenn es, wie wohl möglich, nahezu die gleiche Terminologie ist, versuche das Bild auszumerzen. Befindet sich die Stelle im „Arbeitskommando“, werde ich vielleicht noch Zeit haben, die Korrektur selbst vorzunehmen.
Hier, im Lazarett, gibt es als Lesestoff nichts als die Werke von La Bonne Presse[72] oder regierungstreue Zeitschriften wie „La Revue Hebdomadaire“, und das „Echo de Paris“ kriegen wir gepumpt. Was für einen wilden, hartnäckigen und unbezähmbaren Haß auf den Sozialismus und die Befreiung der Ausgebeuteten all diese Leute haben! Wieviel Sophismen, in denen sich der Einfluß von Barrès und von katholischen Schriftstellern durch den philosophisch-religiösen Stil verrät, und durch den Gedanken (wenn man sich so ausdrücken darf) über das Bedürfnis nach Disziplin und über die Notwendigkeit, sich Ideen oder Menschen unterzuordnen! Es ist eine ständige, mehr oder weniger versteckte Predigt, ausgerichtet auf die Nachahmung der Vergangenheit, des Ancien régime, der Sklaverei und des Mißbrauchs der Gewalt. Diese Lektüre bringt mich mehr auf, als ich sagen kann. Wie werden wir gegen diese ganze verfälschte Literatur zu kämpfen haben, die sich unter einer Regierung von Renegaten und Reaktionären schamlos breitmachen darf und zur Zeit den offiziellen Stempel trägt.
Inzwischen setze ich die Lebensweise fort, die ich Dir gestern skizziert habe. Ich habe mein sechzehntes Bad genommen.
… …

Plombières-les-Bains, 13. Oktober 1916, abends

Ich hipp-hipp-hurrahte mit Dir, um so mehr, als ich
1. heute zwei Briefe von Dir hatte!

2. gesehen habe, daß die ganze Bertrand-Passage ungekürzt gekommen ist. Ich kann mich nicht genug darüber wundern. Auch meine Umgebung kann sich nicht genug darüber wundern. Auf die hier anwesenden Kameraden, die mich immer um die Fortsetzung bitten, um sie nach mir zu lesen, hat die Stelle großen Eindruck gemacht. „Gut, alter Freund, du redest nicht herum, du sagst geradeheraus, was ist!" Auch im übrigen finden sie, daß ich recht habe und daß ein humanitäres und liberales Ideal an Stelle des finsteren und schwachsinnigen Déroulèdismus geeignet wäre, den Soldaten bei der Erfüllung ihrer schrecklichen Pflicht zu helfen. Es ist seltsam, daß alle Soldaten, unter denen ich seit zwei Jahren lebe, durch die Wahrheit, die ich ihnen erklärte, stets leicht zu beeinflussen waren! Ich glaube mehr und mehr, daß die Zeit gekommen ist, laut und vernehmlich zu reden.

Ich denke nicht, daß es bis zum letzten Kapitel jetzt noch Widerhaken geben wird. Die Geschichte vom Flieger und von der Stimmung gegen Gott sind weit weniger subversiv als solche Sätze, wie ich sie, noch immer zu meiner Verblüffung, in der Fortsetzung von heute am Leben finde ... Doch das, schließlich, beweist nichts, und es kann sein, daß man beim Zollamt in der Rue François-I^{ier}[73] die Ameisen zurückhält, nachdem man die Elefanten durchgelassen hat.

Ich beschwere Deine Post mit einem Brief des braven Abbé Boulet, des liberalen Pfarrers im 231. Wir stehen sehr gut miteinander – auf Grund von Konzessionen von seiner Seite. Ich hingegen habe ihm niemals etwas zugestanden.

14., morgens. – Ich bekam Deinen Brief vom 13. Deinen Wutgesang werde ich verstehen, sobald ich in dem Feuilleton gesehen habe, worum es sich handelt ... Laß mir einen Schimmer Klarheit zukommen, der die Sache verdeutlicht.

Wie hübsch die intensiv purpurnen, kleinen Rosenblätter!

... ...

Plombières-les-Bains, 20. Oktober 1916, abends

Ich wüte, ich raufe mir die Haare aus, ich schimpfe, ich fluche: Diese Verwässerung in der Fortsetzung von heute! Das langt, denn Bündel von Sätzen sind in den Papierkorb gewandert. Der Streich kommt selbstverständlich von seiten des „Œuvre" und nicht von der Zensur. Ich war nahe daran, Téry einen wildwütigen und aggressiven Brief zu schreiben. Ich habe mich zurückgehalten.

Nach Überlegung schrieb ich ihm einen „persönlichen" Brief, in dem ich ihm lediglich erklärte, ich wäre ihm verbunden, wenn er mich wissen ließe, ob es die Zensur war, die das Feuilleton von heute en gros und en detail beschnitten hat; denn es fänden sich weder leergeschlagene Stellen noch Auslassungspunkte, so daß ich nicht wisse, was ich denken soll. Darunter schreibe ich: „Ich empfehle mich als Ihr sehr ergebener" – um auch meine bescheidene Hypokrisie ins Spiel zu bringen. Der Brief soll zur gleichen Zeit abgehen wie dieser.

Reden wir von etwas anderem. Heute habe ich mir für vierzig Sous ein Fahrrad gemietet und bin bis Aillevillers in Haute-Saône gefahren. Doch beweist dieser Wechsel des Departements nicht, daß ich sehr weit gefahren wäre! Auf der Hinfahrt geht es bergab und ist es reizvoll; doch die Kehrseite der Medaille bekommt man gleich zu Beginn der Rückfahrt zu spüren. Sie dauert nahezu dreimal so lang; der Fall wie Aumont-Senlis … Und auf dieser von Buschwerk umrandeten Straße hatte ich während der Fahrt in gewissen Momenten die Empfindung, als trüge ich Eier in meiner linken und eine Flasche Milch in meiner rechten Tasche. Ich hatte ziemlich windiges Wetter und einige Schneegestöber, aber dennoch Sonne. Im ganzen eine schöne Spazierfahrt. Nicht einmal das Gefühl von Einsamkeit kam auf, denn die etwas verrostete und alte Maschine schwätzte den ganzen Weg lang, und der schlecht angebrachte Sattel hatte die sehr entschiedene Tendenz, mir den Leib entzweizuschneiden.

Ich bekomme noch immer keine Abzüge zu Gesicht.

Würdest Du im letzten Kapitel gegen Ende, unmittelbar vor dem Satz, in dem gesagt wird, daß die Nationalisten für jede von ihren Gruppen Sonderwahrheiten zurechtmachen, so viel Völker, so viel Wahrheiten, die … usf. einsetzen:

„Sie verfälschen die anbetungswürdige Moral,[74]: Wie viele Tugenden, die Verbrechen waren und die sie – mit einem Wort – in Tugenden verwandelt haben, indem sie sie nationale nannten!"
Sei so gut und klebe den beiliegenden Abschnitt in das erste Kapitel „Die Höhlenmenschen" zwischen: „... sie sind zufrieden und munter geworden" und: „Dennoch stürzen sie sich ..."
... ...

21. Oktober 1916, abends

Eben habe ich „L'Œuvre" von heute angesehen – es gab darin nichts Respektloses gegen die Religion Torquemadas[75] und daher auch keine Streichungen. Besorgt bin ich wegen des Schicksals der letzten Partie im Kapitel „Der Gang durch die Stadt". Und erst was „Morgendämmerung" betrifft!?? Und auch morgen gibt es da ein paar Sätze anläßlich des Sanitätssergeanten ... Auf der ersten Seite des „Œuvre" fand ich einen Kasten, der offenbar auf den nächsten Roman Bezug hat – er soll von La Fouchardière sein. Etwas beunruhigt mich ein wenig. Vor ungefähr einem Monat habe ich Téry geschrieben, daß „Das Feuer" bis zum 3. November laufen würde. Nun, das kommt mir mehr denn je ein wenig knapp vor. Ich schrieb es Dir bereits. Man müßte ungefähr auszählen. Das ist nicht unmöglich. Die ganze letzte Partie, jene, die ich vor meiner Abreise aus Paris rot paginiert habe, besteht aus Seiten von annähernd gleichem Umfang. Vom Beginn des Kapitels „Im Feuer" an sind es, glaube ich, an die hundertzwanzig. Sieh also nach, was den bereits erschienenen Fortsetzungen, angefangen mit jener, in der das besagte Kapitel beginnt, an Manuskriptblättern entspricht (wobei die zwei Tage in Rechnung zu stellen sind, an denen der Roman nicht gekommen ist) – und schließe daraus annähernd auf das Datum der letzten Fortsetzung. Laß Hue dieses Datum wissen. Das ist wichtig, weil ich da einen möglichen Vorwand für sie sehe, das Ende wegzulassen. „Es tut uns sehr leid, aber wir haben, um den neuen Roman vorzubereiten, mit dem Datum gerechnet, das uns angegeben wurde; wir hatten das Manuskript nicht in seiner Gesamtheit vorliegen und sind bindende Verpflichtungen eingegangen: Verkäufer, Plakate usw." Siehst Du, welche schöne Gelegenheit sich böte, auf diese Art ein abschließendes Kapitel ausfallen zu lassen, dessen Abdruck offen abzulehnen sie nicht wagen würden und das sie ärgern wird. Was sagst Du dazu? Witterst Du nicht auch, wie ich, daß da irgendwelche üblen Streiche möglich wären?

22. Oktober 1916

Deinen Brief habe ich.
Der Teufel hole die Ausbeuter, die ihre Situation mißbrauchen, und die Idioten, die ihnen den Hals hinhalten!
... ...
Die Geschichte von dem kleinen Überbringer der Maschine, der ein Buch von Marcel Boulenger klaut, ist komisch und den Spaß wert. Er hat nicht Zeit gehabt, es zu lesen: So ist er einem Teil der Strafe entgangen.
Zum Abschied streichle ich sanft über Dein struppiges Haar.

24. Oktober 1916

Heute, am 24., habe ich zwei Briefe von Dir, einen von vorgestern, einen von gestern. Das ist alles, was ich habe: weder Téry noch Annie de Pène, noch die Miss haben mir geantwortet. Die Fortsetzung von gestern, in der es, sagst Du mir, wieder eine Streichung gibt, habe ich noch nicht gelesen, ich sehe sie aber schon vor mir, sie überrascht mich nicht. (Doch wie schade!) Bei Gelegenheit von Streichungen: Geben sie Dir das Manuskript regelmäßig zurück? Hast Du zum Beispiel die Möglichkeit, die Passagen, die Téry im „Verbandplatz" abgelehnt hat, wiederherzustellen? Die beim höchst christlichen „Œuvre" sind unter aller Kritik: keine Antwort auf meine Briefe, was nicht einmal höflich ist, keine Abzüge, was nicht korrekt ist.
Ist das etwa das Wunder des Feuers?
Diese Verteuerung der Lebenshaltung ist kein Spaß. „L'Œuvre" (vom Heiligen Sakrament) wird bald aufhören, uns seine kleine Rente zu bieten, und ich glaube nicht, daß die Herausgabe des Buches Reichtümer einbringt. Wie sol-

len wir nun weitermachen? Verflixt, verflixt und erzverflixt!
Ich umarme Dich, mein kleines Herz.

25. Oktober 1916, abends

Anasthasia, Anasthasia[76] ganz kurz, ohne Eigenname und ohne Partikel, ist entschieden von Querschnittlähmung befallen. Wie sollte man sich anders die integrale Jungfräulichkeit des Manuskripts am Ende von „Gang durch die Stadt" erklären? Kurzum, das letzte Kapitel ist darin schon völlig enthalten und bringt keine andere Note mehr hinzu. Gleichgültig, ich gehe noch nicht so weit zu glauben, daß die besagte nicht raunzen wird. Vielleicht aber trotzdem ... und vielleicht könnte ich auch im Buch die Episode aus dem „Säulentor" und die paar Streichungen in „Der große Zorn" wieder unterschieben. Bleiben die paar gckürzten Sätze im „Sturmangriff" – denn für die Beseitigung des kleinen Gesprächs über den lieben Gott im „Verbandplatz" halte ich die amtliche Anasthasia nicht für verantwortlich. Bleiben auch noch die neuen Kapitel – und die werden nicht ohne weiteres durchgehen. Nun aber nehme ich, trotz allem, nicht an, daß es eine entstellende Verstümmelung geben wird, und das ist bereits die Hauptsache.
Ich habe, wie ich Dir sagte, an Hue geschrieben, nicht ohne einen Tatzenhieb, der sich auf Térys Schweigen nach meinen letzten Briefen bezieht. Es bleibt nichts mehr, als auf der ganzen Linie abzuwarten. Das wollen wir ganz artig tun, nicht? Antworte mir, was das Manuskript anbelangt, damit ich weiß, ob wir alle weggestrichenen Stellen, insbesondere den „Verbandplatz", wiederfinden werden. Und was ist mit der Auszählung?
Morgen mittag werde ich keinen Brief von Dir haben, da ich unterwegs bin. Ich finde ihn dann am Abend vor, und es wird so scin, als warte jemand auf mich.
Ich küsse Dich trotz Deines struppigen Haares und der Märtyrerkrone voller Dornen, die auf ihm liegt.

26. Oktober 1916, abends

Liebes, wutschnaubendes Spätzchen mit struppigem Gefieder, Du hast recht, das alles ist nicht wichtig, und die Ärgernisse, die von „L'Œuvre" kommen, sind nicht haushoch, aber wir haben nie behauptet, daß es so wäre.

Nicht zu vermeiden, daß man bellt, wenn man sehen muß, wie Streichungen und Kürzungen aufeinanderfolgen und die ganze Mitte eines Kapitels wie „Der Verbandplatz" durch einen unwissenden und übelgesonnenen Chirurgen extirpiert wird, doch bedeutet das nicht, daß man anderseits nicht zufrieden wäre: Der Fortsetzungsroman scheint bei der Öffentlichkeit wirklich gut anzukommen, und ein auffälliger und positiver Beweis für diesen Erfolg ist der Vorschlag von Téry, den ich gestern an Dich adressiert habe; aber der in Rede stehende Erfolg ist schließlich dennoch nicht das Werk des „Œuvre", das durch seine eigenen Streichungen und auch – ich könnte sogar sagen: vor allem – durch seine ungeschickten und verflachenden Unterschiebungen im einzelnen – die Qualität und die Wirkung des Romanfeuilletons herabgemindert hat. Wenn die Zeitung unbekümmert herangegangen wäre, anstatt in Angst und Zittern zu verfallen, wäre das, meiner Ansicht nach, noch besser gewesen. Ihr Aufbegehren wegen der Streichungen der Zensur im „Säulentor" war ersten Ranges. Aber das Attentat auf den „Verbandplatz" erscheint mir als ein Streich, den ein Schriftsteller, der auf seine Würde achtet, nicht hingehen lassen soll ohne verletzt zu sein und laut zu werden. Das Auszählen macht keine Schwierigkeit, und Dein System ist ausgezeichnet. Ich rechne etwa fünf oder sechs Fortsetzungen für „Das Arbeitskommando" und sechs oder sieben für „Morgendämmerung". Zum Abschluß ungefähr werde ich nach Paris kommen. Das wird sehr gut sein. Ich werde Téry aufsuchen, und wenn er dabei bleibt, „Das Feuer" trotz seiner Schlußfolgerungen publizieren zu wollen, werde ich vermutlich mitmachen, weil diese Kombination, eine ganz spezielle Werbung für das Buch gewährleistet. Doch werde ich genau darlegen, daß das Buch, meiner Meinung nach, größeren Wert durch seine Tendenz als durch seine Dokumentation hat und daß es angebracht ist, die Werbung darauf zu gründen. Wiederholen wir zum x-tenmal: Wir werden sehen.

Was Du mir wegen des Zeichens sagst, quält mich. Wenn ich mir mit gewaltiger Anstrengung die Vorgänge ins Gedächtnis zurückrufe, taucht aus dem Nebel der Vergangenheit traumhaft folgendes auf: Die „Morgendämmerung“ ist in zwei Exemplaren geschrieben worden. Die Originalabschrift ist in Schwarz, mit Ausnahme der ersten zwei Seiten in Violett. An die mußt Du Dich halten, da die andere (ganz violett und mit Kohlepapier hergestellt) nicht die letzten Korrekturen enthält. Unter diesen letzten Korrekturen gibt es eine hochwichtige, es ist die Änderung, die ich vorgenommen habe, nachdem ich Dir und den Macchiati das Kapitel laut vorgelesen hatte. Diese Änderung ist mit der Hand auf Konzeptpapier geschrieben. Ich erinnere mich sehr genau, daß sie eine Umstellung der Passage „Dann muß man also nach dem Kriege weiterkämpfen“ erfordert. Diese Passage ist nicht zu streichen, sie stand nur an unrichtiger Stelle: sie entwickelte einen Gedanken, der nachher wiederkehrte, und ich habe sie mit dieser späteren Darlegung vereinigt. Wenn also das kabbalistische Zeichen nicht anderswo nochmals vorkommt, und wenn Du siehst, daß die Gedanken besser und anders aufeinanderfolgen als in der ersten Version (die Du in dem zweiten, noch nicht richtiggestellten Durchschlag finden wirst), schenke dem besagten Zeichen, als einem überflüssigen und unnützen Produkt der Bearbeitung, keine Beachtung. Wenn Du, mein liebes Kleines, den anfänglichen Text (Durchschlag) und den überarbeiteten freundlicherweise vor Deine großen Augen nähmest, könntest Du das vereinfachende Prinzip verstehen, das zu der Umstellung dieses Absatzes geführt hat. Das also ist mein wohlbegründeter Rat.

... Der Brief von Peyrebrune ist sehr freundlich. Für Lob, das dem „Feuer“ zuteil wird, bin ich sehr empfänglich, denn dieses Buch kann im Kampf der Ideen Bedeutung erlangen. Als ich es zu schreiben begann, stellte ich keine so hohen Ansprüche; doch hatte ich das Glück, Muße und Erleichterungen zu genießen, und das hat mir erlaubt, es zu einem Ganzen zu vereinigen und anzureichern. Darüber freue ich mich ohne Einschränkung und über alles. Ich bin glücklich, wenn ich, wie gestern in der Fortsetzung mit dem Schluß von „Gang durch die Stadt“, meine deutlich ausgesprochenen Gedanken publiziert und in ich weiß nicht wie-

viel tausend Exemplaren verbreitet sehe. Ich fühle, daß das etwas Ernsthaftes und Wichtiges ist, und wenn man das letzte Kapitel bringt, sind das schöne Tage für mich. Aber gerade weil ich so zufrieden und innerlich beteiligt bin, empfinde ich es auch sehr schmerzlich, wenn eine meinem Denken feindliche Geistesverfassung durch dummes Ändern von Ausdrücken Abschwächungen einführt, die das Interesse und die Tragweite des Ganzen beeinträchtigen, und wenn ganze Passagen vorsätzlich in den Papierkorb geworfen werden. Ich gebe zu, daß ich dachte, es würde schlimmer kommen, doch ist das noch kein hinreichender Grund, es ohne Murren geschehen zu lassen.
Man muß bedenken, daß es „die anderen" nicht daran fehlen lassen, ihre Polemiken und törichten Theorien in großer Menge zu verbreiten. Ich schicke Dir einen Abschnitt aus der „Revue Hebdomadaire" mit einem Artikel von Henry Bordeaux[77], einem notorisch katholischen Schriftsteller und künftigen Mitglied der Académie française, über Paul Akker[78], die arme Seele. Wenn ich solche Sachen lese, komme ich in eine seltsam kriegerische Stimmung; ich finde, daß man das Übel nicht genug bekämpft, daß ich selber nicht genügend tu, und ich habe recht damit.
Hier plaudere ich viel mit den Soldaten. Denn alle Kranken sind echte Soldaten, die Mehrzahl ist verwundet und an die Front zurückgeschickt worden, einige mehrmals. Ich mache, ich gestehe es, Propaganda. Mit großer Freude stelle ich fest, wieviel Echo alles, was ich über die Internationale sage – dieses großartige Wiederaufrichten aller hohen sittlichen Ideen und Hinwegfegen hindernder Routine, Vorurteile und Idole –, bei diesen Menschen findet, die den Großen Krieg, wie die aus dem „Feuer", mit ihren eigenen Händen gemacht haben und die die Proletarier der Schlachten sind. Und ich habe auch die höhere Befriedigung festzustellen, daß ich in meinem Schlußkapitel alles gesagt und die gegenwärtige soziale Situation und die Pflicht gegenüber der Zukunft auf eine Weise dargelegt habe, die, scheint mir, keinen Punkt im Dunklen ließ. Manchmal geschieht es mir im Gespräch, daß ich Sätze aus der „Morgendämmerung" zitiere, die mir ganz natürlich vom Munde kommen, sobald ich von diesen Dingen rede, über die ich mein Leben lang so viel nachgedacht habe; und die Solda-

ten hören zu, glauben mir und sagen: „Das ist auch wirklich wahr!" – und das sind, wenn es von ihnen kommt, keine leeren Worte. Ich glaube, den Titel „Das Feuer" werden wir beibehalten. Ihn zu ändern hieße allzu bereitwillig auf den Vorteil der Wirkung verzichten, die bisher erzielt ist. Außerdem beginnt mir dieser Titel zu gefallen. Es weist auf die schwere Plage hin, die gegenwärtig die Welt überzieht: das Feuer ist in der Welt. Was meinst Du dazu?

27. Oktober, abends

Die Post von heute abend enthält zwei Geschäftsbriefe. Der eine, hier beigelegt, von den Fischers, die mir wieder vom Prix Goncourt[79] sprechen, und der andere von der Firma Dent. An M. hatte ich glücklicherweise noch nicht geschrieben, das ist geschickter, und auch das Kabinett in Wien oder das Foreign Office hätte es so gemacht. Ich antworte allen, sie mögen warten, bis ich nach Paris komme. Den Verleger betreffend, müßte man wissen, was die Firma wert ist. Ich werfe mir sogar vor, daß ich bis jetzt versäumt habe, unseren braven Henri Duvernois um seine Meinung zu fragen. Ich schreibe ihm also zu diesem Zwecke. Jenes Angebot, das einen neuen Buchvertrag in sich schließt, scheint mir eine äußerst wichtige Sache zu sein. Wenn es, wie M. behauptet, wirklich eine sehr große Bude ist, wird man dort die Sache groß aufziehen, und das wäre für mich ein schönes Geschäft.

Aus dem Briefe der Fischers ist die Lehre zu ziehen, daß wir uns presto subito beeilen müssen, den Text für den Druck ins reine zu bringen. Versieh Dich mit den Teilen des Manuskripts, die Du hast und die den Ausschnitten entsprechen, und bringe sie in Ordnung. Den Ausschnitt mit dem „Säulentor" habe ich hier bei mir, kümmere Dich nicht darum. Wenn Du, meine niedliche kleine Sekretärin, gar damit anfangen könntest, die Löcher zu stopfen, wäre das schön, sehr schön und mehr als sehr schön.

Heute gibt es eine Streichung: die Schimpfrede des Sergeanten wegen der elektrischen Lampe im gedeckten Graben. Oder mir scheint wenigstens so ...

Den Prix Goncourt betreffend, gestehe ich, daß man fünftausend Francs gerne nimmt – aber es ist ein wenig spät, ihn mir zu geben, nachdem man ihn zuerst für „Die Schutzflehenden“ und dann und vor allem für „Die Hölle“ verweigert hat. Im übrigen ist es keineswegs sicher, daß Léon Daudet nicht dagegen auftritt, und Élémir Bourges und Mirbeau haben mir aus Gründen, die ich nicht kenne, immer ein saures Gesicht gezeigt. Zudem, wahrhaftig, müßte das Buch Anfang Dezember fertig sein ... Kreuzteufel noch mal!

Den Modellband, von dem Dent spricht, habe ich noch nicht erhalten. Dent wohnt ganz in der Nähe der Macchiatis, sie könnten nachsehen, wie sich der Betrieb ausnimmt.

Sag ihnen viel Schönes von mir.

Willst Du mir eine vom Polizeikommissariat unterzeichnete Aufenthaltsbescheinigung schicken? Um nach Paris zu fahren, ist sie erforderlich.

... ...

28. Oktober 1916, morgens

Heute habe ich reichlich Post bekommen. Briefe von Unbekannten und Bekannten über das „Feuer“. Es macht sich, glaube ich. Vielleicht hat Vandérem ein wenig recht damit, daß sich die ersten Kapitel in die Länge ziehen, aber man muß das auch ein wenig mit Abstand betrachten und sich sagen, daß es in diesem Buch, das Anspruch auf Verallgemeinerungen erhebt, nicht möglich war, bereits bekannte und sogar wieder aufgewärmte Einzelheiten mit Schweigen zu übergehen unter dem Vorwand, daß bereits andere das Publikum damit bekannt gemacht hätten. Hätte ich nur Neues machen und der Menge des von andern schon Veröffentlichten nur bisher Niegesagtes aufpfropfen wollen, würde das Buch natürlich weniger schleppend sein, doch Aussparungen und Löcher aufweisen, die das Publikum von einem bestimmten Augenblick an nicht mehr ausfüllen könnte wie jetzt, da es mit diesen immer wieder gesagten Dingen gesättigt ist. Das Buch muß später einmal auf sich selbst stehen, auch auf die Gefahr hin, es im Augenblick mit im Moment veralteten Elementen zu überlasten. Nichtsdestoweniger, wenn ich es entlasten kann, will ich es tun.

Ab morgen werde ich ernsthaft darangehen, das Manuskript in Ordnung zu bringen, alle von der Zensur herrührenden Risse zu stopfen und den schlechten Kitt von Ersatzwörtern des „Œuvre“ abzusprengen. Es wird schnell gehen müssen. (Nicht allein wegen des Prix Goncourt, sondern wegen des Erfolgs mit dem Buch im allgemeinen.) Ich zähle auf meine kleine treue Sekretärin.
Eben habe ich das Buch aus dem Verlagshaus Dent bekommen. Es ist in jeder Hinsicht reizend: kartoniert, Goldschnitt, sehr hübsche Typographie, Ausstattung voll Geschmack. Das Buch ist hinreißend – und bestärkt mich in der Vorstellung, daß es sich um eine sehr große Firma handelt.

29. Oktober 1916

... Ich habe an La Fourchardière geschrieben und ihn aufgefordert, in einem Leserbrief meine Korrespondenten zu bitten, mir ihre Adresse mitzuteilen, wenn sie mir schreiben. Vor allem wegen des mit „David“ (?) unterzeichneten Briefes, dessen Anerbieten, mir hundert Francs für die Verbreitung des Bandes zu schicken, sehr rührend auf mich wirkte. Die vom „Œuvre“ gehen einem auf die Nerven, wenn sie „die Fortsetzung ihres interessanten Feuilletons“ auf den folgenden Tag zurückstellen. Das stört wirklich sehr den Fluß. Nicht der Schatten von einem Korrekturabzug.
Die letzte Partie ist fertiggestellt, und das Fehlen von Abzügen macht mir nichts aus – und überdies würde ich noch dort und da angereichert haben! Trotzdem gibt es aber in dem gesamten Buch Passagen, die eine wenn auch noch so geringe Auffrischung nötig haben; und zudem beginnt mich wieder die Länge des Werkes zu entsetzen. Ich habe einen Roman von Pierre Maël vor Augen – ohne großen Belang (ich behaupte es zuversichtlich, denn gelesen habe ich ihn noch nicht) –, der von Flammarion verlegt ist. Dieses Buch ist äußerst korpulent. Es hat 440 Seiten. Das sind trotzdem nur 13000 Manuskriptzeilen. „Das Feuer“ wird um beinahe die Hälfte mehr haben! Anderseits ist auch die Kritik Vandérems nicht ohne Grundlage. Den Kritiken Vandérems schenke ich immer große Aufmerksamkeit. Er ist ein sehr intelligenter, sehr bissiger und boshafter Mann

und nicht leicht zufriedenzustellen, aber seine Hiebe treffen immer den schwachen Punkt. Unglücklicherweise komme ich schon in Zeitdruck, und diese Überarbeitung, die heikelste Arbeit von allen, wird sich schwerlich hier durchführen lassen, wo ich beengt, umhergestoßen, von Unterhaltungen umgeben bin und jeden Moment unterbrochen werde. In Plombières konnte ich arbeiten: Bald hier, bald dort habe ich an die tausend neue Zeilen geschrieben: den Aufenthalt der Korporalschaft auf dem Lande und die Gewöhnung an die Ruhezeit, eine Ergänzung über die Trinker in der „Traglast", die Passage über die Offiziere in der „Verladung". Schon all diese Sachen an sich hätten es nötig, daß man sie durchsieht, und ich sage nochmals, das fällt hier nicht leicht. Das gilt um so mehr für die vor langer Zeit geschriebenen und überladenen Kapitel, die man verdichten müßte. („Die Höhlenmenschen", „Die Traglast" insbesondere). Wirklich zufrieden kann ich nur mit dem Schluß der Einleitung (Sanatorium), mit „Säulentor" und „Der große Zorn" sein. Das alles mag angehen. Das übrige ist nicht so solide.

Daraufhin sage ich Dir nun „Auf morgen!" und segne Deinen Eifer als Sekretärin.

Und ob es Neues gibt! Der Postbote bringt mir einen Brief von den Fischers, die mir wieder vom Prix Goncourt wie von einer abgemachten Sache reden. Diesen Brief sende ich Dir. Die Hast wegen einer Anerkennung, die in meinen Augen nur der fünftausend Francs wegen interessant ist, bleibt trotzdem ärgerlich. Meine liebe und getreue kleine Sekretärin, klebe und stopfe die Löcher zu, in der Fortsetzung von heute, die ich eben gekauft habe, kommen wieder welche vor: das „Himmelhund" und ... des Sergeanten anläßlich der Taschenlampe und sein Ausruf wegen der Zigarette. Ich küsse und segne Dich nochmals.

30. Oktober 1916, abends

Ich schicke Dir Abzüge zurück. Mit der vorigen Post, um 2 Uhr, sind die zwei ersten aus der Reihe von fünf Korrekturfahnen abgegangen, die ich heute erhielt. Es sind immer kleine Sachen in Ordnung zu bringen, und ich möchte gern, daß man die Korrekturen, die ich vorgenommen habe, noch berücksichtigen kann. Der Brief an Téry ist unterwegs; infolge ungenauer Weitergabe der Anweisungen, die ich gegeben hatte, ist er leider nicht eingeschrieben abgeschickt worden. Hoffen wir, daß er trotzdem ankommt und daß ich dann endlich etwas äußerst Rares erhalte: eine Antwort von Téry.

Wie lästig, lästig, lästig fallen sie einem mit ihren fortgesetzten Streichungen, die in jedem Moment den Text herabmindern und schwächer machen. Soll der Teufel sie rösten! Ich habe Téry besonders darauf hingewiesen, daß meine erste Bedingung die Publikation des ungekürzten Textes wäre.

Auf den Abzügen, die ich Dir schicke, sind Partien weggelassen: die werden doch nicht meinen, daß das nicht gut geschrieben wäre. Du hast bemerkt, daß sie den neuen Feuilletonroman für den 3. ankündigen. Der meine reicht also wahrscheinlich für drei oder vier Nummern mehr aus.

Mit der Post von heute morgen nichts von Téry. Krrr (ich knurre).

Der beiliegende Brief von Duvernois stürzt mich wieder in ein Meer von Ratlosigkeit.

Bis morgen also. Ich umarme und grüße Dich mit einer Unmenge von Verbeugungen, Kniefällen und Drehungen.

3. November 1916

Meine liebe kleine und geliebte Sekretärin, heute morgen bekomme ich Deine beiden Briefe, die vom 1. und vom 2. Ich antworte darauf husch-husch. Wie Du aus den seither eingetroffenen Briefen ersehen konntest, hegst Du die gleichen Besorgnisse wie ich.

Heute habe ich viel überlegt und einen Entschluß gefaßt. Ich habe das Gefühl, wenn ich den Dingen ihren normalen Lauf lasse, das heißt die vorliegenden Angebote vergleiche, das eine durch das andere sich erhöhen lasse usw., kommen wir nicht zum Goncourt-Preis zurecht! Diese Gelegenheit nun dürfen wir bestimmt nicht versäumen, und wir müssen sogar alles dransetzen, soweit zu kommen; vor allem, wie Du sehr richtig am Anfang Deines „Geehrten" vom 1. November bemerkst, der Verbreitung wegen. Wir müssen also energisch vorgehen: geradezu und endgültig entscheiden,

daß Flammarion es sein soll. Bei dieser Gelegenheit hilft es mir, daß Téry keine Antwort gibt. Er treibt es zu arg. Und dann, was soll's! Es wäre ja doch überaus absurd, weiter herumzuzögern, zu drehen und zu wenden, zu deuteln und zu feilschen – und den materiellen und moralischen Vorteil des Prix Goncourt zu vertun. Die Sache ist also entschieden. Der Brief an Dent und der Brief an Téry werden morgen abgehen – und auch ein Brief an die beiden Fischer.
Dein Gedanke betreffend die Abzüge ist gut, doch es gibt ein Aber. Es sind die inzwischen vorgenommenen Änderungen. Ich habe überall eine Menge von kleinen Korrekturen hinzugefügt. Um den zusammengeklebten Text zu korrigieren, müßte man die korrigierten Abzüge benutzen – und meine Änderungen auf ihn übertragen. Mit der „Traglast" bin ich noch nicht fertig. Es bleibt noch der Anfang zu kürzen. Vandérem hat vollkommen recht, und ich habe mich darauf eingerichtet, eine Menge von Gesprächsstükken zu streichen, die einzig und allein der Ausdrücke wegen dastehen. Ich meine, einige Tage werden mir genügen, um das in Ordnung zu bringen. Ab Montag möchte ich anfangen, Text an Dich abzuschicken.

4. November 1916

Ich schicke Dir die Fortsetzungen, die ich bei mir hatte. Dort und da habe ich neue Korrekturen vorgenommen, die einen sind ausgedehnt (ganze Passagen und sogar neue Kapitel: das 1. Kapitel „Vision", das 6. Kapitel, das 10. Kapitel); die andern betreffen bloß Sätze oder Wörter. An gewissen Stellen habe ich Löcher rein nach der Erinnerung gestopft.
Um eine lückenlose Korrektur zu erreichen, ist es nun, meine sehr geliebte kleine Sekretärin, angebracht, diese Texte mit dem Manuskript und vor allem, überall wo es möglich ist, mit den korrigierten Abzügen zu kollationieren.
Den auf diese Art in Ordnung gebrachten Text schickst Du dann – nach Maßgabe, doch möglichst viel – in dicken Pakken an die Fischers, 34, Rue Drouot. Den ersten Packen so bald wie möglich, in ein oder zwei Tagen. In bezug auf die Länge habe ich den Fischers mitgeteilt, daß sie mit 2000

Zeilen mehr als in den Fortsetzungen rechnen müßten. So stimmt es ungefähr.
Wie ich Dir schon sagte, lasse ich die Kapitel ohne Überschriften, mit Ausnahme des 1. Kapitels, „Vision“, und des 10. Kapitels, das neben dem Datum einen Ortsnamen tragen soll: Argoval. Alle übrigen, oder nahezu alle, sollen ein Datum in Kursiv tragen. Ich glaube, das wird mehr Einheitlichkeit und Verdichtung ergeben.
Im Packen B fehlen: das 16. Kapitel (früher „Idylle“), das ich Dir als Muster für die Textveränderung geschickt habe; das 14. Kapitel (früher „Die Traglast“) und der Schluß des 7. Kapitels (früher „Verladung“). Diese beiden letzten sind hier, und ich arbeite daran für die Endfassung.
Es fehlen – ich erinnere Dich daran – zwei wichtige Passagen: eine, die in den „Höhlenmenschen“[80] über die Suppe hinzugekommen ist und die ich Dir schon vor einiger Zeit geschickt habe, und die Passage über den lieben Gott, die Téry im „Verbandplatz“ gestrichen hat.
Das wär's. Für den Augenblick, mein liebes Kleines, müssen wir uns bis über die Ohren einigeln und arbeiten, ich an dem, was noch nicht fertig ist, und Du am Zurechtmachen des Ganzen. Du hast offensichtlich die schwerere Arbeit, und in diesem fürchterlichen Durcheinander ist das keine geringe Angelegenheit.
Nachher werden die Abzüge für das Buch kommen. Ich werde sie selbstverständlich durchsehen, aber das muß dann flink gehen. Im übrigen werde ich in Paris sein.
Die fünfzig Francs habe ich erhalten und danke Dir bestens, mein Kleines.
Postscriptum: Ich lege dem „Manuskript“ das 14. Kapitel (früher „Traglast“) bei. Namentlich dieses Kapitel habe ich, wie Du sehen wirst, aufgefrischt: Ich habe es sogar so sehr aufgefrischt, daß ich nicht weiß, ob es geht. Vielleicht ist es zu lang. Man müßte etwas tun: es laut lesen, um sich darüber klarzuwerden, ob es gegen Ende (oder anderswo) nicht Längen aufweist. Es ist entsetzlich lang.

•

8. November 1916, 7 Uhr abends

Mein liebes Kleines, ich habe Dir heute schon zwei Briefe geschrieben, der eine enthielt den Deinen, mit dem Du mir

den Empfang des Packens B bestätigst, der andere einen Brief von Fischer und einen von einem Mr. S. Heute abend schreibe ich Dir zum drittenmal.
Ich bin wirklich völlig ratlos.
Eben bekomme ich Dein eingeschriebenes Paket, und ich weiß nicht, was ich davon halten soll.
Zunächst war mir vorgekommen, als hättest Du zu dem Zeitpunkt, in dem Du das abschicktest, mein Paket B noch nicht gehabt, aber wenn ich nochmals lese, stelle ich fest, daß Du es hast. Na schön, schaffen wir Ordnung.
Erstens: Ja doch, die Anordnung ist verändert, und nicht wenig! Eine Liste mit der neuen Reihenfolge der Kapitel habe ich Dir schon vor einiger Zeit geschickt. Die Paginierung des Packens B folgt dieser Reihenfolge[81]:
1. Vision (kursiv), 2. Die Höhlenmenschen, 3. Die Ablösung, 4. Volpatte und Fouillade, 5. Die Ortsunterkunft, 6. Die Gewohnheit, 7. Verladung, 8. Urlaub, 9. Der große Zorn, 10. Argoval, 11. Der Hund, 12. Das Säulentor, 13. Die Kraftausdrücke, 14. Die Traglast, 15. Das Ei, 16. Idylle, 17. Die Sappe, 18. Die Streichhölzer, 19. Trommelfeuer, 20. Im Feuer, 21. Der Verbandplatz, 22. Morgendämmerung.
Ich habe das „Säulentor" an seinen neuen Platz zwischen den „Hund" und die „Kraftausdrücke" gestellt und die Stelle, die Dir fehlt, dort eingefügt. In meinem Text finden sich, über das ganze „Säulentor" verstreut, vielfach Korrekturen und Hinzufügungen! In der Abschrift, die Du mir schickst, sind überdies Fehler, sogar recht grobe: ein Satz: „Nicht doch! Deine Frau ist gesund" ist wiederholt, und es gibt eine Lücke.
Anderseits glaube ich, daß ich die Vögel, die „leben" anstatt „pfeifen" (wie es heißen muß), stehengelassen habe. Ich schicke Dir die Passage, in der die Lücke und besagte Korrektur enthalten ist.
... Doch rege ich mich vermutlich zu unrecht auf, und bevor Dich dieser Brief erreicht, wirst Du meine Liste oder das vollständige „Säulentor" in meiner Sendung B sicher schon wiedergefunden haben.
Du hast wohl bemerkt, daß ich überall kleine Zusätze eingestreut habe. Unter diesen Umständen ginge es vielleicht rascher, wenn Du Deine Textvergleiche auf meine Sendung stütztest. Nun, tu, wie Du möchtest, aber mißtraue dem

Manuskript: beinahe überall hat es eine Menge Änderungen gegeben. Aber vor allem, mein Kleines, mach schnell. Und ich frage mich sogar, ob es nicht besser wäre, den Block B einfach gleich den Fischers zu schicken und uns damit zu begnügen, daß wir dann mit den Abzügen für das Buch kollationieren. Tu das, wenn es Dir einfacher und flinker erscheint.
Deine Bemerkung zu den Kapitelüberschriften trifft mich ... Aber findest Du nicht, daß sie banal sind, daß sie zerstückeln und daran hindern zu glauben, daß es sich um dieselben Dinge und dieselben Menschen handelt?
Entscheidung (da wir ja bei den Entscheidungen sind): Setze keine ein, und wir werden die Wirkung auf den Abzügen sehen. Die Überschrift des letzten, „Morgendämmerung", könnte man vielleicht setzen. Falls Du die „Traglast" nicht Macchiati vorliest, lies das Kapitel laut oder leise, und wenn Du wirklich Längen merkst, kürze, was Dir überflüssig erscheint. Es wäre zu zeitraubend, es auf mich ankommen zu lassen: es geht um Stunden!
Was die Episode mit Tulacques Streit wegen des Schweins betrifft, so erschien sie mir alltäglich, ohne besonderen Reiz, und ich habe mich entschlossen, sie im Hinblick auf die langweilige Breite der „Traglast" aus den „Höhlenmenschen" zu streichen. Mach damit, was Du möchtest. Ich liefere sie Dir aus. Aber achte wirklich darauf, ob sie etwas zum Ganzen beiträgt. Ich schicke Dir nichts zurück, ja? Ich schließe zwei zusätzliche Korrekturen bei. Die der Lücke ist beinahe unnötig, mit Ausnahme von „pfeifen".

11. November 1916

Meine liebe kleine Sekretärin,
sehr gut, ich überlasse Dich Deiner Aufräumearbeit. Mit den Fischers ist endgültig abgeschlossen.
Ja, Téry ist verärgert! Auf der Stelle schickt er mir ein Telegramm, und auf der Stelle schreibt mir auch Mme. de Pène!
... ...

Plombières-les-Bains, 12. November 1916

Heute war mein letzter Sonntag in Plombières. Ich unternahm einen hübschen Spaziergang durch den Wald und das etwas kühle, entblößte und feuchte Tal, aber dennoch bei einem Strahl Sonne, der nicht vor 3 Uhr verlosch.

Am Abend nun sitzen wir vereint um den Tisch in unserem Saal, erleuchtet von einem störrischen Gaslicht, das auf eine regelmäßige und aufreizende Weise heller und dunkler wird, während wir die wechselnden Phasen einer überaus spannenden Operation verfolgen: den Stapellauf der „Feuer". Die „Feuer" ist ein Schiffchen von zehn Zentimeter Länge, aufgetakelt als Schonerbrigg, und der Stapellauf besteht darin, es in eine Flasche einzuschleusen. Samt seinen Masten aus Streichhölzern, seinen Kabelrollen aus Perlen, seinem Tauwerk aus Fäden und seinen an die Masten gebundenen Segeln, die aus Zigarettenpapier sind. Das Einbringen des kompletten Schiffes in die Flasche ist eine verdammt schwierige und heikle Arbeit. Man könnte sagen, es ist eine umgekehrte Entbindung. Wieviel Sorgen, Mühen und Flüche seitens des Mechanikers Eudore, des Erbauers des Schiffes, wieviel Ausrufe der Enttäuschung und dann der Begeisterung von uns, den gebannten Zuschauern! Die „Feuer" ist für mich, und ich werde sie am Samstag in ihrer Flasche mitbringen. Die niedliche kleine Sekretärin, und nach ihr unsere Besucher, werden sich, starr vor Staunen, fragen, wie das Schiffchen in die Flasche gelangen konnte.

Plombières-les-Bains, 13. November 1916, vormittags

Ich bekomme ein Telegramm des „Sekretärs von Max und Alex Fischer", das die fehlenden Seiten der „Traglast" anfordert. Ich antworte, die werden sie bekommen, sollen aber ohne sie weitermachen. Ich hoffe, daß sie, wie die Dinge liegen, doch nicht wegen der fehlenden sechs Seiten die Versendung an die Druckerei hinauszögern!

Wegen der „Traglast" all right. Da es zum 7. Kapitel keine Fortsetzung gibt, haben sie doch alles. Was denn noch, bitte!

Doch ist das nicht alles. Man müßte an die Firma Offenstadt, 3 Rue de Rocroy, Paris, ein Exemplar von „Wir Andern“ senden und auch ein Exemplar von den im „Matin“ publizierten Novellen, die nicht in „Wir Andern“ erschienen sind. Die Texte dieser Novellen liegen in meinem Schreibtisch in einem großen Umschlag und auch anderswo dort herum. Doch Vorsicht! Die nicht in „Wir Andern“ erschienenen Novellen habe ich seinerzeit schon geordnet, um die Grundlage für einen neuen Novellenband zu schaffen, und diese Sammlung soll nicht auseinandergerissen werden. Man muß Exemplare von den Zweitschriften nehmen, die da und dort umherliegen. Anbei ein Brief für Offenstadt.

Dringender aber ist es, die Überarbeitung des ersten Abschnitts des „Feuers“ an M. Delaroche vom „Progrès de Lyon“, 8 Rue de Solférino, zu schicken. Wenn Du also gar keine Zeit hast, Dich mit der Angelegenheit Offenstadt zu beschäftigen, mach Dir keinen Kummer: wir werden das in sanfter Faulheit bei meiner Rückkehr besorgen. Aber das sind kleine Dinge, die ich nicht vernachlässigen möchte. Auf diese Weise vermehrt man seine Einkünfte ... Bei meinem vorübergehenden Aufenthalt in Paris werde ich mich mit meinem künftigen Roman befassen.

... ...

Chartres, Sonntag, 4. Februar 1917

Ich bin zufrieden. Ja. Ich drücke Dir meine allerhöchste Zufriedenheit aus. Eben habe ich diesen Brief und vier Bände bekommen. Ich ernenne Dich folglich zum Sekretariatschef mit Kriegskreuz. Würdest Du mir, um mir Deine Dankbarkeit zu bezeigen, eiligst die „Vierzehn Soldatengeschichten" von Claude Farrère schicken? Du ahnst ja, daß diese Bücher, um die ich Dich bitte, nicht für mich sind. Heute fand ich noch keine Möglichkeit zu arbeiten. Stell Dir vor, ich treibe mich herum und bin seit heute morgen unterwegs. Ich habe Crouzon im Hôpital Mixte aufgesucht. Ich bin umhergelaufen, um im „Officiel"[82] nachzusehen, ob er ausgezeichnet worden ist, und habe den „Officiel" noch nicht einsehen können; aber es scheint trotzdem amtlich zu sein. Um so besser. Er verdient es: Er ist an der Front gewesen und ist ein Mann von Mut.

Täglich um 11 Uhr nehme ich meinen Weg durch die Rue Saint-Michel, die Rue de la Mairie, die Rue des Tonneliers, die Rue du Bois-Merrain und die Rue Delacroix; ich überquere die Place des Epars, biege in die Rue de Bonneval ein und betrete die weiten Räumlichkeiten des Hôpital Mixte. Im zweiten Stockwerk dieses Prachtbaus liegt Crouzon bei einer molligen Temperatur von 22 Grad selig im Bett. Wir verplaudern eine Stunde, dann kehre ich heim, grundsätzlich, um zu arbeiten. Wenn das Feuer nicht ausgegangen ist, arbeite ich.

René Benjamin[83] schreibt mir einen Brief. Er erklärt mir: „Sie können sich wohl denken, wie es wirkt, daß alle Kritiker darauf aus sind, unsere Bücher zu vergleichen, und dann schlußfolgern, daß ich ein Esel bin." Diesem Benjamin muß ich ein Dorn im Auge sein! Er fügt hinzu, „Das Feuer" habe er eben beendet und „halte es für ein Meisterwerk"! Sein Brief ist freundlich und macht ihm Ehre, denn offenbar ist die Veröffentlichung des „Feuers" eine wahre moralische Katastrophe für ihn gewesen.

Chartres, 7. Februar 1917

Mein liebes Mädchen, die Zeit vergeht und vergeht, und schon habe ich Dich lange nicht mehr gesehen, und die Existenz in der Rue de Lapparent ist für meine Augen wiederum in weiteste Ferne gerückt.
Die Bücher, die Du mir geschickt hast, habe ich bekommen. Gut so.
„Die Hölle" scheint sich zu verkaufen. Albin Michel schreibt mir, seit das Buch im Handel ist, sind 3000 davon abgesetzt worden. Hier, in der Buchhandlung, hat man mir gesagt, auf einmal „Die Hölle" wird viermal „Das Feuer" verkauft. Dieses geht täglich rasch weg: Die zwei größten Buchhandlungen von Chartres haben heute ihr letztes verkauft und wieder eine Ladung angefordert. All right.
Die „Grande Revue" bittet mich um einen Roman.
Ich habe den Katalog von G. Pierre bekommen. Ich denke, die Meinung von Scott werde ich unverzüglich erhalten. Diese Luxusausgabe ist etwas, das mich sehr interessiert. Ich habe eine Schwäche dafür.
… …

Chartres, 12. Februar 1917

Mein liebes Kleines. Eine Karte, die mir sagt, daß Du seit zwei Tagen ohne Post bist. So, so, so! (Nachdem ich alle Formulierungen des Vorwurfs gegen die Unregelmäßigkeit der Post in den dreihundert Tagen, während der ich Dir täglich schreibe, bereits verbraucht habe, weiß ich nichts mehr zu sagen.)
Ich selber habe Post gehabt. Namentlich einen Brief von der Société des Gens de lettres, mit der Bitte um „Das Feuer" für eine Schweizer Zeitung, die es nachdrucken möchte. Das läßt sich machen. Der andere kommt von Raymond Lefebvre[84], der mir günstige Nachrichten über den Fortgang unserer großen internationalen Zeitschrift zukommen läßt; er hat mit Anatole France darüber gesprochen, der Interesse zeigt, seinen Namen zur Verfügung stellen will usw. France hat von mir geredet und gesagt: „‚Das Feuer' ist eines der schönsten Bücher der französischen Literatur." Seiner Meinung nach übertrifft es im epischen Genre Hugo und Zola! Na bitte!

Aurel schrieb mir. Mauger von der Comédie-Française wird in seiner Lesung Stellen aus dem „Feuer" bringen. Noch andere Briefe, sehr schön! Ich staple sie auf, es sind zu viele, als daß ich sie Dir schicken könnte; ab und zu schicke ich Dir welche, doch empfange ich viel mehr, als ich Dir senden kann. Hast Du den von Maeterlinck gesehen? Für „Das Feuer" hält sich das Barometer entschieden auf schön. Davon abgesehen, habe ich Dir nichts von mir zu erzählen, außer daß es mir immer sehr gut geht und daß man dermaßen freundlich zu mir ist ... daß mir allmählich meine ganze Zeit gestohlen wird. Heute nachmittag habe ich ein Blindenhospital besucht und wurde, wie Poincaré, vom Chefarzt umhergelotst. Heute abend speise ich beim Departement-Schatzmeister! Eben deshalb kürze ich sogar diese Botschaft ab und verabschiede ich mich von Dir. Ich wünsche Dir von ganzem Herzen guten Mut, obgleich ich fühle, daß es von mir, den man verwöhnt, nicht sehr verdienstvoll ist, Dir mit diesem Wunsch zu kommen, der so leicht auszusprechen ist. Ich umarme Dich zärtlich, und ich möchte Dich gern sehen. Schon so lange bist Du nicht mehr nah bei mir!

26. Februar 1917

Heute morgen neun Briefe mit der Post! Darunter zwei von Dir.

... ...

Die Fischers schreiben mir, „wir nehmen den Druck des 40. bis 50. Tausends in Angriff und bereiten uns jetzt schon auf die Auflage des 50. bis 60. Tausends vor". Sie setzen hinzu, sobald sie das erreicht haben, wird die Auflagenhöhe vom „Feuer" die vom „Gaspard" übertroffen haben. Rostand schreibt mir, er „habe dieser Tage ausgehen und Leute besuchen können" und er habe festgestellt, daß „Das Feuer" immensen Erfolg hat. „Sie werden rasch über das 100. Tausend hinauskommen", sagt er, „und das wird nicht mehr aufhören. Die Verbreitung wird ungeheuer werden!" Er ist notorischen Klerikalen begegnet, die für das Buch eingenommen sind, und das wundert ihn sehr.

Im Augenblick bin ich mit Arbeit überlastet. Ich schreibe unaufhörlich. Nicht allein die unzähligen Antworten, son-

dern gewichtige Sachen: das Manifest der Intellektuellen, das Raymond Lefebvre morgen hier abholen kommt und das wichtig und schwierig abzufassen ist.
Die Fischers kündigen mir an, aus der Schweiz sei ein Angebot für die deutsche Übersetzung des „Feuers“[85] gekommen. Darauf hatte ich mit Ungeduld gewartet, und ich bin zufrieden. Auch die Angelegenheit der Luxusausgabe steht noch bevor.
Schicke mir bitte die Adresse von Léon Bernstein (des Übersetzers ins Russische).
Albin Michel scheint mir wieder seine Stereotypdrucke von „Die Hölle“ aufzunehmen. Beweis, daß das Buch wohl gut geht.
Noch immer kein Zeichner für „Die Hölle“.

27. Februar 1917, Postkarte

Heute morgen wieder Post in großem Überfluß: etwa zehn Briefe und, was besser ist, einen von Dir.
Ich mache Dich gleich auf den von Albin Michel aufmerksam. Er druckt von der „Hölle“ fünftausend nach, und dieser gute Bursche sagt: „Wenn Sie kommen, hoffe ich Sie mit Gold überschütten zu können.“ Ich werde wenigstens 3000 Francs von ihm zu bekommen haben.
Uff! Das neue große Manifest der Intellektuellen der Welt[86] habe ich ausgebrütet. Eben habe ich es abgeschrieben. Es ist ein wenig großsprecherisch und rhetorisch, aber das muß ein Schriftstück dieser Art sein, nicht? Diese Angelegenheit interessiert mich leidenschaftlich. Raymond Lefebvre soll heute nachmittag kommen und mit mir darüber sprechen. Ich erwarte ihn.
… …

27. Februar 1917, abends

Hier ein Wörtchen, um Dir zu sagen, woran ich gedacht habe: Wir müssen uns ein Telefon legen lassen. Das muß unbedingt sein. Unser Geldchen gestattet uns das, ohne daß es auch nur im geringsten eine Torheit wäre, und es wird Dich zerstreuen.
Heute traf ich Raymond Lefebvre und seinen Freund Vail-

lant-Couturier. Wir plauderten über die Zeitschrift. Ich habe ihnen das Manifest ausgehändigt. Sie werden es abschreiben lassen, und wir wollen namhafte Unterschriften sammeln. Ich werde mich damit befassen müssen, einen Organisationsplan aufzustellen und das Pariser Büro zu errichten. Von alledem wird man bald hören.
Mama schreibt mir einen Brief, in dem einige Stellen wahrhaft rührend sind! Die arme Mama!

28. Februar 1917, morgens

Wieviel Briefe! Ich bekomme mehr und mehr! „Das Feuer“ zündet überall: der Brand ist allgemein. Prächtig, prächtig. Ein anderer russischer Übersetzer bietet sich an. Man schickt mir Artikel aus dem „Radical“, aus „La Griffe“, aus „La Grande Revue“ (wo Ernest-Charles sein „Carnet de la Semaine“ bringt), aus einer Frontzeitung, aus dem „Populaire“ (eine Studie in vier Artikeln, von denen zwei schon erschienen sind) und aus einer englischen Zeitung. Offenbar hat es eine Polemik zwischen der „Dépêche de Toulouse“ und einer Zeitung in Brest gegeben; nachdem diese erklärt hatte, „Das Feuer“ sei nicht ein Buch der Wahrheit, sondern der Voreingenommenheit, entgegnet die „Dépêche“ damit, daß sie den Brief eines Frontsoldaten veröffentlicht. Hast Du Dich wegen des „Journal du Peuple“ und des „Mercure“ erkundigt? Die Baronin Fauqueux will eine Veranstaltung über mich organisieren, sie bittet, ihr einen Referenten zu nennen. Wen? Wen? Anliegend ein Brief von Decourcelle. Das ist eine moralische Genugtuung. Der „Matin“ ist eine Drecksbude, in die ich nicht wieder möchte.
… …

6. März 1917, abends

Und gleich zu Anfang möchte ich Dir sagen, es besteht Aussicht, daß ich nächste Woche nach Paris komme. Aber nachdem das gesagt ist, füge ich, mangels absoluter Gewißheit und auch genauer Angaben über den besagten Aufenthalt, zur Zeit nichts weiter hinzu. Ich werde versuchen, einige Tage zu bleiben … Warte also ausführlichere Meldungen ab, bevor Du das Haus beflaggen läßt.

Ich bin glücklich, mein Herz, Dich wiederzusehen.
Ich komme mit einer nicht unterdrückbaren fixen Idee an: so bald wie möglich „Von Angesicht zu Angesicht" zu schreiben. Alle meine Bemühungen werden dahin gehen, das zu verwirklichen. Es wird viel weniger rasch als „Das Feuer" gehen. Mit diesem neuen Roman habe ich genau ein Jahr nach dem „Feuer" begonnen, nun hatte ich aber vor einem Jahr mehr vom „Feuer" geschrieben als jetzt von diesem. Doch bin ich sicher, wenn ich bei Dir bin, wird es besser und schneller gehen. Wollte ich Novellen schreiben, die man überall von mir fordert, Artikel für „L'Œuvre" usw., würde das unser Monatseinkommen aufbessern, aber das hieße dem Schatten nachjagen und die Beute laufenlassen. Nicht zu reden von dem moralischen Gewicht, das mir ein neuer Roman, wenn er gut ankommt, verleihen wird.
Du hast mir die Adresse der „Revue des Français" noch nicht geschickt. Die Ausschnitte sende ich Dir zurück.

10, Rue Albert-de-Lapparent, VIIe, 21. Mai 1917

Ja, mein Kleines, Du hast recht: Es gilt eine Pflicht zu erfüllen, man muß reden. Diese Pflicht hat mir immer am Herzen gelegen, jetzt aber erscheint sie mir mehr denn je unabweislich und wichtig, erst mal, weil die großen Ereignisse zur Zeit alle Reformen möglich machen, und dann, weil mir der Erfolg des „Feuers" gegenwärtig die Gewißheit verschafft, gehört zu werden. Verzehren wir uns nicht in Klagen über das Unheil und die Kümmernisse des Krieges – suchen wir sie zu nutzen, um das Leben der Gesellschaft zu verbessern und die Zukunft vor ihnen zu bewahren. Du, die Du selbst nicht wirklich für diesen Fortschritt arbeitest, mich aber dazu ermutigst, denke mehr daran und wende Deine Aufmerksamkeit nach dieser Richtung, anstatt Dich zurückzuziehen und über das zu jammern, was nicht wiedergutzumachen ist.
Eben habe ich einen Brief erhalten, der mich sehr gerührt hat: eine zwanzigjährige Lehrerin aus einem kleinen Ort im Département Ardèche schreibt mir, in dem entsetzlichen Kummer, in den der Krieg alle Träume ihres Lebens habe versinken lassen (sie bezeichnet ihn nicht genauer), habe sie bei der Lektüre des „Feuers" ein wenig Trost gefunden;

sie schöpfe wieder Mut bei dem Gedanken, daß jene, die gefallen sind, nicht unnütz gefallen sind, wenn aus der gegenwärtigen Katastrophe eine glückliche Wendung der künftigen Geschicke der Menschen hervorgehen muß. Wir können Leben nicht wiederherstellen, aber Sterben verhindern.
Ich würde gern den Leitartikel für die neue Zeitung schreiben, die im Juni erscheint.[87] Ich weiß noch nicht, was in dieser Hinsicht entschieden worden ist.
Albin Michel schreibt mir, daß man in Zürich „Die Hölle“ ins Deutsche übersetzen möchte. (Übrigens glaube ich, Du hast seinen Brief schon.)
Duvernois teilt mir mit, einer seiner Freunde, ein Theaterdirektor, würde mit Begeisterung ein Stück von mir aufführen.
…… …

Aumont, 24. Juni 1917, abends

…… …
Ich habe „Le Pays“[88] von heute gesehen. Man hat ein wenig zensuriert, klar, aber der Gedankengang und sogar das Motiv sind doch respektiert.
Heute, am Nachmittag, habe ich einen kleinen Rundgang durch den Garten gemacht. Er ist voll von Kirschen, Erdbeeren und Johannisbeeren. Wenn dieses Obst am Donnerstag noch gut ist, bringe ich Dir davon mit.
Schicke mir bitte die Nummer der „Nations“, die meinen Artikel enthält.
Die Nummern der „Nations“ befinden sich in der Vitrine meines Arbeitszimmers, rechts, ganz unten, in einem großen gelben Umschlag.
…… …

8. Juli 1917

Ich schreibe und schreibe! Ich habe schon über hundert Briefe abgeschickt, und niedergeschmettert sehe ich, daß ich noch einer Menge von Korrespondenten gegenüber sehr in Rückstand bin.
…… …

In einem Heft, das ich auf dem Gymnasium führte, habe ich Verse wiedergefunden, die in „Pleureuses“ erschienen und wahrhaftig hübsch und eigenständig sind! Zu denken, daß ich das im April 1891 gemacht habe, als ich noch nicht achtzehn Jahre war! Ich habe mich entschlossen, nach meinem jetzigen Roman „Ausgewählte Gedichte“ zusammenzustellen, die eine gewisse Anzahl von Versen aus „Pleureuses“ und einige seither entstandene Sachen[89] umfassen sollen. Es wird ein schmales Buch. Doch meine Ansicht ist ganz klar. Es ist weitaus besser, unter den Gedichten, die man geschrieben hat, selber auszuwählen, was passabel ist, als das Publikum damit zu bemühen, es zwischen den übrigen herauszusuchen. Es bleibt so Weniges, selbst von den größten Dichtern!
… …

9. Juli 1917, morgens

Heute morgen keine Briefe von Dir. Wie einst, während der Kämpfe im Artois, schließe ich daraus, daß ich morgen zwei erhalten werde.
Man macht mich darauf aufmerksam, daß mir die „Action Française“ vom 5. einen Artikel widmet. Würdest Du Dir diese Nummer so bald wie möglich verschaffen? Ich habe das Gefühl, daß es falsch von mir wäre, auf gewisse Angriffe überhaupt nicht zu erwidern oder erwidern zu lassen. Und in Anbetracht der zahlreichen Rückfälle der „A. F.“[90] wäre es, glaube ich, bei dieser Gelegenheit einfacher und logischer, diese Zeitung bis auf Widerruf regelmäßig zu kaufen. Ich weiß ja, es tut weh, täglich auch nur einen Groschen zum Vorteil dieser gefährlichen Rohlinge auszugeben, trotzdem ist es aber ein wenig lächerlich, nur durch Zufall – wenn überhaupt – von den Hieben informiert zu sein, die sie mir zu versetzen suchen. Ihre Kampagne ist immerhin von Bedeutung, und es kann Fälle geben, in denen es besser oder sogar notwendig wäre, daß ich sogleich protestiere oder erwidere. Was meinst Du dazu? Hast Du „La Victoire“[91] und den Artikel von Lysis[92]? Auch in dieser Richtung muß man wachsam sein. Doch für den Augenblick halte ich es nicht für nötig, Hervés Stinkblatt jeden Tag kaufen zu lassen.

Die Fischers melden mir, daß das 116. Tausend des „Feuers“ im Handel ist und daß die Druckerei nun das 126. bis 136. Tausend bis zum Wochenende fertigstellen muß.

11. Juli 1917

Der treue kleine Sekretär hat einen Irrtum begangen! Ich hatte nicht um die Briefe des Pfarrers Sirech gebeten. Ich hatte gebeten, die Adresse dieses lautstarken Pfaffen ausfindig zu machen und ihm meinen Brief zu schicken. Der Brief ist vierundzwanzig Stunden vor diesem abgegangen. Du hast ihn also seit vierundzwanzig Stunden. Sende ihn schnell, schnell an diesen Jesuiten ab, der sich „Hauptprediger der Gymnasien von Lyon“ tituliert und 34, Cours Vitton, Lyon, wohnt. Es ist keine Sekunde zu verlieren, weil ich die Kopie dieses Briefes heute morgen an Delaroche vom „Progrès“ abgeschickt habe und es völlig inkorrekt wäre (und ich lege Wert darauf, korrekt gegenüber diesem Weiberkittel zu sein, der es mit mir so wenig ist), wenn der Brief in den Zeitungen veröffentlicht würde, bevor er ihn erhalten hat.

An G. de Peyrebrune habe ich geschrieben – ich schlug ihr vor, einen Vorstoß bei Albin Michel zu unternehmen. Schicke mir die Artikel vom „Argus Suisse“[93] nicht zu, sondern teile mir grosso modo mit, worum es geht: von jedem deutschen und französischen Artikel ein kleines Resümee. Das wäre fein. Ach, aus dem Kauderwelsch des „Corriere della Sera“[94] habe ich nichts herauslesen können! Ob zu erwidern ist, hängt von den Fällen ab. Bald muß man schweigen, bald reden. Sirech muß ich ein Dementi abzwingen. Sein Angriff ist zu kategorisch und zu heftig („Niedertracht“, „Geifer“ usw.) Er könnte nicht aggressiver sein, unmöglich. Ich kann ihn hingegen zwingen, Vorbehalte, Einschränkungen zu machen. Ich werfe ihm nicht vor, daß er mir wegen meines Atheismus böse ist, sondern daß er glauben machen möchte, „Das Feuer“ sei ein Buch, das *alle achtbaren Empfindungen* verunglimpft, das die kämpfenden Soldaten beleidigt usw. Ich halte es nicht für ersprießlich, eine unredliche Äußerung von solchem Gewicht in der Schwebe zu lassen. Ich lasse gern gelten, daß mich viele von Sirechs Zuhörern, wenn auch mit Vorbehalt, für einen Schuft halten – aber gäbe es auch nur einige guten Glaubens unter ihnen, ging es schon um diese. Wenn offenkundige Lüge, nachweisliche Entstellung vorliegt (wie in dem Falle Urbain Gohier), ist es von Vorteil, richtigzustellen. Wenn landläufige Polemik, natürlich nicht.

… …

24. Juli 1917

Arme Jeanne de Bar! Sie war eine Frau, für die ich Sympathie hatte, und ihr fortschreitender Verfall muß herzzerreißend gewesen sein. Ihre kleinen Mädchen sind wohl schon imstande zu begreifen und zu empfinden. Ich habe ein Wort an Mme. de Bar geschrieben.

Von Hervé erhielt ich einen ganz und gar freundlichen und liebenswürdigen Brief! Sein Mitarbeiter Lysis sei nicht da, teilt er mir mit. Aber er erkennt an, daß alle übrigen anwesenden Mitarbeiter nur eine sehr günstige Meinung über mein Buch hätten, daß im übrigen niemand mein Republikanertum und meinen Patriotismus bezweifle und daß ich „eine der jungen Zierden unseres Landes" sei, „auf die wir höchst stolz sind". Über die Wirkung, die von der Lektüre des „Feuers" in den Schützengräben ausgeht, will er mir, „wenn ich gestatte", erst schreiben, sobald er den Band (den er noch nicht ganz gelesen hat, wie er sagt) beendet hat. Alles schön und gut, aber ich muß eine öffentliche Bestätigung für diese gute Gesinnung haben. Warten wir ab, diesem Strauß von Komplimenten mißtraue ich ein wenig, denn er kommt nach jenem wütenden und sinnlosen Angriff und angesichts der Drohung mit einem Berichtigungsbrief, den zu bringen äußerst peinlich wäre.

Ich erhielt einen Brief von Champdeuil, der sich mir in Erinnerung ruft, mir Komplimente über mein Buch macht und mich fragt, ob ich nicht einen Populärroman von zwanzigtausend Zeilen für ihn an den Mann bringen könnte (er hat schon überall welche gehabt, acht davon im „Petit Parisien"). Ich habe ihm freundlich geantwortet. Zum Unglück verabscheue ich Populärromane. Im übrigen meine ich, daß er es in seiner Eigenschaft als Autor von Populärliteratur wirklich nicht nötig haben kann, dem Chefredakteur einer Zeitung empfohlen zu werden. Ich hoffe, dieser brave

Champdeuil wird mir nicht böse sein. Aber dieses Genre Literatur kann ich denn doch nicht unter meine Fittiche nehmen.
Ein junger Feldwebel, der an der Front ist, hat in einem Unterstand gewohnt, der meinen Namen trägt: „Barbuss' Cottage", und er hat darüber eine Ballade geschrieben, die er mir schickt.
Die Fischers schreiben mir, es sei abgemacht: als nächste Auflage wird man 14000 Exemplare drucken (vom 136. bis zum 150. Tausend), und bei dieser Gelegenheit „eine wirkungsvolle Nachwerbung einleiten". Das soll im kommenden Monat oder Anfang September sein.
Fasquelle hat mir wegen „Wir" nicht geantwortet (die Fischers verlangen dieses Buch). Dieser Bruder schreibt mir nicht oft!
Arbeit, nicht berühmt. Ich war auf Seite 178 und bin dann auf Seite 170 zurückgefallen.
…… …

27. Juli 1917

Mein liebes Kleines,
von dieser Lesung aus „Die Hölle" in der Kammer[95] wußte ich überhaupt nichts. Du müßtest mir sofort, ich bitte Dich darum, die Nummer des „Journal Officiel" beschaffen. Aus dem Datum der „Action Française", die in dem Ausschnitt, den Du mir geschickt hast, von der Sitzung vor zwei Tagen berichtet, kannst Du das Datum ersehen. Vielleicht wird es nötig, daß ich, sei es in der „A. F.", sei es in „Le Pays", etwas erwidere. Gewiß, in der „Hölle" greife ich die Idee vom Vaterland heftig und geradewegs an, ohne mir die Mühe zu machen, genau genug auszusprechen, daß es sich um die offensive Idee vom Vaterland, um die Idee von einem Vaterland „stärker als die andern", um die nationalistische Idee vom Vaterland handelt, so wie ich es im „Feuer" und in „Wofür kämpfst du?" sehr klar definiert und dargelegt habe. Es ist angebracht, das alles richtigzustellen. Besorge also dringend das „Journal Officiel" und schick es mir.
Heute wieder keine Arbeit. Wirklich sehr ärgerlich! Noch immer auf Seite 170!
…… …

Aumont, 14. August 1917

Mein liebes Kleines ...

... ...

Die Klerikalen sind stinkwütend auf mich. Ich glaube, wenn sie mich am Schlafittchen kriegten, wären sie recht zufrieden. Man weist mich auf einen Satz in einem Artikel von Lamarzelle im „Écho de Paris“ hin, in dem zitiert wird, was ich über die Pfarrer, die den Tornister tragen, gesagt habe. Es scheint (dem Brief des Frontsoldaten in „Les Nations“ zufolge), daß Henri Welschinger[96], einer der großen alten Eisen der Rechten, mich in der „Revue Hebdomadaire“ heruntermacht, einem Organ von mißfarbenem Rosa, in dem reaktionäre Ansichten heuchlerisch von einem undeutlichen, sehr verschwommenen und oberflächlichen Republikanismus verschleiert werden. Von dem gemeinen Lavisse[97] wußte ich nicht, daß er im „Temps“, in seinem Artikel „Wofür wir kämpfen?“, von mir geredet hatte. Diese sogenannten Republikaner, diese sogenannten Liberalen, die bei der ersten Gelegenheit glatt mit der Rechten zusammen marschieren und polemisieren, sind die abscheulichste und die gefährlichste Sorte. Ich träume meinerseits davon, sie beim Schlafittchen zu kriegen, gewiß nicht, um eine ruhmvolle Trophäe für meine Person daraus zu machen, sondern weil ich glaube, daß es wegen der Autorität, die sie auf den Geist der gebildeten Masse ausüben, keine schlimmeren Feinde des Fortschritts gibt. „Le Temps“ und „Le Figaro“ sind weitaus mehr zu fürchten und zu bekämpfen als „l'Action Française“. Ich habe es lieber mit Besessenen und mit Opfern ihrer Überzeugung zu tun, selbst wenn sie die Kunst des Diskutierens wie Straßenlümmel betreiben, als mit diesen offiziellen Schönrednern, die sich als Repräsentanten erhabener republikanischer Ideen hinstellen.
Heute gab es schönen Sonnenschein, dazu von Zeit zu Zeit abscheuliche Gewitter – finster und sintflutartig. Im September wird offenbar kein Wasser mehr übrig und über Cabourg[98] zu erwarten sein.
Heute habe ich gearbeitet. Ich nähere mich so langsam dem Ende meines ersten Teiles. Mit einem Wort, es wird ein ganzer Roman von zweihundertfünfzig Seiten sein, den ich dann gemacht habe. Ich will die Seiten nach Cabourg mitnehmen, um sie durchzulesen und ins reine zu bringen –

und mich am Meeresstrand nicht auf ein neues Kapitel einlassen.
Fasquelle ist in der Schweiz. Jaques Madeleine hat sich über mein (übrigens freundschaftliches) Ultimatum aufgeregt und mir geschrieben, er habe seinem Chef meinen Brief in den Schweizer Ferienort nachgeschickt.
Ich verneige mich, ich verbeuge mich und rolle mich von fern um Dich zusammen.
Flammarion läßt mich wissen, daß der Verkauf des „Feuers" noch immer „normal" weiterläuft. Dieses „normal" ist nett. Zum Glück ist alles relativ!
Das Histörchen der B. ist komisch. Die Mona Lisa hatte ich ja bereits gestohlen. Und jetzt bin ich gar füsiliert worden! Aber ich werde wohl wieder auferstehen müssen, damit diese netten kleinen Scherze weitergehen können.

Aumont, 17. August 1917

Mein Liebes, am Montagmorgen fahre ich ab und bin zum Mittagessen in der Rue de la Belle-Apparence, wo wir dann alle Maßnahmen treffen, um uns in Amphitrites[99] Reich zu begeben. Laß von heute an keine Briefe mehr nachsenden.
... ...
Die Fischers künden mir die Sendung einer spanischen Übersetzung von „Le Feu": „El fuego en las trancheras" an, und ein Angebot, „Die Hölle" ins Spanische zu übersetzen.
Ich erhielt die Übersetzung des Artikels aus der „Frankfurter Zeitung"[100]. Es ist darin von Caillaux die Rede, vom „Pays", „an dem bekannte Schriftsteller mitarbeiten, namentlich der Romanautor Barbusse, dessen letztes Buch ‚Das Feuer' Frankreich erschüttert, nicht weil es von der Académie Goncourt ausgezeichnet wurde, sondern weil es im Schützengraben geschrieben worden ist und den Soldaten so zeigt, wie er ist, mit seinen Strapazen, seinen Leiden und seinen Gedanken. Dieses Werk, überhäuft mit Verwünschungen der nationalistischen Presse, erreicht das hundertste Tausend."* Die „F. Z." fügt noch hinzu, ich sei

* Rückübersetzung aus dem Französischen. (Übers.)

durch mein Werk „auserkoren, der Wortführer der Soldaten zu sein"*, hätte nichtsdestoweniger im „Pays" keine revolutionären Artikel gegen die Tätigkeit der Regierung geschrieben, sondern einen eher nichtssagenden Artikel. Ich weiß nicht recht, was dieses Blatt vom andern Rheinufer damit sagen und worauf es hinaus will.

Meine Angelegenheit mit der Broschüre „Wofür kämpfst du?" ist gescheitert. Aber ich wiederhole Dir, man darf sich durch das törichte und unehrliche Geschrei von Hervé und Maurras nicht einschüchtern lassen. Im Gefolge der Skandale um „Bonnet Rouge" und um „La Tranchée"[101] sind sie gegenwärtig einigermaßen in Vorteil, doch warten wir das Ende ab … Ich bin durch Schaden so klug zu wissen, wie ungeheuerlich diese ganze Jesuitenbande die Dinge zum Zwecke ihrer Polemik entstellt.

Mir selber, dafür bürge ich Dir, ist es sehr egal, was man von mir sagen oder denken kann, und es stört nicht meine Überlegungen, die sich auf meinen nächsten Roman beziehen. Es hat in meinem Leben einen Moment gegeben – als „Die Hölle" den Vorschlag, mir das Kreuz der Ehrenlegion zu verleihen, zunichte gemacht hat –, da war ich von geheimnisvoller und finsterer Mißbilligung umgeben. Ich befinde mich darum auch jetzt nicht schlechter. Im übrigen geht es, wie Vergil im 7. Kapitel der „Äneis" sagt: Uno avulso non deficit alter[102]; für eine durch die Machenschaften eines zweideutigen Herrn kompromittierte Zeitung wird es morgen zehn neue geben, und nichts wird den Vormarsch aufhalten, für den ich ein ganz klein wenig verantwortlich bin. Das übrige sind nur Einzelheiten, die man mit Abstand sehen muß.

Auf Wiedersehen, also, kleines Herz.

* Rückübersetzung aus dem Französischen. (Übers.)

Dokumente

Frontnotizbuch I

1 August 1914 – Ausrufer in Aumont. Mobilmachung 4 Uhr 30.

3. August – Rückkehr nach Paris. Rekrutierungsbüro. Anwerbung.

14. August – Erste Fahrt nach Melun.

19. August – Zweite Fahrt nach Melun.

Donnerstag, 10. September – 5 Uhr, Einberufung nach Albi. Ich reise um 9 Uhr ab.

Samstag, 12. September – Ankunft in Albi.

10. Oktober – Hélyonne in Albi. Haus Juéry.

Montag, 21. Dezember – Abtransport aus Albi mit dem 231. Rgt. – 5 Uhr 45 abends.

Freitag, 25. Dezember – Ankunft in Vierzy mit der Eisenbahn. Fußmarsch (14 Kilometer) von Vierzy nach Vauxbuin. – Unterkunft in Vauxbuin.

Dienstag, 29. Dezember – Grabenstellung von Vauxrot (Marsch durch Soissons).

2. Januar 1915 – Aus der Stellung Abmarsch nach Ploisy (acht Kilometer). – Quartier in Ploisy.

7. Januar – Fürchterliche Tage. – Abmarsch von Ploisy um 2 Uhr morgens, Patronen. Während die Marokkaner und die Jäger angreifen, Quartier in der Glashütte von Vauxrot. Kahle Gänge, Zugluft, Kälte. Gegen 2 Uhr Abmarsch zum Steinbruch. Regen bei Einbruch der Dunkelheit (öfter langes Halten). Die von den Marokkanern eroberten Gräben sind von anderen Kompanien überfüllt. Fürchterliche Nacht auf freiem Feld neben den Gräben. Dreck, Schlammlöcher. Aufenthalt von einer Stunde hinter einer Böschung, von drei oder vier Stunden auf einem Acker am Rand eines Tümpels. Deutsche Leuchtraketen. Alles wirft sich hin. Stille. Infanteriefeuer. Habe, völlig durchgefroren, ein wenig geschlafen. Um 11 Uhr geht der Mond auf. Setzen uns trotzdem um 11 Uhr 30 in Marsch. Wir kommen auf Straßen, die wahre Schmutzhaufen sind. Jeder von uns stürzt ein paarmal. Wir steigen durch einen den Deutschen abgenommenen Laufgraben, bis über die Knöchel im Dreck. Wir erreichen das Endstück der Schützengräben des 204. Trotz Kälte schlafen wir ein wenig hinter einer Böschung. – Der Tod, mit dem jedermann sich einläßt ...

Samstag, 9. Januar – Mit dem Bajonett in die Schützengräben. Am Morgen geraten wir unter Artilleriebeschuß. Wir suchen Deckung.

Lethume neben mir verwundet. Dumont und ich drükken uns unten, neben dem Unterstand der Jäger, an die Grabenwand. Beinahe nichts mehr zu essen. Ich verzehre einen Rest Brot und Schokolade. Um ... Uhr wird der Beschuß heftiger. Eineinhalb Meter von mir entfernt – ich war ein Stück abgerückt und eingenickt – wird D. am Kopf getroffen und röchelt mit zertrümmertem Schädel, während ich, mit Erde beworfen und den Brotbeutel über dem Kopf, noch auf die Einschläge warte. (Ich nehme an, er schnarcht; als ich mich umwende, sehe ich ihn mit Blut und Erde bedeckt daliegen.) G., dem der Arm weggerissen ist, schreit, man solle ihm den Arm verbinden. Das Trommelfeuer wird heftiger. Jeder Einschlag schleudert Erde auf mich. Plötzlich ein harter Schlag gegen den Fuß. Ich halte mich für verwundet. Es ist nur ein Stück Bohlenholz, das ein Schrapnell abgesplittert hat ... Ich wechsle Platz, kauere mich in den Laufgang, der zu einem Unterstand führt. Ich bin unter freiem Himmel. Auf den Kopf lege ich mir meinen Brotbeutel; einen anderen, den ich dort finde, über den Bauch, eine zusammengerollte Decke über meine Beine. Entsetzliches Feuer während des ganzen übrigen Tages, rechts und links und vor mir sehe ich Schrapnells platzen.

Gegen 8 oder 9 Uhr werden wir abgelöst. Rückmarsch, zur Hälfte durch die Laufgräben, zur Hälfte außerhalb, über die Felder, weil die Gräben von der Truppe verstopft sind, die uns ablöst. Ankunft bei der Grotte. Aufenthalt, um abzuwarten, bis die Abteilungen, die hier durchziehen, den Graben geräumt haben. Leuchtrakete. (Diese Rakete hat ermöglicht, die Stelle zu markieren, und wenige Augenblicke nach unserem Abmarsch gingen hier Granaten nieder, denen acht oder zehn Mann zum Opfer fielen.) Um ein Ende zu machen und uns ins Quartier zu bringen, läßt uns der Zugführer schließlich doch über den Grat außerhalb des Grabens weitergehen. Gewehrkugeln. Pfeifen. Die Sanitäter und die Toten.

Pestartiger Gestank. Schließlich Straße und Steinbruch. Todmüde richten wir uns zum Schlafen ein. Doch gegen 11 Uhr werden vierundzwanzig Mann angefordert, die Draht in die Feuerlinie bringen sollen. Ich gehöre zu ihnen. Wir stehen wieder auf. Wir gehen zur Glashütte, legen die Decken und die Brotbeutel ab, und im Dunkeln, mit dem Gewehr und dem Satz Patronen bewaffnet, beladen wir uns je zwei und zwei mit den stacheldrahtbespannten hölzernen Verhauen, den „Spanischen Reitern", und ziehen wieder nach vorn. Pfeifen von Gewehrkugeln. Wir erreichen die Grotte, legen die Spanischen Reiter ab und kehren zurück. Es ist ungefähr 4 Uhr 30. Nochmals richten wir uns auf dem Felsboden mit einer Handvoll Stroh zum Schlafen ein; als Kopfkissen habe ich nur meinen Brotbeutel. Trotzdem schlafe ich bis 8 Uhr wie ein Stück Blei.

Sonntag, 10. Januar – Am Morgen meldet sich die Hälfte der Korporalschaft krank. Wir erfahren, daß es in der 17. Kompanie, die einem Gegenangriff ausgesetzt war, mehr als zwanzig Tote und fünfundzwanzig Verwundete gegeben hat (mit der Nacht von vorgestern und dem gestrigen Tag ungefähr zweihundert Mann außer Gefecht). Man erzählt sich Einzelheiten: von Verwundeten, die im Schlamm steckenbleiben, so daß man sich zu zweit anstrengen muß, sie aus dem Morast des Grabens zu ziehen. Daß die Deutschen keine Quartiere beziehen. Daß die Deutschen versucht haben, sich für die „Ablösung der 19. und der 21." auszugeben, um wieder in unsere Gräben zu gelangen.

Heute neuer Angriff der Unsrigen auf den Schützengraben von Crouy.

Nach allgemeiner Ansicht war der vergangene Tag der mörderischste, den man seit Kriegsbeginn erlebt hat, und das, obwohl das Regiment schon den ersten Teil des Feldzugs von der Maas bis an die Marne mitgemacht hat.

Montag, 11. Januar –Frühmorgens in der Glashütte. Um 4 Uhr wird „Antreten!" gerufen. Wir sammeln uns auf dem Hof. Dann bewegen wir uns auf den Ausgang zu. Man ruft: „In Gruppen, Laufschritt marsch!" Wir befinden uns auf der Landstraße nach Crouy, und sie liegt unter Beschuß. Unter einem Hagel von Granaten kommen wir an das Schloß. Halt. Nun geht es in Schützenreihe weiter. Flintenkugeln und Schrapnells. Wir erreichen die Hauptstraße von Crouy. Wir möchten in einem Keller unterschlüpfen. De Chaunac, der Zugführer, findet ein Stück weiter eine andere Unterkunft. Wir steigen in den Keller, der bereits von Pionieren belegt ist. Kaum sind wir dort, schlägt ein Artilleriegeschoß an der Stelle ein, die wir zuerst beziehen sollten. Dann kommt es auch dort, wo wir eingegraben sind, zu gewaltigen Detonationen: Unsere erste Etage und das Haus gegenüber gehen hoch. Es wird Abend. Wir richten uns zum Schlafen ein. Da kommt ein Befehl vom Oberst: Ein Arbeitskommando soll ein 8-cm-Geschütz auf die Anhöhe schaffen. Wenig später in der Nacht, die noch immer von Granaten und Gewehrfeuer zerrissen wird, weiterer Befehl vom Oberst: Angefordert werden zwanzig Mann Arbeitsdienst, Bohlen und Sandsäcke sind vor die Schützengräben hinauszubringen. Der ganze Zug marschiert ab. Kaum draußen, inmitten einer schwarzen Brühe, wo man über Trümmer stolpert, schlägt eine Granate, und noch eine, dicht neben uns ein. Man hat uns gesehen (Spionage?). Man nimmt uns aufs Korn. Schließlich laden wir uns Balken und Leinensäcke auf. Wir kommen an den Damm. Wir müssen über die Böschung klettern. Ich gerate als erster in einen Laufgraben, und ich schwimme, um die Aufschüttung zu erklimmen, buchstäblich im Dreck; ich wate darin bis zu den Ellenbogen und bis zu den Knien. Wir folgen dem Randpfad und legen dann, umschwirrt von Gewehrkugeln, zehn Meter vor dem deutschen Horchposten Bohlen und Säcke nieder. Wir kehren zurück. – Beim französichen Graben an der Brücke angelangt, werden wir aus nächster Nähe von einer Salve der Unsrigen empfangen, die uns in der Dunkelheit für Deutsche hielten. Ich verletze mir am Stacheldraht den Fuß. Getroffen wird niemand. Erst als wir rufen, erkennen die Soldaten im Schützengraben ihren Irrtum und lassen uns passieren. Nach anderthalb Stunden sind wir zurück. Immerfort Kugeln und Granaten. Wir schlummern allmählich ein. Plötzlich neuer Befehl: Angefordert werden zwanzig Mann, die Draht und Säcke an die gleiche Stelle schaffen sollen. Dasselbe Spiel wie vorhin. Kaum draußen, sind wir mehreren Granatsalven ausgesetzt. In dieser dichten Finsternis und zwischen den Ruinen ist das erschrekkend. Um 4 Uhr morgens treffen wir schließlich wieder im Keller ein und schlafen dann, so gut es geht.

Dienstag, 12. Januar – Gegen 10 Uhr vormittags ruft man plötzlich: „Alarm! Die Deutschen sind da! Tornister auf. Antreten!" Eilig greifen wir nach unserer Ausrüstung und gehen mit aufgepflanztem Bajonett vor, um die zweite Straßensperre an der Rue de Crouy zu besetzen. Heftiges Infanteriefeuer. Tapfere Haltung der Korporalschaft. Wir lauern an den Schießscharten auf die Deutschen. Sie kommen noch immer nicht. Widersprechende Gerüchte: Es sind unsere eigenen Leute, die wir für Feinde halten. Oder auch, im Gegenteil: Die Deutschen ziehen nach Crouy hinunter und umgehen uns. Wir beobachten, wie die Kameraden vom 246. keuchend und ungeübt die Höhe stürmen. Kurz darauf sehen wir sie im Laufschritt den Hang herabkommen. Zahlreiche Verwundete, das Gesicht oder die Hände voll Blut, oder von unversehrten Kameraden auf dem Rücken getragen. Sergeant Magnin sucht einen Freiwilligen, der nachsehen geht, was an der Sperre 1 passiert. Ich melde mich und gehe unter Gewehrfeuer und Maschinengewehrbeschuß zu der erwähnten Straßensperre vor. Sergeant Prudhomme, der ein Haus rechterhand besetzt hält, ruft mir zu, es gehe gut, er brauche bloß, seiner Verwundeten wegen, zwei Sanitäter. Ich kehre um, und das Postenstehen an der Sperre beginnt wieder. Späße. Ausgezeichnete Stimmung bei jedermann. Kaltblütigkeit des Sergeanten Magnin. Ein kleines Artilleriegeschütz wird in unserer Nähe aufgestellt. Daß die Deutschen vorrücken und uns umgehen wollen, bestätigt sich. Als es für einen Moment ruhiger wird, verbrennen wir unsere Briefe. Wir rühren uns nicht von unserem Posten. Aber gegen 3 Uhr ruft uns ein Offizier zu: „Setzt euch ab!" Sergeant Magnin ordnet den Rückzug an. Die Straße wird der Länge nach vom Feuer eines Maschinengewehrs bestrichen; man sieht Funken auf den Pflastersteinen sprühen und von Punkt zu Punkt kleine weiße Wölkchen aus dem Mauerputz spritzen. Die Soldaten brechen zusammen. An der Biegung wälzt sich ein Sergeant im Todeskampf. Man übermittelt uns den Befehl, uns über Saint-Paul zurückzuziehen. Unter anhaltendem Feuer gelangen wir durch Gärten auf die Landstraße – viele sind dort gefallen. Auf der Straße nach Saint-Paul, der wir einzeln und einer hinter dem anderen durch den Straßengraben folgen, erteilt man uns den Befehl, wieder nach vorn zu kommen. Magnin, der Zugführer de Chaunac, Barbier und ich gehen beherzt und ordnungsgemäß hintereinander entlang der Straße zurück und ermahnen die übrigen, die, um sich abzusetzen, in entgegengesetzter Richtung weiterlaufen. Boden mit Gewehren, Tornistern und Brotbeuteln übersät. Der Zug geht am Ortseingang von Crouy, am Sägewerk Legrand-Dupuis, in Stellung. Wir bauen eine Sperre aus dicken Brettern. Der Zugführer sammelt die Nachzügler und schickt alle wieder nach vorn. Zwei Maschinengewehrschützen, die „eine Rückzugsstellung suchen", richten sich an der Sperre ein. Truppenbewegung während der ganzen Nacht. Wir wissen nicht, woran wir sind. Ich übernehme mit Dubois die Wache von 7 bis 11 Uhr. Das ideale Glas Portwein.

Mittwoch, 13. Januar – Schlaf im Keller. Wir haben beinahe nichts mehr zu essen. Trockenen Tee und Puderzucker. Am nächsten Tag sehr in Gefahr gekommen, Schrapnellkugeln dicht neben mir. Die Kugeln klatschen in die Bretter. Unsere Sperre ist entdeckt. Wir sehen die Verwüstungen, die die 7,5 in der Höhe des Friedhofs auf dem Hügel von Crouy anrichtet. Bei Einbruch der Dunkelheit wird der Rückzug angetreten. Wir gelangen wieder nach Saint-Paul, kommen über die Aisne, durch Soissons. In der Zuckerfabrik von Saint-Germain beziehen wir Quartier. Herzlicher Empfang durch unsere zurückgebliebenen Kameraden. Sie hatten geglaubt, wir wären alle gefallen. Man traktiert uns mit Wein, mit Schnaps, mit eingelegtem Rindfleisch, Kaffee, gebackenen Kartoffeln. Erstickende, aber kräftigende Wärme. Wir erfahren, daß die Deutschen alle Gräben wiedererobert haben, die wir seit September mit solcher Anstrengung gehalten hatten und an denen so viele Zuaven, Marokkaner und Infanteristen gefallen sind. Wir rekapitulieren unsere Abgänge. Unser Zug hat siebzehn Mann verloren, nahezu die Hälfte. Dumont und F. gefallen (dieser lebend begraben). Lethume, Rollinat, Jachiet, Gillet, Boitier, Pejere, Mazodou, Sergeant Prudhomme, Wood, Bréhin vermißt. Im Einvernehmen mit dem Zugführer erklärt Magnin, jedermann habe seine Pflicht getan, doch Barbier und ich etwas mehr als die übrigen, und man werde mich zum Korporal (darauf lege ich keinen Wert) oder zum Gefreiten vorschlagen.

Donnerstag, 14. Januar – Am nächsten Morgen brechen wir noch vor der Dämmerung auf; der Ort ist gefährdet. Wir verlaufen uns! Endlich, bei Tagesanbruch, kommen wir durch Soissons. Wir gelangen nach Rozières, wo wir Quartier beziehen. Anhäufung von Truppen. Man spürt den überstürzten Rückzug. Die Soldaten in jämmerlichem und erschöpftem Zustand.

Freitag, 15. Januar – Unterkunft in Buzancy. Eishöhlen.

Samstag, 16. Januar – Auf Posten, während die vier Särge aus dem im Schloß eingerichteten Lazarett getragen werden (unter anderen Dumont).

Sonntag, 17. Januar – Buzancy bei Mlle. G. Ich bemerke, daß mein Käppi von einem Geschoß durchlöchert ist.

18. Januar – Wir werden nach Petit-Courmelles, einem Vorort von Vignolles, verlegt, wo wir endlich eine gute Unterkunft finden. Eine Batterie 15,5-cm-Haubitzen wird in Stellung gebracht. Noch immer große Truppenbewegung. Hier, wie überall, unaufhörlich viel blinder Alarm. Der Wunsch der erschöpften Soldaten, abgelöst zu werden und ein für allemal in Ruhestellung zu kommen. Etwa fünfzig Kranke. Es wird behauptet, in der Woche der Schlacht hätten wir sechzehntausend Mann verloren und die Deutschen fünfundzwanzigtausend. Schützengräben von Saint-Paul am anderen Ufer der Aisne.

26. Januar – Rückkehr nach Vignolles.

30. Januar – Saconin.

5. Februar – Saint-Christophe (Katholischer Klub). Schützengräben.

Um den 20. Februar – Horchposten von Saint-Christophe – bei Tage (freiwillig) – bei Nacht Dubois, Wache, Streifengänge bis zum Abend.

26. Februar abends – Nächtlicher Abmarsch nach Puiseux (28 Kilometer).

6. März – Dommiers.

14. März – Vivières. Leutnant Brun teilt mir mit, daß ich im Tagesbefehl erwähnt oder zum Gefreiten ernannt werden soll. Grand Rozoy (dreiundzwanzig Tage, zweimal Alarm). Großmutter. Dem 67. Landwehrregiment zugeteilt, ich verlange zu bleiben.

17. April – Serches. Gefreiter.

23. April – Draht zu den Schützengräben von Sermoise. Einmann-Unterstand, 120 cm lang, gegenüber Acy.

30. April – Nachtmarsch von Serches nach Billy-sur-Ourcq (von dreiviertel 1 Uhr nachts bis 8 Uhr 45), etwa 25 Kilometer.

1. Mai – Von Billy-sur-Ourcq nach Villers-sur-Hélon 7 Kilometer. In Longpont Verladung nach Doullens. Auto von Doullens nach Tincques, zu Fuß von Tincques nach Arcques. [?] Arcques [?] bis Mont-Saint-Éloi und Ecoures. [Écoivres?] Deutsche Schützengräben. Caucourt.

23. Mai – Gouy.

25. Mai – 1 Uhr morgens. Alarm. Wir ziehen in die Gräben von Ablain-Saint-Nazaire, die vom 276. besetzt sind. Schützengräben und Häuser von Ablain. Wir stehen dem Obersten des 27. Rgts. zur Verfügung. Als Reserve für den Angriff. Er beginnt nicht.

26. Mai – Quartier in der öffentlichen Schule.

27., 28., 29. Mai – Rückwärtige Gräben. Fotos mit Saiavert. Deutsche Gefangene. Cadorna. Die Journalisten: Berthoulat, Ph. Berthelot. Landstraße nach Béthune.

Nacht vom 2. zum 3. Juni – Schanzarbeiten im Zugangsgraben zur vordersten Linie. Artilleriebeschuß. Essenholer. Begegnung mit L.

6. Juni – Frévillers.

8. Juni – Lobende Erwähnung für das Bergen von Verwundeten.

10. Juni – Ruhranfall – Krankenträger. Wald von Béthune und Parallelgraben von Camblain-l'Abbé.

26.,27.,28. Juni – Wald von Alleux, Zeltlager. Frühstück und Mittagessen. Doktor Chaillol.

29. Juni, 3 Uhr – Wir verlassen, mit dem Ziel Camblain-l'Abbé, den Wald von Alleux.

Frontnotizbuch II

14. Oktober 1915

Wir liegen in einem der Unterstände an der Straße nach Béthune. Heute morgen um halb 10 Uhr haben Momial und ich ihn verlassen, und wir versuchen im Schutze des Nebels, der an diesem Vormittag die Ebene dicht einhüllt, bis nach Souchez zu gelangen. Wir steigen zur Straße hinauf. Die Toten, die hier aufgereiht lagen, sind fortgeschafft worden. Sie hatten entsetzlich und erbarmungswürdig ausgesehen. Einer von ihnen war völlig schwarz im Gesicht, hatte gedunsene, verfärbte Lippen und zerfetzte Hände, Kinderhändchen mit aufgerissener Fläche, ungeheuerlich und schaurig. Andere waren formlose, schmutzige Bündel, aus denen unbestimmbare Dinge hervorragten, und umflattert von Briefen, die ihnen aus den Taschen geglitten waren, als man sie, die Ellenbogen nach unten, auswickelte. In einem von diesen Briefen: „Lieber Henri, an Deinem Geburtstag haben wir schönes Wetter ..." usw. Ein Stück weiter hatten wir einen Toten transportiert, der so zugerichtet war, daß wir ihn in Maschendraht und in eine Zeltbahn wickeln und das Ganze dann mit Schnüren an einem Pfahl befestigen mußten. Pestilenzgeruch. Haufen von verschmierten Zeltbahnen und zerfetzten Mänteln, starrend von eingetrocknetem Blut.

Wir gehen die Straße nach Béthune hinunter. Beiderseits der Straße zerschmetterte Bäume, von Granaten aufgewühlte Böschungen, Haufen von Überresten, Unrat und Trümmern aller Art. Der ganzen Länge nach: Schützengräben, Verbindungsgräben, unterschiedliche Einheiten. Links ein Trampelpfad. Das ganze Gelände ist von „Trampelpfaden", den Verbindungsgräben durchpflügt, und eben, nach der Einnahme der Stellungen, die uns beherrschten, hat man hier eine Feldbahn verlegt.

Das Cabaret Rouge. Davon ist nichts mehr übrig. Den Rest eines Fußbodens zeigen wir uns wie eine Kuriosität ...; die Trümmerhaufen sind hier rötlich wie der Ziegelstein, aus dem das Haus gebaut war, als es da noch ein Haus gab.

Wir betreten den andern Schützengraben der vordersten

deutschen Stellung, der ungefähr längs der Straße verläuft. Stellenweise ist er durch die Wühlarbeit der Granaten völlig ausgeweitet, geschwärzt und verkohlt, die Einschlagtrichter liegen dicht nebeneinander. Wir sehen die Leichen von Deutschen und Franzosen, die seit vierzehn Tagen, vielleicht seit einem Monat umherliegen und nicht begraben werden konnten, solange hier die Feuerlinie verlief.
An der Rückseite des beim Angriff vom 25. bis 28. September eroberten Grabens fotografierte ich fünf in Stücke gerissene Deutsche, verwest, schwarz, von Ungeziefer wimmelnd; auch den deutschen Graben selbst. Ich wählte eine Stelle aus, die mir besonders aufgewühlt und durcheinandergeworfen erschien. Aber eigentlich ist es gar nicht möglich zu wählen; eingestürzt, voller Fäulnis und Trümmer war alles. Es riecht nach Untergang ... Wir gehen weiter abwärts und kommen nach Souchez; es besteht ausschließlich aus Ruinen. Das Dorf ist wieder zu freiem Gelände geworden, mit Hügeln aus Trümmern und Gebälk darauf. Da und dort Granattrichter ... Verwesungsgeruch. Wir treten auf die Granatsplitter, die zerbrochenen Waffen, überall liegen nichtdetonierte Granaten, zerschlissene Monturen, verdächtige, mit bräunlichem Schmutz verklebte Kleiderhaufen. Einige Leichen. Die eine ist noch frisch. Ein Koch mit seinen aufgereihten Broten. Mit den Feldflaschen der Kameraden um den Leib. Er muß heute nacht getötet worden sein; ein Splitter im Rücken. An allen diesen Tagen haben die Deutschen Souchez heftig beschossen. Aus der Senke, in der wir gerade sind, sehen wir von fern die mächtigen Rauchwolken von 15- oder 21-cm-Granaten aufsteigen, die mit Donnergepolter ihre metallische Ladung ausstreuen. Die Stelle ist offenbar nicht recht sicher, und wir haben Glück, daß wir nicht bemerkt werden! Wir gehen weiter bis ans Ende des Dorfes, wenn man es so nennen darf, auf das einzige Wohnhaus zu, von dem noch Grundmauern stehen. (Durch eine Bresche sehen wir eine blutüberströmte Matratze auf dem Hof liegen.) Dann kehren wir zurück.
Nie vorher habe ich gesehen, daß ein Dorf auf ähnliche Weise verschwunden ist. Ablain-Saint-Nazaire und Carency hatten mit ihren geborstenen Häusern und ihren unter Trümmern verschütteten Höfen doch noch die Form von Ortschaften bewahrt.

Hier hat nichts mehr eine Form, nicht einmal ein Stück Mauer, Gitter, Einfahrtstor ist stehengeblieben. Man konnte an ein ödes, verschmutztes und morastiges Gelände in nächster Nähe einer Stadt denken, die dort seit Jahren ihren Schutt, ihren Unrat, ihr Abbruchmaterial und ihren Schrott abgeladen hat. Im Vordergrund der Nebel, das phantastische Dekor aus massakrierten Bäumen.
Wenig Leichen; ein paar Granatlöcher, in denen Pferde verwesen. Andere mit den verstümmelten, von Wunden entstellten Überresten dessen, was einmal Menschen waren. Von der Mühle haben sich im Bombenhagel so viele Teile abgelöst, daß der Bach abgelenkt wurde und auf einem kleinen Platz jetzt zufällig einen Teich bildet.

15. Oktober

Ich bin mit dem fünften Bataillon zur Zuaven-Böschung gegangen. Diese Böschung, bei unserm Angriff am 28. erobert, war schon beim Angriff vom 7. von den Zuaven und Marokkanern erreicht worden. Die Angreifer waren im Laufschritt vom Kreuz von Berthonval bis hierher gekommen, hatten sich am Fuße der Anhöhe schlecht und recht in Schützenlöchern verschanzt, die der Stelle jetzt das Aussehen eines Bienenstocks verleihen, und wurden dort von der Flanke her unter Maschinengewehrfeuer genommen und niedergemetzelt. Der Hohlweg und die Böschungen, die sich einige Kilometer weit erstrecken, sind nur noch ein weites Totenreich. Leichen überall, mumifiziert, skelettiert, reduziert zu Häufchen, vermengt mit rötlichem Schmutz. Oder man sieht nur eine Schuhsohle aus dem Boden ragen; mintunter kommt dort und da ein Fuß oder ein Stück Stoff aus der Erde hervor und zeigt einen Leichnam an. Die Deutschen haben sie, während sie die Stellungen hier besetzt hielten, in Unmengen einfach verwesen lassen. Wir gewahren ein Gesicht, das wie das Ramses II. aussieht und sich von einem zerfetzten, darunter zusammengeknüllten Tornister abhebt, Schienbeine, Schenkelknochen, Knöchelchen von Händen und Füßen, die wie Beinwürfel eng um verdächtige Schwellungen beisammenliegen. Aus zerfaserten, pechgetränkten Lumpen ragt das Fragment einer Wir-

belsäule. Das sind keine Leichen mehr, sondern Anhäufungen von ausgetrocknetem Unrat, der aussieht, als hätte man ihn zusammen mit unbrauchbaren Ausrüstungsgegenständen, Trinkbechern und Kochgeschirren aus Müllkästen gekippt. Dazu kommen noch die unzähligen Abfälle, die umhergestreuten Konservenbüchsen, die von den Soldaten, die hier gelebt haben, rund um ihre Quartiere fallen gelassen und angehäuft worden sind.
Was die Toten aus den Angriffen vom 28. betrifft, so transportieren wir sie jeden Tag ab und begraben sie täglich. Eine Reihe von ihnen haben wir unterhalb der Zuaven-Wabe liegen. Sie waren denen ähnlich, die ich vorgestern und gestern an der Straße nach Béthune aufgereiht gefunden hatte, voll Schlamm, grauenhaft verstümmelt und entstellt, die Gesichter gedunsen und schwarz wie von Negern, das Fleisch aufgetrieben, voll von Insekten und Massen von Würmern. Die Gewehre legen wir zusammen.[103]

Sobald du mal eine Tresse hast, bist du die ganze Zeit der Angeschissene.
Fein angezogen war er, der Drückeberger. Sauber war er. Hatte Halbschuhe an. Hat seine Rolle eben schlecht gespielt.
... ...
Ein kleines Mädchen. Man hätte ihm gern was Nettes erwiesen.
... ...
Na, das wird bis Saint-Galmier* dauern.
Sich die Rübe in Fasson bringen.
Der schlappe und unappetitliche Mensch kann nur der Küchenbulle sein.
... ...
Flohknacker, Würstchen zu Fuß oder auf Flügeln, dürre Zwetschke, magere Sprotte, dünne Strippe, Eselskopf, Schweineferkel, taube Nuß, Pausbacke, alter Gockel, Muffelkopf, Arsch mit Ohren, grausige Laus, Glattarsch, lahme Ente, Klötensack.

* Name eines Ortes im Departement Loire. Hier vielleicht: „Sanktnimmerleinstag". (Übers.)

2. November

Zuaven-Böschung. Ankunft bei prasselndem Regen. Beine und Füße naß, das Wasser dringt an den Knien ein. Die Grabenwände stürzen zusammen. Überschwemmung, Sintflut. Die Stellung vom Wasser aufgeschluckt.
Ein Mann brüllt, er ist vom Kopf bis zu den Füßen völlig von dickem gelbem Schlamm bedeckt, die Hände sind behandschuht, dreckgepanzert. Er erzählt uns die furchtbaren Erlebnisse der Männer in den Gräben der vordersten Linie. Wasser bis zu den Knien oder bis an die Hüften. Alle Unterstände stürzen ein. Man darf in den Gräben nicht stehenbleiben, denn es wird unmöglich, sich dann noch von der Stelle zu rühren. Man kann sich nicht zurechtfinden; gäbe es nicht den Schein der Raketen, müßte man ersaufen. Den Soldaten sinkt der Mut. „Heiße Tränen hat er geweint", sagt ..., der eben, gemeinsam mit einem Kameraden, zwei Stunden gebraucht hat, den Krankenträger Dumas aus dem Schlamm zu erlösen. Wir fragen uns, wie morgen die Ablösung vor sich gehen soll. Dumas kommt halbtot an. Sie hatten durch offenes Gelände gehen müssen und waren in einen Granattrichter gestürzt. Ihre Kleider sind vom Stacheldraht zerrissen. Dumas' Mantel wiegt fünfunddreißig Kilogramm. Die Soldaten dort oben haben seit vierundzwanzig Stunden nichts mehr gegessen.
Köche, unterwegs steckengeblieben und zusammengebrochen. Wir haben sie im Schlamm schlafend und am Ende ihrer Kräfte aufgefunden.
Die Maschinengewehre, auf dem Hang oben Hals über Kopf aufgestellt, triefen von Schlamm.
„Ein Wunder, man hat uns nicht umgebracht", sagt Paradis. „Ein Wunder, ein Wunder, ein Wunder", wiederholt Paradis behext, um ganz die Dauer der Empfindung wiederzugeben, die eine solche Katastrophe auslöst.
Der Sergeant, dem der Schlamm Hose und Unterhose heruntergerissen hat und der in kleinen Gamaschen an den nackten Beinen zurückgekommen ist.
Die Soldaten, die ertrunken sind ..., abgerissene Schuhsohlen.
Setzt man nachts den Fuß an den Rand eines Granatlochs, ist man verloren.
Ich war nur noch ein Stück Erde.

Im Winterquartier: Der Hund[104]

Er liegt neben einem schmutzigen Eßgeschirr unbewegt und nachdenklich in seiner Ecke und langweilt sich. In dieser Scheune, die von feuchter Dunkelheit, von Zugluft und von Dunggeruch erfüllt ist, wo wir uns zwischen Pritsche und Tor die Füße warm trampeln und erstarrt den Tag verleben. Er symbolisiert die Langeweile, die große Langeweile, deren Ende man nicht absieht, die zugemessene Langeweile, die niederdrückt und auch ihn umbringen wird, sogar ihn, wenn das so weitergeht.
Wir flüchten in den Dunst einer volkreichen Kneipe. Dort schreiben wir, reden wir, schreien wir, schütteln wir Stille und Langeweile von uns ab; dann, um dreiviertel 8 Uhr, spüren wir mit einem Schauer, daß wir zurück müssen.

… …

Den tragischen Charakter der banalen Seite des Krieges vertiefen. Es ist die fürchterlichste, weil die andere, die Gefahr, die Furcht vor dem gewaltsamen Tod nicht völlig von ihr geschieden ist. Die sind in der Zukunft oben.

… …

Angesichts einer so gründlichen Schändung unseres Charakters, unserer Seele bemerkt man, wie oberflächlich die Ideen sind, die im Kriege aufkommen. Man lege sie auf die Waagschale. Man vergleiche. Sind sie menschlicher, weil unser Elend unmenschlich ist?

… …

Ich war einfach hin, als er mir eine langte; es war wie in alten Zeiten; ich war im siebenten Jahrhundert.

… …

Es fehlt an Seezungen „Marguerite".

… …

Warum nennt ihr den Kompaniefeldwebel Spieß? – Tirette, sentenziös: Das ist immer so gewesen.

… …

Wir müßten Tische zwischen unseren Pritschen anfertigen. Doch das ist mühereich.

… …

Los, gib es nur zu; mach schon, leg eine Hand auf dein Gewissen.

Im schmierigen Dreck ist auch die Stimmung beschissen.
Der kleine Italiener mit dem Spitznamen Macacroni.*
Paradis sagte immer wieder: „Je weicher er wird, desto härter wird er."

Das Notizblatt, auf dem die folgenden Aufzeichnungen stehen, enthält links einige Angaben über die verschiedenen Rangstufen im Generalstab.

Der Blinde folgt seinem Hund wie ein Hund.
Wenn du nachts an deiner Schießscharte wachst.
Der Posten, der im Schützengraben unter dem Sternenhimmel wacht und an die Menschen denkt. Die Menschen, alle Menschen, ebenso zahlreich wie die Sterne, sind einander ebenso fern, ebenso unbekannt. Diese Schranke aus Dunkel und Blut ist entsetzenerregend. Ist etwas gegen sie zu tun? Ja, die Menschen müssen einander suchen. Sie müssen sich von den Irrlehren frei machen, die ihnen von jenen eingepaukt werden, die es nicht besser wissen oder die Interesse daran haben, daß ihnen die Unkenntnis, in der sie voneinander sind, verdunkle, wie gefangen sie in ihrer Einsamkeit sind. Man muß die Dinge von Beginn an mit Ruhe, Genauigkeit und weiser Geduld ins Auge fassen, sich nicht von Dogmen, sondern von Ideen leiten lassen, nicht von abstrakten, unverständlichen, sondern von klaren, tiefen und lebendigen Ideen.
Gib zu, daß du nicht recht weißt, woran du bist, während du so auf Wache stehst und wahrzunehmen suchst, was sich im Vorfeld rührt. Kurzum, du begreifst nicht, warum du da stehst. Eigentlich, mein Freund, gibt es keinen triftigen Grund dafür, daß du hier stehst. Natürlich, zur Zeit sind wir in ein Räderwerk eingespannt. Wir müssen weitermachen und siegen. Aber wir müssen noch weiter und auf Größeres blicken als auf die Interessen der gegenwärtigen Stunde, die nur eine winzige Einzelheit innerhalb einer ewigen Fragestellung sind.
Zur Zeit liest du keine Zeitungen. Später aber mißtraue de-

* Der Spitzname „Makkaroni" wird zu „Macacroni" (macaque = Meerkatze). (Übers.)

nen, die dich glauben machen möchten, daß jedes Volk von anderer Art sei und daß es eines geben müsse, das den anderen überlegen wäre; wenn das für die einen wahr ist, ist es auch für die andern wahr, und das bedeutet immerwährenden Krieg.

Einen Rippenstoß den parfümierten Beschreibungen ... Dem blödsinnigen Geleiere von Déroulède und der Malerei von Detaille ... dem Heuchler auf Druckposten. Mit Cold Cream, Rouge, Rosa-Pommade und Puder macht er Porträts auf Mondän.

In der Symphonie des Trommelfeuers könnte man an eine keuchende und rasende Lokomotive denken, die durch die Luft geflogen kommt, aus schwindelerregender Höhe abstürzt und auf der Erde zerschellt.
Sie ähneln sich dadurch, daß sie gezwungen sind, die Soldatenuniform anzuziehen – nicht allein jene, die auf der Haut sitzt.

Die Konversation, die biblisch einfach und wesentlich sein muß, durch ein Gespräch zwischen Bertrand dem Traurigen und (...) entlasten und auslichten.
Bertrand der Schweiger drückt eine ganze Schicht von überlegtem Schweigen und Beobachten aus.

Das elfte Notizblatt beginnt mit dem im Jahre 1915 noch ganz neuen Bild:
DIE FALLSCHIRMABSPRÜNGE AUS DEM BEOBACHTUNGSBALLON und mit dieser grausigen Vision:

Der Kopf war ihm von einer Seite bis zur andern durchbohrt. Man hätte einen Faden hindurchziehen können.

Frage der Nationalität, eine Frage des Kaufladens. In einem gewichtigen Moment des Abschlußgesprächs sagt ein beteiligter Kaufmann: Das ist wie bei mir zu Hause. Es gibt zwei Straßen im Kaff, die X-Straße und die Y-Straße. Nun, für die Einwohner gibt es keine Dinge, die an sich gut oder schlecht wären. Es gibt nur Dinge, die entweder den Handeltreibenden und Hauseigentümern der X-Straße oder denen der anderen Gewinn bringen … Die Einwohner wissen das im Grunde auch recht gut … Aber auf beiden Seiten gibt es reiche Kaufleute und reiche Besitzer von Bedeutung, die alles unter ihrer Leitung haben. Für die übrigen Menschen ist es eine Frage von Leben und Sterben.

… …

Man darf die Dinge nicht komplizieren und sich nicht hinters Licht führen lassen. Man kann vollkommen glücklich leben, ohne sich zu bewaffnen und zu versuchen, einander zu vernichten. Hat es denn die Provence, um glücklich zu leben, nötig, die Bretagne oder das Poitou zu beseitigen oder über die Leichen der Picarden zu gehen? … Der Frieden ist der normale Zustand; könnte er nicht ebensogut zwischen der Politik von Staaten wie zwischen den Bevölkerungen von Provinzen bestehen? Wenn es möglich ist, daß zwei benachbarte Gebiete ihre Angelegenheiten regeln, ohne daß es notwendig wäre, daß eines das andere verschlingt, warum sollte das nicht zwischen Nachbarstaaten angängig sein? Sie sind einander näher als die Vereinigten Staaten von Amerika, sind nicht so groß wie Europa vielleicht. Und trotzdem, die Gebiete des Nordens zusammen mit den quasi-spanischen des Südens … Die Vereinigten Staaten sind eine Republik. Ja, ich weiß wohl, Republiken sind nötig, das heißt Staaten, in denen die Völker sich selbst regieren. Nur von ihnen hängt es ab.

… …

Die Paradoxa des Meisters

Frankreich wollte den Frieden. Es wünschte sich nichts anderes als eine Annäherung an Deutschland. Der Frieden war sein Ideal. Wir haben Deutschland niemals provoziert, niemals von Revanche gesprochen oder auf die Wiedereroberung Elsaß-Lothringens gehofft. Niemals haben wir gegen die Deutschen den geringsten Haß, die geringste Unfreundlichkeit geäußert.
Wir sollten uns niemals einer Erfindung bedienen, die nicht französisch wäre. Davon rede ich hier, damit der „Nouvelliste“ sich einsetzt.

„Dann müßte er handschriftlich erscheinen, da ja der Bu[chdruck] eine deutsche Erfindung ist. Es scheint mir doch, d[aß] Gutenberg, im 15. Jahrhundert in Mainz geboren ...“
„Die Boches von damals und die von heute, das ist nicht dasselbe.“
Man müßte erst mal wissen, ob das wahr ist.
Ein französischer Minister sagt, die Deutschen von einst und die von heute seien dasselbe.
... ...
A. hat gesagt: So ein Großangriff muß herrlich anzusehen sein. Das, mein Lieber, ist, als wollte eine Kuh sagen, es sei herrlich anzusehen, wie man in La Villette diese Massen von Vieh ins Schlachthaus treibt.[105] Genau das wär's, was sie sagen würde, die Kuh.

Das Eigentümliche am Menschen, daß er nicht weiter als seine Nasenspitze sieht. Mangels Verstand, mangels Gefühl. Jenseits bestimmter enger Bereiche wird er gleichgültig. Nach mir die Sintflut. Man gibt das niemals zu, aber im Grunde denkt man es immer ... Ja, Dummheit und Gleichgültigkeit begnügen sich mit dem geringsten Anlaß, es sich bequem zu machen.
... ...
Die Soldaten werden in der Nacht zum Angriff gesammelt. Vor Sonnenaufgang brechen sie auf. Es ist das Erwachen des zum Tode Verurteilten. Drüben, auf der anderen Seite, hat man andere Menschen aus dem Schlaf gerissen, um die unter der Last Strauchelnden ins Schlachthaus zu treiben.
... ...
Fünfzig Kilometer hinter der Front werden sie wohl am Morgen und am Abend beten: „Lieber Gott, mache, daß der Krieg weitergeht!“[106]
... ...

Über die Ursachen des Krieges

Ohne aufs Einzelne einzugehen, ist es doch klar, daß es ein wenig kindisch wäre, Deutschland alles Unrecht zuzuschieben und zu behaupten, ganz Deutschland sei vor dem Kriege kriegerisch und ganz Frankreich sei friedfertig gewesen. Kriegslüsterne und friedfertige Elemente gab es in Wirklichkeit auf beiden Seiten; doch in Deutschland waren die militaristischen Elemente in der Führung und allmächtig, und dieser Standpunkt war für das übrige ausschlaggebend.

In Frankreich gab es eine sehr aktive Revanchepartei, deren Einfluß auf die öffentliche Meinung spürbar war, und überall hatte es bei uns Bedauern über die militärische Demütigung von 1870, eine großspurige Hoffnung auf Siege gegeben, wie sie dem Charakter vieler Franzosen entspricht.

… …

Nicht die unumgängliche Armee haben wir attackiert. Nicht das Gesetz über die dreijährige Dienstzeit, das als Waffe aufzufassen ist. Sondern eine geistige Haltung, den Wunsch, allein durch Stärke überlegen zu sein, um die verlorenen Provinzen wiederzugewinnen und den nationalen Geschäften nach außen hin ein Bedürfnis nach nationalem Ruhm zu unterstellen.

… …

Beschränkter Blick. Wer sich auf Grund einer Einzeltatsache oder einer Vermutung eine endgültige Meinung über eine Doktrin bildet.

Beschränkter Blick. Die sich mit der Dogmenformel zufriedengeben, die mit der Zeit erstarrt ist: mit dem religiösen Dogma, der Fahne.

Das Idol der Fahne.

Die alten Götzen sind in ihr wiedererstanden.

Die Fahne, meine Freunde, ein Götzenbild. Wenn ich sie hisse, wenn ich sie zu vernichten suche, tue ich dasselbe wie jene, die sich auf Grund von tieferen und überlegenen Moralvorstellungen mit steinernen Götzen einließen.

„Die Fahne, das ist nicht dasselbe."

„Es erscheint nicht als dasselbe, aber der Nachwelt wird es als dasselbe oder sogar schlimmer erscheinen."

… …

Die Vorstellung von der Vermehrung und der Fortdauer des Elends nicht aus den Augen verlieren.

… …

Friede sofort. Das wäre das Ende des Krieges. Später vielleicht das Ende der Kriege.

Cocon erklärt mir, daß wir in dreißig Ortschaften geschlafen haben, daß das Regiment dreimal aufgefüllt worden ist, daß wir einmal sechzehn Tage lang im Schützengraben gelegen haben und daß wir drei Ruhezeiten hatten. Jeder einzelne hat zwei Gewehre, vier Mäntel, zwei Hosen und sechs Paar Schnürstiefel verbraucht.[107].
Abschließender Satz eines Soldaten, der darauf hinweist, daß wir uns diesen Aufwand nicht klarmachen.

Sein Gesicht war sehr klein, doch recht häßlich. Er hatte einen umfänglichen und ausladenden Leib und über dem breiten Brustkorb einen winzigen Kopf, so klein, daß man an einen geschnitzten Entenkopf denken konnte.

… …

Aus seinem flachen Gesicht steht aufrecht wie ein Stöpsel eine kleine Nase hervor, an der er immerzu mit dem Finger herumknetet und bohrt.

… …

Man hätte meinen können, eine Schnecke, die auf Händen läuft.

… …

Fouillade, bewundernswerter Soldat. Die Heldentat, die er vollbracht hat. Seine lobende Erwähnung trägt er von Anfang an in der Tasche.

… …

In der Bedrängnis reden wir von Landrin, einem liederlichen Familiensöhnchen, das sein Ziel erreicht hat, als Straßenwärter bei der Armee angenommen zu werden. Tirette sagt mir: „Ist man mal dabei, dann für lange."
L'amante (la mante religieuse = Madame X).
Le comte s'est plaint = (Graf X).*
In Babylon, zur Zeit der Königin *Seminaristin.*
Wir sahen englische Offiziere mit prächtig bearbeitetem Lederzeug vorüberkommen. Wir nannten sie „les sanglés".**

* L'amante = die Geliebte; la mante religieuse = der Nonnenschleier. Le comte s'est plaint = Der Graf hat sich beklagt, klingt wie „Graf Zeppelin". (Übers.)

** Gleichklang von „les Anglais" (die Engländer) und „les sanglés" (die Gegürteten). (Übers.)

Flüche: Schmerz unserer Knochen! Daß der Satan vor dir aufsteh! Höllenschlund! Der Teufel soll mich rösten! Fünfhundertmal verdammter Teufel und seine Großmutter! Die Cholera soll mir in die Därme fahren! Satan samt seinem Kochkessel voll Krieg! Daß dich hundert Hexenmeister!

… …

Der Vogel singt. Er hat recht.

… …

Prophezeiungen

Ich versuche euch Hoffnung zu machen, wie ich kann. Wir erwähnen eine entscheidende: die auf die Niederlage Deutschlands noch vor dem Winter. Wir diskutieren die Möglichkeit, die Zukunft vorauszusagen. Ich werde um meine Meinung gefragt. Man hat Vertrauen zu mir. Ich sage ohne Bedenken: Aber ganz gewiß. Voraussagen solcher Art haben sich verwirklicht, das ist verbürgt.[108]

… …

Ausgeschwärmte Soldaten, aus der Ferne wie Massen von Läusen.

… …

Polemik

Gut, eure Artikel. Gewiß, gut zum Abschießen.*

Novellensujet

Propenson ist ein tapferer Bursche. Er hat auch das Kriegskreuz mit zwei Palmen und die Militärmedaille bekommen. Der jämmerliche Beot, Nichtsnutz und Galgenvogel, der wie ein Schakal witternd über das Schlachtfeld läuft, hält ihn für tot. Er stibitzt ihm seine Papiere. Von nun an wird er sein Leben lang Propenson sein. Er läßt sich gefangen-

* „bon à tirer" bedeutet sowohl „fertig zum Druck" als auch „gut zum Abschießen". (Übers.)

nehmen. Nach dem Kriege sieht er die Gendarmen kommen. Propenson war in Wirklichkeit der ärgste Schurke gewesen. Er hatte sich tapfer geführt, seine früheren Verbrechen aber sind ungesühnt geblieben (...) Der Dieb der Personalpapiere wird zum Tode verurteilt. Vergebens versucht er zu erklären, daß er nicht Propenson, sondern Beot sei; man glaubt ihm nicht. Er hatte sich zu sehr mit einem soliden Netz von Vorsichtsmaßnahmen verfilzt und umgeben. Die ihn gekannt hatten, waren überdies zum Gevatter Tod gegangen.

Unsere Pflicht ist die Gefahr.
Die trügerische Behauptung, der Sophismus der „Meckerer". Auf einem sicheren und geborgenen Posten könnte ich bessere Dienste leisten. Oder sogar wenn ich meiner intellektuellen und künstlerischen Fähigkeiten wegen zu Hause bliebe und sie auf diese Art dem Lande erhielte. Mögen doch die andern dorthin gehen, wo man sich wirklich töten läßt.

In den verflochtenen, bald mit Bleistift, bald mit Tinte geschriebenen Notizen, die, vielleicht weil sie anderswo verwendet wurden, häufig durchgestrichen sind, wechseln Bilder tragischen Geschehens mit solchen von lyrischer Zartheit ab, Äußerungen der Korporalschaft mit Gedanken Barbusses über den Frieden.
So schimpft der Soldat Tirette über das staatliche Tabakmonopol, weil es ihm nicht gelingt, seine Streichhölzer anzuzünden, wobei er nicht merkt, daß er sie am verkehrten Ende anreibt. Ein anderer Kamerad erinnert an das im Regen stehend eingenommene Mittagsbrot, bei dem die ganze Grabensohle im Fließen war und „einfach abbaute, wo seine Elefantenfüße eingewurzelt standen".

In einem Strahl, der gerade und zart wie ein Vorhang aus Sonne durch das Fenster kam, war sie zu sehen. Sie schmiegte ihre Wange an die Wange einer Rose.

Der Krieg besteht nur durch die unsichtbare Arbeit dieser unendlich Kleinen.
Jeder einzelne Soldat ist, vermöge der Menge, unsichtbar und geräuschlos.
Die Wahrheit. Das Schlachtfeld. Die große Nacht. Der Mensch als Wurm. Menschenwürmer. Das alles rührt sich im unsichtbaren Brand des Fiebers. Am frühen Morgen rauchen sie noch, anklagend wie Trümmer; einer von ihnen rührt sich, fällt tiefer herab. Sind sie die Quelle des Nebels?

V.s. Zorn über die Gefahr: solche, die das Kainszeichen des Generalstabs am Kragen tragen.

Man hat Lust, zu Blaire, während er mit dem Ring beschäftigt ist, zu sagen: Warum bist du so dreckig? Meinst du, daß du deiner Frau angenehm bist ... daß sie so einen Schweinigel hat, der sich an sie heranmacht. Aber wirklich, man wagt es nicht.

Der Aal. Kapitel nach Art von Balzac.

Jesus Christus ist ein armer Mensch mit reiner Seele; er hat nicht all das Übel verdient, das seine Ideen angerichtet haben.

Die Zärtlichkeit: Etwas über die Tiere und das Mitgefühl, etwas über Zärtlichkeit.

Das Argot derer, die wir freundschaftlich die „bicots" nennen: Mamadou, Ben Bougar, Ben Djemila:*

Bon tirour (tireur). Braillour (tirailleur). Maté et souar (matin et soir).
Mon chambre d'ácouate.
Pas mayé (il n'y a pas moyen).**

* Name für Soldaten aus den ehemaligen französischen Kolonien in Afrika. (Übers.)
** bon tireur = guter Schütze; tirailleur = Scharfschütze; matin et soir = morgens und abends; mon chambre d'escouade (?) = mein Korporalschaftszimmer; il n'y a pas moyen = es ist nicht möglich. (Übers.)

Der prächtige Haß, der euch eigen ist und nur dazu dient, Übles zu bewirken.

… …

Der Kraftfahrzeugdienst. Kniffe, um nicht bei der Infanterie zu sein. Der Kfz.-Dienst hat, solange er konnte, niemals einen Mann losgelassen. Man hat Meldungen zur Infanterie sogar grundsätzlich abgelehnt. Wir konnten Fahrer sagen hören: „Ich habe mich melden wollen; ich durfte nicht.“ Das war nicht wahr, sondern ein jesuitischer Winkelzug. Man hat diesen Kraftfahrer fortgeschickt und in seine Korporalschaft zurückverwiesen wie einen Gefangenen.

… …

An Monsieur F. de C. … Jene, die während des Friedens so viel Talent hatten, von sich reden zu machen, und ebensoviel, sich während des Krieges vergessen zu lassen.

… Der Fall von B. und C., von solchen, denen man, innerhalb von zwei Jahren Drückebergerei, von einem Tag auf den andern eine Gelegenheit zugeschanzt hat … um ihnen das Kriegskreuz zu verleihen.

… …

In diesem Schloß gab es noch Burgverliese … Bei der Batterie konntest du jedes Jahr ohne Übertreibung fünfunddreißig bis sechsunddreißig Pistolen verdienen, und sogar noch ein paar *palettes* und *écus* hinzu. (Pistole: zehn Francs; *palette:* fünf Francs; *écu:* drei Francs.)

Ich möchte von meinesgleichen beurteilt werden und nicht von den Himmelfahrtspatres aus der Rue Bayard oder Rue François Ier[109].

Die großen Bücher[110]

Ennius	Die Annalen
Vergil	Die Äneis
Victor Hugo	Die Weltlegende
Johann Wolfgang Goethe	Faust
Alphonse de Lamartine	Poetische Betrachtungen
Alfred de Musset	(Neue Gedichte)
William Shakespeare	Hamlet
	Romeo und Julia

Charles Baudelaire	Die Blumen des Bösen
Cervantes	Don Quijote
Jonathan Swift	Gullivers Reisen
Daniel Defoe	Robinson Crusoe
Ernest Renan	Das Leben Jesu
Blaise Pascal	Gedanken
Immanuel Kant	Kritik der reinen Vernunft Kritik der praktischen Vernunft
Pierre Loti	Lotis Ehe
Emile Zola	Der Zusammenbruch Germinal
Honoré de Balzac	Die Bauern
Guy de Maupassant	Unser Herz
Antonio Fogazzaro	Der Heilige
Maurice Maeterlinck	Der Eindringling Die Blinden
Anatole France	Auf dem weißen Felsen
Octave Mirbeau	Tagebuch einer Kammerjungfer
Anna de Noailles	(Blendlichter)
Edmond Rostand	Cyrano de Bergerac
Catulle Mendès	(Peter der Aufrichtige)
Abel Bonnard	(Die Vertrauten)
Henry Bataille	(Der Hochzeitsmarsch) (Mama Kolibri)
François de Curel	(Der neue Götze) (Die Fossilien)
Paul Verlaine	
Stéphane Mallarmé	
Chateaubriand	René
Johann Wolfgang Goethe	Werther
Rosny der Ältere	Der Krieg um das Feuer
Alfred de Vigny	Soldatenknechtschaft und Soldatengröße
Charles Leconte de Lisle	(Antike Gedichte)
José Maria de Heredia	Trophäen
Maxim Gorki	Nachtasyl
Leo Tolstoi	Krieg und Frieden Anna Karenina
Rudyard Kipling	Die Dschungelbücher

Ernest Renan	Erinnerungen aus meiner Kindheit und Jugendzeit
Jean-Jacques Rousseau	Bekenntnisse
Chateaubriand	Die Märtyrer
Guy de Maupassant	Novellen
Gustave Flaubert	Madame Bovary Bouvard und Pécuchet
Guy de Maupassant	Bel Ami

Das Säulentor
In dieser trügerischen und dunstigen Umgebung bildeten die beiden Soldaten einen dunklen Fleck.
Die unter dem grenzenlosen freien Himmel umhergestreuten Zimmer.
Der Spion
Die sind so lange voneinander getrennt gewesen, daß sie nachher nur noch so tun können, als wären sie glücklich.
Die Ablösung
Volpatte und Fouillade
Urlaub
Verladung
(Dieses Kapitel in der Art von Kipling bringen.)
Der große Zorn
Der Hund
Die Kraftausdrücke
Die Traglast
Der Angriff

Du bist der größte Lumpenhund, wie's ihn in ganz Europa nicht geben kann.
Du bist der ärgste Verräter des Erdballs.
Du tust ausgewogen und hast nichts in dir drin.
Du wartest, bis wir marschieren, damit du nicht bezahlen mußt.
Wenn ich seine Arbeit machen müßte, wäre ich so wurstig wie er.
In mir ist alles aus dem Gleis.
So heißt es nicht, Witzbold; ein großes Lazarett gibt es dort, Witzbold, und verdammt, du Witzbold, es ist voller Soldaten.
Die Füße sind mir ganz aus Ameisen.

Der Hauptmann gesteht sich zweimal so viel Fleisch zu wie den andern. Eines Tages verlangt er ein Brechmittel. Er verlangt eine doppelte Ration.

… …

Der Nationalismus gleicht dem Mann, der raucht, weil er es schön findet, seine Streichhölzer ins Stroh wirft, sich mit den Flammen herumschlägt und über vervollkommnete Pumpsysteme zum Löschen der Brände nachdenkt, die von Zeit zu Zeit bei ihm ausbrechen.

… …

Die Soldaten von weitem gesehen: kleine schwarze Perlen, die dazu gebraucht werden, aus Perlen und Draht Blumen herzustellen, die man auf die Gräber steckt.

… …

Zu den Ursprüngen zurückgehen … sich mit den angelernten Dingen, den angelernten Begriffen, den aufgezwungenen Theorien auseinandersetzen.

Der von Gottvater unterzeichnete Vertrag bekräftigt unbestreitbar, daß der Mensch im Vergangenen verharren soll …

Eine seltsame Lehre, die die Vervollkommnung in das Auf-der-Stelle-Treten verlegt.

… …

Diese Befreiung, diese Erleuchtung heißt Fortschritt.

Diese Idee ist erhabener als die des individuellen Egoismus oder selbst des kollektiven Egoismus. Der gesellschaftliche Fortschritt gründet sich auf die Internationale.

Du kämpfst für etwas.

Für etwas Großes, Bedeutendes, Erhabenes.

Für etwas Einfaches. Man muß es dir klar genug und laut genug sagen, damit es jedermann hört. Den tiefgründigen und großartigen Entwurf der menschlichen Angelegenheiten sehen wir als Antwort … auf die Toten und sogar auf die Schreie der Verwundeten.

Laute Rufe, menschliche Worte sind erklungen, sie erhellen die Wegstrecken des gegenwärtigen Fortschritts und des zukünftigen. Für eines dieser großen Dinge kämpfst du, für das größte von allen, für die Gerechtigkeit und die Gleichheit der Menschen.

Novellenprojekt

Der Kaiser. Da ist etwas, das mich mit Entsetzen erfüllt: es sind die Gemälde. Schreckliche und düstere hatte es am Hofe Philipps IV. gegeben; in dem Palast, der einer Stadt entsprach (es gab da zehntausend Fenster), mitten unter den Hofnarren und den Kammerherren eine Persönlichkeit, durch königliche Gunst mit unklaren Verrichtungen des Zeremoniells betraut, zu denen die Anordnung des Gefolges und die Aufstellung der Granden gehörte. Sie hieß Don Diego Rodríguez de Silva[y] Velázquez[111]. Man konnte im Escorial gelebt haben und sich nicht an ihn erinnern, seine Bilder aber sind geblieben. Philipp IV. ist gestorben. Die Königreiche sind vergangen. Im Verlauf von Kriegen und Friedenszeiten sind die Generationen dahingegangen. Diese Gemälde sind noch immer am Leben. Mit ihrer ewigen Gegenwart, vor der alles erlischt, sind sie wunderwirkende Dinge. Sie löschen Philipp IV. aus, die Kriege und auch den Pomp. Und, weiter zurück, sogar Karl den Fünften und Karl den Großen. Mit ihrer unerschöpflichen Unsterblichkeit werden sie Spanien auslöschen. Sie sind imstande, eines Tages Europa zu überleben. Diese großen Gemälde, diese Dinge, die sich in den Palästen niemals mehr rühren, beunruhigen mich – und selbst Denkmäler sind heute zerbrechlich.

Gestern und morgen

1. Der Traum.
Der Rausch der Herzen. Der Rausch der Hoffnung. Die finstere Torheit und die beschränkten Ansichten, das Ganze kompakt, unausrottbar, in System gebracht durch Ignoranten und Halbgelehrte.
2. Das Drama, dann der Alptraum.

Der Sturm

3. Die Wahrheit, die Erleuchtung.
Krankhafte Sucht nach Einfachheit und Licht, Zerrissenheit, Entwurzelung.

Einfachheit, Leichtigkeit, zu den Quellen, zu den Ursachen zurückzugehen, generelle Kritik zu üben.
Ich komme zerschunden, empfindlich zurück ...
Die heimlichen Feindschaften; ich habe welche, die ich nicht hatte; ich habe welche nicht mehr, die ich hatte.
7. Bezauberung.
Wie einen Liebesroman auf hundertfünfzig Seiten verdichten, alle darüber hinaus notwendigen Einzelheiten für die Schlußfolgerungen notieren; insbesondere die Handlung. Kein Exposé: die Gedanken selbst. Züge von Charakteren oder dramatischen Abläufen.

Novelle

Die Schwester im Krankenhaussaal. Er liebt sie und nimmt sie mit, sobald er genesen ist. Dann geht es nicht mehr, und schließlich wird sie wieder Schwester und kehrt ins Krankenhaus zurück. Er reist ihr nach (nicht als Kranker). Es ist die gleiche Umgebung wie einst, und wider Willen, trotz der durch ihren Versuch gewonnenen Einsicht wagen sie es, die Idylle nochmals zu beginnen. Sie ergehen sich in den gleichen Gelöbnissen wie einstmals.

Einer, der nicht weit sieht; trotzdem hat er den Blick immer nach vorn gerichtet, scheint er gerade vor sich hin zu schauen, aber mit leerem Blick.
Er versäumt niemals, etwas Unzureichendes und Unfertiges zu äußern. Er ist der Mann mit dem Gänsekopf und mit der heiseren Stimme.
Es gibt zwei Kurzblickende: den Frömmler, den guten Alten.
Den Explosiven und Poltrigen.
... ...
Astrale Transfiguration.
... ...
Das verkohlte Skelett der Bäume.
Die Alte mit ihrem schwarzen Umhang und ihrem Lampenschirm.
Die Hände mit ihrem Panzer aus Frostbeulen.
Der Teich unter den sterbenden Eichen; der Halbschatten der Kirche mit den kristallnen Fliesen.

Die Morgenröte breitet kristallhelle Schichten über die Wasserfläche.
Der Alptraum.
Diese Partie muß die kürzeste sein. Fünfzig Seiten.
1:150. 2:50. 3:100.
Mein ganzer Aufenthalt in den Schützengräben: vierzehn Tage.
Ich komme aus dem Ersatzlager für die Schlachten.
Die Badenden, deren Wunden, Schrammen, Narben und Nähte man sieht: selbst bei jenen, die dem Augenschein nach unversehrt sind.
Die Ankunft bei der Ersatzeinheit. Es regnet nicht, es ist sehr kalt. Traurig, traurig. Die ganze Ebene, alles ist düster. Nur der Ruhm ist leuchtend.

Eine Betrachtung, die auf das durchgestrichene Wort „Idylle" folgt:

Das furchtbar keusche Leben des Soldaten. Der jungfräuliche Tod.

Hier (Blatt 47 des Heftes) hat Henri Barbusse eine Skizze aus dem Schützengraben gezeichnet: „Die Stelle, wo wir wie die Hasen laufen müssen."
Der Catoblépas, das Phantasietier, das Flaubert zum Sinnbild der Dummheit macht – es verschlingt, ohne es zu merken, die eigenen Pfoten –, kommt in diesen Notizen häufig als der Typus des „Kurzblickenden" vor.
Nachdem er den unglückseligen und furunkulösen Bénédic hingestellt hat, legt er die Züge von bestimmten Figuren fest, die ihm in den Unterkunftsorten hinter der Front begegnet sind: der erwähnte Catoblépas, der Schmied Brisbille, der Friseur Justin Pocard, der Bastler Crillon, die Baronin Grille, der dicke Faivre mit dem erdfarbenen Bart.[112]

Die einzigen zwei Personen, die so etwas Ähnliches wie politische Ideen haben: Brisbille und der Catoblépas. Die übrigen sind Konservative, weniger auf Grund von klaren Begriffen als durch die ganze Tendenz ihres unmittelbar und blind auf Gewinn ausgerichteten Geistes, oder durch die Art und Weise, mit der sich ihr Geschick erfüllt.

… …

Der Friseur Justin Pocard. Auch er ist eine Art Cocon, mit Statistiken und halben Schlußworten.

Sein Laden, ein wenig vollgeräumt, schmierig von Haarmitteln und Duftölen. Kartons verstellen die Spiegel.

Sein Verstand ist einigermaßen gespickt mit einer Studie über den Alkoholismus und weist dessen Verheerungen auf.

Das legt die Stelle fest, die er [der Alkoholismus, P. P.] einnehmen muß, eine Stelle, die für das Entstehen des menschlichen Elends nahezu von gleichem Gewicht ist wie der Krieg. Voll von großen Ideen, sagt er immerzu und bei jeder Gelegenheit: „Das ist so einfach wie Guten Tag sagen …" Die Schwierigkeit stößt sich an Lösungen …

Würden Sie das, wenn es nicht zuviel verlangt ist, tun, junger Freund?

Der geistreiche Mann, der immerzu Kalauer reißt … und die pariserische Manie, Spitznamen zu geben. Er sieht die Schwägerin der Baronin Grille schwitzend und mit geröteter Flappe vorüberreiten: Der Ausritt der lachenden Kuh.

Er hört auf, die Haare zu schneiden, um zu sagen: „Dieser Künstler, der da mit dem Rasiermesser gearbeitet hat: meine bescheidene Arbeit …"

… …

Der Bastler Crillon. Die rohe Architektur seines Gesichts. Sein Kopf ist durch schreckliche Züge geprägt. Der Grundsatz, nicht mit Geld, sondern mit Arbeit zu bezahlen. Er treibt ihn bis zum äußersten. Er bezahlt alles mit Bastelarbeit. Er heckt die unwahrscheinlichsten Austauschgeschäfte aus – Mikrokosmen weltweiter Finanztransaktionen –, mit Arbeiten ohne Zahl und in jeder Form. Seine Werkbude riecht bald nach Kupfer, bald nach Firnis oder Leim. Er ist nicht sehr ehrlich; Uhren verpfuscht er.

Er ist Schlosser, aber er bearbeitet auch Leder. Er erzählt, der Geistliche habe ihn gelobt.

Crillon erklärt: „Ich bin hier, ich bin freilich hier, alter Freund, aber täusch dich nicht: wenn ich nicht meine Frau

hätte und meine Kinder, wenn ich nicht meine Geschäfte hätte, wenn ich nicht Franzose wäre, wenn ich Amerikaner wäre, nun ja, dann würde ich vielleicht in Amerika sein."
Ich kannte welche, die sagten: „Wenn ich bloß zehntausend Francs fände, wie fein wäre ich heraus."

Die Baronin Grille. „Sie sind krank, weil Sie nicht gegessen haben. Ich bin krank, weil ich zuviel gegessen habe. Da sehen Sie, wir sitzen beide im gleichen Boot." Eines Tages lädt sie mich in das Schloß ein, dessen Stromgenerator in der Nacht schnurrt. Was mir diese Ehre einbringt, ist der Umstand, daß dreizehn bei Tisch saßen. Sie erklärt mit: „Irgendwen muß man dann immerhin einladen."

Der dicke Faivre. Sein fetter Hals, schlaff wie ein Bauch. Sein Kinn sieht aus, als hätte es einen Bauch. Sein abscheulich spröder, gelber und ausgetrockneter Bart, Sägespänen ähnlich. Die gedunsenen Wangen von Bartflecken betupft; er redet nicht. Er redet nur halblaut, wenn er seine Ware rühmt. Er kassiert ein. Er macht Profit.
Der dicke Kolonialwarenhändler Faivre; er ist hassenswert durch Erfolg. Er, das Genie für alles, hat immer Erfolg. Er profitiert vom Frieden. Kommt Krieg. Er profitiert. Im übrigen begeht er keine auffällige Unredlichkeit. Er stiehlt nicht, aber rafft überall zusammen. Eine Pfennigfalle.
Sein Charakteristikum ist die Dicke, der Umfang, die Schwere seiner Augen. Das Weiße daran erscheint schwer. Sein Mund ist zahnlos und faulig. Zwischen den gepolsterten Lippen kommt ständig ein leises Pfeifen, manchmal mit Blasen, hervor.
Ein Butterklumpen auf etwas Bart wie Lehm. Er ißt sorgfältig. Seinen Magen stopft er wie einen gut gepackten Handkoffer aus.
Große, fayenceblaue Emailleaugen mit milchigem Blick. Da steht er, mit seinen Bullaugen im Gesicht und den feuchten Lippen, die überlaufen.

Brisbille. Von allen Einwohnern des Ortes unterscheidet er sich durch seine Maßlosigkeit und durch seine fortgeschrittenen Ideen. Typus Roter Bulle vermöge Alkohols. Er redet jedermann an. Man hat ihm eine Heilige Jungfrau auf den Rücken tätowiert. Er weiß nichts davon.

Den andern stopft er immer den Mund: „Das ist Quatsch. Nichts als nichts hast du. Eine Blase bist du. Du beschubst mich. Dreh das Blatt um. Wart nur, dich werde ich noch gradklopfen wie einen Besenstiel. Du willst uns bluffen."
Mit einem gut Teil Menschenverstand sagt er richtige Dinge, aber er säuft und entgleist. Die Frage des Erbrechts beginnt er sehr spitzfindig, aber maßvoll zu regeln. Ein unbarmherzig treffender Verstand.
Charakteristisch für Brisbille sind seine ständigen Drohungen. „Den nehme ich mir ohne Zeugen in einer Ecke vor. Er wird eine schwere Tracht kriegen, und am nächsten Tag und an den weiteren wirst du sehen, wie ihm der Kopf zwischen den Knien hängt. Ja, dort werde ich ihm den Buckel vollhaun, wenn nötig mit einer Eisenstange. Du hattest die schönste Gelegenheit, still zu sein, na gut, du hast sie verpaßt." In spaßigen und malerischen Metaphern ist er einzigartig.

Vorsicht. Der gute Pfarrer. Sehr wichtig. Er muß sympathisch sein, aber ohne Heuchelei. Er ist immer guten Glaubens. Im Kapitel XXIV sieht man ihn, wie er ist. Wir decken wohl seinen Irrtum, seine Unwissenheit auf, aber weder Doppelzüngigkeit noch Verlogenheit. Er hat nur Ansätze und nur gerechte und gute Empfindungen. Er lebt nur mit Ansätzen, mit Bruchstücken. Er versäumt niemals die Gelegenheit, etwas Unfertiges zu sagen. Seine Hand ... dauernde Segnungen. Er macht Zugeständnisse. Form seines Zugeständnisses. Natürlich, dies und jenes würde vorkommen, und alle, die verzweifeln und aufbegehren, würden recht behalten, wenn es Gott nicht gäbe. Da es Gott aber gibt, haben sie unrecht, und alles gereicht zum Besten.
Brisbille zuckt die Achseln und sagt: „Was willst du, der ist nicht bei Trost. Ein Mann mit Gänsekopf, dem es die Stimme verschlägt."
Symbolisch, tiefsinnig, die gleiche Überlegung fordernd.
Nach einer Anrempelung durch Brisbille schüttelt der Pfarrer den Kopf und erklärt: „Zwischen denen und uns wird bestimmt niemals etwas zu machen sein."

Die Zärtlichkeit und das Mitgefühl. Achtung vor dem leidenden Tier.

... ...

Mit eigenen Augen sehe ich die Gleichheit, die in der Tiefe, und die Ungleichheit, die an der Oberfläche ist.

Trommelfeuer. Dieser Mensch, mein Lieber, war das nicht gewohnt. Ich weiß ja nicht, was er im Zivilleben getan hat, das aber ging in Gegenrichtung seiner Arbeit.
… …
Wer erfunden hat, daß es Zeppeline gibt, die über Paris kommen könnten, und wer das Postenstehen in der Nacht erfunden hat. Oh, dieses Miststück! Wir mußten alle drei Stunden auf Wache.
… …
Man muß es ihr ganz sacht beibringen, nicht gleich klotzgrob sagen: „Hör mal, tun wir's heut abend zusammen?"
… …
Ich war Sklave, und ich bin befreit, aber mit der unermeßlichen Freiheit, die mich von allen Seiten umgibt, weiß ich nichts anzufangen. Ich bin zu sehr befreit. Man hat mich zu gründlich von meiner Sklaverei amputiert.
… …
Das Artilleriefeuer hängt mit Flammenbalken über mir und wirft Wände von Licht um uns.
… …
Das Trommelfeuer erschüttert so sehr die Erde, daß es scheint, als wäre die Ebene von Wut, von Zuckungen befallen.
Es entsteht der Eindruck, daß die Ebene unter der Angriffswelle schwankt, in Wallung gerät und sich höhlt wie die See.
… …
Wir finden das Gedicht, das auf einem Gasthaustisch umherliegt. Wir nehmen es und fassen es an wie einen zerbrechlichen und fremdartigen Toten.
Der erste Dichter.
Still sitzend, wie man soll, der Herde nah, der Hütte, suchte das Kind, über die Flöte tastend, mit seinen Fingern seine Seele. Betrachtete des Wassers Singsang und den Hauch im Baum, den blauen Hügel. Gab dem Geheimnis Namen, wo nur gläubig schweigend der reine Himmel hing und Licht war grenzenlos. Es sagte angerührt: „Das Glück, alles zu schauen, nehm ich mir. Zu sehen wie die Sonne eintaucht,

zu sehen auch der Fluren weiten Faltenwurf. Ich wollte, daß mein dunkler Sang schön sei gleich einem Blick umher." Die Welt erwacht gewiegt, es war der Dinge Frühling. Denn ein Mund war aufgetan über der weiten Wüste der Vergangenheit.

„DAS FEUER". Pressedienst.

Boulet, Médard, Suilhard		Doumic
Dr. Sibille Hirsch		
Dr. Chaillol Ch Putz · Lutère		
Gal Maistre		
Duvernois		
	Fischer	Decourcelle
P. Adam	R. de Gourmont	J. Jullien
	(Service spécial)	
Rosny		La Fourchar-
		dière
Lecomte	Taillebourg	Hue
… …	Esnault	
P. Margueritte		Richet
Néril (?)	Sella(?) Eude	
Nicolette H.	Drouillet	Le Foyer
J. Charrat	Boulin	
Mme L'Hx	Coçuti	Snell
Mme de Gr.	Frs Audifier	
Mme Fauqueux		J. Reinach
Fouret		
Fasquelle	Romain Rolland	Cruppi
Docquois	Pioch	
Ephraim	Vandérem	Cl. Farrère
G. Téry	G. Lecomte	G. Verraux
Ed. Herr	Rostand	Cl. Jacque-
		mont(?)
Mort-Mégret	Richepin	
La Fourchardière	Maeterlinck	Genil
Delesalle		Cm Hériot
Rainaud	Peyrebrune	Albert Thomas
J. Cals		Caillaux
Darlugal	Penalosa	
Marléval	Sévérine	
Malviano	G. Hervé	

… …	Mlle Maille	
… …	H. de Régnier	Gervais
Marcelle Israël	Hi(r)sch	Hollande
Mme Blatgé		
	Barthou	Téry
Hug Netter	Hesse	
Brosseau	Wilm	Fouret
Caputo	Ch. Deloncle	
Hynda	Bokanowski	

Die Entschwundenen

Tote, die vom Tode leben
Tote, die töten. Wenn man sie am Koppel aufnehmen will, detoniert die Handgranate. Der Tote, der ein Gewehr in Anschlag hatte; man faßt die Flinte am Lauf; man zieht daran; während man das tut, drückt der erstarrte Finger des Toten auf den Abzug, und der Soldat, der an dem Gewehr riß, wird getötet.

Auf dem Blatt 71 hat Henri Barbusse die Skizze eines Zimmers in seinem geliebten Haus gezeichnet, der Villa „Sylvie" in Aumont, erworben 1910 in der Landschaft von Senlis, durchschwebt vom Schatten Gérard de Nervals.

Die Nationalisten sind die Rädelsführer der Völker. Nationalisten mit ihrem bewaffneten Frieden, mit ihren komplizierten Schutzmachtsystemen und Bündnisvereinbarungen machen mir den Eindruck von Leuten, die das zusammenbrechende Haus, statt es neu aufzubauen, mühselig mit Rücken und Händen abstützen und nichts anderes mehr tun können.

Der Krieg. Tagebuch einer Korporalschaft. 1915.
1. Vision
2. Die M im Wasser[113]
3. Die Ablösung
4. Volpatte und Fouillade

5. Die Ortsunterkunft
6. Die Gewohnheiten[114]
7. Verladung
8. Urlaub
9. Der große Zorn
10. Argoval
11. Der Hund
12. Das Säulentor
13. Die Kraftausdrücke
14. Die Traglast
15. Das Ei
16. Idylle
17. Die Sappe
18. Die Streichhölzer
19. Trommelfeuer
20. Im Feuer
21. Der Verbandplatz
22. Der Gang durch die Stadt
23. Das Arbeitskommando
24. Morgendämmerung

Einer, der fast nicht spricht. Jeden Moment macht er Miene, als wollte er sich zum Sprechen entschließen. Doch er entschließt sich nicht. Man spürt, was er sagen will; dann meint er, es lohne sich nicht, er verschluckt es und behält es für sich. Der stumme Zeuge, der gewissen Realitäten gegenüber besser als Widerpart dient als der Redende.

Brief von Barbusse an den Direktor der „Humanité“ (9. August 1914)

Verehrter Herr Kollege,
wollen Sie mich bitte zu den antimilitaristischen Sozialisten zählen, die sich freiwillig melden, um in den gegenwärtigen Krieg zu ziehen. Da ich dem Hilfsdienst angehöre, habe ich darum nachgesucht und erreicht, dem bewaffneten Dienst zugeteilt zu werden, und rücke in einigen Tagen als einfacher Infanteriesoldat aus. Wenn ich Ihnen diese bescheidene, banale und angesichts der großen Begeisterung dieser Tage sozusagen kaum wahrnehmbare Tatsache vermelde, geschieht es, um darauf hinzuweisen, daß ich weit davon entfernt bin, Ideen zu verleugnen, die ich immer uneigennützig verteidigt habe, sondern im Gegenteil daran denke, ihnen nun mit der Waffe in der Hand zu dienen. Dieser Krieg ist ein sozialer Krieg, der unsere Sache einen großen – wenn nicht sogar den entscheidenden – Schritt voranbringen wird. Er richtet sich gegen unsere alten niederträchtigen Feinde seit eh und je, gegen Militarismus und Imperialismus, Säbel und Gamaschenknopf, und ich füge hinzu: gegen die Krone. Unser Sieg wird die Zerstörung des zentralen Schlupfwinkels von Cäsaren, Kronprinzen, Feudalherren und besoldeten Haudegen bedeuten, die ein Volk gefangenhalten und noch andere Völker einkerkern möchten. Nur gegen sie vermag sich die Welt zu befreien. Wenn ich mein Leben zum Opfer bringe und mit Freuden in den Krieg ziehe, so geschieht das nicht nur als Franzose, sondern vor allem als Mensch.
Seien Sie bitte meiner aufrichtigen Ergebenheit versichert.

Henri Barbusse

Deutsch von Horst F. Müller
aus H. Barbusse, Paroles d'un combattant, Paris 1920

Jean Longuet:
Volk und Kaiser

Herr Alfred Capus diskutiert im „Figaro", übrigens in einer höflichen Sprache, meinen letzten Artikel. Der geistreiche Autor, der vor kurzem die Ehebruchskomödie zugunsten der großen Politik aufgab, hat die Entdeckung gemacht, daß die sozialistischen Zeitungen „eine Kampagne begannen, um die französische Meinung dahin zu bringen, zwischen dem deutschen Volk und dem Kaiser zu unterscheiden". Vom ersten Tage des Krieges an haben wir niemals verfehlt, diese notwendige Unterscheidung zu treffen. Jouhaux war unser aller Dolmetsch, als er sie mit tiefer Bewegtheit am 4. August am Sarge von Jaurès zum Ausdruck brachte, einer Bewegtheit, die Herr Barrès damals zu teilen erklärte. Jeder von uns hat seitdem diese Unterscheidung täglich getroffen. Herr Capus behauptet, daß sie, „ein Sophismus heutzutage", erst einen Sinn habe, wenn sich das deutsche Volk gegen den Kaiser erhoben und seine vollständige Trennung von seiner verbrecherischen Regierung erklärt haben wird.

Hier ist wenigstens ein Boden, auf dem wir leicht eine Übereinstimmung finden können. Genau wie Herr Capus denken wir, daß das deutsche Volk jegliche Solidarität mit dem abscheulichen Verbrechen des gegenwärtigen Krieges nur dann von sich weisen kann, wenn es sich gegen die Hohenzollern erhebt und mit dem preußischen Imperialismus und Militarismus abrechnet. Dies ist die Geste, die das Gewissen der gesamten europäischen Demokratie von der deutschen Nation erwartet. Doch um sie möglich zu machen und sie vorzubereiten, brandmarken wir all jene, die gegen sie das Verbrechen wiederholen möchten, das vor vierundvierzig Jahren an uns begangen wurde, brandmarken wir all jene, die die Prinzipien Bismarcks übernehmen, indem sie Deutschland zur Zerstückelung verdammen und zynisch erklären, daß Gewalt vor Recht gehe.

In dieser Hinsicht scheint uns Herr Capus schlecht informiert zu sein.

„Kann man behaupten", schreibt er, „daß man auch nur im Traum die Absicht hegt, fünfundsechzig Millionen Individuen daran zu hindern, im Zustande der Nation zu leben, wie sich das Jean Longuet, unser verehrter Kollege von der „Humanité", vorstellt? Welch ein Wahnsinn und wer sollte daran denken? Wer hätte das Verlangen, diese enorme menschliche Masse von einem so starken Zusammenhalt über die Erde zu verstreuen oder zu beseitigen?"

Wer also denkt daran, Herr Capus? Doch alle die hervorragenden Interpreten des Denkens Ihrer Kreise: Barrès ebenso wie de Mun, Charles Maurras, Latapie, Judet oder Hugues Le Roux, „L'Echo de Paris" ebenso wie „Le Gaulois", „Le Matin", „La Liberté", „La Libre Parole" oder „L'Action française".

Der skeptische Figaro-Schriftsteller vermag offensichtlich nicht die Besessenheit von deren Standpunkt zu begreifen. Ebensowenig begreift er den völligen Gegensatz zwischen unseren bismarckischen ‚Realisten' und den robusten Idealisten von jenseits des Ärmelkanals. Die „Times", so konservativ-unionistisch sie auch ist, erklärte erst vor einigen Tagen die Divergenz beider Auffassungen. Ihr Militärberichterstatter, der Oberst Repington, den niemand für einen ‚humanitären Demokraten' halten wird, antwortete in einem seiner gelehrten Artikel der konservativen russischen Zeitung „Nowoe Wremia". Diese, deren Standpunkt – natürlich – mit dem von Barrès und Maurras übereinstimmt, hatte England vorgeworfen, den Sturz des preußischen Militarismus und nicht die völlige Vernichtung Deutschlands zu verfolgen. Worauf Oberst Repington antwortete: „Den deutschen Militarismus zu zerschlagen, einem System ein Ende zu setzen, das Europa so lange belastet und unterdrückt hat, das wird alles sein, was wir legitimerweise wünschen können. Um Deutschland als Nation zu vernichten, müßten wir entweder alle Deutschen töten oder ihr Land auf Dauer besetzen. Aber wir wollen nicht eine Tyrannei durch eine andere ersetzen."

Das also schreibt der militaristischste Schriftsteller in der konservativsten Zeitung Englands. Der Kontrast zwischen diesen Gedanken und jenen, die wir täglich bei uns lesen, läßt deutlich den grundlegenden Gegensatz der beiden Auffassungen vom Kriege hervortreten.

L'Humanité, 1. Oktober 1914, deutsch von Horst F. Müller

Briefe sozialistischer Soldaten:

Der Krieg ist entsetzlich. Wird er dahingehend wirken, die Menschheit zu befreien?

Einer unserer sozialistischen Freunde, der wegen einer ziemlich schweren Verwundung in einem Lazarett des Westens gepflegt wird, schreibt uns den folgenden Brief, in dem er seinen Abscheu vor dem Kriege zum Ausdruck bringt und seinen tiefen Glauben an das sozialistische Ideal, dem er unerschütterlich verbunden bleibt.

„Ich gestehe Euch gleich, daß ich von allem, was das Leben der Partei seit der Mobilmachung betrifft, keinen Schimmer habe. Seit Kriegsausbruch war es mir unmöglich, auch nur ein einziges Mal die „Humanité" oder die „G[uerre] S[ociale]" zu lesen. Und hier erhalte ich als geistige Nahrung nur „L'Echo de Paris".

Übrigens kann man lesen und an eine bessere Menschheit denken, wenn man Tag für Tag die schreckliche und schwere Arbeit des Todes erledigen muß?

Drei Monate lang mußte ich töten, unaufhörlich töten, und ich versichere Euch, daß man schließlich dahin kommt, keinen Widerwillen mehr dabei zu empfinden. Das ist hart, aber man gewöhnt sich daran. Mehr noch, man gewöhnt sich an den Gedanken, getötet zu werden, und nicht ohne einige Verwunderung findet man sich an den Abenden nach der Schlacht noch am Leben. Man muß den grauenhaften Alptraum des Krieges selbst erlebt haben, um den Zustand geistiger Abgestumpftheit, in den man verfallen kann, verstehen zu können. Um sich in Begeisterung zu versetzen, sagt und wiederholt man sich, daß das Werk, das man vollbringt, ein Befreiungswerk ist, daß es die Niederschlagung des verhaßten Imperialismus zum Ziel hat. Daß, nachdem es getan ist, für uns das Feld frei sein wird zur Vollendung unserer sozialen Erneuerungspläne und daß auf den Leichenäckern, über die wir uns hinweggewälzt haben, schließlich die Gleichheit erblühen kann.

Das wiederholen wir uns immer wieder, wir sozialistischen Soldaten, denn wir brauchen es, daran zu glauben.

Ja, dieser Krieg muß die endgültige Befreiung der Mensch-

heit bedeuten. Und deswegen muß man, wie Ihr sagt, vor der Reaktion und dem Klerikalismus auf der Hut sein. Die Klerikalen sind rührig inmitten des allgemeinen Elends, das sie ausnutzen, um diejenigen auf ihre Seite zu ziehen, die vom Leiden niedergeworfen wurden. An Euch, den Alten in der Partei, ist es, sich den Reaktionären entgegenzustellen, während wir verbissen an der Front kämpfen.
Das Volk muß während des Krieges genau wie vorher um sich herum die Fürsorge der Partei spüren. Es tut not, daß das, was von unserer Organisation übrig ist, eingesetzt wird, uns das Vertrauen des Proletariats zu erhalten und ihm die Unternehmungen oder die Hoffnungen des Kapitalismus in ihrem wahren Lichte zu zeigen."

L'Humanité, 19. November 1914, deutsch von Horst F. Müller

Compère-Morel:
Die französische Tradition

Die Gegner der Republik, der Arbeiterklasse und des Sozialismus werden sich vergeblich abmühen. Es wird ihnen niemals gelingen, den Verteidigungskrieg, der den Alliierten aufgezwungen wurde, in einen Eroberungs- und Ausrottungskrieg zu verwandeln!
Und wenn wir auch die schlimmsten Beleidigungen von jenen zu erdulden hätten, bei denen der Pulvergeruch, der Anblick des Blutes und der barbarischen Taten unserer Feinde die übelsten Instinkte geweckt hat, so werden wir doch dabei bleiben, die Verantwortlichkeiten der Regierenden und der Regierten der Aggressorländer voneinander abzugrenzen, und uns kategorisch weigern, die Herrschenden und die Beherrschten in ein und derselben gemeinsamen Schmach zu vereinen.
Indem wir so handeln, bleiben wir im übrigen der französischen Tradition treu und handeln in Übereinstimmung mit den Grundsätzen, die bisher unser ganzes Leben bestimmt haben.
Das ist bereits mehr als wir bedürften, um den verleumderischen Beleidigungen der einen und den hinterhältigen Un-

terstellungen der andern mit Verachtung begegnen zu können.

Wenn das Volk übrigens mit ebensolcher Bereitwilligkeit wie Begeisterung dem Aufruf der Regierung gefolgt ist, die mit der hohen und edlen Aufgabe betraut war, die nationale Verteidigung zu organisieren, so deshalb, weil es das tiefe Gefühl hatte, daß Frankreich den schrecklichen gegenwärtigen Konflikt ebensowenig provoziert wie gewollt, ebensowenig gesucht wie vorbereitet hatte.

Ebenso fest entschlossen, einen vor Überheblichkeit trunkenen und vom schlimmsten Größenwahn angesteckten Eindringling zu verjagen, wie einen für den Weltfrieden und die Freiheit der Völker gefährlichen Imperialismus zu zerschlagen, hat das Volk nicht einen Augenblick gezögert.

Für die Unverletzlichkeit des Territoriums, für die Aufrechterhaltung der nationalen Unabhängigkeit, für die Züchtigung einer arroganten, plumpen und brutalen Militärkaste, die keine Achtung vor geschlossenen Verträgen besitzt und sich nicht um die Gerechtigkeit schert: allein dafür ist es hinausgezogen und wird – wenn nötig – in den Tod marschieren.

Daß man sich aber keinem Irrtum hingebe! Es hat weder sich noch die Seinen für etwas anderes geopfert. Es beabsichtigt ebensowenig, dem besiegten Deutschland ein Stück Boden zu rauben, wie die Rasse verschwinden zu lassen, die auf dessen Boden geboren wird, lebt und stirbt.

Was die Republikaner, Demokraten und Sozialisten unseres Landes wollen und erhoffen ist besser und mehr: nämlich aus diesem mörderischen und grausamen Krieg den letzten der Kriege zu machen. Deswegen muß man die feindlichen Armeen vollständig vernichten und die deutschen Generale endgültig schlagen, damit als unmittelbare Auswirkung dieser Niederlagen eine revolutionäre Bewegung jenseits des Rheins entsteht.

Erst wenn es eine deutsche Republik gibt, wenn die preußischen Junker und Schleppsäbel nicht mehr als Herren über die Geschicke der deutschen Welt entscheiden, dann wird der Friede vollständig und endgültig sein. Man komme uns nicht mit der Behauptung, eine solche Aktion sei unmöglich! Der Zorn gärt in den deutschen Arbeitermassen. Zeichen von Unzufriedenheit, Vorläufer tiefer Erschütterun-

gen des Volkes haben sich gezeigt. Und gestern konstatierte ein großes Informationsblatt, das ganz und gar nichts Umstürzlerisches an sich hat, wie sehr das deutsche Proletariat gegen den Kaiser und seine Umgebung aufgebracht ist.
Sei es, daß die Nachricht einiger bedeutender militärischer Katastrophen in die Stadtzentren Schlesiens, Sachsens, Bayerns und Preußens dringt, sei es, daß die Industriellen, Kaufleute und Arbeiter Deutschlands schließlich den klaren Eindruck des Zusammenbruchs gewinnen, dem sie die Dynastie der Hohenzollern am Ende entgegenführt, und die äußeren nationalen Niederlagen werden durch den inneren imperialen Zusammenbruch ergänzt werden!
Um aber dahin zu gelangen, muß Frankreich bleiben, was es immer war und niemals aufhören darf zu bleiben: Freund der Völker und Feind der Tyrannen, muß es als Befreier der Unterdrückten und Unterjochten auftreten, der in den Falten seiner Fahne neue Rechte und größere politische Freiheiten mitbringt.
Unter dieser Bedingung und allein unter dieser Bedingung wird Deutschland, wenn es seine Republik besitzt, die auf den Ruinen eines Reiches aus Eisen und einer verlogenen und schurkischen Diplomatie errichtet wurde, der Rüstungsbegrenzung, der Einrichtung einer obligatorischen Schiedsgerichtsbarkeit und der Abschaffung der Geheimverträge zustimmen und so – in dem Maße, wie es das kapitalistische Regime gestattet – eine Ära des Bündnisses und der Eintracht zwischen den verschiedenen Staaten unseres alten Europa sichern.

L'Humanité, 3. Dezember 1914, deutsch von Horst F. Müller

Pierre Renaudel:

Bravo Liebknecht!

Endlich hier das von den sozialistischen Herzen Frankreichs erwartete Wort. Siehst Du, Liebknecht, alle litten sie, die Unseren, bei dem Gedanken, daß sich niemand da drüben erhoben hatte, um den Schleier der Heuchelei zu zerreißen, mit dem der imperiale Militarismus beabsichtigte,

die ungeheuerliche Aggression gegenüber dem schwachen Belgien und dem friedlichen Frankreich zu verhüllen.
Hier nun das befreiende, klare, laute und reine Wort. Wir werden Dir nicht einige Ausdrücke verübeln, die Abkömmlinge alter Formeln sind; wir werden es Dir nicht zum Vorwurf machen, unsere Losung „Gegen den Militarismus!", die aus dem Kriege selbst hervorgegangen ist und durch ihn erweitert wurde, mit derjenigen zu vergleichen, die das deutsche Volk zur zügellosesten Verherrlichung dieses gleichen Militarismus hinreißen konnte.
Nein, wir wollen nur das Wort vernehmen, durch das Du die große Tat Deines Vaters erneuerst, der 1871 herausfordernd seinen Protest gegen die Annexion Elsaß-Lothringens vorbrachte.
Denn allein dieses Wort wird auch das deutsche sozialistische Volk vernehmen, was sage ich, bereits vernommen haben. Die Depeschen melden uns, daß eine Sozialistenversammlung in Stuttgart Deine Haltung einstimmig gebilligt hat.
Schon ist Deine Stimme nicht mehr allein und isoliert. Man wird sie nicht mehr ersticken.
Den Deinen sagt sie, daß man mit der Militärdiktatur Schluß machen muß, den Unseren sagt sie, daß sie, allem Anschein zum Trotz, nicht unrecht haben, ihre Hoffnung auf das Erwachen des sozialistischen Bewußtseins in Deutschland zu setzen.
Liebknecht! Unsere Gedanken nehmen jetzt den Weg zu Dir, denn wir wissen, was Du aufs Spiel setzt, wenn Du Deinerseits in die Geschichte eintrittst. Wir erinnern uns, daß Du drei Wochen vor dem Kriege zu uns gehörtest, zu einer Stunde, da sich die Wolken bereits zusammenballten. Wir sprachen mit unserem Jaurès, erinnerst Du Dich, wir suchten die Zukunft zu ergründen und wir hörten beide einander die uns noch verbliebenen Hoffnungen auf einen bereits unsicher gewordenen Frieden austauschen. Er, unser Meister, ist für immer verschwunden, als erstes Opfer des großen Dramas, in dem so viele andere leiden und sterben. Wenn er aber noch hier wäre, wir wissen gut, was sein großes Herz, sein Genius Dir zuriefe: Bravo Liebknecht!

L'Humanité, 12. Dezember 1914, deutsch von Horst F. Müller

Henri Barbusse:

Briefe von der Front

Im Schützengraben

Ich schreibe Euch aus dem Schützengraben, jenem berühmten Graben, von dem man so viel redet und noch viel reden wird (die künftige Literatur über den gegenwärtigen Krieg erschreckt mich bereits durch ihre Überfülle!). Es ist heiß zur Stunde in dieser unendlichen Straße aus lehmiger Erde – die die Karte des alten Artois mit einem verwirrenden Durcheinander kabbalistischer Linien bedeckt. Drei geschlagene Stunden mußten wir in sehr tiefen, sehr engen und sehr gelben Verbindungsgräben marschieren, um hierherzukommen, und sind – diesmal – immerhin erst nur in der zweiten Linie.

Ja, das Wetter ist schön. Gestern war noch Herbst, aber heute ist der Sommer zurückgekehrt. Der Morgen war rosig, der Mittag weiß und der Abend ist golden. Es ist fünf Uhr, und wir wärmen noch unsere schlammverschmierten Rücken. Von den Grabenwällen bröckelt die Lehmerde. Deshalb muß man die Wände streckenweise mit Sandsäkken abstützen, die regelmäßig wie behauene Steine aufgeschichtet sind. Der zuvor weiche und schlammige Boden ist im Augenblick sehr fest und läßt unsere Schritte hören. Wenn es aber in diese wasserundurchlässigen, ockergelben Gräben regnet, gibt es eine sintflutartige Verwüstung, weil sich das Wasser auf dem Grunde hält wie in jenen glasierten Tonschüsseln, in denen die Hausfrauen das Gemüse waschen (welch ferne Erinnerung!). Ich schreibe auf der Erde sitzend, mit meinen Knieen als Unterlage. Wenn einer vorbei will, ducke ich mich so tief wie möglich, um ihm die Möglichkeit zu geben, über mich hinwegzusteigen. Die meisten „Leutchen" haben die Unterstände (man sagt auch *guitounes, cagnas oder camigeottes*) verlassen. Deren enge Öffnungen an den Seitenwänden befinden sich nahe dem Boden, wenn es sich um große unterirdische Unterstände handelt, in die man dann gebückt über Treppenstufen hinabsteigt, oder sie befinden sich in einiger Höhe vom Erdboden, wenn es einzelne Löcher sind, die entweder in die Breite gehen (der Poilu, der sich dort hineingezwängt

hat und liegt, nimmt sich aus wie ein blaugraues Bas-Relief) oder aber in die Tiefe (dann sieht man nur die Füße des Schläfers).
In dem Bezirk, in dem wir uns befinden, herrscht eine gewisse Familienähnlichkeit zwischen den Phantasie-Namen, die diese Unterstände zieren. Hier ist es „L'Abri-Gîte", dort „L'Abri-cotier", „L'Abri-d'abat-tue" ... Dieser Geist des Militärischen besitzt zumindest das Verdienst, der Einheitlichkeit zu dienen.
Was treibt man um mich herum, während man auf die *croute* (Die Essenholer oder *soupiers* kommen gegen 6 Uhr) und den Abend wartet? Einige schreiben, andere, dicht aneinandergedrängt, spielen *manoche,* wieder andere ziselieren Ringe aus Aluminium. Diese der Erde entstiegenen, struppigen Gestalten, die mit vor Aufmerksamkeit verzerrten Gesichtern dabei sind, das bescheidene Schmuckstück zu feilen und zu polieren, lassen an die ersten kunstfertigen Troglodyten denken, die aus den voreiszeitlichen Höhlen auftauchten und vor Entzücken außer sich gerieten, wenn sie einen alten Knochen mit Hilfe eines anderen, härteren Knochens zu ritzen vermochten!
Ich schnappe im Fluge einige der gängigen Redensarten auf: „Wo hast du meine Rundfeile gelassen, Flohschnabel ...?" – „Du Borstenvieh hast schon wieder die Dreikantfeile weggeräumt? ..."
Ein Dritter lobt die außerordentliche Schönheit der Ringe, die einer seiner Freunde, ein Artillerist, angefertigt hat: „Der Ari-Mann da, mein Lieber, is 'n Typ, der hat keine zwei linken Pfoten. Der balanciert dir auf die Fassung 'n Schmetterling aus Patronenhülsenkupfer, und dann geht's hoppla: eh du dich versiehst, hat der dir den blankgeputzt."
Zuweilen erzählt man sich eine Kriegsepisode, übervoll von pittoresken Details. Aber, und das ist befremdlich, diese Soldaten, die seit mehr als einem Jahr den Krieg in allen seinen Formen mitgemacht, die grauenhafte Augenblicke durchlebt, ungeheure Abenteuer bestanden haben und zwanzig-, ja hundertmal nahe am Tode vorbeigekommen sind, unterhalten sich viel lieber damit, von ihren Kasernenerlebnissen zu erzählen als von diesem schrecklichen Leben. Viele Jahre lang haben sie ihre Militärzeit so interessant und komisch gefunden!

Ich mache in den Unterhaltungen meiner Kameraden auch eine reichliche Portion von „Scheißhausparolen“ aus. Scheißhausparolen sind Gerüchte, ebenso phantastische wie sensationelle Neuigkeiten, die an der Front im Umlauf sind und deren gleichsam spontanes Entstehen und deren wunderbare Vervielfachung der der Fliegen vergleichbar ist, mit denen wir im Sommer beschenkt worden waren. Man nennt sie auch „Küchenschwaden“. Mit gesundem Menschenverstand und Logik kämpft man vergeblich gegen sie. Ihr Gewimmel und ihr Wachstum vermag nichts aufzuhalten. Die Menge braucht das Wunder: vertreibt das Übernatürliche und es wird im Galopp zurückkommen. „Es scheint, daß ...“ – „Man sagt, daß ...“ – „Ein Kumpel, der Ordonnanz beim Verpflegungsoffizier ist, hat einen General sagen hören, daß ...“ – „Mein Schwager, der einen vom Landsturm kennt, der die Luftschiffer von der ‚Bratwurst‘ gesehen hat, hat unterderhand erzählen hören, daß ...“ – „Das ist doch nicht die Möglichkeit ...“ – „Du willst uns verkackeiern! ...“ – „Du spinnst uns die Hucke voll!“ – „... Wenn ich doch sage! ...“ Schließlich schneidet eine feste und entschlossene Stimme all diese Redereien ab: „Halt's M...! Du nervst uns, alter Freund, mit deinen dämlichen Albernheiten. Nun ist's aber genug. Leg endlich mal 'ne andere Platte auf oder verpiß dich!“
Eine allgemein werdende Unterhaltung über die Beurlaubungen („Weißt du schon, Volpatte, Tirloir und Porposa fahren heute abend ...“ – „Nicht möglich!“ – „Wenn ich dir doch sage!“) wird durch die Ankunft der Essenträger unterbrochen.

L'Œuvre, 21. September 1915

Im Schützengraben (Fortsetzung)

Da tauchen in der Grabenbiegung die „Leutchen“ auf. Sie tragen auf Stöcke gespießte Brote, Suppen- oder Feldkessel, die mit Hilfe eines Leinengurtes oder ... eines Schlipses über die Schulter gehängt sind, und Rosenkränze von Feldflaschen, die im Vorbeigehen an den Grabenwänden scheuern. Ob Winter oder Sommer, die Suppenleute sind stets

gleichbleibend puterrot und schweißgebadet. Und es ist noch nicht vorgekommen, daß nicht einer der Träger des „Fraßes" sich bei der Ankunft die Stirn gewischt und gebrummt hätte: „Dunnerlittchen, haben wir gebraucht, bis wir hier waren! Das ist dir vielleicht 'n Scheißspiel!"
Inzwischen nähern sich die *poilus*, Feldflasche, Kochgeschirr und Gabel in der Hand, um zu sehen, was es an diesem Abend „für den Schnabel und die Kehle" gibt, mit anderen Worten, was es zu essen und zu trinken gibt.
Natürlich haben einige etwas auszusetzen und meckern. Das sind immer dieselben, und sie warten auf den geringsten Anlaß. Einer von ihnen z. B. ruft: „Keine Brühe, was? Keine Brühe heute! Dafür können wir uns den Gürtel enger schnallen!"
Ein Sergeant versucht den protestierenden Kaffeeliebhaber zu beschwichtigen: „Was haste schon wieder zu spucken, Hornvieh? Du kriegst einen Schoppen Wein extra und hustest hier 'rum?"
Und nun folgt der übliche Scherz: „Hättest dich eben nicht zur Armee melden sollen, wenn du zu zart besaitet bist."
Man lacht. Aber der Unzufriedene gibt nicht auf und fährt fort „herumzuhusten": „Das ist wie mit dem Fleisch von heut morgen! Das hatte nicht mal Ähnlichkeit mit Fleisch. Das war der reinste Brei. Wenn du das futterst, ist das, als wenn du ein' Viertelliter Wasser trinkst, nicht mehr und nicht weniger."
„Und deswegen", macht ein feiner Beobachter geltend, „hast du Nachschlag und noch mal Nachschlag verlangt?"
Man lacht noch lauter. Im übrigen steht der Kumpel mit seiner Meinung allein, und alle andern lassen es sich schmekken. Er es sich schließlich auch. Und es gibt nicht nur zwei Viertel Wein, sondern auch noch einen anständigen Schluck *gnolle* (ich bin nicht sicher in der Orthographie dieses Wortes, das den Branntwein bezeichnet und das allein durch die mündliche Überlieferung zu mir gelangt ist).
Indessen spitzt jemand die Ohren und gebietet energisch Ruhe: „Haltet die Klappe, Jungs, und hört lieber zu!"
Aus dem Dunkel erhebt sich eine Stimme. Das ist unser Kamerad Marvini, Radmelder des Stabsarztes und im Zivilberuf Baß an der Oper. Er singt gerade in der Tiefe des Sanitätsunterstandes *(L'Abri-Stouri)* das Lied von den zwei

Grenadieren. Seine Stimme dringt großartig aus diesem tiefen Loch wie aus einer Trompete. Plötzlich wimmelt es vor dem Eingang desselben im Abenddämmer von *poilus*, die sich in einer Flut pittoresker Kommentare ergehen, ein bescheidenes Echo zu den letzten Schwingungen von Marvinis Stimme.

*

Und die Kanonen? Aber sie haben nicht aufgehört, den ganzen Tag über zu donnern! Ich vergaß, das zu notieren, weil man daran so sehr gewöhnt ist, daß man darauf schon nicht mehr achtet. So oft haben wir Splitter von Sprenggranaten und Schrapnellkugeln um uns herum pfeifen hören, daß wir uns wegen dieser dröhnenden Bekundung des Feindes nicht mehr übermäßig aufregen. Wer von uns könnte nicht zehn Beispiele von dem klassischen Rotzkoffer erzählen, „der genau an der Stelle explodierte, mein Lieber, auf der ich zwei Sekunden vorher gestanden habe!"

Wenn man allzu sehr „beschallt" wird, geht man wieder in den Unterstand, oder man zieht von Zeit zu Zeit den Kopf ein, um der Geschoßhülse oder der Granate auszuweichen, die „auf die sachte Tour", lange nach dem Knall, zu uns herüberkommen.

Gewiß, es gibt intensive Artilleriebombardements, die schrecklich sind. Derjenige, der sie nicht selbst erlebt hat, kann sich keine Vorstellung von den Stunden machen, da man zusammengekauert unter dem höllischen Trommelfeuer zubringt, das einem ins Gesicht bläst und die Haut versengt, das um einen herum Dinge und Menschen zerhackt und zertrümmert, einen wie ein Blitz umgibt, wie eine Lawine mitreißt und emporschleudert ... Doch wir haben das während unseres Aufenthaltes hier nicht zu „kosten" bekommen. Die Kanonade ist im übrigen viel stärker und kontinuierlicher von unserer als von der Gegenseite. Die 7,5er belfern für Augenblicke ganz fürchterlich. Es ist ein ununterbrochenes Rollen schrecklicher Detonationen – ein Maschinengewehrfeuer aus Kanonen würde man sagen.

Unsere schweren Kaliber sind zuweilen mit von der Partie: die 15,5er und die 22er, deren Geschosse mit einem mächtigen Geräusch, etwa so, als ob eine Metro in den Bahnhof

einfährt, über unsere Köpfe hinwegpfeifen. Selbst mit bloßem Auge sieht man sie vorne niedergehen, schwarz und spitz wie ein Vogel, der zu Boden schießt. Und wenn man sich über den Grabenrand reckt und die ferne Ebene betrachtet, erblickt man an der Stelle, an der das Geschoß eingeschlagen ist, sich einen phantastischen, größer werdenden Baum erheben, der sich in ein Gebirge von schmutzig-rotem Rauch verwandelt.
Im Vergleich mit unserer Artillerie scheint die des Feindes ganz offensichtlich nicht mehr bei Kräften zu sein. Besonders in der zweiten Linie, in der wir sind, beunruhigen wir uns mehr oder weniger über die 7,7er, die in Stößen zu sechs explodieren oder selbst über die berüchtigten 10,5er, die man kaum kommen hört – „die Mistkerle", um mit den Soldaten zu reden.

L'Œuvre, 22. September 1915

Ein Luftkampf vom Graben aus beobachtet

Doch, an der Stelle, an der ich bin, läßt der „laufende" Artilleriebeschuß jedermann gleichgültig. Ganz anders verhält es sich mit den Luftkämpfen, die täglich über unseren Köpfen stattfinden ... Und schauen Sie, genau in diesem Moment ...
Verschiedenartige Geräusche von Aeroplanen haben die Aufmerksamkeit geweckt und, wie nicht anders zu erwarten war, die Nase heben lassen. Diskussionen sind entfacht, die die Identität dieses oder jenes „Aeros" betreffen.
„Sieh mal, der da, das ist ein Boche."
„Ein Boche, bist wohl plemplem? Siehst wohl nicht, du taube Nuß, daß das 'ne Musspritze Morane ist?"
„Ein Morane, der so gebaut ist? Gut, mein Alter, setz deine Kuhbrille auf, wenn du nicht deutlich sehen kannst!"
„Wenn ich dir doch sage, das ist einer von uns!"
Der andere hebt die Arme hoch zum Zeichen der unerschütterlichen Dickköpfigkeit des Kameraden: „Es muß wohl wirklich so sein, Ochsenkopp!"
Schließlich einigt man sich, während unterdessen die Apparate ein wenig deutlicher die stolze tintige Zeichnung ihrer

Umrisse vor dem blauen Himmel zeigen, der einfarbig wie Papier ist. Da sich hier und dort Wolken türmen, ist der Himmel in helle und dunkle Zonen geteilt. Und die Flugzeuge sind, entsprechend der Richtung und Höhe ihres Fluges, bald schwarz wie Schwalben und bald weiß wie Möwen.
Sie steigen, gehen tiefer, vollführen lange Schleifen ... Jetzt sind es zwei deutsche und zwei französische. Mit Unterbrechungen hört man aus 2000 m Höhe das Knattern ihrer Maschinengewehre. Man begreift dieses himmlische Manöver nicht sehr gut. Aber doch, nun begreift man: Ohne daß man genau gesehen hat, wie die Sache „gedeichselt" worden ist, befinden sich die beiden „Tauben" weit voneinander entfernt, und unsere beiden Apparate haben sich an eine von ihnen gehängt und bedrängen sie aus der Nähe.
„Der ist in der Falle!" rufen die Soldaten durch diese dreidimensionale Strategie begeistert. „Der beeilt sich aber ... Wie er die Klötzer vorlegt (sich rettet), was? Guck dir das an!"
Doch der „Taube" gelingt es, hinter den deutschen Linien niederzugehen, und unsere Flugzeuge sind wohl oder übel gezwungen, die Verfolgung aufzugeben.
„Sie werden das morgen wieder in Ordnung bringen!" schlußfolgern meine Kameraden philosophisch und etwas verdrossen.
„Da, das andere", ruft jemand. „Äugt doch mal hin, was sie dem da verpassen!"
Die andere, abgehängte „Taube" ist tatsächlich von unseren Schrapnells umgeben. Um sie herum heften sich kleine weiße Wölkchen an den Azur, die die untergehende Sonne rosig färbt. Das Flugzeug schießt im Sturzflug nach unten, steigt, fliegt im Zickzack und geht schließlich im Gleitflug auf Seiten der vordersten feindlichen Linien nieder.
„Den hat's erwischt!"
Hat es tatsächlich? Zweifellos, denn der Motor hat ausgesetzt und der Höhenverlust ist allzu starr und schnell, um beabsichtigt zu sein. Der Vogel hat Blei im Flügel – oder der Pilot ist verwundet oder getötet worden.
Bei ihrem unvermindert schnellen Niedergehen neigt sich die „Taube" zur Seite wie ein untergehendes Schiff. Dann gewinnt sie verzweifelt wieder das Gleichgewicht. Dem

hartnäckigen Widerstand, den sie der Katastrophe entgegensetzt, begegnet man um mich herum mit Achtung.
„Der ist immerhin ganz schön frech, dieser Boche! Nichts dagegen zu sagen, das sind Asse, diese Typen!"
In dem Moment, als er zur Landung ansetzt, da ganz hinten in der Ferne, jenseits der Drahtverhaue und der Linien von aufgewühlter Erde, die man nur wahrnimmt, wenn man den Hals über den Wall des Grabens reckt, tönt ein: „Er stürzt!". Es ist ein lang anhaltender, etwas wilder Siegesschrei, bei dem man fühlt, daß ihm dort unten ein Wut- und Angstschrei antworten muß.

*

Inzwischen ist es Abend.
Das ist ein gewichtiger Augenblick, der Zeitpunkt, an dem das namenlose und unscheinbare Volk der Schützengräben sich aufmacht, sich gruppiert, geschäftig ist und arbeitet. Der Schatten erweckt Reihen von Arbeitern und Soldaten zum Leben und bringt die Welt menschlicher Wesen, die sich in dieser unterirdischen Stadt verkrochen haben, methodisch in Bewegung. An dem Himmel, der inzwischen schwarzblau ist wie unsre Soldatenmäntel von früher, gehen einige Sterne auf. Plötzlich erstrahlt ein heller Stern über dem Horizont, wirft eine bleiche Helligkeit auf die oberen Grabenwände, wo diese in der Längsrichtung von den Strahlen getroffen werden, und erlischt. Es ist eine Leuchtrakete. Eine andere folgt, wieder eine andere ... und so wird es ununterbrochen gehen bis zum Morgen.
Die einen kommen von unseren Linien, die andern von den feindlichen. Zuweilen sind sie so zahlreich, daß sie Sternbilder am Firmament bilden. Einmal habe ich sogar kurz einen phantastischen Großen Bären aus Leuchtraketen gesehen.
Das umgebende Dekor gewinnt ein großartiges Aussehen. Der unsere Köpfe überragende Böschungsgrat sieht wie eine Gebirgskette aus. Und man muß schon in der Höhe einen zerfetzten Baum oder ein kleines Kreuz sehen, die sich von dem bleichen Raum abheben, damit der Geist die Erdanhäufung auf ihre winzigen Dimensionen und ihre ungeheure Bedeutung zurückführt ...
Man sieht nacheinander Schatten vorbeiziehen, die von

Schaufeln, Hacken und Gewehren überragt werden. So gut man kann, macht man Platz und drückt sich gegen die Grabenwand, um diesen Schanztrupp vorbeizulassen, der aus gewöhnlichen Infanteristen besteht ... (Der Infanterist, der reine, unverfälschte Soldat, der zu allem brauchbare, alles könnende, der ewige Soldat!) Bis zum Morgengrauen werden sie in der Ebene, vor den vordersten Linien, Verbindungsgräben ausheben oder ausbessern, unter unaufhörlichem Gewehrfeuer (dem Tack-Tack, an das sich das Ohr ebenso gewöhnt, wie es sich früher an das Ticktack der Standuhr gewöhnte), unter dem gezielten Beschuß mit Sprenggeschossen, Granaten. Lufttorpedos, „dicken Brokken" und dem unheilvollen und regelmäßigen Knattern der „Kaffeemühle" (des Maschinengewehrs!). Diese Männer werden direkt von den Leuchtraketen betroffen. Kaum haben sie da vorn die Zeit, während der wenigen Sekunden zwischen dem Pfeifen des Geschosses und seiner blendenden Explosion, sich bäuchlings neben ihre Arbeit auf den Boden zu werfen, „volle Deckung" zu nehmen und sich durch Unbeweglichkeit zu tarnen ... Wenn wir später bei irgendeinem Feuerwerk dabeisein werden, können wir beim Anblick der zitternd aufsteigenden Goldgarbe einer Rakete gewiß nur mit Mühe an uns halten, um nicht zu rufen: „Achtung Jungs! Volle Deckung und nicht bewegt!"
Die Männer, die sich zu dieser schrecklichen Arbeit begeben – an die sich im Wechsel jeder Teil des Regiments heranmacht – marschieren mit ruhigem Schritt. Zuweilen rufen sie sich halblaut etwas zu und scherzen beim Gähnen. Sie sind ruhig und gefaßt. Sie wissen, daß alle Vorsichtsmaßnahmen getroffen wurden und daß man sie nicht unnötig der Gefahr aussetzen wird. Schließlich sind sie schon seit vierzehn Monaten heil aus allen möglichen Situationen herausgekommen. So gehen sie entschlossen nach vorn. Immerhin haben die Kameraden, die in den Gräben der vordersten Linie oder in den Horchposten wachen, ebenfalls üble Augenblicke durchzustehen! ... Und dann ... wird man das alles schließlich vergessen haben, wenn man in einigen Tagen im Ruhequartier ist.
Was man nicht vergißt und niemals je vergessen wird, das ist die tragische Majestät dieses Krieges der Finsternisse, des Sich-Vergrabens, der Gespenster, der sagenhaften

Länge der Nächte, in denen man geschuftet, patrouilliert, gewartet, gelitten hat. Auch aus vielen anderen Gründen wird man sich daran erinnern, daß dieser Krieg kein gewöhnlicher Krieg ist, daß dies ein Krieg der Befreiung und des Ideals ist, daß das unscheinbare, zahllose und unbesiegliche Drängen des großen Volkes der Schützengräben – das von der intellektuellen Elite allzu oft im Stich und vor dem Feuer allein gelassen wird – sich im Sinne des Fortschritts, nicht der Tradition, in Richtung auf die Zukunft und nicht auf die Vergangenheit hin vollzogen hat.
Das also hier sind meine bescheidenen Eindrücke und unaufdringlichen Überlegungen zum Ausklang eines Tages in den Schützengräben ...

L'Œuvre, 25. September 1915, deutsch von Horst F. Müller, aus: Europe Nr. 483/484; Emilien Carassus, Trois articles de Barbusse sur la guerre

Nennung Barbusses im Brigadebefehl vom 8. Juni 1915

Die Soldaten Préau, Fernand; Gillot, Albert; Rauson, Félix; Michardière, Narcisse und Barbusse, Henri von der 18. Kompanie des 231. Infanterieregiments werden im Tagesbefehl der Brigade genannt, und zwar aus folgendem Grund: Sie haben sich freiwillig gemeldet, um unter Feindbeschuß mehrere Verwundete zu bergen, deren Stöhnen aus dem Grabenvorfeld herüberdrang. Sie haben drei Verwundete zum Verbandplatz zurückgeschafft.

aus: Annette Vidal, H. Barbusse, Soldat des Friedens, Berlin 1955; deutsch von Herbert Bräuning

Nennung Barbusses im Armeebefehl vom 17. Oktober 1915

Barbusse, Henri, Hilfssanitätssoldat der 22. Kompanie des 231. Infanterieregiments: von hoher moralischer Haltung, hat sich für die Dauer des Krieges als Freiwilliger gemeldet; trotz seines Alters und seines Gesundheitszustandes lehnte er es ab, zur Landwehr versetzt zu werden. Hat sich immer zu allen gefahrvollen Unternehmungen gemeldet, half insbesondere, unter heftigem Beschuß in den gerade dem Feind abgenommenen Linien einen vorgeschobenen Hilfsverbandplatz einzurichten.

Journal Officiel, 1. Dezember 1915; deutsch von Horst F. Müller

Marcel L'Heureux:

Der Soldat Barbusse – ein Beispiel an Tatkraft und Mut

Der Soldat Henri Barbusse ist zunächst im Tagesbefehl seiner Brigade, dann im Tagesbefehl der gesamten Armee lobend erwähnt worden. Seine Freunde hätten diese Tatsache nicht etwa aus seinen Briefen erfahren können, denn wenn er in ihnen überhaupt von sich spricht, dann gibt er nur kurz Nachricht über seinen Gesundheitszustand. Jene, die von der Front zurückkehren und ihn draußen erlebt haben, sind zum Glück weniger wortkarg über ihn.
Einer von ihnen, Dr. Charles-Edouard Lévy, Verfasser des Buches „Le Médecin", das jüngst für den Prix Goncourt im Gespräch war, hat gerade ein Jahr auf einem Verbandplatz in vorderster Linie verbracht, wo ihm sein Verhalten das Kriegskreuz einbrachte. Vor einigen Tagen hat er zu einem unserer Kollegen gesagt: „Barbusse ist ein Held; mehr noch: der Held schlechthin. Sooft ein Freiwilliger für ein gefahrvolles Unternehmen angefordert wird, meldet er sich. Er ist im Abschnitt berühmt – Barbusse, Sie wissen doch, der große hagere Bursche, der so aussieht, als sch... er auf den Tod! Ich habe selbst gesehen, wie er mit ruhigem Schritt

und nicht blasser als sonst auch losgeht, ohne daß ein Muskel in seinem Gesicht zuckt. Die Kugeln pfeifen, eine Granate krepiert ein paar Meter entfernt, ein Stück weiter weg ein Schrapnell, dann noch eins. Es ist das Inferno, ähnlich dem, das er geschildert hat, furchtbarer noch. Er geht weiter, er kommt durch, man weiß nicht, wie er es lebend übersteht. Er kehrt zurück, sein Auftrag ist gewissenhaft ausgeführt, er berichtet nur mit wenigen Worten darüber, wie über einen Vorgang des alltäglichen Lebens. Dann fühle ich ihm den Puls, er schlägt kaum schneller, gerade der körperlichen Anstrengung entsprechend, die er hinter sich hat."
Dieser lautere Intellektuelle, dieser Pazifist war früher aus Gesundheitsgründen den rückwärtigen Diensten zugeteilt worden. Fast im Reservistenalter, läßt er sich zur kämpfenden Truppe versetzen, obgleich er doch, wie so viele andere, deren Patriotismus beredteren Ausdruck fand, von seinem Schreibtisch aus mit gezielten Artikeln hätte Krieg führen können.
Déroulède hätte ihn geliebt, und Maurice Barrès, der sich um Rechtlichkeit bemüht hat, wird ihn eines Tages als den besten Lehrer der Tatkraft vorstellen.

Le Cri de Paris, 13. Februar 1916,
aus: Henri Barbusse, Das Feuer, Berlin 1973;
deutsch von Karl Heinrich

Henri Barbusse:

Die Schriftsteller und die Utopie

Es muß nicht sein, daß die Schriftsteller zu den Utopisten gehören. Dies war allzu oft der Fall. Und allzu viele gehören noch dazu. Allzuoft haben sie den schwerwiegenden Vorwurf, den man gegen sie erhob, Träumer und phantastische Seelenlenker zu sein, verdient. Allzuoft haben sich die aufs Positive gerichteten, dem ernsthaften, energischen und aktiven Leben zugewandten Menschen von den Versemachern und Geschichtenerzählern verächtlich lächelnd abgewandt.
Es tut not, daß die Schriftsteller klar und weit blicken und die Wahrheit sagen.

In dieser bewegenden Stunde mögen sie darüber nachdenken, was sie tun. Mögen diejenigen unter den Literaten, die sich nicht ausschließlich der Malerei des Innenlebens und der Beschreibung des menschlichen Herzens widmen, sondern sich auch um moralische und soziale Richtlinien sorgen, in ihren Werken nicht diese oder jene Theorie verteidigen, ohne zuvor deren mögliche Folgen und Verheerungen erwogen zu haben. Der Adel der großen, zugleich öffentlichen und vertraulichen Mission, Bücher zu schaffen, verpflichtet sie zu wissen, wohin sie die Menschen führen.
Mögen sie sich auf ewige Grundlagen stützen; auf Logik und Gerechtigkeit! Von diesem Quell ausgehend werden sie nicht abirren noch diejenigen in die Irre schicken, die auf sie hören und sich von ihnen leiten lassen. Mögen sie die bewunderungswürdige Notwendigkeit dieser Grundsätze aufzeigen, die Jahrhunderte hindurch von den Männern des Fortschritts herausgearbeitet wurden und die die Feinde des Fortschritts Jahrhunderte hindurch auszulöschen trachten. Mögen sie sie in die Augen der Unwissenheit und Unsicherheit leuchten lassen, die noch überall darauf warten.
Es gibt kein anderes ursprüngliches Licht als Logik und Gerechtigkeit, Vernunft und Moral. Es gibt auf der Welt nur zwei politische Parteien: diejenige, die das öffentliche Leben nach diesen Grundsätzen gestalten will, und diejenige, die andere Prinzipien dazwischenmengt: Autorität, Tradition, göttliches Recht, blinde Unterwerfung unter die Vergangenheit. Es gibt nur die Partei des Fortschritts und die der Reaktion, nur denjenigen, der „Vorwärts!" ruft, und denjenigen, der „Rückwärts!" ruft. Sie haben immer zwei voneinander klar geschiedene Blöcke gebildet. Die verschiedenen Parteien mit ihren Schattierungen und Einzelheiten gruppieren sich eindeutig entweder um die eine oder die andere. Allein Menschen ohne jeglichen Weitblick können behaupten, es gebe Begriffe der Mitte und Möglichkeiten der Verbindung zwischen diesen beiden in unterschiedliche Richtungen strebende Strömungen.
Für jeden gesunden Geist, der mit allem tabula rasa macht, was nicht Bestand hat vor seiner Vernunft und seinem Gewissen, und der sich ohne Vorurteile und Voreingenom-

menheiten das gesellschaftliche Leben nach dem Prinzip des Guten, der Moral und dem allgemeinen Interesse vorzustellen versucht, dem erscheint die Gleichheit aller Staatsbürger untereinander ebenso wie die Gleichheit aller Nationen untereinander als das große wünschbare Gesetz der lebenden Welt: Republik in jedem Land und Republik der Republiken. Nur in einer Republik kann sich das Individuum entfalten und nur in der „Internationale“ ein Vaterland erblühen.

Die reaktionäre Partei präsentiert sich gegenwärtig in erneuerter Form: als Nationalismus. In neuen, leuchtenden Farben wiedererstehen unter dieser Benennung alle Irrtümer, alle ungeheuerlichen und gefährlichen Irrungen der zerstörten Regime und abgelebter Glaubensformen. Der vollständige Nationalismus der „Action française“, eines der aktivsten Zentren dieser Theorien, ist der einzige, der in sich selbst folgerichtig ist, denn er ist gleichzeitig königstreu und – natürlich – katholisch. Die anderen Nationalismen sind es gleichfalls, aber sie wollen es nicht wissen oder nicht sagen.

Sie verlangen, daß sich jedes Land isoliere und mit einem Panzer umgebe, daß alles der nationalen Hegemonie geopfert werde. Die Begierden jedes Landes werden zu geheiligten Grundsätzen erhoben, die Verbrechen, die es erträumt oder begeht, Annexionen, Eroberungen, wechseln den Namen und werden verdienstvolle Handlungen. Kräfte und Ressourcen werden vom wachsenden Rüstungsgetriebe verschlungen. Jeglicher sonstiger Fortschritt wird durch die Militärlasten zunichte, und das Ergebnis ist Militarismus und Krieg, denn alle diese Dinge sind Glieder ein und derselben Kette.

Diese anarchische Theorie bezweckt, uns in das Zeitalter der Höhlenmenschen zurückzuversetzen, indem sie die Individuen durch Länder ersetzt. Und der geringste Vorwurf, den man noch gegen diese Theorie erheben kann, ist der, utopisch, kindisch und eines gesunden Gehirns unwürdig zu sein. Diese Selbstverherrlichung einer Nation führt zwangsläufig zur gleichen Gefühlsaufwallung beim Nachbarn. Und wer sich die Mühe macht, über die unmittelbare Gegenwart hinauszublicken, der wird erkennen, daß dies den unvermeidlichen, ständig neu beginnenden Krieg und das Ende des Menschengeschlechts bedeutet. Diese befremdliche geographische Zerstückelung der Wahrheit würde, wenn man sie gewähren ließe, die Entwicklung der Welt in einen ungeheuren und endgültigen Wettlauf in den Abgrund verwandeln. Kaum daß der Krieg beendet und der Frieden geschlossen wäre, würde am Horizont bereits die Drohung der Expansion eines anderen Landes stehen, die wütende Vervielfachung der Rüstungen, die Umwandlung der Städte in Kasernen, der Äcker in Manövergelände, in Schlachtfelder, in Friedhöfe. Es ist nicht einzusehen, warum dieses erbitterte gegenseitige Übertrumpfen, das das Ende des letzten und den Beginn dieses Jahrhunderts aufrieb und mit den gegenwärtigen Hekatomben rechnete, sich nicht immer weiter verschärfen sollte. In einer Welt, die zur Beute dieser Gedanken würde, wäre, selbst für den gerissensten Anwalt dieser schlechten Sache, ein dauerhafter Friede weder vorherzusehen, geschweige denn ins Auge zu fassen. Und wie viele Kriege könnte denn die alte Welt noch überstehen? Die Zukunft, immer wieder die Zukunft in der Ferne muß man betrachten, um nicht erst am Ziel enttäuscht festzustellen, daß – allen Variété-Erregungen zum Trotz – die wirklichen Feinde des Volkes im Innern des Landes sind.

Mag die Lehre aufschneiderischen Hasses von einigen blutjungen Leuten begrüßt werden, deren turbulenter Glaube von Geschrei zehrt und die kaum älter als ihre Räuber und Gendarm spielenden Brüder sind. Mag sie von Frauen geliebt werden, die von den Uniformen der Offiziere geblendet sind. Mag es sein, daß ein alter Militär, grauhaarig wie ein alter Esel, an nichts weiter denkt als an die tüchtige Tracht Prügel, die wechselnden Feinden verabreicht wurde; mag es sein, daß Familien, die in Erinnerung an die Heldentaten ihrer Vorfahren vertrocknet sind und noch immer im Ohr haben, was der König eines Tages zu einem von ihnen sagte, mit geschlossenen Augen über den Waffenruhm in Entzücken geraten und an die Glorie glauben, die dem Töten und Getötetwerden innewohnt; mag eine Zeitung, die davon lebt, die heiligen monarchistischen Traditionen zu verteidigen, mit besonderem Talent den einzigen Vorwurf herausputzen, den man ernsthaft an die Adresse der Sozialisten richten kann, nämlich den, daß sie nicht zahlreich genug sind. Mögen die Religionsdiener, die keinen geraden und offenen Blick vertragen, glühende und aktive Parteigänger eines Systems sein, das vorschreibt, zu machen, was man immer gemacht, zu glauben, was man immer geglaubt hat, und sehnsuchtsvoll auf jenen dunklen und barbarischen Schandfleck zurückblicken, den die Kirche jene Jahrhunderte hindurch über die Welt ausbreitete, als sie wahrhaft regierte. Mögen irgendwelche Fürsten und Junker den Kult des Degens pflegen und bedauern, daß die Menschheit vom Kriege geheilt werde. Mögen Heereslieferanten, die täglich hunderttausend Mark oder hunderttausend Francs verdienen, oder irgendein kleiner Kaufmann, der reich geworden ist, das Spiel fortsetzen oder neu beginnen wollen. Mag es Produzenten geben, die es vorziehen, daß man ihre Konkurrenten erwürgt. Mögen alle, für die das öffentliche Unglück Ruhm oder Geld bedeutet, Nationalisten sein, meinetwegen. Diese Leute befinden sich in Übereinstimmung mit der Logik ihrer persönlichen Bedürfnisbefriedigung.

Doch diese Gedankengänge können nicht die der Normalmenschen sein, es sei denn vorübergehend, solange sie nicht gewahr werden, daß man sie betrügt, daß man ihnen den Gesamtzusammenhang verheimlicht, ihnen verbirgt, daß die Neo-Reaktion nur etwas Illusorisches zeitigen kann, daß sie Militarismus ist und Militarismus unausweichlich Massaker bedeutet.

Mögen die Dichter, die Schriftsteller und Künstler nicht die Schande auf sich laden, Herolde eines riesigen Betrugs, der phantastischen Träume und Alpträume eines solchen Ausmaßes zu sein.

Ihr Wort findet immer Gehör. Und mehr denn je in diesen Tagen der Umwälzung, da große Veränderungen möglich scheinen und von unverfrorenen Anführern in einem Sinne ausgenutzt werden können, der der Gerechtigkeit und dem edlen Gemeinwohl zuwiderläuft. Wenn man gegenwärtig den bewundernswerten Mut und die erhabene Geduld der Soldaten ermutigen muß, deren Zahl mit jeder Stunde geringer wird, wie wagte man es, den Gedanken eines solchen Opfers in ihnen wachzuhalten, wenn nicht in Hinsicht auf das positivste, das realste, das greifbarste der Kriegsziele: das Ende der Kriege!

Ich entsinne mich, daß uns, einigen Kameraden und mir, in den Schützengräben an der Aisne die Nummer einer Zeitschrift in die Hände fiel, in der sich einige pathetisch-heroisch gestimmte Artikel bekannter Akademiker sowie eine Zusammenfassung der Lehren Kants über die Völker, Nationen und den Krieg befanden. Neben jenem grellfarbigen Kitsch (echt Pariser Artikel, leider!) schienen die von Kant aufgestellten ewigen Wahrheiten in Bronze gegossen zu sein. Diese erhabene Stimme sagte, daß sich die Völker nicht gegenseitig bekriegen würden, wenn sie Herren ihrer Geschicke wären.
Es gibt keine zwei Wahrheiten. Alles, was an Wahrem gesagt wird, strebt dem gleichen leuchtenden und widerhallenden Ziel zu. Mögen sich die Schriftsteller um die einzige und vielgestaltige Wahrheit kümmern, mögen sie sich mit der Zukunft befassen und sie freisetzen, um so, unbeeinflußt von der Anziehungskraft der Schmeicheleien und selbst der ehrenvollen Feindschaften, die sie sich zuziehen könnten, ihre Aufgabe zu erfüllen.

Le Pays, 2. Juni 1917; deutsch von Horst F. Müller
aus: Henri Barbusse, Paroles d'un combattant, Paris 1920

Henri Barbusse:

Zur Gesellschaft der Nationen

Die „Gesellschaft der Nationen"! Man faßt sie ins Auge, man sieht sie voraus. Von allen Seiten nennt man ihren Namen, was nur eine andere Art ist, sie herbeizurufen. Man will sie und man wird sie bekommen.
In einem Buch, das soeben genau unter diesem Titel erschienen ist, wird die Frage einer internationalen Friedens-Liga, die von Leuten wie Lord Asquith, Wilson und so vielen anderen aufgeworfen wurde, unmißverständlich und klar dargelegt. Der Verfasser, Edgard Milhaud, umreißt hier mit Talent die Bedingungen, unter denen es ihm möglich erscheint, eines Tages „den großen gegenseitigen Unterstützungsverein der Nationen gegen die Gefahren eines Weltbrandes" zu gründen. Und er unterzieht die Garantien und

Sanktionen, die unerläßlich sind, damit eine Organisation des internationalen Rechts nicht nur feierliche Erklärung, eitles Gerede oder ohnmächtiges Geschreibe bleibt, einer praktischen Prüfung. Milhaud glaubt mit Recht, daß die erforderliche Autorität dem riesigen Rechtsorganismus weniger durch militärische Garantien, territoriale Unterpfande oder Grenzkorrekturen – die nur scheinbare und vorübergehende Sicherheiten bieten würden – als vielmehr durch wirtschaftliche Maßnahmen verliehen werden kann: allgemeine Boykotte, die die widersetzlichen oder gesetzesbrüchigen Mächte bis zur Entkräftung einmauern. Das Problem wird in seinen wesentlichen Zusammenhängen gesehen und gut behandelt, das Bild ist vollständig, aber ...
Aber es gibt in alledem eine Lücke, einen dunklen Punkt, und dieser kleine schwarze Punkt ist unheilschwanger.
Eine solche Liga der Nationen hat nur dann Daseinsberechtigung und Bedeutung, wenn ihr jede Nation vollständig angehört, d. h. in die Vereinigung die Zustimmung und den Willen der lebendigen und großen Masse einbringt, aus der sie besteht, ihres Fleisches und Blutes, ihres Volkes.
Nun, wenn man uns vom „Recht der Völker auf Selbstbestimmung", vom „Recht der Nationen" redet (gängige Ausdrücke in den Reden der politischen Führer und in den Spezialwerken), so versteht man darunter kaum die Völker selbst und die Nationen in ihrer Gänze, sondern nur deren Regierende und Herrschende. Ein grundlegender Unterschied, ein tragischer Unterschied. Denn in unserer Zeit sind fast alle Regierenden in ihren Initiativen und Handlungen von der Masse des Landes unabhängig. Viele von ihnen sind in einer Menge von Punkten, besonders hinsichtlich der internationalen Rivalitäten, uneins mit ihren Völkern oder zumindest nicht einer Meinung mit ihnen.
Da haben wir also den Riß in dem uns präsentierten Gedankengebäude, der ganz dazu angetan ist, sich zum gegebenen Zeitpunkt zum Abgrund zu erweitern und alle vorgesehenen Organisationsformen unsicher macht. Von dem Augenblick an, da es sich nicht mehr um den Willen der Massen handelt, deren Namen auf der Bündnisliste erscheinen werden, verschwindet jede tatsächliche Garantie, das Gebäude wankt in den Grundfesten, ja besitzt überhaupt keine Fundamente mehr.

Wir hören noch, wie Herr von Bethmann Hollweg im Plenum des Reichstags im November 1916 erklärte: „Wenn bei und nach der Beendigung des Krieges seine entsetzlichen Verwüstungen an Gut und Blut der Welt erst zum vollen Bewußtsein kommen werden, dann wird durch die ganze Menschheit ein Schrei nach friedlichen Abmachungen und Verständigungen gehen, die, soweit es irgend in Menschenmacht liegt, die Wiederkehr einer so ungeheuerlichen Katastrophe verhüten. ... Deutschland wird jeden Versuch, eine praktische Lösung zu finden, ehrlich mitprüfen und an seiner möglichen Verwirklichung mitarbeiten.“[115]

Schöne Worte! Aber wer ist das, Deutschland? Herr von Bethmann Hollweg? Sein Kaiser? Die Meute der Junker, die Kaste, die von den Theorien durchdrungen ist, die die Treitschke und Bernhardi auf das Menschengeschlecht anwenden wollten, so wie man Backpfeifen verpaßt? Wir haben erfahren, wie wenig Aufhebens diese Leute da um „Verständigungen“, eingegangene Verpflichtungen und gegebene Versprechen machen.

Man lese die Verfassung des Deutschen Reiches. Den Formulierungen des Artikels 11 zufolge ist es der Kaiser, der „Krieg zu erklären und Frieden zu schließen“ hat; wobei die illusorische Einschränkung gemacht wird, daß dazu „die Zustimmung des Bundesrates erforderlich“ sei (der ihm völlig ergeben ist). Im übrigen ist auch diese Zustimmung nicht erforderlich, wenn „ein Angriff ... erfolgt“[116]. Man weiß, was das besagen will. Man lese die Verfassung Österreichs: „Artikel 1. Der Kaiser ist geheiligt, unverletzlich und unverantwortlich. ... Artikel 5. Der Kaiser ... erklärt Krieg und schließt Frieden.“[117]

Wenn loyale und gesunde, wahrhaft demokratische Länder – vorausgesetzt es gibt sie – eine Liga mit Organismen bilden, die solche Infektionskeime in sich tragen, wer wagte da noch zu behaupten, das Übel werde sich nicht eines Tages hier oder da wiederholen? Welch dauerhaftes und fruchtbringendes Bündnis könnte es denn geben zwischen den freien Völkern und den lebendigen Massen jener Länder, in denen der Imperialismus Gesetzeskraft hat mit seinen ungeheuerlichen Interessen, seinen diplomatischen Geheimnissen, schwarzen Kabinetten, mit seinen Gefängnissen und Spionen und seinem gekrönten und geheiligten

Militarismus? Jegliches Statut einer Gesellschaft von Nationen kann nur auf Demokratien, wahrhaften Demokratien beruhen. Die Gesamtheit der für die Welt vorgeschlagenen Maßnahmen, so klug und gerecht, so in sich geschlossen, so unwiderleglich in ihren Grundsätzen sie auch sein mögen, bildet nur eine schwache Kulisse, nur so etwas wie eine ungeheure Maske, wenn sie nicht in den Schoß der Völker gepflanzt wird.
Eine unwiderlegliche Wahrheit beherrscht diese große Frage: Um Krieg zu führen, braucht man Armeen, um Armeen aufzustellen, braucht man Volksmassen. Wenn deren Unterjochung bislang dazu ausreichte, Krieg zu machen, so ist doch ihr Wille dort unerläßlich, wo es darum geht, den wirklichen Frieden zu schaffen.
Wie viele deutsche Gefangene haben wir nicht gesehen, erbärmliche menschliche Wracks, die man fragte: „Warum führst du Krieg?“ Und die mit einer Geste der Verlegenheit antworteten: „Nicht wir sind es, es sind die großen Leute!“ An dem Tage, an dem diese Massen, die als Kanonenfutter dienen und die man als unscheinbare Menge auf unendlichen Ebenen wie Tiere vernichtet, die Augen öffnen, Bewußtsein gewinnen und sich selbst lenken, an jenem Tage, da sie entscheiden, ob es angebracht ist, die Sklaverei des Soldatseins auf sich zu nehmen (einzig und allein im Falle der Notwehr), an jenem Tage wird man das Ende der Kriege erleben. Nur dann wird man auch behaupten können, daß die internationalen Verfassungen, die unsere Vernunft so glühend herbeisehnt, nicht mehr oberflächlich oder künstlich sind, weil sie, erst abstrakt, konkret wurden, vom Himmel auf die Erde fanden.
Deshalb, so glauben wir, können internationaler Fortschritt und sozialer Fortschritt nicht unabhängig voneinander vorankommen. Deshalb hegen wir leidenschaftlich ein unveränderliches Ziel in unserem Herzen und halten es uns unablässig vor Augen: Den republikanischen Gedanken in der Welt zu verbreiten und seine totale Herrschaft zu beschleunigen. Den Massen in jenen Teilen der Welt die Augen zu öffnen, in denen diese immer noch von den alten feudalen Grundsätzen geblendet werden. Den republikanischen Gedanken bei den anderen herauszustellen und bei uns selbst, wo er von so vielen Ungerechtigkeiten und sogar Heuche-

leien entstellt wird, so daß er in vielen Punkten nur noch ein Theatergespenst und eine klangvolle Lüge ist.
Solange unser Ziel nicht erreicht ist, wird jeder errungene Vorteil, so interessant, so nützlich und kostbar er auch sein mag, nur vorübergehend und unsicher sein. Doch in der Erwartung, daß das Ideal Wirklichkeit werde, muß man jenen Forschern Dank wissen, die sich mit Scharfsinn der Aufgabe widmen, die Gliederungen der Zukunft zu umreißen, die alte Majestät des Rechts auf die Dimensionen der ganzen Welt auszudehnen und die öffentliche Meinung an die großartigen und neuen Formen der künftigen Gesellschaft zu gewöhnen.

Le Pays, 24. Juni 1917; deutsch von Horst F. Müller
aus: Henri Barbusse, Paroles d'un combattant, Paris 1920

„Le Pays“: Unser Programm

Trotz der materiellen Schwierigkeiten der gegenwärtigen Stunde geben wir diese neue Zeitung heraus, um damit einem Bedürfnis des öffentlichen Geistes zu entsprechen, der nach erläuterten Richtlinien, durchdachten Meinungen, exakten und überprüften Informationen verlangt.
Wir treten ein in die entscheidende Phase des Krieges, in der es durch methodische Koordinierung der Anstrengungen aller den Sieg zu erringen gilt, wo es darum geht, das Statut eines dauerhaften Friedens auszuarbeiten und unsere politische und ökonomische Reorganisation wie unsere nationale Expansion vorzubereiten.
Wir müssen nunmehr die Bilanz der Irrtümer und Fehler ziehen, die schlechten Institutionen und Gesetze revidieren, die Schuldigen bestrafen und alle Erwägungen von Privat- und Kollektivinteressen dem höheren Interesse der Nation opfern.
Nun, wir sind der Ansicht, daß die nationale Sache die Sache der französischen Demokratie ist, deren Grundsätze heute auf der ganzen Erde triumphieren und Hauptfaktor des Sieges der Alliierten sind. Wir müssen unsere eigene Republik unseren Grundsätzen gemäß organisieren und sie

gegen jede offensive Rückkehr der monarchistischen oder klerikalen Reaktion sichern.
Die nationale Sache ist gleichbedeutend mit dem Genius Frankreichs, der da besteht aus Klarheit, Großmut, Gescheitheit und Geschmack, ist gleichbedeutend mit der Ausstrahlung der Literatur und Kunst, der Naturwissenschaften, der Industrie und der Arbeit unseres bewundernswürdigen Volkes, das vom Ausland, das seine Kräfte und Tugenden ignorierte, nur allzusehr verkannt wurde.
„Le Pays" wird den nationalen Bestrebungen der französischen Demokratie Ausdruck verleihen. Es wird zur notwendigen gegenseitigen Annäherung der befreundeten alliierten Demokratien beitragen. Es wird sich bemühen, Männer und Dinge an ihren rechten Platz innerhalb des nationalen Lebens zu rücken und unserer Nation den legitimen Rang zu sichern, der ihr in der Gesellschaft der Nationen gebührt.

Unsere Mitarbeiter

Zur Verwirklichung dieses Programms hat „Le Pays" die intellektuelle Elite aufgerufen und ihre Mitarbeit gewonnen: unsere *Tribüne der Ideen* wird dies beweisen durch die Vielfalt, die Auswahl und die Autorität der Mitarbeiter, die es durch ihre Unterschrift ehren werden:
A. Aulard, Henri Barbusse, Victor Basch, Victor Berard, Emile Bergerat, Adrien Bertrand, C. Bouglé, F. Buisson, Armand Charpentier, De Chavagnes, Henri Coulon, Victor Cyril, A. Dayot, L. Descaves, Paul Dollfus, J. Ernest-Charles; Edouard Fuster, Anatole France; Gustave Geffroy, F. Gémier, Ch. Gide, Emile Gley, Henri Guernut; Marc Henry, Hinzelin, J. Hild; Jean-Bernard; E. Lavisse, P.-H. Loyson; Commandant Mada, V. Margueritte; Ch. Paix-Séailles, G. Pioch; Georges Renard, Th. Ruyssen, Rosny der Ältere, G. Séailles, Tabarant; O. Uzanne; L. Vauxcelles; Georges Weill, etc.
Alle republikanischen Ideen werden frei dargelegt werden von:
L. Accambray, M. Ajam, R. Anglés, Jean Bon, P. Bluysen, V. Boret, G. Boussenot, M. Cachin, P. Ceccaldi, De Chappedelaine, Chaumet, Dr. Claussat, Ch. Couyba, V. Dalbiez, Ch. Debierre, P. Faisant, A. Favre, F. Gaborit, P. Laval, André

Lebey, Ch. Leboucq, J. Longuet, A. De Monzie, G. Ponsot, Roux-Costadau, etc., etc.
Unsere Redaktion wird folgende Rubriken und Verantwortlichkeiten umfassen:
Leitartikel. – Politik: François Albert, Yvon Delbos; Albert Livet, De Monzie; G. Ponsot; E. Robenne. – Außenpolitik: G. Alphaud. – Militärfragen: Accambray. – Kolonialfragen: Pascal Ceccaldi; Georges Boussenot. – Wirtschaft: Ch. Leboucq; Commandant Mada. – Erziehung und Unterricht: L. Étévenon; Émile Gley. – Marine und Verkehr: Vollaeys. – Handel und Industrie: L. Coquet. – Literaturkritik: J. Ernest-Charles. – Kunstkritik: L. Vauxcelles. – Theaterkritik: Victor Basch. – Musikkritik: Louis Laloy. – Leben in Paris: Jean-Bernard. – Die Stadt: Louis Maillard. – Pariser Soirée: G. De Lachaze. – Der Gaumen: Alfred Dominique. – Die Wissenschaft: René Dage. – Mode:Juliette Clarens. – Die Frau: Frau J. Remond. – Aktuelles: Claude Berton; L. Bresse; André Chevalier; Henri Cossira; V. Cyril-Berger; Maurice Guillemot; Guillot de Saix; Gaston Picard; L. Roses; G. Viterbo; René Wisner, etc. – Verantwortlicher für Leserbriefe und Informationen: Ed. Conte. – Plauderei mit dem Arzt: Dr. Valews. – Filmkritik: F. Champsaur. – Sport. – Tägliche Chronik über Literatur, Kunst, Theaterleben. – Blätter von der Front. – Unser Heft, etc. etc.
„Le Pays“ wird seine Leser durch tägliche Korrespondenzen über die politische, geistige, wirtschaftliche Aktivität der anderen Länder auf dem laufenden halten.
Unsere Feuilletons, die sorgfältig daraufhin ausgewählt werden, daß sie die Familien lesen können, werden aus der Feder der besten Schriftsteller sein.

Mercure de France, 1. Juni 1917; deutsch von Horst F. Müller

•

Auguste Avril:

Eine Republikanische Liga

Wir haben uns gestern nicht zum Echo eines in den Korridoren der Kammer zirkulierenden Gerüchtes machen wollen, das die Schaffung einer neuen politischen Liga betrifft, die sich gerade herausbildet.

Unsere Zurückhaltung erklärt sich aus dem berechtigten Skrupel, der uns daran hinderte, in eine Polemik einzugreifen, deren wesentlichste Bestandteile wir jedoch in unserer Presseschau mitgeteilt haben, eine Polemik, die zwischen zwei Zeitungen, „La Victoire" und „Le Pays", entfacht worden ist.

Diese Liga jedoch zeichnet sich heute klar ab. Und da sie das Zentrum einer politischen Bewegung zu sein scheint, das sich durch die Lehren inspiriert, die man beim „Pays" verficht und die den Unwillen der „Victoire" hervorgerufen haben, können wir begreiflicherweise nicht länger schweigen.

Es ist in der Tat völlig zutreffend, daß von nun an eine neue republikanische Liga besteht. Dreiundzwanzig oder vierundzwanzig Abgeordnete, die zum größten Teil der Radikalsozialistischen Partei angehören, haben bis jetzt ihren Beitritt erklärt. Zu ihren Mitgliedern gehören u. a.: Caillaux, der, so sagt man, der geistige Urheber dieser Liga ist, ebenso wie er auch, versichert man, hinter der Redaktion des „Pays" steht, – Accambray, Drelon, René Renoult, Raynaud, Jugy, de Monzie, Augagneur, Laval, Levasseur, Dalbiez, Ceccaldi, Puech usw., ein Senator, Debierre und eine gewisse Zahl von Publizisten und Schriftstellern, von denen vor allem genannt seien: Almereyda, Leiter von „Le Bonnet rouge", Marion, Dubarry, Hautfort, Séailles, Aulard, de Porto-Riche, Anatole France, Henri Barbusse, Ch.-H. Hirsch.

Eine vorbereitende Versammlung fand gestern abend statt. Auf ihr hat man das Programm aufgestellt, demzufolge sich diese Liga den Umtrieben des Zäsarismus widersetzen und die Demokratie entwickeln will, indem sie die Wahlprogramme ausarbeitet, in denen die Soldaten nach dem Kriege eine Partei wiederfinden werden, die sie sonst hätten vergessen können.

Über die Kriegsziele ist das Programm der Liga ziemlich verschwommen: Man äußert sich weder zu den berechtigten Reparationsforderungen noch zu Elsaß-Lothringen. Man sagt aber ausdrücklich, daß man nicht unnütz die Massaker und Hekatomben verlängern dürfe.

Schließlich spielt man hier auch auf die Reformen an, die aus dem Kriege hervorgehen sollen: Völkerbund, Ende der Geheimdiplomatie usw.

Bleibt nur noch zu wissen, was sich hinter der Ungenauigkeit der Formulierungen verbirgt und welches Ziel man verfolgt.
Wenn dieses Ziel dasjenige ist, über das sich „La Victoire" in der bekannten Polemik entrüstet hat, so wäre das ernst und verdiente unsere Aufmerksamkeit.
Wir werden ja ohnedies sehen. Denn das Direktionskomitee der Liga verkündet die Absicht, seine Propaganda durch Zeitungen, Flugschriften, Vorträge usw. zu betreiben.
Man hat sogar versichert, daß Herr Caillaux in einer großen Zusammenkunft, die im Trocadéro stattfinden soll, dieses Programm darlegen und als Haupt der neuen Bewegung hervortreten werde. Das wäre immerhin bemerkenswert, denn man könnte darin den deutlichen Hinweis auf eine Spaltung der Radikalsozialistischen Partei erblicken.
All diese Formulierungen, versicherte uns gestern eines der Mitglieder des Direktionskomitees der Partei der Radikalen und Radikalsozialisten – und keines der unbedeutendsten –, seien nur von geringem Belang. Die Hauptsache sei zu wissen, ob man für oder gegen den Krieg ist. Er jedenfalls sei für das Durchhalten.
In der Tat, das ist die Hauptsache. Und man wird die neue Liga erst beurteilen können, wenn man genau weiß, ob sie das Kleinbeigeben vor dem Feinde oder die anhaltende Anstrengung für den totalen Sieg vertritt.

Le Figaro, 28. Juni 1917; deutsch von Horst F. Müller

Anmerkungen

1 *Aumont:* Barbusse hatte einige Jahre vor dem Kriege in Aumont, einem kleinen, etwa 50 km nördlich von Paris gelegenen Ort, ein Landhaus erworben, das nach einer Heldin des Romantikers Gérard de Nerval „Sylvie" benannt wurde.

2 *Bonnot,* Joseph: Anführer einer Bande, die 1912 mit für damalige Begriffe ungewöhnlicher Dreistigkeit und Brutalität Banküberfälle verübte.

3 *Annie:* eine Schwester von Barbusse. (Anm. des frz. Hrsg.)

4 *Zezzos:* italienischer Maler, Freiwilliger der Garibaldi-Truppe. Diese war ein Kontingent italienischer Freiwilliger, das auf französischer Seite kämpfte. Es war nach dem italienischen Freiheits- und Nationalhelden Guiseppe Garibaldi (1807 bis 1882) benannt, von dem fünf Enkel, Söhne des Generals Riciotti Garibaldi, mitkämpften.

5 *Neuville,* Alphonse de (1836–1885): französischer Schlachtenmaler, dessen bekanntestes Bild „Die letzten Patronen" wie viele andere seiner Sujets eine Episode aus dem Kriege von 1870/71 darstellt.

6 *Boches:* verächtliche französische Bezeichnung für „Deutsche".

7 *Société des Gens de lettres:* französischer Schriftstellerverband. 1915 wurde Barbusse zu einem der beiden stellvertretenden Vorsitzenden gewählt.

8 *Lesghine:* Kamis und Lesghine, russisches Windhundpärchen; Ariel, ein blaugrauer Collie; Barbusses Hunde.

9 *Lord Kitchener,* Horatio Herbert (1850–1916): stellte 1914 als englischer Kriegsminister die für Frankreich bestimmten Divisionen auf.

10 *Joffrette:* scherzhafte Abwandlung von *la chauffrette* (Wärmegerät, Kocher) unter Verwendung des Namens des französischen Oberbefehlshabers bis 1916, General Joffre.

11 *Nadaud,* Gustave (1820–1893): französischer Sänger und Komponist, der außer drei Salonoperetten etwa dreihundert Chansons, vor allem im volkstümlichen Ton, schuf.

12 *Botrel,* Théodore (1868–1925): französischer Sänger und Komponist, der in seiner bretonischen Tracht in Paris auftrat und bald als „Botrel-le-crétin" (Botrel der Kretin) außerordentlich populär wurde. Im Kriege trat er in Lazaretten und Etappenquartieren auf.

13 *„La Bonne Chanson":* von Théodore Botrel herausgegebene und redigierte Monatszeitschrift, die von 1908 bis 1914 erschien.

14 *Lamartine,* Alphonse de (1790–1869): französischer romantischer Dichter und Politiker. Er wurde vor allem durch die

auch von Barbusse besonders geschätzten „Poetischen Betrachtungen" (1820) bekannt.

15 Barbusse war Antialkoholiker: vgl. „Das Feuer", Kapitel XIII. Im Welterneuerungsprogramm des Romans „Klarheit" wird im gleichnamigen Kapitel die Schließung aller Schenken und das Verbot des Alkoholausschanks gefordert.

16 Vgl. „Das Feuer", Kapitel XI.

17 Vgl. „Das Feuer", Kapitel II.

18 *Bataille,* Henry (1872–1922): französischer Dramatiker, Sohn eines ehemaligen Gerichtsherrn des II. Kaiserreiches. Sein großer Erfolg war das auch von Barbusse außerordentlich geschätzte Drama „Mama Colibri" (1905). Der vom Ausbruch des Weltkrieges stark erschütterte Bataille gehört zu den ersten Rezensenten, die „Das Feuer" wegen seines Wahrheitsgehaltes und seiner literarischen Qualitäten würdigten (in der Zeitung „L'Œuvre" vom 16. Dezember 1916). Aus Gesundheitsgründen war er vom Wehrdienst befreit, daher konnte Barbusse annehmen, ihn auf seinem Schloß bei Villers-Cotterêts anzutreffen.

19 *Millerand,* Alexandre (1859–1943): französischer Politiker, Radikalsozialist und vor der Jahrhundertwende als sogenannter „unabhängiger Sozialist" mehrmals ins Parlament gewählt. Durch seine 1899 erfolgende prinzipienlose Annahme eines Ministerpostens in der bürgerlichen Regierung Waldeck-Rousseau wurde er zum ersten, von den klassenbewußten Sozialisten heftig kritisierten Beispiel des opportunistischen „Regierungssozialismus". Er war Anwalt des französischen Rüstungskonzerns Schneider und gehörte zu den Politikern Frankreichs, die aktiv auf den Weltkrieg hinarbeiteten. Als Kriegsminister unter der ersten Regierung Poincaré (1912/13) bereitete er die Verlängerung der Militärdienstpflicht auf drei Jahre vor.

20 Die Notiz erschien am 29. März 1915. So kann Barbusses Brief frühestens am 29. März geschrieben sein.

21 *Karfreitag:* Höhepunkt der Fastenzeit. Für die strenggläubigen Katholiken verbietet sich auch an jedem anderen Freitag der Genuß von Fleisch.

22 S. Abb. „Deutscher Schützengraben, von den Franzosen mit dem Bajonett genommen, 1915".

23 *Mounet-Sully,* Jean (1841–1916): französischer Schauspieler und Theaterdirektor, berühmter Interpret aller großen Rollen des klassischen und romantischen Repertoires.

24 *System D:* bezieht sich auf den Anfangsbuchstaben von *(se) débrouiller* – „sich geschickt aus irgendwelchen Schwierigkeiten ziehen".

25 *Sarah Bernhardt* (eigentl. Henriette Rosine Bernard; 1844–1923): berühmte französische Schauspielerin und Theaterdirektorin.

26 *Pioch,* Georges (eigtl. G. Pioche; 1878–1953): Dichter, Schriftsteller, Journalist; als engagierter Pazifist verteidigte er Romain Rolland u. a. in „Les hommes du jour".

27 *baroufe:* vom italienischen *baruffa* – „lautes Handgemenge, Durcheinander".

28 *Lord Asquith,* Herbert-Henry (1852–1928): von 1908 bis 1916 englischer Premierminister. Er hielt am 19. April 1915 in Newcastle eine Rede, in der u. a. von den ungeheuren Anforderungen des Krieges an Männer und Material sprach und die Schwierigkeiten hervorhob, die Rüstungsproduktion trotz der Rekrutierung gelernter Arbeiter und der absoluten Verminderung an Arbeitskräften zu steigern. Unternehmer und Arbeiter müßten durch Kommissionen zusammenwirken, die Kriegsvorräte zu vermehren.

29 *Qui fai calo, Bou Diou* (provenzalisch): Hier ist es heiß, mein Gott!

30 *G.V.C.: Garde des voies de communication,* d. h. Landwehr zum Schutz der Verbindungswege.

31 Der italienische Maler Zezzos.

32 *Berthelot,* Philippe (1866–1934): französischer Diplomat. Während des ersten Weltkrieges Leiter der „Politischen Angelegenheiten" im französischen Außenministerium und einer der wichtigsten Berater Briands. Nach dem Beginn seiner diplomatischen Laufbahn hatte er sich einige Zeit der literarischen Tätigkeit gewidmet, die er 1895, als sein Vater Außenminister geworden war, wieder aufgab. Aus der Zeit dieser frühen neunziger Jahre, da er sich u. a. für die Lyrik begeisterte und Beziehungen zu Stéphane Mallarmé, José Maria de Heredia, Jean Moréas und anderen Dichtern knüpfte, datiert zweifellos auch die Bekanntschaft mit Barbusse.

33 Vgl. „Das Feuer", Kapitel II.

34 Vgl. „Das Feuer", Kapitel XII.

35 Vgl. „Das Feuer", Kapitel II.

36 *Des Gachons,* Jaques Stéphane Marcel Peyrot (1868–1945): Redaktionssekretär und Chefredakteur von „Je sais tout" und Mitarbeiter verschiedener anderer Zeitschriften und Zeitungen, für die auch Barbusse wirkte; veröffentlichte 1904 den Roman „La Maison des dames Renoir".

37 *Dr. L.:* es handelt sich wahrscheinlich um Dr. Charles Edouard Lévy, der 1909 den Roman „Le Medecin" veröffentlicht hatte.

38 In der südfranzösischen Küche erfreut sich der Knoblauch großer Beliebtheit.

39 *Höhe 119:* östlich von Souchez. Den in den Kämpfen um diese Höhe Gefallenen ist auch „Das Feuer" gewidmet. Siehe Abb. „Auf der Höhe von Souchez, 1915".

40 *„Germinal":* In diesem Roman, der von einem französischen Bergarbeiterstreik handelt, hat Emile Zola sehr eindrucksvoll das Absaufen einer Grube geschildert.

41 *General Foch,* Ferdinand (1851–1929): während des ersten Weltkrieges Befehlshaber der IX. Armee, der Gruppe der Nordarmeen und 1918 schließlich Generalissimus der alliierten Truppen, später Marschall von Frankreich.

42 *General Castelnau,* Edouard Currières de (1851–1944): war 1915/16 Stellvertreter des Oberbefehlshabers General Joffre.

43 Vgl. „Das Feuer", Kapitel X.

44 Vgl. „Das Feuer", Kapitel XX.

45 Vgl. „Das Feuer", Kapitel XXI.

46 Vgl. „Das Feuer", Kapitel IV, wo dieser Ausdruck wörtlich als „die schöne Verwundung" übersetzt worden ist.

47 *Souchez:* vgl. „Das Feuer", Kapitel XII.

48 Vgl. „Das Feuer", Kapitel XII.

49 *Primice Catulle-Mendès:* gefallen am 23. 4. 1917 im Schwarzwald.

50 Vor dem Krieg hatte sich Barbusse verpflichtet, regelmäßig und in vorgeschriebener Länge Feuilletonnovellen zu schreiben. Ein großer Teil von ihnen erschien 1914 in dem Sammelband „Nous autres". Als autorisierte deutsche Übersetzung (Zürich 1920): „Wir Andern".

51 Nach einem Anfang des Jahres 1914 verbrachten Sanatoriumsaufenthalt hatte Barbusse diese Novelle in Paris fertiggestellt. Ein erstmals 1960 von Pierre Paraf veröffentlichtes Fragment mit dem Titel „Les Spectateurs" läßt erkennen, daß aus dieser Sanatoriumsnovelle die spätere einleitende „Vision" des Romans „Das Feuer" entstand.

52 *Scott,* Georges (genannt Scott de Plagnolles, geb. 1873): Maler und Illustrator, Schüler von Edouard Detaille und während des ersten Weltkrieges offizieller Kriegsmaler der französischen Heeresleitung.

53 *Jonas,* Lucien (geb. 1880): gehörte zu den namhaftesten Militärmalern des ersten Weltkrieges.

54 *S. Marcel L'Heureux:* Ein Lehrer der Tatkraft, Teil Dokumente. Emilien Carassus, der diesen Artikel wiederentdeckte (Europe, Nr. 483/484, 1969, S. 204 f.) macht darauf aufmerksam, daß der Brief, in dem Barbusse davon berichtet, nicht am 12. Februar, sondern erst einige Tage später geschrieben sein kann.

55 *Barrès,* Maurice (1862–1923): Nationalistischer französischer Schriftsteller und Politiker. Er gelangte nach seinen von Äs-

thetizismus und Ich-Kult geprägten literarischen Anfängen der achtziger und neunziger Jahre um die Jahrhundertwende zur Verherrlichung konservativer nationaler Tugenden, z. B. in seinem Romanzyklus „L'Energie nationale" (1897–1902). Revanchismus predigte er u. a. in dem Roman „Colette Baudoche" (1909). Er wurde im Juli 1914 Präsident der reaktionären „Patriotenliga". Während des Krieges schrieb er Artikel, in denen er als wütender Chauvinist und Durchhaltepolitiker die des Defätismus verdächtigen Kräfte denunzierte. Sie erschienen gesammelt unter dem Titel „Chronique de la grande guerre" (14 Bd., 1920–1924).

56 *Reinach,* Joseph (1856–1921): französischer Publizist und Politiker. Er tat sich in den achtziger Jahren publizistisch gegen den nationalistischen General Boulanger hervor und trat ab 1894 als Anwalt in der Affäre Dreyfus für die Revision des Prozesses ein. Autor einer siebenbändigen „Histoire de l'affaire Dreyfus" (1901–1908). Während des Krieges schrieb er militärhistorische Kommentare im „Figaro", unter dem Pseudonym Polybe.

57 *Poincaré,* Raymond (1860–1934): französischer Politiker und Anwalt des Chemiekonzerns Saint-Gobain, der seine politische Karriere im Dienste der Großindustrie und der Rechtskräfte machte; er war u. a. 1906 Finanzminister, 1912/13 zum ersten Mal Ministerpräsident, von Februar 1913 bis Februar 1920 Präsident der Republik. Als schärfster politischer Gegner Deutschlands hatte er maßgeblichen Anteil an dem Bündnis Frankreichs mit Rußland und Serbien. – Auf die zügellose Aggressivität des deutschen Imperialismus bauend, entwarf Poincaré das Planspiel der Abfolge von Mobilmachungen und Kriegserklärungen, das Frankreich nach außen hin die Rolle eines Verteidigers sicherte (selbst die französischen Truppen ließ er im Juli/August 1914 10 km hinter die Grenzen zurückziehen): die offiziellen Depeschen u. a. Dokumente, die später im französischen Gelbbuch vereint waren, wurden um 1925 zum Teil als Fälschung entlarvt. (Vgl. Henri Guillemin: Nationalistes et nationaux [1870–1940], Paris 1974, Coll. Idées. 321, Kapitel V, VI).

58 *„Der Spion":* Dieses Kapitel ist in der Buchfassung des Romans „Das Feuer" nicht enthalten.

59 *Ding:* Schreibmaschine.

60 *Volpatte:* Gestalt aus „Das Feuer".

61 *Faubourg Saint-Germain:* vornehmes Wohnviertel.

62 *akadoumischer:* Anspielung auf die Bestrebung der Académie française, den familiären Alltagswortschatz aus der Literatur- und Hochsprache zu verbannen; insbesondere auf ihr Mit-

glied, den Literaturkritiker René Doumic (1880–1937), gezielt, der als leidenschaftlicher Verteidiger des klassischen Geschmacks und als Gegner literarischer Neuheiten bekannt war.

63 *Molière* (eigtl. Jean Baptiste Poquelin, 1622–1673): Ließ in den Bedienstetenrollen seiner Komödien die lebensnahe und unverblümte Sprache des Volkes zum Ausdruck kommen.

64 *Fischers,* Max und Alex Fischer: Schriftsteller und langjährige verantwortliche literarische Leiter des Verlages Ernest Flammarion, Paris.

65 *Fasquelle,* Eugène: Verleger und Mitinhaber des Verlages G. Charpentier et E. Fasquelle (Bibliothèque Charpentier), in dem 1895 Barbusses erste Gedichtsammlung „Pleureuses", 1903 sein erster Roman „Les Suppliants" und 1914 seine erste Novellensammlung „Nous autres" erschienen waren.

66 *Duvernois,* Henri (eigtl. Henri-Simon Schwabacher, 1875–1937): Sekretär der „Librairie Charpentier", Literaturkritiker und Schriftsteller; wurde auch als „französischer Dikkens" bezeichnet. Er gehörte zu den Bewunderern der Ideen und Sprache Barbusses, wie seine Rezensionen zu dessen Werken bezeugen.

67 *Anfangsauflage von 4000 Exemplaren:* Diese Zahl entspricht tatsächlich dem anfänglichen Angebot des Verlegers an Barbusse; doch entschloß sich der Verleger schließlich zu der Zahl von 20000 Exemplaren als erste Auflage des „Feuers". Von Januar 1917 an wurde in einem Rhythmus von 10000 bis 20000 Exemplaren im Monat weitergedruckt; im Juli 1918 waren 200000 Exemplare aufgelegt. In den Briefen, die man weiter unten finden wird, hat Barbusse mehrmals die dicht einander folgenden Auflagen erwähnt, die ihm angezeigt wurden. (Anm. des Verlages Flammarion.)

68 Vgl. „Das Feuer", Kapitel XXI.

69 *André Mesnil:* vgl. „Das Feuer", Kapitel XX.

70 In der Buchausgabe von „Das Feuer" nicht enthalten.

71 Es handelt sich um die Liebknecht-Vision des Korporal Bertrand im XX. Kapitel des „Feuer". Barbusse läßt die Gestalt des stets pflichtbewußten Bertrand, Sprachrohr seiner eigenen Überzeugungen, das Kriegshandwerk verfluchen, ihn aber die innerlich verabscheute Pflicht weiterhin im vermeintlichen Interesse einer menschlichen, friedlichen Zukunft auf sich laden. „Nimm dein Gewehr und komm", lautet der Schluß dieser auf das blutige Gemetzel des Sturmangriffs folgenden Szene der Besinnung.

72 *Maison de „La Bonne Presse":* heute Bayard-Presse. Größter katholischer Pressekonzern der Welt.

73 *Rue François Ier:* dort befand sich der vom katholischen Klerus

Frankreichs geleitete Sitz des Roten Kreuzes (Hôtel de la Croix Rouge).

74 Vgl. „Das Feuer", Kapitel XXIV.

75 *Torquemada,* Thomas de (1420–1498): von 1483 bis 1498 spanischer Großinquisitor, der wegen seiner Grausamkeit berüchtigt wurde.

76 *Anastbasia:* französischer Spitzname für die Zensur.

77 *Bordeaux,* Henry (1870–1963): Anwalt und ab 1900 freischaffender Romancier und Literaturkritiker. Vertreter eines bodenständigen katholisch gefärbten Traditionalismus, der, wie in dem Roman „La peur de vivre" (1902), zuweilen kolonialistische und chauvinistische Akzente trug. Als Mitarbeiter der illustrierten Wochenschrift „La Revue Hebdomadaire" verfaßte er eine, weit über die Grenzen eines Nachrufs hinausgehende, Würdigung von Leben und Werk des ihm gesinnungsmäßig verwandten Paul Acker, der mit seinem Vorkriegsroman „Le soldat Bernard" (1908), wie er schrieb, „die Armee gegen die niederdrückenden Theorien des Pazifismus und Internationalismus verteidigt hatte" (S. 422), seine „beiden signifikantesten Romane, ‚Le soldat Bernard' und ‚Les exilés' sind der Bericht einer Konversion: Bekehrung eines Antipatrioten zum Kult des Vaterlandes und eines vergeßlichen Elsässers zum Kult des Elsaß" (S. 423). (H. Bordeaux: Paul Acker, in: La Revue Hebdomadaire 25. Jg. 1916, Bd. 4, S. 421–461, Nr. vom 22. April) – Bordeaux war u. a. sehr erfolgreich mit seinem Dokumentarroman „Les derniers jours du Fort de Vaux" (1916); er wurde 1920 Mitglied der Académie française.

78 *Acker,* Paul (1874–1915): angesehener französischer Journalist und Schriftsteller elsässischer Herkunft, der als Unterleutnant bei einem Autounfall ums Leben kam. Siehe auch Anm. 77.

79 *Prix Goncourt:* bedeutendster Literaturpreis Frankreichs. Er wird seit 1903 jährlich durch die 1896 von dem Schriftsteller Edmond de Goncourt gegründete „Académie Goncourt" (zehn Mitglieder) für das beste literarische Prosawerk des Jahres verliehen. Der Preis für 1914 wurde infolge des Krieges erst im Dezember 1916 vergeben, so daß 1916 zwei Preise zur Verteilung gelangten: zunächst der für 1916 an Henri Barbusse für „Das Feuer", dann der für 1914 an Adrien Bertrand (1890–1917) für den Roman „L'Appel du sol". Der Académie Goncourt gehörten zu jener Zeit folgende Schriftsteller an: Léon Daudet, J.-K. Huysmans, Octave Mirbeau, J.-H. Rosny, Justin Rosny, Léon Hennique, Paul Margueritte, Gustave Geffroy, Elémir Bourges, Lucien Descaves. Es gab zehn Bewerber für den Preis von 1916. Nach mehreren Wahlgängen entschied

sich die Jury mit acht Stimmen gegen zwei (die von Elémir Bourges und Léon Daudet) für „Das Feuer".

80 *Die Höhlenmenschen:* Dieses Kapitel hieß später „In der Erde".

81 Vgl. diese Kapitelanordnung mit derjenigen am Schluß des Frontnotizbuches II. Es fällt auf, daß im Brief vom 8. November 1916 die Kapitel „Der Gang durch die Stadt" und „Das Arbeitskommando" nicht genannt werden. In der Eintragung vom Frontnotizbuch ist das Kapitel „Das Säulentor" bereits an seiner endgültigen Stelle genannt. Die Eintragung ist also nach dem 8. November gemacht worden. Die definitive Reihenfolge der Kapitel des Romans „Das Feuer" (Nach der von 1955–1973 verbreiteten deutschen Bearbeitung durch C. Noch und P. Schlich): I Vision, II In der Erde, III Die Ablösung, IV Volpatte und Fouillade, V Die Ortsunterkunft, VI Gewohnheiten, VII Verladung, VIII Urlaub, IX Der große Zorn, X Argoval, XI Der Hund, XII Das Säulentor, XIII Die Kraftausdrücke, XIV Die Traglast, XV Das Ei, XVI Idylle, XVII Die Sappe, XVIII Die Streichhölzer, XIX Trommelfeuer, XX Im Feuer, XXI Der Verbandplatz, XXII Der Gang durch die Stadt, XXIII Das Arbeitskommando, XXIV Morgendämmerung.

82 *„Journal Officiel":* offizielles Publikationsorgan, das täglich die Gesetze, Erlasse, Verwaltungsdokumente der französischen Regierung, ökonomische Nachrichten wie auch das Protokoll der Kammerdebatten veröffentlichte.

83 *Benjamin,* René (1885–1948): Romancier, Journalist, Biograph, auch Dramatiker. Der sich politisch nach rechts, bis zum Anhänger des Pétain-Regimes entwickelnde Benjamin war bereits 1911 mit „La farce de la Sorbonne", einer hemmungslosen und mit Verve geschriebenen Karikatur seiner zumeist demokratischen Hochschullehrer, hervorgetreten. Schon im September 1914 verwundet, schrieb er einen der ersten Kriegsromane: „Gaspard", der völlig dem konventionellen Kriegsbild verpflichtet war und infolge des Fehlens weiterer Bewerber einstimmig den Prix Goncourt für 1915 erhielt. Benjamin verfaßte noch vier weitere Kriegsbücher.

84 *Lefebvre,* Raymond (1891–1920), und *Vaillant-Couturier,* Paul (1892–1937): gründeten mit Henri Barbusse die Intellektuellen-Internationale „Clarté", der zahlreiche namhafte Persönlichkeiten des kulturellen Lebens verschiedener Länder ihre Zustimmung gaben, von der sich viele jedoch wieder abwandten, als ihre Leiter sie zum „Internationalen Zentrum der revolutionären Erziehung" im Sinne der III. Internationale erklärten (Februar 1921). Lefebvre, Vaillant-Couturier und Barbusse riefen auch die „Republikanische Vereinigung ehemaliger

Frontkämpfer" (franz. abgekürzt: A.R.A.C.) ins Leben, aus der später die „Internationale der ehemaligen Frontkämpfer" mit Barbusse als Präsidenten entstand. Im Gegensatz zur „Clarté" trat die A.R.A.C. bereits im November 1917 an die Öffentlichkeit. Beide Organisationen wurden nach dem Kriege in Frankreich zu Sammelbecken der revolutionär gesinnten Kräfte, die für den Anschluß der Sozialisten an die III. Internationale eintraten. Unter anderem hat auch Jacques Duclos der A.R.A.C. angehört.

85 Im Verlag Max Rascher, Zürich, erschien 1918 in der Reihe der „Europäischen Bücher" die deutsche Übersetzung von L. von Meyenburg. Trotz ihrer an das Original nicht im entferntesten heranreichenden literarischen Qualität wurde sie auch für die deutschen Leser zu einem beeindruckenden Erlebnis. Bis 1930 betrug die Auflagenhöhe des Romans „Das Feuer" in der Ausgabe des Rascher-Verlages insgesamt 82000. Der sprachlichen Unbeholfenheit der ziemlich wortgetreuen Übersetzung Meyenburgs suchten 1955 Dr. Curt Noch und Paul Schlicht durch eine Überarbeitung abzuhelfen, ohne jedoch eine nennenswerte Textverbesserung zu erzielen.

86 Bezieht sich auf den ersten großen Aufruf der Clarté-Bewegung „Intellectuels combattants du monde!" (Geistige Kämpfer in aller Welt), der am 17. Januar 1919 im „Populaire de Paris" erschien und im Februar und März in vielen Tageszeitungen und Zeitschriften Deutschlands nachgedruckt wurde. Er war unterzeichnet von Henri Barbusse, Raymond Lefebvre, Paul Vaillant-Couturier, G. Vidal, Henri Torrès, H. Béraud, H. Régnault, Alexandre Mercereau, Noël Garnier, Fontanille, J. d'Espouy, A. Le Troquer. Im Mai 1919 wurde dann die französische Clarté-Gruppe gebildet.

87 Im Juni 1917 begannen zwei bürgerlich-liberale Zeitungen ihr Erscheinen, „Le Pays" und „Les Nations"; in beiden publizierte Barbusse.

88 *„Le Pays":* Am 24. Juni 1917 erschien in dieser Zeitung Barbusses Artikel „A propos de la Société des Nations". Vgl. diese Ausgabe: H. Barbusse: Zur Gesellschaft der Nationen, Dokumente.

89 Vgl. das Gedicht „Der erste Poet" im Frontnotizbuch II, das mit leichten Veränderungen in die 1920 erschienene erweiterte Ausgabe seiner Gedichtsammlung „Pleureuses" aufgenommen wurde.

90 „A. F." – Abkürzung für „Action française": Die Angriffe des Leiters der offen konservativen, monarchistisch-klerikalen „Action Française", Charles Maurras, dauerten von März bis Juli 1917. Sie wurden ergänzt durch eine umfangreiche Rezen-

sion des „Feuers“ vom 30. und 31. März 1917 unter dem Titel „Un livre faux“ (Ein unwahres Buch), die unter dem Pseudonym Le Biffin (Der Infanterist) erschien, ferner durch den Nachdruck der Gehässigkeiten anderer Blätter gegen Barbusses Kriegsroman. Am 6. Juli 1917 erschien eine Rezension des „Biffin“ zu dem „Carnet d'un combattant, par le lieutenant E. R. (capitaine Tuffrau)“. Hier wird noch einmal ziemlich ausführlich auf „Das Feuer“ eingegangen, ja man hat den Eindruck, diese Rezension entsprang nur dem Bedürfnis, dem Werk Barbusses ein sozusagen „positives“ Beispiel entgegenzusetzen.

91 *„La Victoire“:* Rechtssozialistische Zeitung, Hrsg. Gustave Hervé. In der Nummer vom 1. Juli 1917 erschien der Artikel von Lysis, in dem dieser die Nachsicht der Zensur bemängelte und mit heftigen Ausdrücken über „Das Feuer“ herfiel.

92 *Lysis:* Sein Werk „Contre l'oligarchie financière en France“ wird von Lenin in seinem Werk „Der Imperialismus als höchstes Stadium des Kapitalismus“ zitiert.

93 *„Argus Suisse“:* „Schweizer und Internationaler Argus der Presse A. G.“ (Genf), gegründet 1896, Büro für Zeitungsausschnitte, Personalnachrichten und Übersetzungen.

94 *„Corriere della Sera“:* größte italienische Abendzeitung jener Zeit. Es handelt sich um den Artikel „Ore grigie e speranze francesi“ (Trübe Stunden und französische Hoffnungen) vom 11. Juli 1917, in dem auch über die Polemik von „La Victoire“ gegen „Le Pays“ berichtet wird.

95 Am 24. Juli 1917 kam es in der französischen Abgeordnetenkammer zu einer Kontroverse, in der ein französischer Abgeordneter Barbusse als den charakteristischen Vertreter der traditionsfeindlichen jungen Kriegsgeneration bezeichnete und zur Illustration seiner Behauptung die entsprechende Passage aus der „Hölle“ vorlas. Dieses literarische Intermezzo wurde im „Journal Officiel“ vom 25. Juli 1917 abgedruckt. Siehe ebenfalls Vl. Brett: H. Barbusse, Sa marche vers la clarté – son mouvement Clarté, Prag 1963, S. 337–39.

96 *Welschinger,* Henri (1846–1929): französischer Historiker; 1907 Mitglied der Académie des Sciences morales et politiques; die „Revue Hebdomadaire“ (26. Jg. 1917, Bd. 8, S. 177–185, Nr. vom 11. August 1917) brachte von ihm den Artikel: „Le troisième anniversaire de la guerre“ (Der dritte Jahrestag des Kriegsausbruchs), in dem der Krieg noch ganz und gar als erhebendes Ereignis gefeiert wird. Er schrieb u. a.: „Ich lese täglich das ‚Bulletin des Armées‘ und ein heiliger Freudenschauer überkommt mich, wenn ich die Großtaten, die unaufhörlichen Heldentaten unserer neuen Ritter lese. Von diesen Millionen

unter den Fahnen vereinten Männern geht ein erhabener Schwung aus, eine Flamme und ein Feuer, das den Krieg veredelt, reinigt und verwandelt ... Wie oft habe ich nicht von den Lippen jener Arbeiter und Bauern, von jenen anscheinend so rohen und ungebildeten Wesen, Rufe vernommen, die mich an die Rufe der kühnen Recken des alten Rittertums gemahnten! Jene Männer da haben Blut von Roland, Bayard und Duguesclin in den Adern. Sie gehen in den Tod, als ob sie lächeln. Sie ertragen grausame Verwundungen und sagen: ‚Das ist fürs Vaterland!'" (S. 178f.)

97 Es handelt sich um den Artikel des konservativen Historikers Ernest Lavisse, der später neben dem des Generals Pétain und dem des Ministerpräsidenten Ribot in der Broschüre „Pourquoi nous nous battons" (Wofür wir kämpfen) erschien. Obgleich in ihr weder Barbusse noch „Das Feuer" erwähnt wurden, sah die „Action Française" sie als direkte Antwort auf die durch „Das Feuer" und den Artikel „Wofür kämpfst du?" aufgeworfene Frage Barbusses nach Sinn und Ziel des Krieges an.

98 *Cabourg:* französisches Seebad nahe Caën (Normandie).

99 *Amphitrite:* Göttin des Meeres, Gattin von Poseidon (Neptun).

100 Es geht um den Artikel „Die Republikanische Liga" in der „Frankfurter Zeitung" vom 30. Juni 1917.

101 Gegen die schon lange von der nationalistischen Presse als „defätistisch" denunzierten Zeitungen „Le Bonnet Rouge" und „La Tranchée", deren Direktoren Almereyda und Goldsky auch der Caillaux nahestehenden „Republikanischen Liga" angehörten, waren zu dieser Zeit Verfahren im Gange, die große Schlagzeilen lieferten. Sie bildeten den Auftakt zu einer Reihe weiterer Spionageskandale wegen tatsächlichen und vorgeblichen Einvernehmens mit den Deutschen: Nach Bolo-Pascha und Turmel waren auch der damalige Innenminister Malvy und Joseph Caillaux davon betroffen. Im Falle des letzteren ging es darum, den einflußreichen Gegenspieler Clemenceaus, dem man Sympathie für Deutschland nachsagte, politisch auszuschalten.

102 *Uno avulso non deficit alter* (lat.): Kaum ist der eine erledigt, ist schon der andere da (Vergil, Äneis, Kap. VI, Vers 143, und nicht Kapitel VII, wie Barbusse annimmt).

103 Ein großer Teil dieser Aufzeichnungen hat im Kapitel XII des „Feuers", Verwendung gefunden. (Anm. des. frz. Hrsg.)

104 Das Kapitel XI des „Feuers", in dem der Hund Labri auftaucht, „ein Schäferhundbastard mit kupiertem Schwanz", auch er ein Opfer des Krieges, trägt diese Überschrift. (Anm. des. frz. Hrsg.)

105 Diese Bemerkung legt Henri Barbusse auf den letzten Seiten

des „Feuers“ einem Jäger in den Mund, der den Kopf aus dem Dunkel des Schützengrabens hebt. (Kapitel XXIV, Anm. des frz. Hrsg.)

106 Im Kapitel V des „Feuers“ fragt der Soldat Cocon den Jungen aus der Kneipe: „Nicht wahr, dein Vater sagt doch: ‚Wenn der Krieg nur recht lange dauert!‘?“ – „Freilich“, sagt das Kind und nickt. „Weil wir dann reich werden …“ (Anm. des frz. Hrsg.)

107 Diese Aufrechnung ist im Kapitel XIV des „Feuers“ wiederzufinden. (Anm. des frz. Hrsg.)

108 Im Kapitel XX, das wie der Roman den Titel „Das Feuer“ trägt, vertraut Korporal Bertrand seinem Kameraden Barbusse an: „Einmal habe ich ihnen gesagt, daß ich an Prophezeiungen glaube – um sie vorwärtszutreiben.“ (Anm. des frz. Hrsg.)

109 Siehe Anm. 73.

110 Die Liste Barbusses enthält nur Buchtitel. Die Namen der entsprechenden Autoren sind von uns ergänzt worden. In Klammern gesetzte Titel bezeichnen Werke, die bisher nicht ins Deutsche übersetzt wurden.

111 Das Bild des Velázquez und seiner unwiderstehlichen Macht wird im Kapitel XXII von „Klarheit“ heraufbeschworen. (Anm. des frz. Hrsg.)

112 Personen aus „Klarheit“ (Anm. des frz. Hrsg.)

113 Siehe Anm. 81

114 Siehe Anm. 81.

115 Reichskanzler Dr. v. Bethmann Hollweg, Rede vom 9. November 1916, in: Schulthess’ Europäischer Geschichtskalender, N. F., 32. Jg. 1916, Bd. 1, München 1921, S. 529.

116 Verfassung des deutschen Reiches von 1871, Hrsg. A. Arndt, 5. Aufl., Berlin 1913, S. 124.

117 Staatsgrundgesetz vom 21. Dezember 1867, in: Die österreichischen Verfassungsgesetze, Hrsg. E. Bernatzik, Leipzig 1909, S. 377.

Nachwort

Als im Dezember 1916 der Prix Goncourt, der begehrteste Literaturpreis Frankreichs, vergeben wurde, drang ein bis dahin kaum bekannter Name an die Öffentlichkeit: Henri Barbusse. Ein Werk ließ aufhorchen, das sich durch seine Gestaltungskraft deutlich aus der bis dahin üblichen kriegsverherrlichenden, -verharmlosenden oder platt dokumentarischen Literatur heraushob: *Le Feu* (Das Feuer). Dank seines künstlerischen Wirklichkeitsgehalts hat es als Dokument, als erschütternde Anklage und als beredte Mahnung bis heute seine Wirkungskraft auf Leser anderer Nationen und anderer Generationen bewahrt.

Der Schwiegersohn eines einflußreichen Literaten

Für die zeitgenössischen Leser Frankreichs war nicht nur das Buch, sondern auch sein Autor eine Überraschung. Von dem Schwiegersohn und Schützling von Catulle Mendès – wie Barbusse von denjenigen eingeordnet wurde, die ihn damals kannten – hätte man ein so ernsthaftes, gesellschaftlich engagiertes, ja kühnes Werk nicht erwartet. Der 1909 bei einem Eisenbahnunglück umgekommene Mendès war für viele zum Inbegriff eines recht erfolgreichen, aber zumeist nicht sehr tief lotenden Schriftstellers geworden, und sein Schwiegersohn schien ebenfalls den Zirkel des mondänen Pariser Literatentums nicht zu durchbrechen. Barbusse – wie es u. a. der Bauer und Schriftsteller Emile Guillaumin erkennen ließ[1] – bot bis dahin das Bild eines elegischen Dichters, der ganz und gar nichts Umstürzlerisches an sich hatte.
In der Tat verlief der Werdegang Barbusses zunächst durchaus in den Bahnen einer jener bürgerlichen Schriftstellerkarrieren, deren Höhepunkt die Aufnahme in die französische Akademie bedeutete.

Debüt als Poet, Journalist, Romancier

Der am 17. Mai 1873 in Asnières (d. h. faktisch in Paris) geborene Henri Barbusse war der Sohn eines aus Südfrankreich stammenden Journalisten und Theaterkritikers und einer Pächterstochter aus Yorkshire, die bereits 1876 bei der Geburt ihres dritten Kindes starb. Der Einfluß und das Vorbild des Vaters trugen zweifellos dazu bei, zeitig seine Neigungen zur Literatur zu wecken. In der Schule waren die Leistungen des begabten, aber gesundheitlich etwas labilen Jungen unterschiedlich. Er glänzte vor allem gern mit gelehrten rhetorischen Aufsatzübungen, lateinischen Versen und Reden. Seine besondere Liebe galt den Versen von Corneille und Racine, denjenigen der Romantiker, insbesondere von Victor Hugo, bald auch den Dichtungen des Parnaß und der Symbolisten. Der frühzeitig Verse schmiedende Gymnasiast hatte zudem Stéphane Mallarmé als Englischlehrer und Philosophieunterricht zeitweilig bei Henri Bergson.

Nach glänzend bestandener Reifeprüfung nahm Barbusse ein Literaturstudium an der Sorbonne auf. Durch die erfolgreiche Beteiligung an mehreren literarischen Wettbewerben, die von der Zeitschrift „L'Echo de Paris“ veranstaltet wurden, machte der inzwischen Neunzehnjährige auf sein vielversprechendes Talent aufmerksam und gewann den literarischen Leiter der Zeitschrift, Catulle Mendès, als Förderer und Freund. Von nun an standen ihm die Spalten des „Echo de Paris“ für seine regelmäßige Mitarbeit offen. Marcel Schwob, gleichfalls einer der namhaften Mitarbeiter des Blattes, führte ihn in die mondänen Kreise des literarischen Paris ein. Barbusse besuchte die Zusammenkünfte bei José Maria de Heredia und Stéphane Mallarmé, auf denen er mit einer großen Zahl weiterer Dichter und Schriftsteller bekannt wurde, die gleichfalls im Banne des Symbolismus standen oder auf andere Weise den bürgerlichen Krisenstimmungen der Jahrhundertwende Ausdruck verliehen. Unter ihnen befanden sich Henri de Régnier, Marcel Proust, Fernand Gregh, Pierre Louys, Paul Valéry und der skandalumwitterte Engländer Oscar Wilde. Für alle Anregungen und Einflüsse dieses literarischen Milieus zeigte sich der etwas verbummelte Literaturstudent außerordentlich aufgeschlossen. 1895, nach Ableistung seines Militärdienstjahres, bestand er im zweiten Anlauf sein Staatsexamen und konnte etwa zur gleichen Zeit das zum Teil überschwengliche Lob seines ersten Versbandes mit dem Titel *Pleureuses* (Weinende, dt. Zehn Gedichte aus dem Gedichtband Pleureuses, 1921) auskosten. In ihm wußte er mit einer gewissen frühreifen Begabung technisch und gefühlsmäßig genau den Ton dämmerhafter Wehmut des *fin de siècle* zu treffen, der die Zeitgenossen so sehr begeisterte, der aus der Distanz betrachtet jedoch einen guten Teil Eklektizismus offenbart.

Der zum Journalismus strebende junge Poet begann – zweifellos durch die Vermittlung von Mendès – zunächst am „Petit Parisien", einer der größten und bestaufgemachten regierungstreuen Tageszeitungen, sowie anderen Presseorganen mitzuarbeiten, ehe er am 15. August 1896 eine feste Anstellung als Redakteur im Pressebüro des Innenministeriums antrat. Daneben fand er Gelegenheit, sich seine Sporen als Theaterkritiker zu verdienen: 1897 richtete die „Revue du Palais" (später „La Grande Revue") für Mendès eine Theaterrubrik ein, neben die schon bald ein Supplement trat, an dem von 1897 bis Ende 1901 hauptsächlich Barbusse über Neu- oder Wiederaufführungen berichtete.[2]

Am 18. April 1898 heiratete Barbusse Hélyonne Mendès, eine der Töchter seines Förderers. Nach dem Antritt des Kabinetts Waldeck-Rousseau, unter dem Jean Dupuy, der Leiter des „Petit Parisien", Landwirtschaftsminister wurde, erhielt Barbusse im Juli 1899 das Angebot, unter ihm als stellvertretender Kanzleichef zu arbeiten. Sein Vorgesetzter als Kabinettchef war der Landwirtschaftsprofessor und spätere radikalsozialistische Abgeordnete bzw. Senator Charles Deloncle. Zwischen den literarischen Neigungen des jungen Angestellten und seinem administrativen Eifer bestand jedoch ein Mißverhältnis, denn nach knapp zwei Jahren legte man ihm nahe, seine Stellung zu kündigen. Barbusse ging nun, 1902, zum Verlag Lafitte, wo er die Herausgabe populärwissenschaftlicher und Unterhaltungszeitschriften leitete, wie „Je sais tout", „Femina", „Fermes et Chateaux". 1903 erschien sein erster Roman, *Les Suppliants* (dt. Die Schutzflehenden, 1932), der nur wenig Widerhall fand. Mit dem 1908 veröffentlichten zweiten Roman *L'Enfer* (dt. Die Hölle, 1919) errang er zwar auch noch nicht den erstrebten Prix Goncourt, aber dieses Werk war immerhin ein erster literarischer Erfolg. Im Frühjahr 1910 wurde Barbusse ordentliches Mitglied des Schriftsteller-Berufsverbandes, der *Société des Gens de lettres.* Er unternahm Reisen nach London, in die Schweiz und nach Italien. 1912 wechselte er zur Verlagsfirma Hachette, bei der er bis 1914 als literarischer Leiter tätig sein wird. 1914, noch vor Ausbruch des Krieges, erschien bei Charpentier ein Sammelband seiner seit 1910 in der großbürgerlichen Tageszeitung „Le Matin" publizierten Feuilletonnovellen unter dem Titel *Nous autres* (Wir).

Im Umkreis des Symbolismus

Die großen gesellschaftlichen Auseinandersetzungen im Frankreich seiner Zeit um die Durchsetzung der republikanischen Staatsform, die Trennung von Kirche und Staat, um Dreyfus, um die Einführung der dreijährigen Dienstpflicht haben in Barbusses Vorkriegsschaffen keine nennenswerten Spuren hinterlassen.

Die Gedichte der *Pleureuses* waren ohne jeglichen sozialen Akzent ganz auf subtile allgemeinmenschliche Empfindungen gestimmt. Die in zwei Gedichten dieser Sammlung auftauchende Gestalt einer nähenden Heimarbeiterin wird nicht um einer sozialen Aussage willen evoziert, sondern wegen des inneren Glanzes, des Reichtums tiefer, einfacher und ursprünglicher Gefühle, die die symbolistische Ästhetik mit der äußeren Armut verbunden sah. Die unter ein Motto der *Imitatio* (Nachfolge Christi) gestellten *Schutzflehenden* gestalten ohne alle sozialen Konturen die Geschichte eines überdurchschnittlich sensiblen und nach innen gewandten Kindes und Jünglings, der im Konflikt mit der positivistischen Dingwelt auf den äußeren Stationen seines Werdeganges scheitert, sich jedoch innerlich zu einem laienhaften Prophetentum intuitiver Welterfahrung läutert. Im verzweifelten Bestreben nach dem Absoluten begreift der Held, daß Gott nur Abglanz der Gefühlsbedürfnisse des Menschen ist. Der in den leeren Himmel hinauf Schutzflehende, dem nur die Tröstungen des eigenen Herzens zuteil werden, der Bettler und Dieb sind hier Sinnbild der faustischen Natur des Menschen. Seine subjektive Erlebnisfähigkeit, die durch die Kunst festgehalten und nacherlebbar werde, mithin sein Vermögen, Visionen des Vergangenen und Künftigen zu entwerfen, bedeute die schöpferische Möglichkeit, seine naturhaft gegebene Fixierung in Raum und Zeit zu überwinden.

Mit der zentralen Rolle, die hier der Intuition zugewiesen wurde, war Barbusse ganz den Lehren des subjektiven Idealismus verpflichtet, die vor allem durch seinen Lehrer Bergson der Generation um die Jahrhundertwende vermittelt worden waren. Der Wahrheitssucher Barbusse demonstriert die Ableitung eines subjektiv idealistischen Credos aus dem konkret Erlebten. Er umkreist motivisch wie thematisch die Kategorien „Zeit" und „Raum" und läßt zuweilen Töne der *angoisse* vernehmen, die bereits den Übergang von der romantischen Herzensbeklemmung zur modernen Existenzangst verraten, wie sie literarisch allgemein erst durch Sartre bekannt wurde. Fehlende Erfahrung mit dem Genre des Romans offenbaren sich in kompositorischen Mängeln seines Roman-Erstlings. Unvermittelt übernommen wurden Motive des seit Mitte der achtziger Jahre in Frankreich bekannt gewordenen Dostojewski und die Grundidee einer der von Baudelaire ins Französische übertragenen Erzählungen von Edgar Allan Poe mit dem Titel *Die Maske des roten Todes.* Stefan Zweig, der eine sehr poetische deutsche Übersetzung des Barbusseschen Romans lieferte, hat nicht nur stillschweigend diese beiden ans Plagiatorische grenzenden Passagen ausgelassen, sondern auch eine Reihe weiterer wohltuender Straffungen vorgenommen.

Origineller und packender war *Die Hölle,* ein Voyeur-Roman. Ein junger Mann, der sich in einer fremden Stadt um eine Stelle bewerben will, entdeckt zufällig in seinem Hotelzimmer einen Mauerspalt, der Einblick ins Nachbarzimmer gewährt, und bleibt fortan, von seiner Neugierde getrieben, tage- und wochenlang an diese Öffnung wie geschweißt. Er erlebt und erleidet im Wechsel von Entzükken, Entsetzen und Erschütterung all das mit, was sich ihm nebenan hüllenlos, nackt und unverstellt als lebendige Wahrheit offenbart. Mit zugleich naturalistischer Unerbittlichkeit und symbolistisch vergeistigender Dämpfung der

Schilderung – die der Romanist Leo Spitzer einer treffenden „Psychoanalyse des Barbusseschen Stils" unterworfen hat[3] – entrollt Barbusse eine Kette intimer und weniger intimer Situationen, die für Menschliches schlechthin stehen: Da sind Menschen, die sich mit ihren Geheimnissen allein wähnen, die vom Aufkeimen ihres gegenseitigen Verlangens gepackt werden, die in der körperlichen Vereinigung das große Glück zu finden meinen, der Banalität des Alltags entrinnen wollen, die aber immer wieder in die tragische Einsamkeit ihres Ich zurückgeworfen werden, sich immer in der Hölle ihrer stets ungestillten Lebensgier wiederfinden. Die Liebe, die vielfältigen Formen des Begehrens, Geburt, Krankheit, Tod, Verbrechen und religiöser Fanatismus, in all dem werden die Höhen und Abgründe der menschlichen Existenz vorgeführt, die den Voyeur nicht nur zum stumm Miterlebenden machen, sondern ihn zu Fragen und Reflexionen herausfordern. – Die Fiktion dieses seine Erlebnisse mit größtmöglicher Unmittelbarkeit aufzeichnenden Beobachters schafft jene erzählerisch doppelte Brechung, in der das Beobachtete und Miterlebte seinen Demonstrationswert auch für den mit- und nachvollziehenden Leser erhält. Neben den stilistischen Qualitäten (hier ist wohlgemerkt vom französischen Original die Rede!) ist es diese Art der Vermittlung, die den Roman zugleich über den bloßen Voyeurismus hinaushebt. – Nach dem Übermaß des Gesehenen und Gehörten greift der Held dann zu den Büchern, um ähnlich wie später Hans Castorp in Thomas Manns „Zauberberg" einen Ausflug in den Mikrokosmos und den Makrokosmos zu unternehmen. Visionär ziehen an ihm die verschiedenen Stadien der biologischen Zersetzung des menschlichen Körpers nach dem Tode vorüber, um ihm zu offenbaren, daß der Mensch dem fatalen Ablauf der Naturgesetzlichkeit unterworfen, ein an die Koordinaten von Raum und Zeit Gekreuzigter, ist. Die Dimensionen des Weltraums scheinen ihm ebenfalls die Winzigkeit, Ohnmacht und Verlorenheit des Menschen zu bestätigen. Doch dagegen lehnt sich der Held auf. Die Lektüre von Descartes und Kant liefert ihm die Mittel einer Kritik am sogenannten gesunden Menschenverstand, an der vulgärmaterialistischen Einzelwissenschaft und an der Religion: Die „Größe" des Menschen, so erkennt er nun, beruht

in dem Vermögen seines Verstandes, weltschöpferisch im Sinne des subjektiven Idealismus zu sein. Der Roman gipfelt in der dichterischen Demonstration, daß in der entgötterten Welt nur dem von seiner Begierde nach Leben und Erkenntnis getriebenen menschlichen Individuum, die Attribute des Göttlichen zukommen, da es die gesamte Wirklichkeit als Inhalt seines Gefühls und Verstandes in sich trüge.
Mit der philosophischen Attitüde des subjektiven Idealismus ist der Roman ebenso dem Symbolismus verpflichtet wie speziell durch die pathetische Hervorhebung des Wortes „Nichts“ am Ende des Romans, die zugleich auf den damals gleichfalls beliebten Schopenhauer deutet.[4]
Eine der vom Helden beobachteten Gestalten, der im Roman figurierende Poet, lehnt die einfallsreichen Intrigen, die billige Unterhaltung, das Lokalkolorit, die soziale Dokumentation für sein großes Menschheitspoem ab und sagt unter anderem: „Ich habe eine solche Achtung vor der wirklichen Wahrheit, daß es Augenblicke gibt, in denen ich die Dinge nicht bei ihrem Namen zu nennen wage.“[5] Nicht das Benennen der Dinge und Zustände, sondern das umschreibende Andeuten, das Suggerieren war einer der Grundsätze der symbolistischen Ästhetik.[6]
Der vor einiger Zeit zu einem Vergleich mit Sartres „La Nausée“ (dt. Der Ekel) herausfordernde Roman ist jedoch nicht aus einem Guß.[7] Er enthält naturwissenschaftliche Exkurse, d. h. Exkurse, die im ursprünglichen Wortsinn „naturaliste“, naturalistisch, waren, wie die Darlegung einer Theorie über die Entstehung des Krebses, die Schilderung der Zersetzungsstadien des menschlichen Körpers. In einem weiteren Exkurs sehen wir, wie sich für den Sucher der „Wahrheit“ des individuellen und konkret Erlebten ein bescheidenes Fenster auf soziale Fragestellungen öffnet, den in sich widersprüchlichen Ansatz, die Ästhetik der Verinnerlichung von ihren eigenen Voraussetzungen aus zu überschreiten: In einem Dialog zweier Ärzte wird ausgehend vom Sinn des Daseins und des Leidens der Krieg verurteilt und dem dafür verantwortlich gemachten nationalistischen Vaterlandskult ein über die Landesgrenzen hinausweisendes positives Menschheitsideal entgegengestellt. Mit pazifistischer Unbedingtheit wird auch der „Klas-

senkrieg“ verurteilt. Er soll durch die Abschaffung des Erbrechts überflüssig werden. Unter abstrakt ethischen Vorstellungen schlummern Keime der Auflehnung gegen die soziale Ungerechtigkeit.

Ein politisch farbloser Journalist

Das Bild des Schriftstellers in politischer Hinsicht ist bis zum Weltkrieg recht farblos. Als Poet hatte er 1894 in der Zeitschrift „La Société Nouvelle“ publiziert, ohne daß ihre namhaften Mitarbeiter, Anarchisten wie Kropotkin, Bakunin, Elisée und Elie Reclus, bei ihm nennenswerte Spuren hinterließen.[8] Als Theaterkritiker war er durch zeitgenössische Dramen von Lucien Gleize, Octave Mirbeau, François de Curel mit der sozialen Frage konfrontiert worden, was ihn aber nur, wie Vladimir Brett zeigte[9], zu einer ästhetischen Ablehnung der Thesenstücke brachte und das unlösbar scheinende Dilemma von Denken und Handeln erwägen ließ. Immerhin ging dann die Mitarbeit an der sich für die Sache des unschuldigen jüdischen Hauptmanns Dreyfus engagierenden Zeitschrift „La Grande Revue“ (deren Chefredakteur, der Anwalt Fernand Labori, in den entsprechenden Prozessen für die Frau von Dreyfus und Zola plädierte) sowie das gesamte sich politisch aufladende Klima der Zeit doch nicht ganz spurlos an ihm vorüber: Barbusse ist einer jener vielen Dreyfus-Anhänger ohne besonderes Profil, d. h. er steht auf der Seite der liberalen Demokratie, des republikanischen Systems gegen die Anhänger der klerikalen Reaktion und der chauvinistischen Militärkaste, ohne in der Öffentlichkeit hervorzutreten. Von Januar bis Juni 1903 war er Sekretär der 1898 von Frédéric Passy gegründeten „Revue de la Paix“, im Anschluß daran Mitglied des Verwaltungsrats der Zeitschrift (die 1910 in der von Charles Richet geleiteten Zeitschrift „La Paix par le Droit“ aufgehen wird), ohne daß sein Name je unter einem Artikel dieser Zeitschriften gestanden hätte, wie Madeleine Rebérioux[10] vermerkt. Die Bewegung dieses bürgerlich-liberalen Pazifismus trat für die schiedsgerichtliche Beilegung internationaler Konflikte ein.

Als der Krieg ausbrach, wurde auch Barbusse von der Welle des allgemeinen patriotischen Elans erfaßt. Der Einundvierzigjährige, kaum von einem Lungenleiden Genesene, setzte alles daran, an die Front zu kommen. Die ihn wie die meisten seiner Landsleute beflügelnde Vorstellung war, am Krieg eines freiheitlich-demokratischen Frankreichs gegen ein System autokratischer, feudaler Unterdrückung teilzunehmen. Man glaubte, mit dem Kampf gegen den preußischen Militarismus den Militarismus schlechthin zu bekämpfen, ja damit den letzten heiligen Krieg gegen den Krieg zu führen. Dieser Auffassung hing Barbusse bis zum Ende des Krieges an.
Dies war eine Illusion, die in eine Ideologie eingebettet war, auf die wir noch zurückkommen, eine Illusion, deren innere Widersprüche in diesem besonderen Fall die individuelle Entwicklung bis zu dem Grade vorantrieben, daß sie mit *Le Feu* literarisch produktiv werden konnte.

Die Bedeutung der Briefe Barbusses an seine Frau

Mit Selbstzeugnissen ist die Forschung über Barbusse bis heute nicht verwöhnt worden. Unter dem wenigen, was bisher aus der Kriegszeit bekannt ist, den beiden Frontnotizbüchern (wovon das zweite von Pierre Paraf noch nicht einmal in Gänze entziffert wurde), einigen verstreuten Briefen an verschiedene Adressaten und den Briefen an seine Frau, gebührt letzteren der erste Rang. Ihre Bedeutung beruht im einzelnen auf folgendem: Sie geben annähernd Aufschluß über die ideelle Ausgangssituation des Freiwilligen Barbusse und beleuchten den sich an der Front anbahnenden widersprüchlichen Prozeß der Desillusionierung und Auflehnung gegen das Völkergemetzel. Sie lassen die dokumentarisch-reportagehafte Wirklichkeitsaneignung des Soldaten und Schriftstellers Barbusse erkennen, sind selbst Stufe der Realitätsbewältigung und Vorstufe literarischer Gestaltung. Zusammen mit den beiden Frontnotizbüchern vermitteln sie einen, wenngleich lückenhaften, aber doch im Hinblick auf *Le Feu* und in gewissem Grade auch auf seinen zweiten Kriegsroman *Clarté* (dt. Klarheit, 1920) aufschlußreichen Überblick über den topographischen Rahmen und die authentischen Gestalten, die dann mehr oder weniger abgewandelt auf die Ebene der Literatur transponiert wurden.[11] Die Briefe sind dann von einem bestimmten Moment an überwiegend Werkstattkorrespondenz Barbusses, der an der Front und vor allem in den Lazaretten, von seiner Frau zu Hause unterstützt, die Feuilletonfassung von *Le Feu* fertigstellt und, von deren Wirkung angespornt, das Werk schließlich für die Buchausgabe im Sinne der stärkeren aktuell-politischen Aussage überarbeitet und ergänzt. Endlich vermitteln die Briefe einige zusätzliche Einblicke in das Geflecht persönlicher Beziehungen Barbusses und liefern einige interessante biographische Details.

Die äußeren Stationen einer Odyssee

Am 3. August meldete sich Barbusse in Melun, wo er dem 35. Landwehrregiment als Soldat zugeteilt wurde, das in Albi stationiert war. Am 10. September fuhr er nach Albi und traf dort unter alten Bekannten auch den Dichter Fernand Gregh, den er darum bat, sich dafür zu verwenden, daß er, Barbusse, zu den Fliegern versetzt werde. Als daraus nichts wurde, meldete sich Barbusse zur kämpfenden Truppe und wurde dem 231. Linienregiment zugeteilt. Mit ihm ging er im Dezember 1914 an die Front nach Soissons. Barbusse nahm teil an der vom 7. bis 14. Januar dauernden Schlacht von Crouy bei Soissons, in der die Deutschen an mehreren Stellen bis zur Aisne vordrangen. Von Januar bis Mai 1915 war Barbusse am linken Ufer der Aisne eingesetzt mit wechselnden Stellungen und Ruhequartieren, die sich südlich von Soissons zwischen Villers-Cotterêts im Westen und Condé-sur-Aisne im Osten erstreckten. Man schlug Barbusse, der ein Muster an soldatischer Pflichterfüllung war, vor, an einem Unteroffizierslehrgang teilzunehmen. Doch dieser bat darum, bei seinen Kameraden bleiben zu dürfen. Auch die Versetzung zur Landwehr im März 1915 machte er mit dieser Bitte rückgängig. Im April wurde er Gefreiter. Anfang Mai 1915 wurde er mit seinem Regiment ins Artois (die Gegend um Arras) verlegt. Es ist jene Gegend nordwestlich von Arras, deren Topographie die meisten Spuren in *Le Feu* hinterlassen wird. Am 10. Juni 1915, zwei Tage nach seiner Auszeichnung mit dem Kriegskreuz und der lobenden Erwähnung im Tagesbefehl der Brigade, erlitt Barbusse seinen ersten Dysenterie-Anfall. Er ließ sich darauf zu dem kaum weniger schweren Dienst der Krankenträger versetzen, blieb aber im gleichen Abschnitt. Hier wurde er nicht nur Zeuge des Angriffs, der am 25. September 1915 von Ablain-Saint-Nazaire aus von den französischen Truppen auf Souchez vorgetragen und bei dem die östlich von Souchez liegende Höhe 119 genommen wurde, sondern war selbst während dieser Operation dabei, unter heftigem Beschuß einen vorgeschobenen Verbandplatz einzurichten. Dafür wurde er dann am 17. Oktober mit der lobenden Erwähnung im Armeebefehl ausgezeichnet. Gesundheitliche Gründe zwangen Barbusse schließlich, den Dienst als Krankenträger aufzugeben. Am 18. November 1915 finden wir ihn beim 8. Landwehrregiment, das in der gleichen Gegend stationiert war. Ab Januar 1916 war Barbusse dann beim Sekretariat des Stabes des 21. Armeekorps unter General Maistre, das vom Artois verlegt wurde und nach einer Ruhepause spätestens Anfang März 1916 in Verdun zum Einsatz kam.[12] Vom 3. April bis 11. Mai 1916 hielt sich Barbusse in dem nicht allzu weit entfernten Lazarett von Vavincourt (etwa 6 km nördlich von Bar-le-Duc) auf.[13] Am 12. Juli sehen wir ihn im Auffanglager von Le Bourget, wobei nicht ersichtlich ist, ob er zu seinem Truppenteil (der im April in die Champagne nach Tahure verlegt worden war) zurückkehrte[14] oder wieder auf dem Wege in ein Lazarett war. Am 11. August jedenfalls scheint er die Verlegung des Stabes von der Champagne an die Somme (etwa 20 km südwestlich von Péronne) mitgemacht zu haben, wobei man sogar in Senlis haltmachte. Am 23. August war die Rede davon, ihn nochmals ins Lazarett zu stecken. Am 26. August 1916 verließ er dann den Stab des 21. Armeekorps und am 6., 7. September finden wir ihn in einem nicht näher bezeichneten Lazarett. Von Ende September bis etwa Ende Oktober war er im Lazarett von Plombières. Die Klage vom 29. Oktober, daß er nicht so arbeiten könne wie in Plombières, deutet auf einen inzwischen stattgehabten Ortswechsel. Doch am 12. November 1916 finden wir ihn – bedingt durch einen Rückfall[15] – wieder in Plombières. Im Februar 1917 war er, offensichtlich zur Rekonvaleszenz, in Chartres. Im Mai 1917 scheint er, wie der gedruckte Briefkopf andeutet[16], wieder zu Hause zu sein. Er wurde aber, Jean Fréville zufolge, erst am 1. Juni 1917 als vorübergehend dienstuntauglich aus dem Militärdienst entlassen.[17] Bis zum August 1917 scheint sich Barbusse dann nach Aumont zurückgezogen zu haben, während seine Frau weiterhin in Paris blieb, was die Existenz einiger Briefe erklärt, die sonst überflüssig gewesen wären.

Die Auflehnung der Vernunft

Neben der zeittypisch-illusionären und von Barbusse mit einem hohen ethischen Sinn erfüllten Auffassung, durch den Krieg die Revolution von 1792 (Brief vom 18. 4. 1915) fortzusetzen, offenbaren die Briefe in mehr oder weniger deutlicher Form noch andere Motive, die den bis dahin vom Volke isolierten Intellektuellen an die Front und in die Gemeinschaft der einfachen Soldaten trieben. Da war der Erlebnisdrang, ein angestauter Wirklichkeitshunger, das Bedürfnis nach menschlicher Verbundenheit, der Wille zur Selbstbestätigung und nicht zuletzt der vorerst noch nicht deutlich ausgesprochene literarische Ehrgeiz, dabeizusein, um das als „groß" und „schicksalhaft" empfundene Geschehen mit der Feder wahrheitsgemäß gestalten zu können. Ein romantisch verklärter Stolz stoischer Pflichterfüllung und Opferbereitschaft war auch durch das Beispiel von Alfred de Vignys „Soldatenknechtschaft und Soldatengröße" literarisch vorgeprägt.

Als Barbusse optimistisch und vor Ungeduld fiebernd endlich im Dezember an die Front kam, hatten die Auseinandersetzungen nach dem relativ geordneten Rückzug der nordfranzösischen Armeen unter General Joffre bereits den Charakter jener Stellungs- und Grabenkämpfe angenommen, von dem das Bild dieses Krieges geprägt wurde. Dies sei der Krieg des Abwartens und Belagerns, schrieb der enttäuschte Barbusse. Der Frontalltag begann mit anstrengenden Märschen, von denen er seiner Frau mit naivem Stolz mitteilte, daß er die Strapazen genauso ertrüge wie seine Kameraden, nette und sympathische Kumpel. In der Schlacht von Crouy, die für seine Truppe mit dem überstürzten Rückzug durch Soissons endete, lernte er dann die Hölle des Trommelfeuers, des Bajonettangriffs, des Schlamms und der Kälte kennen. In unerhörter Dichte reihen sich nüchterne und zugleich erschütternde Beobachtungen darüber in seinem Notizbuch aneinander, um etwas später in abgemilderter Form seiner Frau mitgeteilt zu werden. Abscheu und Entsetzen treten hier bereits als grundlegende Eindrücke des Krieges hervor und prägen Visionen, die später in die Romane *Le Feu* und *Clarté* Eingang finden werden. Aber hier wie auch später bei den Kämpfen im Artois blieb das Abenteuerliche, das der Krieg für Barbusse besaß, für ihn lebendig. Nichts vermochte seine vorbildliche Pflichterfüllung zu beeinträchtigen. Denn es hieß für ihn „siegreich aus dem Abenteuer herauskommen".

Wie Alfred Kurella bereits hervorhob,[18] wurde der Stimmungsumschlag, aus dem in letzter Konsequenz *Le Feu* hervorgehen sollte, weniger durch die Kämpfe an der Front als vielmehr durch die Erlebnisse im Quartier ausgelöst: Nach schweren und gefahrvollen Schanzarbeiten wurden die Soldaten aus Barbusses Regiment von ihrem neuen Kommandeur durch Gepäckmärsche, Feldparaden und Kasernenhofdrill erschöpft und um die ihnen zustehenden Ruhetage gebracht. Barbusse, der stets pflichtbewußte Soldat, litt und murrte wie seine Kameraden, aber mehr noch als über die physischen Strapazen über die Sinnlosigkeit und maßlose Ungerechtigkeit. Die Erfahrungen in seinem Regiment öffneten ihm auch die Augen für die Unfähigkeit, das Durcheinander und den Zynismus in der Kriegführung im Großen. Die anfängliche Illusion, man würde aus den Fehlern lernen, die eigenen Soldaten nicht zwecklos opfern, sondern nach Möglichkeit schonen, wurde durch die Wirklichkeit hinweggeblasen. „Es ist völlig idiotisch", schreibt er am 7. April 1915. Zwei Wochen später erschien ihm der Krieg als „ungeheuerliche und vor allem stumpfsinnige Sache", und er prägte bereits das später in *Le Feu* verarbeitete Bild vom Kriege als „einer einzigen großen Armee, die Selbstmord begeht" (22. April 1915). Jahre später, als er die Dinge beim Namen nennen kann, wird er von der „grausamen und bestürzenden militärischen Auflösung" sprechen, in der er 1914/15 wie von einem Wirbelwind davongetragen wurde, von der „Dummheit der vergeblichen Angriffe", der „Ver-

geudung von Blut und Menschenleben, die nur darauf berechnet war, der Öffentlichkeit durch einige – übrigens lügenhafte – Nachrichten zu schmeicheln".[19]
Barbusse, der sich in seiner soldatischen Einsatzbereitschaft der ganzen Nation verbunden glaubte und sich in ein einziges großes Wollen zu integrieren gedachte, mußte immer mehr die Brüchigkeit des vielbeschworenen „Heiligen Bündnisses" und die Verschiedenartigkeit der Motive und Verhaltensweisen erkennen, die sich ihm zunächst in der auffällig großen Zahl der „Drückeberger" kundgab. Sie riskierten nicht nur weniger, kamen nicht nur in den Genuß des Urlaubs, der den Frontkämpfern vorenthalten wurde, sondern nahmen für ihren gefahrlosen Dienst in der Etappe auch noch deren Ruhm in Anspruch. Ja sie ließen sogar erkennen, daß ihnen auch der nächste Krieg nichts ausmachen würde. All das bestärkte Barbusse, der sich abseits von den Offizieren hielt und keine Sonderwünsche äußerte, die man ihm als Intellektuellen eventuell zugebilligt hätte, darin, sich noch enger an seine Kameraden anzuschließen. Dieses Kameradschaftserlebnis war ein gefühls- und verstandesmäßiger Identifikationsvorgang, der mit einer sozialen Wertung gekoppelt war. Seinen Kameraden und ihm bot sich nicht die erwünschte nationale Einheit dar, sondern tatsächlich ein Unten und Oben, ein Vorn (die Front) und ein Hinten (das Hinterland). Die einfachen Soldaten, denen sich Barbusse zugehörig fühlte, waren, wie er immer deutlicher erkannte, „die Prügelknaben des Krieges" (28. Juni 1915), „die unendlich Kleinen" (F. II, S. 292), die „Proletarier der Schlachten", die den Krieg mit ihren Händen machen (26. Oktober 1916). Für „Schützengrabentouristen" dagegen (30. Mai 1915) hatten er und seine Kameraden nur Spott und Verachtung übrig. Denn wer kam schon in Zivil und nur zu Besuch in die vorderen Linien: Vertreter von Regierung und Parlament und von ihnen gehätschelte Schriftsteller und Journalisten, die dann nach ihrer Rückkehr neben schönen „Familienfotos" „ergreifende" Frontimpressionen veröffentlichten, die bei den Frontkämpfern höchstens ein Gähnen hervorriefen.[20] Für Barbusse waren diejenigen, „die die ungeheure, erdrückende und fürchterlich mühselige Arbeit des einfachen Soldaten geleistet haben", „die wirklich bewundernswürdigen Hel-

den", zumal sie ihr stilles Heldentum für Ziele aufwenden mußten, die er für unklar und im Widerspruch zur eigentlichen Wesensbestimmung des Menschen sah. Dazu heißt es abschließend im Brief vom 20. Juni 1915: „... habe ich jedenfalls ... die Empfindung einer bodenlosen Ungerechtigkeit." Und in einem weiteren Brief vom gleichen Tage heißt es gewissermaßen als Fortführung dieses Gedankens: „Der Krieg ist eine Sache, deren Grausigkeit man nicht ahnt, wenn man sie nicht kennengelernt hat. Deshalb muß man dafür sorgen, daß andere nach uns ihn nicht noch einmal durchmachen müssen."

Nach sechs Monaten an der Front war also bereits jene Empörung im Namen der Menschlichkeit und Gerechtigkeit wach geworden, die Barbusse dazu bringen wird, den einfachen Soldaten und ihrem Heldentum ein literarisches Denkmal zu setzen und der für ihn immer brennender werdenden Frage nach dem eigentlichen Sinn des Krieges und, verbunden damit, seinen Ursachen und den Möglichkeiten seiner Verhinderung nachzugehen.

Eine Dokumentationsmethode à la Zola

War in einigen von Barbusses Vorkriegsnovellen der Krieg ein literarisch überliefertes exotisches Dekor, so wollte er sich diesen Gegenstand jetzt aus eigenem unmittelbaren Erleben aneignen. Barbusse nutzte jede freie Minute, die ihm der Frontdienst ließ, um Neues aufzunehmen. Fast täglich schrieb er im Unterstand beim Talglicht oder in den Graben gekauert die Briefe an seine Frau, die nicht nur familiäre Mitteilung sind, sondern auch eine Art geistiger Dokumentation über das Kriegsgeschehen und Vorübung für eine geplante, aber in ihren Konturen noch nicht näher umrissene literarische Arbeit. Nur so wird der Umfang der eingehenden Sach- und Situationsbeschreibungen verständlich, in denen ein Erlebnis, ein Vorgang oder Zusammenhang nicht nur einmal geschildert, sondern der jeweiligen Situation entsprechend mit neuen Details wiederholt und variiert wird.

Noch ehe Barbusse genau wußte, was sich für ihn in literarischer Hinsicht aus dem Kriege ergeben würde, prägte er sich Gesten ein, hörte er auf den genauen Tonfall der Worte, die um ihn herum gesprochen wurden, schrieb und sammelte er. Bald füllte sich sein Notizheft mit sprachlichen Wendungen. Auch in den Briefen finden sich in zunehmendem Maße Ausdrücke der Landsersprache, derbe volkssprachliche und dialektale Wendungen und Flüche. Barbusse registrierte nicht nur mit unfehlbarem Spürsinn für Ausdrucksnuancen, sondern gebrauchte auch selbst für die entsprechenden Situationen die gängigen Ausdrücke, beteiligte sich, wie die Briefe zeigen, an Dialogen im Soldatenjargon oder bildete zur Unterhaltung mit Kameraden selbst nach vorhandenen Mustern eigene Wendungen. Daneben war er auch um eine fotografische und materielle Dokumentation über alles, was mit dem Kriege zusammenhing, bemüht. Wie Zola zeigt auch er sich als begeisterter Amateurfotograf. Wir erleben, wie er an der Front Aufnahmen macht, die er unter primitivsten Verhältnissen entwikkelt, um sie neben anderen Dingen der Post an seine Frau beizulegen. Auch gesondert von den Briefen verfaßte Notizen schickte er an sie, die er allerdings zurückhielt, als er ans Schreiben ging. Auch Kampfschilderungen aus der Feder anderer französischer Soldaten, mit denen Barbusse während des Krieges korrespondierte, gingen in seine Dokumentation ein.[21] Ein solches auf das Erfassen des Authentischen gerichtetes, der Arbeitsweise von Zola nahekommendes Verfahren war neu bei Barbusse. Wollte man jedoch damit bereits die realistische Qualität von *Le Feu* erklären, so bliebe zu fragen, warum bei der wachsenden Popularität der Dokumentarliteratur, die sich in Frankreich nach dem Abebben der Begeisterung für die fröhlich-forsche Literatur des wehenden Helmbusches gezeigt hatte, der erlösende Durchbruch zu einem neuen Kriegsbild erst mit *Le Feu* geschah. Barbusse war der erste, dem es gelang, dokumentarische Treue mit einem neuen, hinreichend überlegenen Gesichtspunkt der Dinge und einer überzeugenden literarischen Transposition zu verbinden. Angesichts der damaligen Nachfrage nach allem, was irgendwie den Stempel der Authentizität in bezug auf das Frontgeschehen trug, wäre es denkbar gewesen, daß Barbusse nur ein aus Briefen, Notizen und anderen Aufzeichnungen komponiertes Kriegstagebuch veröffentlicht oder sich damit begnügt hätte, die Feuilletonfassung von *Le Feu* als Buch herauszubringen. Dann allerdings gäbe es nicht jene Zündkraft des Literarischen, die der definitive Text, der dann nur noch durch den Untertitel zum Tagebuch stilisiert wird, tatsächlich besaß bzw. besitzt. Wir sehen, welche Bedeutung jener Periode zukommt, die durch die Briefe und andere Dokumente, wenn auch nicht lückenlos, so doch für die weltanschauliche und ästhetische Auseinandersetzung Barbusses aufschlußreich belegt wird.

Stufen der Annäherung an den Realismus/Naturalismus

Folgt man den Briefen, so sieht man, daß Barbusse, angeregt durch verschiedene Zeitschriftenangebote mit verstärktem Eifer von Mitte Juli 1915 an zu schreiben begann, so daß er, der bereits vor dem Kriege die schnelle journalistische Arbeitsweise praktiziert hatte, Ende Januar 1916 schon von „Papierkram" überhäuft war (26. Januar 1916). Und knapp zwei Wochen später ließ er den Gedanken fallen, alles an die Zeitungen zu geben, weil er ein Ganzes aus dem Geschriebenen machen wollte, ein Buch, dessen Gegenstand dann bald (19. März 1916) als Schicksal einer Korporalschaft umrissen wurde. *Le Feu* erschien dann vom 3. August bis zum 9. November 1916 in der Zeitung „L'Œuvre" in Feuilletonfortsetzungen.
Die wahrscheinlich frühesten Veröffentlichungen im Vorfeld von *Le Feu* sind die von Emilien Carassus wiederentdeckten drei Feuilletons, die im Brief vom 13. Juli 1915 erwähnt und im September 1915 dann in der Zeitung „L'Œuvre" unter dem Obertitel *Lettres du front* (Frontbriefe) erschienen.[22] Durch ihren Titel wie die in ihnen geschilderten Fakten weisen sie sich als Reportage aus, heben sich also mit ihrem Authentizitätsgrund – der bis in bestimmte Formulierungen mit denen aus den Briefen übereinstimmt (vgl. 11. und 12. September 1915) – ab von jenen Feuilletons, die Barbusse vor dem Kriege verfaßte. Die genaue Situationsbeschreibung wie die sich am Ende kundgebende Parteinahme für die einfachen Soldaten, „das Volk der Schützengräben, das von der intellektuellen Elite allzu oft im Stich … gelassen wird", waren in den Briefen so oder

ähnlich vorformuliert worden. In modifizierter Form wird man Elemente daraus in *Le Feu,* besonders in den Kapiteln *In der Erde* und *Trommelfeuer* wiederfinden, den Gedanken der Sinngebung des Krieges wiederum vor allem am Ende des Buches. Gegenüber den Briefen verraten diese drei Frontreportagen eine etwas forcierte Literarisierung, zu der auch die gesuchten und sentimentalen Vergleiche beitragen, und einen etwas unechten Optimismus. Dies, ebenso wie die nun wieder ganz unliterarisch in Klammern gesetzten Erläuterungen, werden in der Endfassung dann keine bzw. nur noch eine diskrete Rolle spielen. Ungeachtet des literarischen Qualitätsgefälles im Vergleich zum fertigen Werk wird sichtbar, wie sehr sich der Autor bereits auf die Wirklichkeit eingelassen hatte.

Einen Einblick in die ästhetischen Positionen, die Barbusse vor dem Kriege bezogen hatte, vermittelt dagegen noch die 1914 entstandene Kapitelversion *Les Spectateurs*[23] (Die Zuschauer), die Barbusse als Sanatoriumsnovelle (9. Februar 1916) von seiner Frau anforderte, um aus ihr die *Le Feu* einleitende Vision zu gestalten. Ein Vergleich beider Fassungen läßt den Wandel der literarischen Auffassung hervortreten.

Der Rahmen bleibt sich gleich: In ein Schweizer Sanatorium platzt die Nachricht vom Kriegsausbruch hinein und löst bei den Kranken visionäre Bilder des Kampfes aus. Doch gibt es beträchtliche Unterschiede. In Les Spectateurs ist die vorübergehende Erregung der Patienten über die Zeitungsmeldungen als Einbruch der Welt des äußeren Scheins, der Täuschung, in die Welt der durch Leiden geläuterten Innerlichkeit, als Störung eines vor allem ästhetisch erfüllten, dem sozialen Alltag entrückten „eigentlichen" Menschseins gestaltet. Nach der vorübergehenden nationalen Parteiung stellt sich inmitten der erhabenen Naturkulisse die Eintracht des kosmopolitischen Humanitarismus der Leidensgemeinschaft wieder her.

In der Vision dagegen wird der neokantianische Gegensatz zwischen der äußeren Welt der Erscheinungen und der wesenhaften Innerlichkeit abgemildert: Die Patienten bemächtigen sich nun sofort der Idee des Krieges als eines revolutionären und letzten Befreiungskampfes. Das ursprünglich in sich ruhende reine Menschentum öffnet sich damit auf

die – wenn auch noch zeittypisch illusionär interpretierten – sozialen Verhältnisse. Die visionäre Schau erhielt einen größeren Eigenwert: Sie ist zur Antizipation des Zusammenbruchs der alten Gesellschaft ausgeweitet worden. An die Stelle von „Wesen“, „Herzen“ sind die im plastisch geschilderten Chaos von Schlamm, Wasser und Blut kämpfenden Sklaven getreten, die sich eines Tages befreien werden. Der Zuschauerstandpunkt ist weitgehend aufgegeben worden. Die Metapher der Schiffbrüchigen bezeichnet nicht mehr die Patienten sondern die Soldaten.
Die erstmals in den Vorarbeiten zu *Le Feu* von Barbusse gehandhabte dokumentarisch-reportagehafte Arbeitsweise – bei der ihm seine lange journalistische Erfahrung zugute kam – war für ihn Mittel der Realitätsbewältigung, zu der er vor allem Erfahrungen des französischen Realismus und Naturalismus nutzte. Die von ihm bereits in seinen ersten beiden Romanen gehandhabte visionäre Gestaltung wird nun zur unmittelbar gesellschaftlichen Aussage eingesetzt. Bei den von ihm verehrten Meistern Anatole France („Sur la pierre blanche“, dt. „Auf dem weißen Felsen“) und Zola hatte Barbusse die Verwendung der seherischen Antizipation zur Darstellung von Gesellschaftsutopien studieren können. Zola insbesondere hatte in seinem Roman „Travail“ (dt. „Arbeit“) den Traum vom letzten gerechten Kriege gestaltet.
Mit der Entwicklung zum Autor von *Le Feu* war jedoch bei Barbusse kein prinzipieller ästhetischer Umbruch vollzogen. Die dem Frontnotizbuch II anvertraute Liste der „großen Bücher“ ist insofern aufschlußreich, als sie zu einem Teil als Traditionshintergrund zu *Le Feu* gelesen werden kann. Sie weist eine Reihe realistischer und naturalistischer Werke auf, die auch zum Teil den Krieg thematisieren. Daneben deutet sie aber zugleich darauf hin, daß eine andere vorwiegend romantisch-neoromantische Linie ihre Anziehungskraft auf Barbusse bewahrt hatte. Der Entwurf zu einer Velázquez-Novelle, ein Fragment zur Verarbeitung der Jesus-Problematik unter diesen Notizen zeugen gleichfalls von der Kontinuität jener Momente seines Schreibens, die im Umkreis des französischen Symbolismus geformt worden waren. Sie sollten nach den beiden Kriegsromanen wieder stärker zutage treten.

Der dokumentarisch-reportagehafte Charakter des Romans *Le Feu* war also bedingt durch den besonderen Gegenstand, die einmalige Gestaltungssituation des unmittelbaren Erlebens wie auch den Willen zu größtmöglicher Wahrhaftigkeit der Darstellung. Wir sehen in den Briefen das Bemühen, die Psychologie des französischen Soldaten durch die gesprochene Sprache genau zu erfassen; wir erleben den ständigen Kampf Barbusses gegen die Entstellungen seines Textes durch die Redaktion von „L'Œuvre"; und wir sehen, wie Barbusse – von seiner Frau kräftig darin bestärkt – bemüht war, seinen Hang zur sentimentalen Gestaltung rigoros zu unterdrücken: „... nichts soll Bestand haben vor der Notwendigkeit, nichts Gekünsteltes zu bringen." (4. Oktober 1916). Das ist sein für die Arbeit an *Le Feu* geltendes ästhetisches Credo.

Das Schreiben gegen eine Tradition

Ende 1915, Anfang 1916 trat für den mit der Ausarbeitung seines Werks beschäftigten Autor die Dokumentation über den Krieg in den Hintergrund. Dagegen standen nun praktisch ästhetische, kompositorische und ideologische Probleme der Auseinandersetzung mit den überkommenen Traditionen der Kriegsdarstellung und den dahinterstehenden politischen Kräften im Vordergrund.

Der Held des Romans „Gaspard" z. B. von René Benjamin, der mit dem Prix Goncourt von 1915 ausgezeichnet worden war, verkörperte die Pariser Großschnauze, den Typ des in allen Lagen gewitzten *poilu*. Dieses Buch, in dem das eigentliche Kriegsgeschehen nur Episode ist, fungierte als eines der herausragenden wirklichkeitsverzerrenden, optimistischen und daher millionenfach verbreiteten Klischees von Krieg und Kriegern. Es setzte in aktueller Form jenes Bild fort, das die Kräfte der französischen Revanchepolitik nach 1871 geprägt hatten. Ihr Barde war vor allem der kurz vor Ausbruch des Krieges gestorbene Paul Déroulède gewesen. In seinen zahlreichen patriotisch-militärverherrlichenden Gedichtsammlungen hatte er eingängige Verse, treffende Bilder und zuweilen sogar ergreifend volkstonhafte Akzente[24] gefunden. Als Politiker hatte er die revanchistischkonservative „Patriotenliga" geführt, deren Präsidentschaft dann von Maurice Barrès übernommen wurde, jenes Schriftstellers, der die Bezeichnung „Nationalismus" für die von ihm und seinen Gesinnungsgenossen verfochtenen Bestrebungen in Anspruch nahm. Die in diesen Briefen und Dokumenten neben Déroulède erwähnten Barrès, Henry Bordeaux, Paul Acker hatten vor dem Kriege in ihren Romanen den Revanchismus verherrlicht. Die Kriegserfahrungen bestätigten Barbusse ganz offensichtlich, daß es richtig war, vor dem Kriege nicht den Sirenengesängen eines Barrès nachgegeben zu haben, sondern seinen Argumenten entgegengetreten zu sein (23. März 1916). Ein Teil der Faszination, die dieser begabte Schriftsteller auf Jüngere auszuüben vermochte, rührte daher, daß er mit seinem Übergang von einem ästhetisierenden Ichkult zum chauvinistischen Engagement das Beispiel eines, wenngleich fragwürdigen, Auswegs aus den Krisenstimmungen des *fin de siècle* gezeigt hatte. Déroulède, Barrès, der sich mit seinen katholischen Thesenromanen allmählich selbst überlebende Paul Bourget, Henry Bordeaux, der während des Krieges kaum hervortretende Industrielle und Dramatiker François de Curel, der sich in der Presse breitmachende Klerikalismus vor allem des katholischen Pressekonzerns La Bonne Presse in der Rue Bayard von Paris (heute Bayard Presse)[25] sowie das mit intensiver religiöser Propaganda einhergehende, aus dem Leid der Menschen ideologisch Kapital schlagende, weil besonders stark klerikal durchsetzte Sanitätswesen – das Hôtel de la Croix Rouge in der Rue François Ier von Paris lag z. B. völlig in den Händen des katholischen Klerus[26] –: all dies sind punktartig in den Briefen und Aufzeichnungen erwähnte Exponenten einer Ideologie, die mit dem überkommenen Kriegsbild verkoppelt war und gegen das Barbusse anschreiben mußte und wollte.

Dieser Vorstellung vom Kriege lag u. a. auch eine simplifizierte, heroisch verschönte Auffassung des Krieges 1870/71 zugrunde. Selbst das äußere Erscheinungsbild der Uniformen, die roten Hosen und die blauen Jacken der Infanteristen, mit denen auch Barbusse im September 1914 eingekleidet worden war (13. September 1914) bildete zunächst ein Moment der Kontinuität. Assoziationen Barbusses an die französische Bataillenmalerei, die mit Namen wie Neuville und Detaille bezeichnet ist, die im Rückzugsgefecht von Crouy/Soissons noch eine positive, im Frontnotizbuch II dagegen eine negative Wertung tragen, weisen hier auf eine Auseinandersetzung, die es auch mit tatsächlichen Bildern zu tun hatte. In diesem Zusammenhang ist es aufschlußreich, durch die Briefe zu erfahren, daß Hélyonne Barbusse künstlerisch mit Pinsel und Farbe umzugehen verstand, eine kunstverständige Dilettantin, wenn nicht sogar Malerin war, daß die Barbusses nicht nur ein gemeinsames Interesse für die Malerei verband, sondern daß sie darüber hinaus offensichtlich mit einer in Paris lebenden italienischen Malerkolonie in Verbindung standen, zu der nicht nur Serafino Macchiati, Zezzos, sondern, wie das Frontnotizbuch II ausweist, auch Ulisse Caputo und vermutlich andere gehörten. Barbusse, der gelegentlich selbst aquarelliert hatte, macht seine Frau auf die künstlerische Qualität (nicht das Sujet) einiger Bilder des ihm offenbar noch unbekannten namhaften Militärmalers Lucien Jonas aufmerksam (14., 19. 2. 1916) und ist mit dem nicht weniger bekannten jahrgangsgleichen Georges Scott auf du und du.

Eine politische Bezugsgröße: die Sozialisten

Der positive Widerhall, den Barbusse mit seinen Feuilletonfortsetzungen fand, Gespräche mit Lazarettkameraden, in denen ihm u. a. wie von selbst Worte aus seinem Schlußkapitel auf die Lippen kamen, bestätigten und stimulierten die Richtung seiner weltanschaulich-politischen Auseinandersetzung. Barbusse erkannte die Möglichkeit, daß sein Buch – auch die Verlagsangebote hatten in ihm das Projekt reifen lassen, aus den Feuilletons ein Buch zu machen – Einfluß haben, am „Kampf der Ideen“ (26. Oktober 1916) teilnehmen könnte.
Entsinnen wir uns, daß in den Frontreportagen vom September 1915 vom „Krieg der Befreiung und des Ideals“[27] die Rede war, dann wird deutlich, daß mit dem Kampf der Ideen das Eintreten für eine hohe ethische Sinngebung des Krieges gegen jene Kräfte, oder genauer gesagt, gegen jene „geistige Haltung“[28] des Nationalismus im eigenen Lande gemeint war, die diese vermeintliche Zielstellung zu gefähr-

den schien. Berufungsinstanz, so wird wiederholt sichtbar, waren dabei die Sozialisten.

In einem Brief an Pierre Renaudel, Leiter der Ständigen Aktionskommission (C. A. P.) der Partei und seit der am 31. Juli 1914 erfolgten Ermordung von Jean Jaurès, Leiter der „Humanité“[29], hatte Barbusse seine Meldung als Freiwilliger genau mit jener „jakobinischen“ Auffassung vom französischen Verteidigungs- und Befreiungskrieg motiviert, die sich besonders die französischen Sozialisten zur Begründung des französischen Burgfriedens zu eigen gemacht hatten. Der Geste Barbusses blieb jedoch der Weg in die Öffentlichkeit versagt. Denn vom 2. August ab durfte die „Humanité“ bis auf weiteres nur mit zwei Seiten erscheinen.

Die sehr massenwirksame „jakobinische“ Argumentation enthob die französischen Sozialisten nicht des Dilemmas, ihren Verrat am proletarischen Internationalismus kaschieren zu müssen. Durch die verbale Unterscheidung zwischen dem Kaiser und dem deutschen Volk[30], dem nicht der Krieg gelten sollte, glaubte man sich in den unter der Oberfläche des Burgfriedens weitergeführten Polemiken genügend von den konservativen Kräften abzugrenzen. Logisch denkende Vertreter der politischen Rechten wie Alfred Capus deckten dann auch sofort die schwache Stelle auf: befreien konnte man schließlich nur, wenn jemand da war, der befreit werden wollte[31]. Also spähten die französischen Sozialisten, die in der „Humanité“ genau über jene Bewegung innerhalb der deutschen Sozialdemokratie berichteten, hoffnungsvoll nach Anzeichen der Auflehnung gegen die deutsche Regierung.[32] Das Hervortreten einer Opposition aus den Reihen der Sozialdemokratie wurde dann als Bestätigung für die eigene Auffassung gewertet, nur die deutsche Sozialdemokratische Partei hätte mit dem Internationalismus gebrochen. Nach mehreren Vorankündigungen und Auszügen wurde der Wortlaut von Liebknechts Erklärung vom 2. Dezember 1914, in der er seine Verweigerung der Kriegskredite gegenüber dem Deutschen Reichstag begründete, und der auf dem Umweg durch die Schweiz nach Frankreich gelangt war, am 12. Dezember 1914 in der „Humanité“ abgedruckt. Die Erklärung Liebknechts enthielt u. a. den Satz: „Die deutsche Parole ‚Gegen den Zarismus‘

diente – ähnlich der jetzigen englischen und französischen Parole ‚Gegen den Militarismus‘ dem Zwecke, die edelsten Instinkte, die revolutionären Überlieferungen und Hoffnungen des Volkes für den Völkerhaß zu mobilisieren.“[33] In seinem Begleittext „Bravo Liebknecht!“ in der gleichen Ausgabe der „Humanité“ stellte Pierre Renaudel diese für das Selbstgefühl der französischen Sozialisten abträgliche klare Einschätzung ihres Verrats an den revolutionären Traditionen freundschaftlich herablassend als terminologischen Mißgriff hin und ließ erkennen, daß man in Liebknecht einen Verbündeten der gerechten Sache Frankreichs sah.[34] Ein bürgerlicher Historiker stellte dazu treffend fest: „Es gab eine Opposition gegen die Politik der nationalen Einheit seit dem August 1914 bei Liebknecht, Haase und Ledebour, eine Opposition, die die Parteidisziplin zunächst daran hinderte, sich in öffentlicher Sitzung kundzutun, deren Äquivalent man in Frankreich aber vergebens suchen würde. In ihre Politik der *Union sacrée* verstrickt, gewahrten die Anhänger der S. F. I. O. (Französische Sektion der Arbeiter-Internationale) nicht einmal die Tragweite ihrer Haltung, sondern zogen daraus schlicht und einfach den Schluß, daß die deutsche sozialistische Opposition der französischen Diplomatie zu Hilfe käme, und beuteten jenes ‚Bewußtseinserwachen‘ der Sozialdemokratie gegen den Strich aus.“[35]

Der Liberale Barbusse hatte sich den Sozialisten seines Landes in dem Augenblick genähert, als diese bis auf Klassenverrat und liberale Phraseologie hinabgesunken waren. Was jedoch für Berufspolitiker wie Renaudel, Longuet gewiß mehr als nur Selbsttäuschung war, bedeutete für den von ethischen Vorstellungen geleiteten Barbusse den – wenngleich vorerst noch illusionären – Einstieg in das politische Denken. Dieses mußte immer wieder um den Sinn der so zweideutig gewordenen jakobinischen Terminologie mit ihrem großen Pathos der Menschheitsbefreiung ringen, weil zu offensichtlich geworden war, daß den revolutionär-demokratischen Worten von den konservativen Kräften ein ganz anderer Inhalt gegeben wurde. So klagte Barbusse im Brief vom 13. Oktober 1916 über die regierungstreue Presse: „Was für einen wilden, hartnäckigen und unbezähmbaren Haß auf den Sozialismus und die Befreiung der

Ausgebeuteten all diese Leute haben!" Die Sozialisten waren die politische Gegenkraft, die soziale Gerechtigkeit und freiheitliche Sinngebung des Krieges zu verbürgen schien. Zu dieser Zeit hatte Barbusse bereits mit sicherer Ahnung Liebknecht als literarisches Symbol gewählt, das er dem engstirnigen französischen Nationalismus à la Déroulède entgegensetzte, um den französischen „Soldaten bei der Erfüllung ihrer schrecklichen Pflicht zu helfen" (13. Oktober 1916, abends).
Vergleicht man Barbusses Position mit Stimmen, wie sie in der „Humanité" zu Wort kamen, so sieht man: Der an der Front aufgebrochene moralische Zwiespalt zwischen der Teilnahme an einem im Grunde unmenschlichen Werk und seinem angeblich befreierisch-sozialen Endzweck trug zeittypisches Gepräge. Er brach bei jenen auf, die den Krieg verabscheuen gelernt hatten, aber noch an die Losung vom Befreiungskrieg glaubten, *nach* dessen siegreicher Beendigung das Feld für eine irgendwie geartete soziale Erneuerung frei sein sollte. Die Formulierungen des sozialistischen Soldaten, dessen Brief am 19. November 1914 in der „Humanité" abgedruckt wurde[36], und die Barbusses in seinen Briefen nach den Erfahrungen von Crouy bei Soissons und später sind nahezu identisch. Das Liebknecht-Symbol, Bestandteil dieser in den Roman eingehenden moralischen Konfliktstruktur, hing ursächlich zusammen mit der auf spezifische Weise durch die französischen Sozialisten vorgeprägten Liebknecht-Rezeption. – Außerhalb Frankreichs bzw. später, als die Alibifunktion, die Liebknecht für den französischen Sozialismus zu spielen hatte, nicht bzw. nicht mehr bekannt war, als der Autor des Romans *Le Feu* dann tatsächlich auf der Seite Liebknechts stand, kam es zu jener aktualisierenden Lektüreweise, die dem Autor von 1915/16 eine Auffassung von Liebknecht unterstellte, die er noch gar nicht gehabt hatte. Die Liebknecht-Vision des pflichtbewußten Korporal Bertrand wurde fast ausnahmslos nur bis zu dem Ruf „Liebknecht!" zitiert, nicht aber bis zum Ende der Passage, die die Weiterführung des Kampfes andeutet. Die Frage der inneren Widersprüchlichkeit des Romans, daß er nämlich als herausragendes Antikriegsbuch von sozialer Sprengkraft ja eigentlich gar nicht auf die sofortige und bedingungslose Beendigung des Krieges, nicht auf des-

sen unmittelbare Umwandlung in einen Bürgerkrieg gerichtet war, stellte sich gar nicht erst.[37] Hinter einer solchen, gerade vom Liebknecht-Symbol ausgehenden ideologisch überzogenen Deutung des Romans schien dann die ideologische Position des Autors – die spätestens mit der französischen Erstveröffentlichung der *Lettres de Henri Barbusse à sa femme* (Briefe von der Front) manifest wurde – zurückzubleiben: die scheinbar zwischen Werk und Weltanschauung bestehende Kluft wurde als „Sieg des Realismus"[38] interpretiert.

Die Verstärkung der sozialen Tendenz

Als Barbusse die Feuilletonfortsetzungen für die Buchausgabe bearbeitete, ging es ihm nicht nur um das Wiedereinfügen der von der Zensur ausgefallenen Textstellen und das Ausmerzen der Entstellungen, die durch die ständigen Eigenmächtigkeiten der Redaktion des „Œuvre" verursacht worden waren. Unter dem Eindruck der Kritik eines Fernand Vandérem und des Echos der Leser waren die Ziele weiter gesteckt worden. Bei seinem Bemühen um die literarische „Dokumentation" typischer Züge des Soldatenlebens wollte Barbusse nicht darauf verzichten, die Darstellung insgesamt zu straffen, einen größeren Zusammenhalt der einzelnen Episoden zu schaffen und zugleich die soziale Aussage des Werkes zu verstärken. Das Ergebnis, so wird anhand der Briefe deutlich (ein genauer Textvergleich der beiden Fassungen steht bis heute aus), sind verschiedene Umstellungen, die genau plazierte Wiederholungen bestimmter Kerngedanken – darunter derjenige, daß die Soldaten eventuell nach dem Kriege weiterkämpfen müssen (26. Oktober 1916) – und zwei neue Kapitel; die das Buch einleitende *Vision*, die das Pendant zum Schlußkapitel bildet, und *Argoval*, die Schilderung einer Exekutionsstätte, an der an einem armen Teufel ein Exempel statuiert worden war, weil er nach langen Monaten in der ersten Linie einem Moment der Schwäche nachgegeben hatte. Den Namen des authentischen Schauplatzes, Mingoval[39], hatte Barbusse abgeändert.

Das Ergebnis dieser Überarbeitung war dann tatsächlich

eine stärkere kompositorische Verklammerung zu einem Ganzen, die auch dem ideellen Anliegen eine größere Durchschlagskraft verlieh.

Einer der Zensoren war von den Feuilletons so angetan, daß er daraus seinen Kollegen, die sie verbieten wollten, vorlas und sie vom literarischen Wert derselben zu überzeugen vermochte[40]. Als Buch passierte *Le Feu* die Zensur ohne einen einzigen Federstrich. Im Dezember 1916 erschien eine Vorauflage von 1000 Exemplaren, von denen die entsprechende Anzahl bei der Goncourt-Jury eingereicht wurde. Nach der Verleihung des Preises für 1916[41] wurde von 1917 an Auflage um Auflage gedruckt, um die Nachfrage befriedigen zu können. Das Buch war für viele Leser Anlaß, den Kontakt zum Autor zu suchen. So fanden sich auch zwei junge Frontkämpfer, die Intellektuellen Raymond Lefebvre und Paul Vaillant-Couturier bei Barbusse ein, um zu beraten, was man zur Verhinderung künftiger Kriege tun könne. Aus dem ursprünglichen Plan einer internationalen literarischen Dokumentation über den Krieg entstand der Gedanke, die Zeitschrift und Intellektuellen-Internationale „Clarté“[42] zu gründen. Ihr Manifest entwarf Barbusse bereits am 27. Februar 1917; veröffentlicht wurde es im Januar 1919.[43]

Im März 1917, ersehen wir aus den Briefen, begann Barbusse einen neuen Roman mit dem Titel *Face à face* (Von Angesicht zu Angesicht) – zweifellos wußte er damals noch nicht, daß unter diesem Titel bereits ein Kriegsbuch in recht vaterländisch-bravouröser Manier erschienen war.[44] Der dann im Oktober 1918 fertiggestellte und 1919 unter dem Titel *Clarté* (dt. Klarheit, 1920) erschienene Roman schildert, wie Simon Paulin, ein mittelmäßiger kleiner Angestellter, durch das Erlebnis des Krieges von einem gutgläubigen Nachbeter konservativer Auffassungen zu einem ethischen Sozialisten geläutert wird. Visionär erschaut er ein soziales Welterneuerungsprogramm und gewinnt, nach langer ehelicher Entfremdung, zum Schluß auch ein neues Verhältnis zu seiner Frau. Inwieweit Barbusse, der ja später von seiner Frau getrennt lebte, hier zugleich eine ganz persönlich gefärbte Problematik berührte, ist ungewiß. Ganz offensichtlich dagegen sind die in den Briefen an seine Frau artikulierten Fronterfahrungen auch in jene Partien des Romans eingeflossen, die die Schilderung des Krieges enthalten. Im Frontnotizbuch II finden wir die Hauptgestalten des Romans *Clarté* skizziert.

Kontroverser Widerhall

Die Frontbriefe vermitteln Andeutungen auf den großen Widerhall, den *Le Feu* fand, und zeigen verschiedene Reaktionen Barbusses darauf. Die Rezeption dieses Buches ist bisher nicht systematisch untersucht worden. Soviel wir sehen, bestand die von der Presse einhellig konstatierte Leistung dieses Werkes in der Infragestellung des bis dahin herrschenden Kriegsbildes. Unterschiede ergaben sich in der Bewertung dieser Leistung und der sie tragenden literarischen Traditionen.

Die von Barbusse verfolgte Zielsetzung wurde u. a. bestätigt durch den Brief der trauernden Lehrerin, die wieder Mut faßte, weil sie das Buch darin bestärkte, daß die Gefallenen ihr Leben für eine nützliche Sache opferten (21. Mai 1917). Compère-Morel hatte in der „Humanité" *Le Feu* als Zeugnis für den gerechten Kampf gegen den blutrünstigen deutschen Militarismus gewertet.[45] Französische Soldaten, die mit dem Buch im Tornister an die Front gingen[46], bestätigten dem Autor u. a.: „Sie machen uns Mut, den Kampf fortzusetzen, dank Ihrer wissen wir, wofür wir kämpfen."[47]

Während sich namhafte Sozialisten, Pazifisten und Liberale positiv zu *Le Feu* äußerten, eröffnete nach einer Karenz von einigen Monaten die ultrakonservative „Action française" eine vom März bis Juli dauernde wütende Kampagne gegen das Buch, um dessen Wirkung, das „verderbliche ‚Wofür kämpfst du?' der Leser Barbusses"[48], anzuprangern. Mit bemerkenswertem politischem Gespür setzten diese Angriffe noch vor den Krisenstimmungen und Meutereien in der französischen Armee ein, die durch die schlecht vorbereitete und sehr verlustreiche Frühjahrsoffensive des Jahres 1917 ausgelöst worden waren. Der schärfste politische Vorwurf, der von der „A. F." gegen *Le Feu* erhoben wurde, war, das Buch zeige die Tendenz einer Verbrüderung mit dem Feind und verheiße den Bürgerkrieg (was von der Zensur mit zwei kleinen Lücken in der „A. F." geahndet worden war)[49]. Die „A. F." verketzerte Barbusse als „Kienthaler"[50] und – was noch gefährlicher war – als „Deutschenfreund".[51]

Romain Rolland dagegen, dem es zunächst einmal darauf angekommen war, das Buch bekannt zu machen[52], urteilte nüchtern-kritisch: „Bei Barbusse steht im Hintergrund noch immer der Patriotismus."[53] „Die Masse der Menschen verflucht die Geißel, nimmt sie aber hin. In dem Buch von Barbusse grollt eine Drohung für die Zukunft: keine für die Gegenwart. Die Abrechnung wird auf den Tag nach dem Friedensabschluß verschoben."[54]

Barbusse selbst setzte sich gegen die überzogenen politischen Interpretationen seines Werkes zur Wehr. In einer Antwort auf entsprechende Angriffe vom Juni 1918 wollte er es noch völlig im Geiste der demokratischen und pazifistischen Verlautbarungen des amerikanischen Präsidenten Woodrow Wilson interpretiert wissen.[55]

Die seit dem Dezember 1916 variierten heuchlerischen Erklärungen Wilsons, die besonders durch sein 14-Punkte-Programm vom Januar 1918 bekannt wurden, sahen u. a. das Recht der Nationen auf Selbstbestimmung und die Schaffung eines Völkerbundes zur Ausschaltung künftiger Kriege vor und dienten doch nur der ideologischen Einmischung der USA in den Weltkrieg und ihrer Einflußnahme auf die Gestaltung des Nachkriegseuropas. Als Ideologie des dritten Weges fand der Wilsonismus in Frankreich bei der überwiegenden Mehrheit der Liberalen und der während des Krieges noch völlig vom Geiste des Zentrismus beherrschten Sozialisten – unter ihnen Jean Longuet, in dessen Zeitung „Le Populaire de Paris" Barbusse von 1918 bis 1920 publizierte[56] – eine überaus breite Zustimmung. Erst der Charakter des Versailler Vertrages und die brutale Interventionspolitik der USA, Englands und Frankreichs gegen die junge Sowjetmacht enthüllten Barbusse wie auch vielen anderen Intellektuellen den Bankrott der demokratischen Phraseologie Wilsons und den imperialistischen Charakter der sogenannten „demokratischen" Westmächte. Im Jahre 1917 jedoch glaubte Barbusse noch an eine echte Wiederbelebung revolutionär-demokratischer Ideale.

Die klerikal-konservativen Angriffe gegen *Le Feu* entsprangen einer aktuellen Auseinandersetzung: In Frankreich bestand zu Beginn des Krieges noch ein älteres Privileg des Klerus, eine bestimmte Kategorie von Priestern, die eigentlich zur bewaffneten Truppe gehörte, statt dessen Dienst im Sanitätswesen leisten zu lassen. Unter der Losung *Les curés sac au dos!* (Priester, Tornister auf!) liefen die Antiklerikalen dagegen Sturm. Am 2. Februar 1917 wurde schließlich von dem sozialistischen Abgeordneten Sixte-Quenin eine Gesetzesänderung eingebracht, die die Abschaffung dieser Vergünstigung vorsah. Nach gewaltiger Erregung der klerikalen Gemüter und trotz des erbitterten Widerstands des wortgewaltigen Gustave de Lamarzelle, Professor am „Institut catholique" von Paris und konservativer Senator, der sich seine Sporen bereits im Kampf gegen die Trennung von Kirche und Staat nach der Jahrhundertwende verdient hatte, erhielt diese Änderung vierzehn Tage später Gesetzeskraft.[57] Mit der Bemerkung im *Feu* über die wenigen Priester, die tatsächlich an der Front waren, hatte Barbusse, wie auch mit anderen antiklerikalen Ausfällen, so der Vision des Fliegers[58], ganz bewußt Stellung bezogen und natürlich bei Leuten wie De Lamarzelle, dem Abbé Sirech u. a. ins Wespennest gestochen.

Politische Kontroversen

Das Echo seines auf die Zeitsituation zugeschnittenen Buches forderte Barbusse zu Stellungnahmen, Präzisierungen seiner politischen Überzeugung heraus und trug dazu bei, das bei ihm zweifellos vorhandene Bedürfnis zu fördern, seinen politischen Standort zu klären. „Ja, mein Kleines, Du hast recht: es gilt eine Pflicht zu erfüllen, man muß reden … weil die großen Ereignisse zur Zeit alle Reformen möglich machen, und dann, weil mir der Erfolg des *Feuers* gegenwärtig die Gewißheit verschafft, gehört zu werden." (21. Mai 1917)

Die ersten Artikel Barbusses wie *Der Schriftsteller und die Utopie*[59], *Zur Gesellschaft der Nationen*[60] u. a. verraten die eigene Erschütterung durch das Kriegserlebnis. Sie unterstreichen die soziale Mission des Schriftstellers, aufklärend im Sinne des Fortschritts, im Namen der Wahrheit, der Logik und

Gerechtigkeit zu wirken. Die unüberbrückbare Kluft zwischen Fortschritt und Reaktion wird als Antagonismus zwischen den verderblichen Sonderinteressen des Nationalismus, wie ihn die Action française verkörperte, und dem zu erstrebenden demokratischen Allgemeinwohl des Republikanismus bzw. einem die einzelnen Republiken übergreifenden Organismus gedeutet, den Barbusse zuweilen als „Internationale", häufiger noch als „Gesellschaft der Nationen" (Völkerbund) bezeichnete. Zeithistorischer Hintergrund solcher Vorstellungen, die auf demokratische Veränderungen und auf Aufhebung der nationalen Konflikte zielten, bildeten die russische Februarrevolution und die Völkerbundpropaganda Wilsons. Wir sehen, wie die Völkerbundidee von Barbusse in einem seiner ersten Artikel in „Le Pays" noch stark an die Ansichten des der sozialistischen Partei nahestehenden Professors Edgard Milhaud angelehnt sind, der zu diesem Thema eine Fortsetzungsreihe in der „Humanité" veröffentlicht hatte, die dann als Buch erschien.[61] Wesentlich ist die unverrückbare Orientierung Barbusses an den Volksinteressen. Sie als die eigenen Interessen zu erkennen und wahrzunehmen, rief er auch in der Zeitung „Les Nations" die Frontkämpfer auf. Dieser Artikel hieß *Wofür kämpfst du?* und stellte den Versuch einer moralischen Sinngebung dieses Krieges dar. Er enthielt die Aufforderung an die Soldaten, sich nach dem philosophisch-methodischen Vorbilde von Descartes und Kant aller überkommenen Vorstellungen und Traditionen zu entledigen, um sich gegen den passiven Gehorsam, die angelernten Wahrheiten aufzulehnen. Er rief ihnen u. a. zu: „Entwirre diese Intrige und zerschlage diese Gordischen Knoten. Wiederhole dir jenes Urteil des gesunden Menschenverstandes, daß der französische Nationalismus nicht besser ist als die Alldeutschen und alle Nationalismen der Welt. Wirf den Militarismus nieder, nicht, um ihn durch deinen eigenen zu ersetzen, nicht um Deutschland niederzuwerfen, sondern um den Militarismus zu vernichten!"[62] Für Barbusse galt es immer noch, den Krieg „in Deutschlands Bauch" zu töten, wie es im *Feu*[63] hieß. Politisch aber erprobte er sich bereits in Koalitionen, die gegen die ultrareaktionären Kräfte des eigenen Landes gerichtet waren: 1917/18 finden wir seinen Namen unter den Anhängern

verschiedener liberaler Organisationen, der „Ligue républicaine", der „Coalition républicaine"[64], der „Ligue française pour la Société universelle des nations libres"[65].
Im Frühjahr 1917 unternahm die Partei der Radikalen und Radikalsozialisten den Versuch, sich in Hinsicht auf die Nachkriegspolitik zu profilieren. Im Juni 1917 begannen u. a. zwei von ihnen geleitete neue Tageszeitungen „Le Pays"[66] und „Les Nations" zu erscheinen. Unter der Ägide der Radikalen und Radikalsozialisten stand auch die Gründung der „Republikanischen Liga"[67], einer breiten liberalen Gruppierung, der auch eine Reihe von Schriftstellern, unter ihnen Barbusse, angehörte. Haupt der Radikalen war der ehemalige Ministerpräsident Joseph Caillaux. Seit der von ihm im Jahre 1911 bewirkten friedlichen Beilegung der Marokkokrise war er bei den Politikern der äußeren Rechten als „germonophil" verhaßt. Während des ersten Weltkrieges unterstellte man diesem prominenten Gegenspieler Clemenceaus Neigungen zu einem Verständigungsfrieden mit Deutschland. Der Publizist Lysis, Mitarbeiter des Rechtssozialisten Gustave Hervé, der von einem anarchistischen Antimilitarismus auf einen extremen Chauvinismus eingeschwenkt war und seine Zeitung „La guerre sociale" in „La Victoire" umbenannt hatte, führte vom 25. Juni 1917 ab eine regelrechte Kampagne gegen „Le Pays" und den dahinterstehenden Caillaux. Lysis und Hervé unterstellten dem neuen Organ, daß es systematisch die Moral des Landes untergrabe, aus dunklen Quellen finanziert, mithin vom Feinde bezahlt sei. Im Verlaufe dieser Polemik fiel auch etwas für den Autor des *Feu* ab. Am 1. Juni 1917 schrieb Lysis speziell zu Barbusses Buch: „Lange hat die Zensur die Notwendigkeit begriffen, den Soldaten nicht durch die Publikation ungesunder Romane darin zu bestärken, sich über seinen traurigen Fall zu verbreiten, bis sie plötzlich aus unbegreiflichen Gründen den Druck eines entsetzlichen Werkes genehmigte, das mit wirklichem Talent geschrieben ist, doch dessen Schlußfolgerungen widerwärtig sind: Jeglichen Sinn für Maß und Wahrhaftigkeit verlierend, breitet der Autor auf den letzten Seiten empörende, zersetzende anarchistische Gedanken aus, die von maßloser Übertriebenheit sind und hervorragend dazu angetan, das Vertrauen wenig kultivierter Geister in den Adel der Sache, die

wir verteidigen, zu untergraben. Deshalb muß man die Frage stellen: Weshalb wurde das Verbot, eine schädliche Literatur zu verbreiten, zugunsten dieses scheußlichen Romans, dem man die Perversion des Bewußtseins von Tausenden verdankt, plötzlich aufgehoben? Weshalb? Wer hat das gewollt, wer hat es zugelassen?"[68]

Die Polemik zwischen „La Victoire" und „Le Pays", der auch die „Action française" Publizität verschaffte, drang durch die Berichterstattung des „Corriere della Sera" bis ins verbündete Italien.[69] Oft wurde Barbusse durch Dritte auf direkt oder indirekt gegen ihn gerichtete Angriffe hingewiesen. Die Briefe verraten, wie er daraufhin bestrebt war, die genauen Quellen ausfindig zu machen, um besonders ehrenrührigen und gefährlichen Angriffen wie im Falle Lysis oder des Abbé Sirech entgegenzutreten. Henri Welschinger dagegen hatte in der „Revue Hebdomadaire" nur schlicht das Klischee des heroisch-erhabenen Krieges reproduziert, das allerdings seit *Le Feu* für die meisten unvoreingenommenen Geister zum Anachronismus geworden war. Der Name Barbusse tauchte gleichfalls nicht auf in den Beiträgen des Generals Pétain, des konservativen Historikers und Leiters der Ecole Normale Supérieure Ernest Lavisse und des Ministerpräsidenten Ribot, die nach Veröffentlichungen durch die Presse in einer Broschüre unter dem Titel „Wofür wir kämpfen?"[70] erschienen. Dies war die von politisch maßgebender Seite noch einmal in Schwarzweißmanier erfolgende Darstellung der gerechten Sache Frankreichs und des finsteren Feindes. Sie sollte dazu dienen, eine Anfang Juni größere Wellen schlagende Auseinandersetzung im Geheimausschuß der französischen Kammer über die Kriegsziele abzuwiegeln. Denn inzwischen war etwas von dem imperialistischen Kuhhandel einzelner französischer Regierungsvertreter mit dem Zarismus um die gegenseitige Anerkennung ihrer Eroberungsziele durchgesikkert.[71] Jegliche Erörterung der Kriegsziele – auch wenn sie vom Autor des *Feu* von vorwiegend moralischer Position aus vorgenommen wurde – mußte daher inopportun erscheinen. Barbusses Plan einer Broschüre mit dem Titel *Wofür kämpfst du?* konnte nicht verwirklicht werden (17. August 1917).

Angriffe, Anfeindungen, ja selbst zeitweilige Mißerfolge, so wird insgesamt durch die Frontbriefe deutlich, vermochten Barbusse nicht zu entmutigen, sondern nur noch darin zu bestärken, den im Schützengraben begonnenen Weg der Wahrheitssuche und des Kampfes für eine menschlichere und gerechtere soziale Ordnung fortzusetzen. Barbusses Eintritt in die Politik, der hier in den Frontbriefen als Fortsetzung seiner Entwicklung zum Autor des Romans *Le Feu* sichtbar ist, erfolgte im Zeichen eines aus den Kriegserfahrungen erwachsenen starken sozialen Erneuerungswillens, der zunächst noch vorwiegend ethische Akzente trug und durch die Wiederbelebung der progressiven Ideale der bürgerlichen Aufstiegsperiode auch die Verwirklichung der Arbeiterinteressen erwartete.

Über den Weg dahin hegte Barbusse Illusionen, die bei ihm wie bei den meisten französischen Intellektuellen dadurch begünstigt wurden, daß es der französischen sozialistischen Bewegung während des Krieges nicht gelang, einen nennenswerten leninistischen Kern zu bilden und eine wirklich revolutionäre Position aufzuzeigen. Liberalismus und Wilsonismus konnten so zunächst zum politischen Ausdruck seiner revolutionär-demokratisch gefärbten Hoffnungen werden. Die imperialistische Nachkriegspolitik zerstörte dann die trügerischen Erwartungen Barbusses und ließ ihn den Blick in wachsendem Maße auf die Grundsätze und die Praxis der Oktoberrevolution richten. Vom Herbst des Jahres 1919 an wurde Barbusse, der allmählich die Notwendigkeit der Diktatur des Proletariats begriff, zum glühenden Verteidiger und Freund Sowjetrußlands. Etwa vom gleichen Zeitpunkt an wurde er mit seinen Kampfgefährten der A. R. A. C. (Association Republicaine des Anciens Combattants; Republikanische Vereinigung ehemaliger Frontkämpfer und Kriegsopfer), insbesondere mit Vaillant-Couturier und Raymond Lefebvre, zum Verfechter des Anschlusses des französischen Proletariats an die III. Kommunistische Internationale. Er und seine Gefährten standen damit an der Wiege der im Dezember 1920 gegründeten Französischen Kommunistischen Partei, der er im Jahre 1923, während der Ruhrbesetzung, als Mitglied beitrat.

Aus der an der Front gewonnenen engen Verbundenheit mit den einfachen Soldaten war damit ein direkter Anschluß an das Proletariat geworden. Die „Auflehnung der Vernunft", wie Barbusse selbst einmal retrospektiv seine ethische Auflehnung nannte, enthüllte sich damit als Vorstufe zur politischen Aktivität auf der Ebene des Klassenkampfes. Als Führer und führendes Mitglied großer internationaler, parteipolitisch neutraler Organisationen, suchte er unermüdlich alle Menschen guten Willens für die Sache des Friedens und des Fortschritts zu sammeln und in den Kampf zu führen. Er stand u. a. an der Spitze des „Internationalen Bundes der Opfer des Krieges und der Arbeit", war führendes Mitglied der „Internationalen-Arbeiter-Hilfe", der „Antiimperialistischen Liga", war Sekretär des „Weltkomitees gegen Krieg und Faschismus". Der am 30. August 1935 in Moskau seinem Lungenleiden erlegene Barbusse war eine der progressivsten französischen Schriftstellergestalten seiner Zeit. Er verkörperte den Typ des kommunistischen Künstlers und Kämpfers und ging mit seiner Entscheidung für die Sache des Proletariats vielen jüngeren Intellektuellen seines Landes voran.

Im Gegensatz zu der starken, auch internationalen Ausstrahlung des Politikers Barbusse, der das Publikum der großen Kongresse durch seine Worte zu begeistern verstand, war die Wirkung des Schriftstellers Barbusse sehr gering. Der Lungenkranke und politisch stark Beanspruchte hat nur noch wenige Werke vorgelegt, von denen – vielleicht mit Ausnahme einiger Erzählungen – keines jene Lesererwartungen befriedigte, die mit *Le Feu* geweckt und seitdem an seinen Namen geknüpft waren. Bereits der zweite Kriegsroman, *Klarheit,* war in Anliegen, Anlage und Wirkung weit unter dem *Feu* geblieben. Danach erschienen nur noch zwei Romane. *Les Enchaînements,* 1925 (dt. Die Kette, 1926), sein umfangreichstes Werk, läßt einen kleinbürgerlichen Helden visionär die verschiedenen Etappen der Menschheitsentwicklung von den Uranfängen bis zum Sieg des Sozialismus in Frankreich durchleben. *Élévation,* 1930 (dt. Erhebung, 1930), ist auf den ersten Blick ein Fliegerroman, doch ist in ihm, auch als Erlebnis der „Entrückung", die geschichtliche Dimension von *Les Enchaînements* ins räumliche Nebeneinander gewendet. Während der einzelnen Flugetappen begegnen die Piloten verschiedenen Archetypen des Menschen auf ganz unterschiedlichen Entwicklungsstufen, die die Phasen der menschlichen Emanzipation bezeichnen.

Les Enchaînements hat Victor Klemperer in seiner Literaturgeschichte treffend als „geniale und überreiche Fehlleistung" charakterisiert. Die Ursache für diese Fehlleistung der späten Werke Barbusses (der sich selbst für einen Neuerer hielt) ist zweifellos darin zu suchen, daß Barbusse gewisse in Krieg und Nachkrieg gewonnene marxistische Grundeinsichten mit Elementen eines idealistischen Weltbildes verschmolz und zugleich Schreiberfahrungen des Vorkriegs reaktivierte, die insbesondere auf eine Auflösung der Romanform ins Lyrische und Visionäre zielten. Auch das spärliche Echo auf seinen *Jésus,* 1927 (dt. Jesus, 1928) hatte letztlich Gründe, die im Werk selbst lagen. In diesem in Bibelversen gehaltenen Poem greift Barbusse auf die lyrische Bildwelt seiner Anfänge zurück, um ausdrucksstark die Entwicklung des Kindes Jesus bis zu dem ans Kreuz geschlagenen Revolutionär seiner Zeit darzustellen. Allein das Thema war ein stiller Skandal für die meisten kommunistischen Zeitgenossen, die moderne Interpretation eine Blasphemie für die gläubigen Christen. Das gebildete bürgerliche Publikum, das die Schönheit seiner nachsymbolistischen Lyrik hätte genießen können, war aus politischen Gründen von ihm abgerückt. Ein größeres Echo fand Barbusse mit seinen politischen Schriften, darunter seinem *Staline,* 1935 (dt. 1935), der ein damals aktuelles Informationsbedürfnis befriedigte. Im Grunde aber ist Barbusse der Verfasser eines einzigen Buches geblieben: *Le Feu.*

Berlin, Oktober 1985 *Horst F. Müller*

Anmerkungen zum Nachwort

1 Brief vom 12. Nov. 1916 an R. Périé, in: Cent dix-neuf lettres d'E. Guillaumin, éd. par R. Mathé, Paris 1969, S. 145.
2 Vl. Brett: Henri Barbusse, sa marche vers la clarté, son mouvement Clarté, Prag 1963, S. 36–47.
3 L. Spitzer: Studien zu Henri Barbusse, Bonn 1920, S. 63–96.
4 Vgl. H. Peyre: Qu'est-ce que le symbolisme? Paris 1974, S. 7.
5 H. Barbusse: L'Enfer, éd. déf. (262e éd.), Paris, o. D., S. 290.
6 Vgl. die empfehlenswerten Zusammenstellungen mit längeren Einführungen zur symbolistischen Ästhetik: V. Klemperer: Moderne französische Lyrik, Berlin 1957; M. Starke (Hrsg.): Der Untergang der romantischen Sonne. Ästhetische Texte von Baudelaire bis Mallarmé, Leipzig/Weimar 1980.
7 A. J. Salvan: L'Enfer et La Nausée, in: Europe, Spezialnr. H. Barbusse, Sept. 1974, S. 35–40. – Auf die „unterirdischen" Strömungen von dem mit dem Symbolismus verbundenen Bergsonismus zum Existentialismus wies A. Cornu: Der Bergsonismus, in: Im Dienste der Sprache. Festschrift für V. Klemperer, Halle 1958. S. 152–156.
8 Vl. Brett: Henri Barbusse ... 1963, S. 24.
9 Ebenda, S. 47.
10 M. Rebérioux: La génération de Barbusse devant la crise des valeurs politiques et culturelles, in: Europe, Spezialnr. H. Barbusse, Sept. 1974, S. 51.
11 Vgl. J. Relinger: Le Feu d'Henri Barbusse, une épopée réaliste? in: La Pensée Nr. 107, Febr. 1963, S. 63–105, insbes. S. 76–80.
12 Ebenda, S. 72. – Vgl. den biograph. Abriß des Kommandanten des 21. Armeekorps: X.: Le général Maistre, in: L'Illustration, 14. Sept. 1918, S. 248.
13 J. Duclos/J. Fréville: Henri Barbusse, Paris 1946, S. 10. – Fréville hatte den Lazarettaufenthalt in Vavincourt mündlich von Hélyonne Barbusse erfahren, wie J. Relinger in La Pensée, S. 72, vermerkt.
14 Dies ist die Annahme von J. Relinger, in: La Pensée 1963, S. 72.
15 J. Clemens: Une lettre d'Henri Barbusse à un poilu agenais en 1916, in: Revue de L'Agenais, 1971, S. 309–312. – Der Brief vom 14. November 1916 an den Soldaten Lacombe, um den es geht, vermerkt als Absender: Hôpital (14) Complémentaire, Plombières. Vosges.
16 Der Brief vom 21. Mai 1917 trägt den gedruckten Briefkopf: 10, Rue Albert-de-Lapparent, VIIe, der von den französischen Herausgebern der Briefe weggelassen wurde; vgl. den Faksimile-Abdruck dieses Briefes in: Monde Nr. 351 (12. Sept. 1935) S. 15.

17 Fréville in: Duclos/Fréville: Henri Barbusse, 1946, S. 10.
18 A. Kurella: Zwischendurch. Verstreute Essays 1934–1940, Berlin 1961, S. 32.
19 H. Barbusse: Joffre et ceux du front, in: Monde Nr. 136 (10. Jan. 1931) S. 3.
20 Pèlerins de guerre, in: Annales Nr. 1721 (18. Juni 1916) S. 702–704.
21 Vgl. J. Clemens: Une lettre d'Henri Barbusse à un poilu agenais en 1916, in: Revue de L'Agenais, 1971, S. 309–312.
22 E. Carassus: Trois articles de Barbusse sur la guerre, in: Europe Nr. 483/484 (Juli/Aug. 1969) S. 192–206; S. 194–200 Texte von Barbusse nach L'Œuvre 21., 22., 25. Sept. 1915.
23 H. Barbusse: Les Spectateurs, in: H. Barbusse: Le Feu, Paris: Club des amis du livre progressiste 1960, 6 unpaginierte Seiten, die nebst einer kurzen Vorbemerkung von L. Moussinac dem Text des Buches vorangestellt sind.
24 Vgl. V. Klemperer: Moderne französische Lyrik, 1957, S. 63.
25 J. et Ph. Godfrin: Une centrale de presse catholique, la Maison de la Bonne Presse et ses publications, Paris 1965.
26 Les aumôniers aux armées, in: Lectures pour tous, Jg. 18, Nr. 14 (15. April 1916), S. 1043.
27 „une guerre de délivrance, une guerre d'idéal", E. Carassus: Trois articles de Barbusse sur la guerre, in: Europe Nr. 483/484 (Juli/Aug. 1969) S. 200.
28 „un état d'esprit", in: H. Barbusse, Carnet (II) de guerre, abgedruckt in H. Barbusse: Le Feu, Paris 1965, S. 299.
29 H. Barbusse: Lettre au directeur de l'Humanité (9. Aug. 1914), in: H. Barbusse: Paroles d'un combattant, Paris 1920, S. 7f.
30 J. Longuet: Deux conceptions de la guerre, in l'Humanité 28. Sept. 1914; ders.: Peuple et Kaiser, in: l'Humanité 1. Okt. 1914.
31 Vgl. J. Longuet: Peuple et Kaiser, in: l'Humanité 1. Okt. 1914.
32 Vgl. M Cachin: Premier réveil, in: l'Humanité 28. Sept. 1914; J. Longuet: Peuple et Kaiser, in: l'Humanité 1. Okt. 1914; Compère-Morel: La tradition française, in: l'Humanité 3. Dez. 1914; ders.: Heureux symptômes, in: l'Humanité 5. Dez. 1914.
33 K. Liebknecht: Ges. Reden und Schriften, Bd. 8, Berlin 1966, S. 63.
34 P. Renaudel: Bravo Liebknecht!, in: l'Humanité 12. Dez. 1914.
35 D. Ligou: Histoire du socialisme en France 1871–1961, Paris 1962, S. 242.
36 La guerre est horrible. Aura-t-elle pour effet d'affranchir l'humanité?, in: l'Humanité 19. Nov. 1914.
37 Zur ambivalenten Struktur des *Feu*: H. F. Müller: „Das Feuer" von Henri Barbusse – Ideologischer Diskurs und historischer

Kontext. In: Fremdsprachenunterricht, 29. Jg. 1985, S. 448–452.

38 A. Kurella: Unbesieglicher Realismus, in: Internationale Literatur Jg. 10 (1940), Nr. 8, S. 28–33; Wiederabdruck in: A. Kurella: Zwischendurch, Berlin 1961, S. 27–36.

39 Vgl. J. Relinger: Le Feu d'Henri Barbusse ..., in: La Pensée Nr. 107, Febr. 1963, S. 77f.

40 P. Gsell: Un très grand exemple de courage, in: Monde Nr. 350 (5. Sept. 1935) S. 6.

41 Aus der mangelhaften Berichterstattung der Presse resultierte die Annahme, Barbusse habe von den beiden zur Verleihung kommenden Preisen denjenigen für 1914 erhalten, so auch zu lesen in den beiden Grundlagenwerken zu Barbusse: A. Vidal: Henri Barbusse, soldat de la paix, Paris 1953, S. 63 (dt. Ausg. 1955, S. 59) und Vl. Brett: Henri Barbusse ... Prag 1963, S. 106. – Eine Richtigstellung findet sich in dem auf den Protokollen der Goncourt-Jury basierenden Buch: J. Robichon: Le défi des Goncourt, Paris 1975, S. 45–47.

42 A. Kriegel: Naissance du mouvement Clarté, in: Le mouvement social Nr. 42 (Jan.–März 1963) S. 117–135.

43 H. Barbusse u. a.: Intellectuels combattants du monde!, in: Le Populaire de Paris, 17. Jan. 1919; dt. An die geistigen Kämpfer der Welt, in: Vorwärts 20. Februar 1919.

44 Lieutenant Jacques P[éricard]: Face à face. Souvenirs et impressions d'un soldat de la Grande Guerre. Préface de M. Barrès, Paris 1916; zuvor als Feuilleton erschienen in Les Annales, Dez. 1915 bis Juli 1916.

45 Compère-Morel: Le Feu, in l'Humanité, 6. März 1917.

46 E. Dabit: Ma découverte d'Henri Barbusse, in: Commune Nr. 22 (Juni 1935), S. 1140.

47 Zitiert bei A. Vidal: Henri Barbusse ..., 1953, S. 64.

48 Ch. Maurras: La politique, in: l'Action française, 10. März 1917, 30. März 1917.

49 Un livre faux, in: l'Action française, 30. März 1917.

50 Ch. Maurras: La politique, in: l'Action française, 28. Mai 1917.

51 Un livre faux, in: l'Action française 30. März 1917. Hier wurde bereits unterstrichen, daß Barbusse im Feind einen Bruder sehe; am 6. Juni 1917 hieß es u. a.: „Herr Souday [der *Le Feu* im Temps recht wohlwollend besprochen hatte, H. F. M.] tröstet sich nur darüber, nicht mehr das Lob des Boche-Geistes anstimmen zu können, wenn er einen Franzosen findet, der bereit ist, sich mit ihm über das Kapitel der Philobochie zu verständigen. Herr Barbusse ... bildet in dieser Hinsicht momentan sein Entzücken ...“; und am 4. Juli 1917 hieß es u. a.: „... Immerhin scheint mir dieser verspätete Schüler des Zola des *Zusammenbruchs* sehr schlecht über seine deutschen Brüder informiert zu sein.“

52 R. Rolland: Das Feuer von Henri Barbusse, in: R. Rolland: Der freie Geist, Berlin 1966, S. 256ff.
53 R. Rolland: Das Gewissen Europas, Bd. III, Berlin 1974, S. 291.
54 R. Rolland: Der Schmerzensmann, Menschen im Krieg von Andreas Latzko, in R. Rolland: Der freie Geist, 1966, S. 291.
55 H. Barbusse: Réponse à mes calomniateurs, in: Le Populaire de Paris, 25. Juni 1918; ferner in: H. Barbusse: Paroles d'un combattant, Paris 1920, S. 70.
56 Vgl. Vl. Brett: Henri Barbusse ... Prag 1963, Bibliographie, S. 354–356.
57 Vgl. G. de Lamarzelle: Contre l'Union sacrée, in: Le Gaulois, 8. Febr. 1917; Les exemptés et réformés, in: ebenda 18. Febr. 1917; F. Gaucherand: Le nouvel article 7, in: ebenda 19. Febr. 1917; Le clergé et la guerre. Une lettre du cardinal Dubois à M. de Lamarzelle, in: ebenda 11. März 1917.
58 Im Kapitel „Der Verbandplatz".
59 H. Barbusse: L'écrivain et l'utopie, in: Le Pays, 2. Juni 1917, nach: H. Barbusse: Paroles d'un combattant, Paris 1920, S. 29–36.
60 H. Barbusse: A propos de la Société des nations, in: Le Pays, 24. Juni 1917, nach: H. Barbusse: Paroles d'un combattant, Paris 1920, S. 37–42.
61 E. Milhaud: La Société des nations, Paris 1917.
62 H. Barbusse: Pourquoi te bats-tu?, in: Les Nations, Juni 1917, nach: H. Barbusse: Paroles d'un combattant, Paris 1920, S. 19.
63 H. Barbusse: Das Feuer, Zürich 1918, S. 393.
64 Eine zu Beginn des Jahres 1918 ins Leben tretende linke liberale Gruppierung, der Vertreter der Liga für Menschenrechte, namhafte Sozialisten, Gewerkschafter und Radikale angehörten. Siehe A. Van der Slice: International Labor diplomacy and Peace 1914–1919, Philadelphia 1941, S. 200–203; Vigilance Républicaine, in: Bulletin des Droits de l'Homme, Jg. 18 (1918) Nr. 3–4 (1.–15. Febr.), S. 120–128; Sh. Ginsburg: R. Lefebvre et les origines du communisme français, Paris 1975, S. 53f. Hier wird vermerkt, daß R. Lefebvre bis Juni 1919 dieser Gruppierung angehörte.
65 H. Barbusse: Paroles d'un combattant, Paris 1920, S. 83ff.
66 (Reklameseite) Le Pays, Notre programme, in: Mercure de France Nr. 455 (1. Juni 1917).
67 Auguste Avril: Une Ligue républicaine, in: Le Figaro, 28. Juni 1917; vgl. auch Die Republikanische Liga, in: Frankfurter Zeitung, 3. Juli 1917, 1. Morgenblatt.
68 Lysis: Troublante question, in: La Victoire, 1. Juli 1917.
69 Ore grigie e speranze francesi (Trübe Stunden und französische Hoffnungen), in: Corriere della Sera (Mailand) 11. Juli 1917:

Hier wurde über die Geheimsitzung der französischen Kammer wegen der gescheiterten Apriloffensive und die Polemik von Léon Daudet und La Victoire gegen die sog. deutschen Umtriebe mittels einiger Presseorgane wie Le Pays berichtet; wörtlich heißt es: „Der vor kurzer Zeit gegründete Pays ist eine Zeitung, die sich nicht so sehr an die Massen wendet als vielmehr an das gebildete Publikum, das die öffentliche Meinung beeinflussen soll: Die Zeitung setzt sich zusammen aus bedeutenden Schriftstellern, die es geschickt verstehen, unter einer ironischen oder brillanten Form ihre zersetzenden Ideen zu verbergen oder ihr feines Gift der Entmutigung zwischen die Zeilen zu träufeln."

70 Pourquoi nous nous battons, par le général Pétain, Ernest Lavisse de l'Académie française, A. Ribot, Président du Conseil, Paris/Nancy 1917.

71 P. Allard: Les dessous de la guerre révélés par les comités secrets, Paris 1932, S. 219ff.

Literaturhinweise

A. W. Pajewskaja: Anri Barbjus. Biobibliografičeskij ukazatel, Moskau 1964.

Leo Spitzer: Studien zu Henri Barbusse, Bonn 1920.

José Mancisidor: Henri Barbusse. Ingeniero de almas, Mexiko 1945.

Annette Vidal: Henri Barbusse. Soldat des Friedens, Berlin 1955.

Vladimir Brett: Henri Barbusse, sa marche vers la clarté, son mouvement Clarté, Prag 1963.

Fjodor Narkirier: Francuzskaja revoljucionnaja literatura, Moskau 1965.

Europe (Paris), Sondernummern zu Barbusse: 119/120 (Nov./Dez. 1955); 477 (Jan. 1969); außerhalb des Abonnements, Sept. 1974.

Jean Relinger: Henri Barbusse et la Révolution d'Octobre, in: Cahiers d'histoire de l'Institut Maurice Thorez N. S. Nr. 7/8 (Nov./Dez. 1967) S. 193/201.

Horst Müller: Die Wirkung der Oktoberrevolution auf die ideologische Entwicklung von Henri Barbusse, in: Oktoberrevolution und Wissenschaft. Hrsg. vom Präsidium der Deutschen Akademie der Wissenschaften zu Berlin aus Anlaß des 50. Jahrestages der Sozialistischen Oktoberrevolution, Berlin 1967, S. 307/340.

J. Relinger: Barbusse und die proletarische Literatur, in: Sinn und Form 30. Jg. 1978, S. 861/873.

Horst F. Müller: „Das Feuer" von Henri Barbusse. Ideologischer Diskurs und historischer Kontext, in: Fremdsprachenunterricht 29. Jg. 1985, S. 448/452.

H. F. M.

Quellen- und Rechtsnachweis

Übersetzung der Briefe und des Frontnotizbuches I nach: Lettres de Henri Barbusse à sa femme, 1914–1917, Ernest Flammarion, 1937.
Übersetzung des Frontnotizbuches II aus: Henri Barbusse, Le Feu, Flammarion, 1965.
Das Titelfoto sowie die 3.–5. Aufnahme wurden uns freundlicherweise vom Livre Club Diderot, Paris, überlassen. Die ersten beiden Aufnahmen übernahmen wir mit freundlicher Genehmigung des Verlages der Tschechoslowakischen Akademie der Wissenschaften, ACADEMIA, Prag, der Ausgabe: Vladímir Brett; Barbusse, sa marche vers la clarté, son mouvement Clarté; l'Académie Tchécoslovaque des Sciences, Prague 1963.
Das zweiseitige Foto ist aus der Zeitschrift „L'Illustration" vom 27. März 1915, das letzte Foto aus der Nummer vom 23. Oktober 1915.
Auf die Wiedergabe der Fotos wollten wir trotz der mangelhaften technischen Qualität der Vorlagen wegen ihres besonderen dokumentarischen Wertes nicht verzichten.
Die Karte „Barbusses Aufenthaltsorte in dem Abschnitt von Soissons" ist aus der Zeitschrift „L'Illustration" vom 3. August 1918. Sie wurde vom Herausgeber vervollständigt.

Inhalt

Universal Bibliothek BELLETRISTIK

FERNANDO ARRABAL

Brief an General Franco/Zwei Einakter

Aus dem Spanischen und Französischen von U. Kunzmann und L. Kornell

Nachwort von K. Barck

Band 671 · Broschur 1,50 M

Inhalt: Brief an General Franco/Picknick im Felde/Guernica

F. Arrabal (geb. 1932): „Ich werde Ihnen, wie gesagt, eine Lebensgeschichte erzählen, jene, die ich am besten kenne: meine eigene.

Meine Familie sollte die Tragödie des Bürgerkriegs und der darauffolgenden Jahre in zusammengedrängter Form, aus dem Blickwinkel der armen Leute, erleben. In diesem Klima der Unterdrückung erstickte ich buchstäblich. Da mein Geist nicht atmen konnte, bekam ich schließlich Probleme mit meiner Lunge und erkrankte zuletzt an Tuberkulose. Unsere Lungen füllten sich mit alten Fetzen und durstigen Baggern.

In jenen Jahren faßte ich den Don-Quijote-haften Beschluß, in Spanien Schriftsteller zu werden, ohne auf meine Unabhängigkeit und meine Freiheit zu verzichten. Ein Vorhaben, das ich niemals verwirklichen konnte.

Nachdem ich nun 20 Jahre schreibe ... habe ich niemals Schriftsteller in meiner Heimat werden können. Und ich bin nur ein Beispiel unter so vielen!“

(Aus: Brief an General Franco)

Universal Bibliothek

PHILOSOPHIE · GESCHICHTE
KULTURGESCHICHTE

ROBERT BLUM

Briefe und Dokumente

Herausgegeben und mit einem Nachwort von Siegfried Schmidt

Band 865 (Sonderreihe) · Broschur 1,50 M

Robert Blum (1807–1848) zählt zu den bedeutendsten Vertretern des städtischen Kleinbürgertums in der Zeit des Vormärz und der Revolution von 1848/49. Sein Märtyrertod auf der Brigittenau bei Wien im November 1848 hat nicht wenig dazu beigetragen, daß sein Andenken im Volk fortlebte. Dieser Auswahlband versucht, die keineswegs problemlosen und oft komplizierten Entwicklungslinien im politischen und persönlichen Leben des bürgerlichen Demokraten nachzuzeichnen. Die Auswahl von Briefen als persönliche Zeugnisse politischer Ziele, Reflexionen und Empfindungen sowie einige Reden und Aufsätze bringt einen großen Teil des Nachlasses erstmalig geschlossen zur Kenntnis.

Universal Bibliothek

BELLETRISTIK

BODO UHSE

Sonntagsträumerei in der Alameda

und andere Erzählungen

Auswahl und Nachbemerkung von G. Caspar
Band 772 (Sonderreihe) · Broschur 2,– M

Bodo Uhse (1904–1963) zeigte sich auch in seiner kleineren Prosa als ausdrucksstarker Erzähler. Diese Auswahl erfaßt in chronologischer Abfolge zehn der schönsten, intensivsten, spannungsreichsten Geschichten. Seit seinen Exiljahren in Frankreich, Spanien, den USA und Mexiko hat er an ihnen gearbeitet; viel von der Atmosphäre dieser Länder ist in sie eingegangen. An ihnen erweist sich die stilistische Könnerschaft, wie sie Anna Seghers, Kisch und Weiskopf an ihm gerühmt haben: sein ausgeprägtes Gefühl für Töne und Zwischentöne der Sprache, für Rhythmus und Stimmung. Höhepunkte: die Erzählungen aus Mexiko und die Geschichten über Kunst und Künstler, gipfelnd in der „Sonntagsträumerei in der Alameda“ (über Diego Riveras berühmtes Wandgemälde).

Universal-Bibliothek BELLETRISTIK

WASSILI BELOW

Sonnabendmorgen

Erzählungen

Aus dem Russischen
Herausgegeben und mit einem Nachwort von K. Kasper
Band 1112 · Broschur 2,– M

Wassili Below (geb. 1932) berührt in seiner konfliktreichen Prosa Probleme des russischen Dorfes, dessen in Jahrhunderten gewachsene Lebensform erst heute endgültig verschwindet. Dem Glücksgefühl, das aus dem Erleben der Natur entspringt, stellt er bewußt die Belastungen des Menschen durch die moderne Großstadt gegenüber. Die neun Erzählungen unseres Bandes entstanden von 1963 bis 1976, sie erscheinen zum Teil erstmals in deutscher Sprache.